"双碳"目标下煤炭行业
节能低碳发展战略

华电电力科学研究院有限公司　组织编写

严新荣　王　瑞　董建立　主编

应急管理出版社

·北　京·

图书在版编目（CIP）数据

"双碳"目标下煤炭行业节能低碳发展战略 / 华电
电力科学研究院有限公司组织编写 ；严新荣，王瑞，董
建立主编． -- 北京 ：应急管理出版社，2025． -- ISBN
978-7-5237-0840-8

Ⅰ．F426.21

中国国家版本馆 CIP 数据核字第 2024PC5447 号

"双碳"目标下煤炭行业节能低碳发展战略

组织编写	华电电力科学研究院有限公司
主　编	严新荣　王　瑞　董建立
责任编辑	尹燕华
责任校对	孔青青
封面设计	解雅欣

出版发行　应急管理出版社（北京市朝阳区芍药居 35 号　100029）
电　话　010-84657898（总编室）　010-84657880（读者服务部）
网　址　www.cciph.com.cn
印　刷　北京盛通印刷股份有限公司
经　销　全国新华书店

开　本　710mm×1000mm$^1/_{16}$　**印张**　18$^1/_4$　**字数**　332 千字
版　次　2025 年 4 月第 1 版　2025 年 4 月第 1 次印刷
社内编号　20240246　　　　　**定价**　98.00 元

编　委　会

序

气候变化不断加剧全球极端天气，绿色低碳发展已经成为国际共识。实现碳达峰、碳中和，是以习近平同志为核心的党中央统筹国内国际两个大局作出的重大战略决策，是着力解决资源环境约束突出问题、实现中华民族永续发展的必然选择，是构建人类命运共同体的庄严承诺。实现碳达峰、碳中和是一场广泛而深刻的经济社会系统性变革，是一场硬仗，中国言出必行，将坚定不移加以落实。全球温室气体排放主要来源于能源，能源变革是实现低碳发展的必由之路，去煤化发展也因此成为国际热门话题。但是从各国能源发展的历史与现状来看，低碳发展绝不是简单的去煤化发展，更不会一蹴而就，资源禀赋、经济发展水平、能源安全都是影响各国低碳发展的重要因素。我国拥有全球最大的能源系统，"富煤贫油少气"是我国资源禀赋特点，我国也是最大的煤炭生产国和消费国，简单的去煤化发展必然会带来能源安全与经济社会发展问题。

在一定时期内，煤炭仍然是我国能源安全的基石，煤炭绿色转型是实现"双碳"目标的必然选择。党的二十大报告指出要"立足我国能源资源禀赋，坚持先立后破，有计划分步骤实施碳达峰行动，深入推进能源革命，加强煤炭清洁高效利用"，党的二十届三中全会进一步要求健全煤炭清洁高效利用机制，为"双碳"目标下我国能源转型节奏以及煤炭行业高质量发展指明了方向。近几年我国煤炭消费占比虽然在逐年降低，但是煤炭消费总量仍然逐年增大，中短期我国煤炭消费仍将保持高位，实现煤炭的绿色低碳发展，是我国碳中和目标的重要支撑。因此从技术、管理、市场等多维度系统全面地研究煤炭行业节能低碳发展的路径，为健全煤炭清洁高效利用机制提供了重要参考，是实现煤炭绿色转型的重要基础，对于充分发挥煤炭兜底保障作用，促进能源绿色低碳转型，发展新质生产力，维护我国能源安全，实现"双碳"战略目标具有重要意义。

本书定位于煤炭行业，聚焦矿区范围内的煤炭开采、洗选加工和煤炭资源综合利用。在调研国内外煤炭及相关行业节能提效相关政策、产业、能耗与碳排放和技术发展现状的基础上，重点从节能降碳增效、低碳零碳供能、瓦斯利用减碳、循环经济降碳和末端固碳四条核心技术路径，碳市场助力、政策引导两条管理路径，系统剖析了行业节能低碳发展的现状，并提出了未来发展技术路线图；构建了煤炭企业节能低碳发展指标体系，利用模型与情景分析方法，预测了煤炭行业节能低碳发展潜力，并给出了在节能低碳发展战略下"零碳矿山"建设案例。立足煤炭行业，借鉴电力与煤化工行业发展成效，提出了我国煤炭行业节能低碳发展的十条建议。

煤炭开发作为传统行业，必须以科技创新为引领，培育和发展煤炭行业新质生产力，才能够激发煤炭行业高质量发展新动能，高效实现煤炭清洁高效利用。本书内容涵盖了从地质勘探建设到闭坑的煤炭开采全流程，分析了煤炭行业节能低碳发展现状、趋势以及管理与市场路径，对我国能源体系建设以及煤炭清洁高效利用的科技创新发展具有重要的参考价值。也对我国相关政府部门、煤炭企事业和科研单位正确把握煤炭行业绿色低碳转型具有学习借鉴意义。

2025 年 2 月

目　　　录

目 录

第 1 章 煤炭行业节能低碳发展态势分析

　　煤炭是世界上储量最多、分布最广的常规能源，也是最经济的能源，长期以来在世界经济发展中作为传统行业和基础产业发挥着重要作用。近年来，随着温室气体排放带来的气候变化问题成为全球议题，新兴经济体的工业化进程开启和加速，全球的资源供给与环境承载压力的矛盾日益突出，全球能源市场正在重塑，煤炭产业发展格局也在发生变化。一方面，经济复苏及气候变化引发能源供应紧张；另一方面，新能源加快发展，倒逼传统能源转型发展。在此背景下，不同国家的煤炭行业发展情况差异明显，政府对煤炭工业作出的政策调整亦有所不同，煤炭企业在竞争和生存压力下寻求高质量发展道路。

1.1 世界煤炭行业发展现状及形势分析

1.1.1 发展概况

　　1. 总体情况

　　全球煤炭探明储量主要分布在美国、俄罗斯、澳大利亚、中国和印度五个国家。2021 年，世界煤炭基础储量 10741 亿 t。其中，前五国分别是：美国 2489 亿 t，占比 23.2%；中国 2079 亿 t，占比 19.4%；俄罗斯 1622 亿 t，占比 15.1%；澳大利亚 1502 亿 t，占比 14.0%；印度 1111 亿 t，占比 10.3%。

　　（1）煤炭在世界能源中的地位较稳定。2021 年，全球煤炭消费占世界一次能源消费的比例为 26.9%，较 1965 年下降了 10.5%。1970—2021 年全球煤炭消费占世界一次能源消费的比例基本平稳，在 25% 至 38% 之间，如图 1-1 所示。

　　亚太地区是全球煤炭生产消费中心，中国煤炭产量与消费量占比居全球第一。2021 年，全球煤炭产量 81.7 亿 t，折合 57.18 亿 tce，较 2013 年增长 53.6%，创历史新高。全球煤炭消费量 54.63 亿 tce，接近 2014 年的历史最高点（55.47 亿 tce）。分地区来看，2021 年，亚太地区煤炭生产量 44.18 亿 t 标煤，占全球的 77.3%；煤炭消费量 43.55 亿 tce，占全球的 79.7%，是世界煤炭生产消费中心，如图 1-2 所示。其中，中国煤炭产量与消费量占比均居全球第一。

1

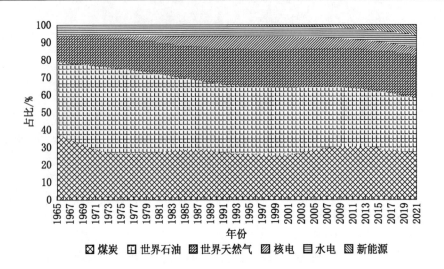

数据来源：BP 世界能源统计

图 1-1　世界一次能源消费结构（1965—2021 年）

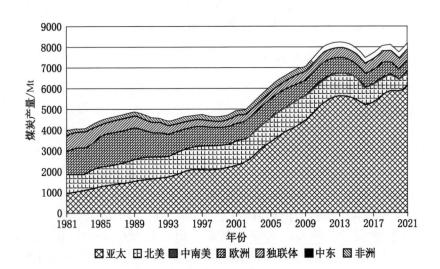

数据来源：BP 世界能源统计

图 1-2　国际各地区煤炭产量（1981—2021 年）

（2）欧美地区煤炭生产消费量整体呈下降趋势。2021 年，北美地区煤炭产量占全球煤炭产量的 14.3%，煤炭消费量占全球煤炭消费总量的 15.3%。从总量上看，北美煤炭生产和消费在 2009 年左右达峰，之后呈缓慢下降趋势。

2021 年欧洲煤炭产量为 516 Mt，占全球煤炭产量的 12.8%，煤炭消费量占全球煤炭消费总量的 13.5%。欧洲煤炭消费量在 1985 年达峰，约为 890 Mt（26.06 EJ，1EJ＝34.12 Mt 煤当量），在 2008 年前处于稳定阶段，2008 年后煤炭消费逐年降低；煤炭产量在 1986 年达峰，为 1562.1 Mt，1998—2012 年煤炭产量平稳增长，2013 年后呈明显下降趋势，如图 1-3 所示。

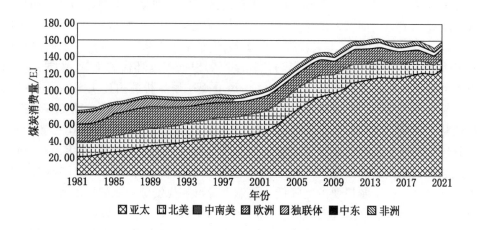

数据来源：BP 世界能源统计

图 1-3　国际各地区煤炭消费量（1981—2021 年）

2. 主要生产和消费国家发展概况

（1）欧洲煤炭开采水平较高，但煤炭工业衰退明显。早在 1992 年德国煤炭开采长壁采煤综合机械化程度即达到了 99.9%。通过兼并重组，德国煤炭企业向大型化、集团化发展，集中高效生产，扩大生产规模，实现规模效益，呈现跨行业、跨地区、跨国经营的发展趋势。2016 年德国共有 48 个矿井瓦斯项目，主要采用井下长孔抽采技术、放射状钻孔及集中抽采技术进行瓦斯抽采，推广使用聚氨酯封孔技术，研制腐殖酸处理煤层结合水力压裂技术。波兰早在 20 世纪 80 年代，硬煤矿井就已基本实现综合机械化开采，1996 年综采工作面产量占长壁工作面产量的 97.81%。2016 年波兰共有 23 个矿井瓦斯项目，主要采用水压致裂和钻孔抽采技术进行瓦斯抽采。英国煤炭开采多年保持零死亡率，1965 年机械化程度即达到 75%，20 世纪 70 年代接近 100%，1992 年英国长壁采煤综合机械化程度达 99.9%，目前英国进入"后煤炭经济"，煤炭工业衰落。当前欧洲最主要的煤炭生产和消费国为德国、波兰和土耳其。2021 年，德国、波兰煤炭生产量分别为 126 Mt、107.6 Mt，分别较 2010 年下降 30.9%、19.2%，土耳其煤炭产量为 85.6 Mt，增长 16.7%。2021 年，德国、波兰、土耳其煤炭消费量分别为 72.18 Mt、64.23 Mt、59.46 Mt 标煤，德国、波兰分别较 2010 年下降 34.4%、18.4%，土耳其煤炭消费增长 32.4%。土耳其是欧洲主要的煤炭生产与消费增长国。

（2）美国采煤机械化程度高，煤炭工业萎缩趋势明显。美国能源消费及生产以天然气为主，其煤炭储量丰富，煤炭工业发展历史悠久。美国煤炭生产以露天开采为主，煤炭资源分布较均衡，东部地区煤质以烟煤、无烟煤为主，西部地区煤炭煤质多为次烟煤、褐煤。美国采煤机械化程度高，20 世纪 90 年代已接近 100%。开采方式以露天为主，露天矿煤炭产量占总产量的 64%，井工矿以长臂开采为主。矿山生产规模大、集约化程度高。根据美国环保署 EPA 数据，美国煤矿甲烷排放量占总甲烷排放量的 9%，废弃煤矿甲烷排放占比 13%。甲烷排放主要来自井工煤矿，美国环保署对主要井工煤矿瓦斯排放进行排放监测，在产高瓦斯井工煤矿主要分布在东部地区，2015 年美国高瓦斯排放废弃煤矿有 514 座，部分煤矿实施了瓦斯收集项目。煤层气开发已经实现规模化、系统化、产业化。除此之外，美国还加强地表土地利用以增加植被碳汇，探索地下煤层碳封存技术。近年来，由于制造业占比降低、天然气等可替代资源禀赋的发展和减碳政策等因素，煤炭工业衰退趋势明显。2021 年，美国煤炭产量为 524.4 Mt，较 2010 年下降 46.7%；煤炭消费量为 360.7 Mt 标煤，较 2010 年下降 49.4%。尽管美国煤炭产量与消费量呈下降趋势，但仍是世界第五大煤炭生产国，世界第三大煤炭生产国。

（3）澳大利亚煤矿开采技术和装备水平世界领先，煤炭工业发展总体稳定。澳大利亚煤矿平均规模世界第一，井工矿以长壁开采为主，单井产量高。矿山机械化程度高，综合机械化采煤和掘进程度几乎达到 100%，约 60% 的澳大利亚井工矿采用了联邦科学与工业研究组织（Commonwealth Scientific and Industrial Research Organization，CSIRO）研发的工作面自动化 LASC 系统。煤矿生产组织简单，雇工少，实现集约化管理。煤层气产业发达，占到澳大利亚境内天然气供应量的 13% 以上。另外澳大利亚着重开发专用于低浓度瓦斯发电的新技术。煤炭工业是澳大利亚经济发展的支柱产业，煤炭产量占一次能源产量的比例为 70% 左右，近 40 年澳大利亚煤炭产量稳步提高，其煤炭生产规模基本呈现匀速增长。2021 年，澳大利亚煤炭产量为 478.6 Mt，较 2010 年增长 10.2%；煤炭消费总量为 55.6 Mt 标煤，较 2010 年下降 25.4%。澳大利亚一次能源消费以化石能源为主，2018 年前化石能源消费占比保持在 93% 左右，近几年略有下降。2021 年，澳大利亚化石能源消费占一次能源消费的比重为 90%，其中煤炭占一次能源消费的比例为 30%。

（4）南非煤炭产业集中度高，经济发展以煤炭为基础。南非煤炭储量丰富，价格低廉，是世界上能源成本最低的国家之一。南非煤炭产业集中度很高，煤炭总量的 90% 主要集中在英美煤炭集团公司、必和必拓集团公司、萨索尔集团公司、埃克森集团公司和斯特拉塔集团公司。南非井工煤矿主要采用房柱式采煤方法和长壁采煤法，煤矿机械化程度高（接近 100%）、用人少。2021 年，南非煤炭产量为 234.5 Mt，较 2010 年下降 7.9%；煤炭消费量为 120.5 Mt 标煤，较 2010 年降低 9.1%，占一次能源消费量的 70.9%，约占整个非洲煤炭消费总量的 85%。从近 10 年发展趋势上看，南非煤炭生产与消费基本保持稳定，没有明显上升或下降趋势。

（5）俄罗斯煤炭生产近 10 年总体保持上涨趋势。俄罗斯化石能源资源丰富，是重要的煤炭大国。俄罗斯远东的优质焦煤和动力煤在东亚市场具有一定竞争力，但远东地区存在区位劣势、煤炭基础设施陈旧老化、市场化程度较低等不利条件。2021 年，俄罗斯煤炭产量为 433.7 Mt，较 2010 年增长 34.3%；煤炭消费量为 116.4 Mt 标煤，较 2010 年下降 10%。从近 10 年的发展趋势看，俄罗斯煤炭生产呈整体上涨趋势，煤炭消费呈缓慢下降趋势。

（6）印度露天矿技术较先进，煤炭产量和煤炭消费量均位居世界第二。煤炭产业是印度能源保障和经济可持续发展的最重要支柱产业。印度煤矿开采方式以露天为主，井工矿数目多而规模小。印度井工矿煤炭开采技术发展较慢，2002 年印度长壁综采所占比例仅为 1.5%，国有化煤矿设备老化、产能低下、安全事故频发，严重阻碍着印度煤炭产业的发展。而露天矿技术较先进，早在 20 世纪 90 年代，吊斗铲无运输倒堆开采工艺已得到了较大发展，普遍采用计算机管理。2021 年印度煤炭生产量为 811.3 Mt，较 2010 年增长 41.6%；煤炭消费量为 685.4 Mt 标煤，较 2010 年上涨 65.4%。总体来说，近 10 年印度煤炭消费一次能源占比略有上升，从 53.8% 上涨到 56.7%。

（7）印度尼西亚（以下简称印尼）是亚太地区第三大煤炭生产国，也是第一大出口国。印尼是位居世界前列的煤炭资源大国和生产大国，储量为 211 亿 t。印尼的次烟煤和褐煤煤质较好，可以作为高品质动力煤使用。但印尼落后的铁路、公路等基础设施条件，以及恶劣的天气条件制约了煤炭的大规模开发。印尼是亚太地区煤炭产量涨幅最大的国家，2021 年，印尼煤炭产量为 614 Mt，较 2010 年增长 123%，煤炭消费量为 112 Mt 标煤，较 2010 年增长 98%。煤炭消费一次能源占比从 2010 年的 26% 上涨到 2021 年的 39.5%。2018 年，印尼超过澳大利亚跃居世界第一大煤炭出口国，煤炭出口世界占比为 31%。

（8）日本和韩国煤炭需求稳定。日本和韩国是世界两大煤炭消费国，近 10

年煤炭消费总体保持在高位。2021 年，日本、韩国一次能源消费总量分别为163.7 Mt、103.6 Mt 标煤，较 2010 年分别降低 1.5%、6.0%；其中，煤炭消费占比分别 27%、24.1%，较 2010 年分别增长 17.9%、下降 18.1%。

1.1.2 政策要求

从国际看，世界正经历百年未有之大变局，全球气候治理成为凝聚各国力量、推动构建人类命运共同体的重要领域，积极防范和抵御气候风险、提高适应气候变化能力成为全球共识。世界各国积极应对气候变化，已提出各种限制减少煤炭过度开发利用的政策措施，包括提出减排目标计划，开展退煤行动及计划、加强煤炭清洁高效开发及利用、开展煤炭行业甲烷排放控制计划及行动等。

1. 提出减排目标及计划

（1）欧洲引领碳中和战略与发展政策。自《京都议定书》签订以来，欧洲一直是全球气候变化政策的引领者，在碳中和政策制定上保持全球领先。2019年 12 月出台《欧洲绿色协议》，宣布在 2050 年前实现欧洲地区碳中和，同时正式提出"碳边境调整机制"（Carbon Border Adjustment Mechanism，CBAM），通过对在生产过程中碳排放量不符合欧盟标准的进口商品征收关税（即"碳边境税"）的方式，避免自身气候政策的完整性及有效性因"碳泄漏"而被破坏。2021 年，欧盟委员会公布了名为"Fit for 55"（"减碳 55"）的一揽子气候计划，提出了包括能源、工业、交通、建筑等在内的 12 项更为积极的系列举措，承诺在 2030 年底温室气体排放量较 1990 年减少 55% 的目标。

（2）各国制定不同的减排目标与计划。2021 年《联合国气候变化框架公约》第 26 次缔约方会议（COP26）后，不少国家已向联合国政府间气候变化专门委员会提交中长期低碳发展战略规划，明确了减排目标和路径措施（表 1-1）。各国主要在以下四个领域规划减碳工作：能源，工业，交通，农业、森林和土地利用。

表 1-1 主要煤炭生产和消费国家与地区碳中和战略

国家（地区）	目标时间	目标制定时间	行动方案	2030 年目标	主要措施
欧盟	2050	2019	《长期低排放发展战略》《欧洲绿色新政》《可持续欧洲投资计划》	比 1990 年降低 40%~55%	能源、工业、建筑、交通、粮食、生态和环境 7 个领域规划行动路线图：重点发展海上风电，去煤，发展循环经济，提高建筑节能规范，提供供暖资助，2050 年交通领域碳排放减少 90%，修订能源税收政策

6

表1-1(续)

国家 (地区)	目标 时间	目标制定 时间	行动方案	2030 年目标	主要措施
德国	2045	2021	《联邦气候变化法案》《气候行动计划 2050》	比 1990 年降低 65%	《气候行动计划 2050》计划到 2030 年比 1990 年实现碳排放减少：能源部门 61%～62%，建筑 66%～67%，交通 40%～42%，工业 49%～51%，农业 31%～34%
日本	2050	2020	《绿色增长战略》《巴黎协定下的长期战略》《全球变暖对策推进法》	比 2013 年降低 46%	2021 年 5 月，日本颁布《全球变暖对策推进法》，以立法的形式明确了 2050 年碳中和目标。制定了 14 个主要相关产业的绿色发展战略"实施计划"，加速产业结构调整，提升日本企业在全球产业分工中的地位和水平。2030 年非化石燃料电源在全部发电量中的占比目标值由此前的 44% 调高至 59%，煤电由 26% 降到 19%，重点发展海上风电、氢能、氨燃料，加速推进碳回收技术开发应用。减少能源使用，力争到 2030 年实际用电量较 2013 年减少 12%
韩国	2050	2020	《2050 碳中和战略》《碳中和法》	比 2017 年降低 24.4%	五个措施：增加清洁能源和氢能，大力提高能源效率，商业化应用碳去除科技，发展循环经济，增加碳汇能力。计划到 2050 年退出燃煤电厂，在燃煤电厂装配 CCUS 设施
印度	2070	2021	国家自主贡献	减少 10 亿 t	2030 年实现非化石能源产能达到 500GW，50% 的能源需求来自可再生能源；从现在开始到 2030 年减少 10 亿 t 碳排放；降低经济碳强度 45%
印尼	2060	2021	《印尼低碳和气候适宜中长期战略 2050》	碳达峰	增加森林的碳汇能力、能源转型、提高能源效率、大幅度降低煤炭消费和利用 CCS/CCUS 和 BECCS（生物能和碳捕集）
澳大利亚	2050	2021	《澳大利亚长期排放减排计划》	比 2005 年降低 26%～28%	"技术投资路线图"制定了面向全球市场的低碳产业技术投资计划，提出到 2030 年累计在低排放技术方面的新投资达到 200 亿澳元。优先发展技术：主要技术投资包括：清洁氢能、超低成本太阳能、能源存储、低排放钢铁产业、低排放铝产业、碳捕集与存储。政府投资计划包括：太阳能 30 30 30 计划，Rio 太平洋氢能计划，澳大利亚氢能战略计划

表1-1(续)

国家(地区)	目标时间	目标制定时间	行动方案	2030年目标	主要措施
美国	2050	2021	《美国长期发展战略：2050年温室气体净零排放道路》	比2005年降低50%~52%	五个领域转型：2035年100%清洁电力；终端电气化与清洁能源替代；节能提效；减少甲烷和其他温室气体排放；规模化移除二氧化碳
南非	2050	2020	《南非低排放发展战略2050》	碳达峰平台期	预计2025年实现碳达峰，排放区间将控制在3.98亿~6.14亿t CO_2eq；2025—2035年期间，碳排放将保持10年左右的高位期；自2035年碳排放量开始快速下降，排放区间下降至2.12亿~4.28亿tCO_2eq。退出低效的化石能源电厂
俄罗斯	2060	2021	《2050年前限制温室气体排放法》	1990年的2/3	提出2030年俄罗斯GDP碳强度要较2017年下降9%，2050年下降48%，2060年非化石能源消费比重达到80%以上

2. 开展退煤计划及行动

2021年，第26届联合国气候变化大会（COP26）上首次将煤炭问题列入《气候公约》，承诺逐渐减少煤炭使用。当前，逐渐减少煤炭使用已达成共识，多个国家都已提出退煤时间表，至少有25个国家和地区承诺到2030年停止使用煤炭发电，加大退煤政策扶持与补贴力度（表1-2）。由于不同国家的国情不同，各国退煤政策的发力点存在差异，美国通过使用天然气和大力发展清洁能源来减少对煤炭资源的依赖，德国主要以招标补贴的方式引导燃煤电厂退役，日本倾向于用高效燃煤电厂逐渐替代老旧燃煤电厂。

表1-2 主要国家退煤行动

国家	主要行动进展
美国	截至2021年9月，美国有212GW公用事业规模的燃煤发电能力在运行，其中大部分建于20世纪70年代和80年代。虽然美国没有明确电厂的退役年龄，但是大部分美国电厂已经向美国能源信息署（EIA）报告，计划到2035年退役目前在美国运营的28%或59GW的燃煤发电容量； 2020年7月5日，美国传统能源巨头杜克能源宣布5年投入4000亿美元到可再生能源和电网项目，自2010年以来，该公司已经淘汰了总计超过6539MW的51座燃煤机组，并计划在2024年底之前至少再淘汰862MW的燃煤电厂，约占该公司全部燃煤电厂总数的1/3； 2021年，美国通用电气宣布退出新建煤电市场业务； 2021年10月，美国博莱克威奇公司（Black&Veatch）宣布将终止所有涉及煤炭发电市场的设计和建设业务，未来将专注于清洁能源技术

表1-2(续)

国家	主要行动进展
英国	2021 年 6 月,英国政府宣布从 2024 年 10 月 1 日起,英国将不再使用煤炭发电,比原计划提前一年; 2020 年,英国出口融资部已向其直接贷款业务部门分配了 20 亿英镑,用于清洁增长和可再生能源项目; 英国政府成立了能源转型委员会（Energy Transition Council）,汇集合作伙伴,确保清洁能源成为对发展中国家最具吸引力的选择,并支持公正的转型
德国	2020 年 7 月,德国议会通过《减少和终止煤炭发电法》,确定了德国逐步淘汰煤炭的具体路径和最终日期,要求到 2038 年之前逐渐减少并最终停止煤炭在德国的使用。退煤法案要求 2020 年 8 月 14 日之后不得新建煤电厂,但在 2020 年 1 月 29 日之前获得经营许可证的电厂除外。此外,还规定了如何淘汰硬煤和褐煤,以及如何对强制关闭的燃煤电厂提供相关补偿。根据《减少和终止煤炭发电法》,德国联邦网络管理局组织硬煤燃煤电厂退役的补偿招标,招标的时间从 2020 年到 2027 年,在此期间,退役招标的价格将从 165 欧元/kW 到 89 欧元/kW 逐年递减,而中标的规则不仅与报价有关,还与二氧化碳排放有关。电厂以越低的补偿金申报退出市场,越容易中标,而二氧化碳排放越少的电厂则会得到更多的补贴。因此在招标初期,电厂自愿退出的动力较强,因为经济补偿的利益远远超过了经营电厂的利益; 2020 年 7 月,德国议会通过《加强煤炭地区结构调整法》,主要解决主产地矿区工人失业带来的经济困难问题。德国政府依据《加强煤炭地区结构调整法》,向煤矿淘汰地区提供了高达 400 亿欧元的财政支持,其中的 260 亿欧元用于受影响地区的基础设施和建立新的研究设施,其余 140 亿欧元将分别用于褐煤矿区或受影响的联邦州的转型和发展,联邦州可以用这笔钱投资与商业相关的基础设施、当地公共交通、宽带和移动基础设施、环境保护和景观保护; 德国专门成立了经济增长、结构变革与就业委员会,其任务是通过各类手段协调环境、社会和经济问题,最终实现煤炭的退出,并提出到 2038 年逐步淘汰燃煤发电的全面路线
波兰	2021 年,波兰政府和工会与煤矿业代表签署协议,到 2049 年逐步停止煤炭生产,在目标日期前将关闭所有煤矿; 将在 2036 年底前正式关闭 Belchatow 燃煤电厂,同时将放弃开采该区域露天煤矿的计划
西班牙	宣布到 2030 年将关闭该国所有燃煤电厂,以期尽早实现净零排放目标。2020 年,西班牙就曾向欧盟提交一项国家气候计划,表示将尽快关闭煤电产能,向清洁能源转型
智利	到 2025 年将关闭由美国电力公司 AES 运营的多座燃煤电厂,总计涉及的煤电产能达 1097 MW,占智利煤电总产能的 20% 左右
日本	2030 年关闭约 100 座效率低下的燃煤发电机组。三井住友银行 2020 年宣布仅投资高效技术的燃煤电厂,并考虑暂停资助超超临界燃煤机组
韩国	2020 年 12 月,韩国第 9 次电力基础计划要求到 2034 年关闭 20 座煤电厂,把煤电占比从 2019 年的 40.29% 降低到 2030 年的 29.9%
希腊	国有电企公共电力公司（PPC）将在 2025 年关闭旗下的 Ptolemaida5 褐煤电厂,这是希腊计划关闭的最后一家燃煤发电厂。根据希腊 2019 年提出的弃煤计划,该国到 2028 年将彻底淘汰褐煤
印尼	国家电力公司（PLN）表示将尽快淘汰煤电设施,确保印尼实现碳中和目标。根据《巴黎协定》制定的目标,印尼作为全球最大的煤炭出口国,应 2030 年前完成减排 29% 的气候目标。2021 年 4 月,印尼计划引入碳税政策,同时 PLN 也承诺将不再新建燃煤电厂

表1-2(续)

国家	主要行动进展
南非	国有电力公司 Eskom 宣布,将在未来 10 年内关停至少 8 GW 的煤电设施,以推动该国能源系统脱碳。数据显示,截至 2020 年,煤电占南非能源供给的 85% 以上。为达成气候目标,南非政府已多次调低未来十年碳排放上限,此次计划关停的产能约占南非现存煤电总产能的 30%
新加坡	承诺在 2050 年前逐步停止使用未减排的煤炭发电,并限制对未减排煤电的直接融资
中国	2021 年 4 月 23 日,中国国家主席习近平在全球气候领导峰会的致辞中表示:中国将严控煤电项目,"十四五"时期(2021—2025 年)严控煤炭消费增长、"十五五"时期(2026—2030 年)逐步减少。2021 年 9 月,中国宣布将大力支持发展中国家能源绿色低碳发展,不再新建境外煤电项目。2021 年 9 月 21 日,中国国家主席习近平在联合国大会上宣布:"中国将大力支持发展中国家能源绿色低碳发展,不再新建境外煤电项目。"

3. 加强煤炭清洁高效开发及利用

(1)改进开采方式,升级装备设备。煤炭开采主要是通过改进开采方式和升级装备设备来实现降低碳排放强度。2013 年,德国提出"工业 4.0"理念,旨在利用 CPS 网络(信息物理系统网络)使工业转型为网络化、数据化、集成化、智能化的新型工业模式。工业 4.0 战略发展的核心是工业化与信息化的深度融合,全球煤矿基于此战略进行信息化和智能化升级,提高煤炭开采效率,降低碳排放。国外以露天煤矿为主,露天开采工艺由传统露天煤矿开采的单斗—铁道、单斗—卡车等间断开采工艺,向卡车—自移式破碎站—带式输送机运输半连续和连续开采工艺转变。例如,哈萨克斯坦最大的露天煤矿勇士(Bogatyr),正在分阶段安装德国 Thyssenkrupp Mining Technologies 公司生产的连续工艺开采煤炭破碎与运输系统(In-pit Crushing and Conveying System,IPCC)。这套系统提供了在线煤炭质量监测系统,确保煤炭质量,并且可以显著减少灰尘和 CO_2 排放,降低运行成本。

露天矿用设备国际大型生产企业美国卡特彼勒、日本小松、德国利勃海尔、瑞典山特维克与安百拓(阿特拉斯)等,其生产的矿用钻孔设备、自卸车、电铲、液压铲、破碎设备等露天矿开采装备都在逐步提高电气化能力和自动化与智能化功能。卡特比勒公司 2011 年推出 Cat MineStar 系统,具有完善、全面的综合采矿作业和移动设备管理系统,能够全方位帮助客户进行管理,从物料跟踪到复杂的实时车队管理、机器运行状态系统、自主设备系统等。根据小松公司 2021 年年报,小松公司正在研制将中小型液压铲电气化,即安装锂电池系统,预计在 2023—2034 年量产。

（2）加快低碳技术研发与变革。欧洲大力发展节能减排技术，实现煤炭绿色开采；持续发展清洁燃料和基础化工原料的现代深加工技术、煤基先进材料技术；采用高能效开采技术和设备，在煤炭开采全生命周期开展余热、余压、节水、节材等综合利用节能项目，提高煤炭资源开发利用效率；加快负碳技术研发，降低成本，实现商业化运作，进一步减少二氧化碳排放量。欧洲企业持续加快工业领域低碳技术研发与变革，研发智能碳利用（Smart Carbon Usage，SCU）技术、智能用氢技术，碳脱除技术（Carbon Direct Avoidance，CDA）实现煤炭行业碳减排，不断推动 CCUS 技术研发，保持技术领先。煤炭企业不断推进清洁高效热电联产技术、特殊煤种超临界循环流化床技术、利用氢气或生物能代替煤炭作为高炉炼钢的还原剂等技术，进一步提高低碳化原料比例，减少全生命周期碳足迹，带动上下游行业产业链碳协同减排，完成煤炭消费由粗放型向技术密集型行业转型。明确洁净煤技术是减少污染和提高利用率的煤炭加工、燃烧、转化及污染控制有效技术，制订了相关研究与发展计划，以支持洁净煤技术的开发。

美国在克林顿时期（1993—2001 年）提出《国家能源综合战略》、替代燃料免税举措、碳封存项目开发、可再生能源和分布式系统集成计划、清洁燃料资助计划等一系列举措，旨在提高美国各部门能源利用效率，推动节能低碳技术研发。小布什时期（2001—2009 年）先后提出了《全球气候变化技术计划》《2008 气候安全法》等政策法规，利用财政补贴推动新能源技术、节能减排技术、二氧化碳回收与储藏技术的开发，开展"气候领袖""能源之星""高效运输伙伴计划"等项目推动各部门碳减排。奥巴马执政期间（2009—2017 年），美国政府高度重视节能低碳发展，颁布了《应对气候变化国家行动计划》，明确了节能低碳的优先领域，推动政策体系不断完备。2009 年通过《美国清洁能源与安全法案》，对提高能源效率进行规划，确定了温室气体减排途径，强调优先发展节能减排技术。2014 年 5 月，美国正式发表《"全方位"能源战略——通向经济可持续增长之路》，其核心内容为：提升能源安全，推广低碳能源技术并为清洁能源的未来奠定基础。近五年来，美国政府重视环保，高效地利用储量丰富的煤炭资源，主要是加强对洁净煤技术的扶持力度，通过拨款和税收优惠等措施鼓励煤炭企业研发煤炭洁净技术并付诸实用，推动高效清洁煤炭技术的商业化，建设零排放煤炭发电厂，抢占低碳技术竞争上的制高点。

2000 年，日本出台《21 世纪煤炭技术战略》，提出到 2030 年实现煤炭资源循环利用，实现煤炭利用零排放，并制定了分三个阶段的技术研发和推广战略，主要项目有：高效燃烧、脱硫脱氮和降低烟尘、利用煤气的燃料电池、煤炭制二甲醚和甲醇、水煤浆、煤炭液化和煤炭气化等。日本政府致力于制定煤炭清洁长远发展战略，以绿色投资为重点，大力支持节能技术的开发，抢占节能低碳技术研发攻关制高点，法律鼓励维护煤炭清洁化技术研发创新。制订"新阳光计划"，促进节能减排、煤炭清洁化利用。为减少燃煤造成的污染物和温室气体排放，1995 年，成立"洁净煤技术中心"，加大绿色投资，推动研发 21 世纪煤炭利用关键技术，并设立约 2 万亿日元的绿色专项基金支持绿色技术研发和推广，通过环境税等市场手段引导企业进行节能环保技术改造升级。

日本煤炭企业在政府引导与支持下，不断研发公关节能低碳技术，目前部分技术已达世界领先水平。研发出煤炭加氢热分解气化技术（ECOPRO），能够在高效生成合成气、降低氧气使用量的同时减少 CO_2 排放量，并可以使用低阶煤（次烟煤和褐煤）。在煤炭液化技术（CTL）方面，研发出了著名的 NEDOL 法与褐煤液化方法（BCL），做到了充分利用低阶煤，特别是已实用化的煤制二甲醚（DME）技术更是受到各国关注。

Australia Coal Industry's Research Program（ACARP）是澳大利亚煤炭开采业一项长期的科研协作计划，该计划在井工矿、露天矿、洗选、温室气体减排等方面的研究引领着煤炭行业的发展。为应对煤炭行业诸多挑战，ACARP 通过利用行业的技术能力、更广泛的科学研究和技术开发及解决方案，帮助煤炭生产商结合其专业知识和资源，进行技术和工艺创新，共同分享风险和成果应用回报，实现可持续发展的财务、环境和社会目标。具体做法包括：每年投入研究项目的资金约为 1800 美元；向澳大利亚硬煤生产商征收 5 美分/t 资助研究项目的承诺，已经进行到 2020 年 6 月；技术强度和产业重点由 200 多位高级技术专家确定，这些人员组成了 5 个技术委员会和相应的任务工作组，负责项目选择和技术监督；1992 年以来，ACARP 已经向 1725 个项目提供了 3.55 亿美元的直接资助；2018 年，ACARP 持续资助的研究项目 242 个，资金总额 6965 万美元；12 月新批准的项目 84 个，资助金额是 1680 万美元。

4. 开展甲烷排放控制计划及行动

工业革命以来，全球温升的 30% 由甲烷造成，尽早进行甲烷减排控制，对于实现《巴黎协定》提出的温升控制目标意义重大。根据 2022 年 IEA 综合评估数据表明，2021 年全球甲烷年排放量约为 5.8 亿 t。其中，全球能源部门甲烷排放约为 1.35 亿 t，约 4200 万 t 来自煤炭，4100 万 t 来自石油，3900 万 t 来自天然气，900 万 t 来自生物质能源的不完全燃烧（主要发生在木材和其他固体生物质被用作传统炊事燃料时），400 万 t 来自终端设备的泄漏，因此煤炭及油气行业甲烷是甲烷控排工作的重点。

2004 年发起的全球甲烷行动倡议（Global Methane Initiative，GMI）是一项自愿性质的国际公私伙伴关系，旨在减少全球甲烷排放，提高甲烷的回收和利用。2021 年，在联合国气候大会（COP26）上，全球甲烷承诺发起，目标是到 2030 年将人为甲烷排放量从 2020 年的水平至少减少 30%。截至 2022 年 6 月，已有 120 个国家或地区加入该承诺。这些成员约占全球甲烷排放量的一半，占全球经济总量的近 3/4。国际上，甲烷减排已达成科学共识，欧美等国家开展了一系列甲烷减排的政策与行动，见表 1-3。

表 1-3　主要国家甲烷减排政策行动

国家	主要政策行动进展
美国	美国控制甲烷政策以 2009 年制定的《美国清洁能源安全法案》为基础。美国国家环境保护局（EPA）2009 年出台的《温室气体报送计划》规定：年度碳排放当量超过 2.5 万 t 的企业，需每年向国家环境保护局提交包括甲烷排放在内的温室气体排放数据； 2014 年 3 月 28 日，美国白宫发布了《气候行动计划减少甲烷排放的战略》，其内容主要是针对油气行业甲烷排放； 2021 年 11 月，美国政策对外公布了《美国甲烷减排行动计划》作为美国甲烷减排的指导性文件，也是美国第一份全面的甲烷减排战略。《美国甲烷减排行动计划》覆盖了油气、废弃煤矿、垃圾填埋等领域，包括了法规、财政激励手段、政府和社会资本合作（PPP）模式等减排工具
加拿大	2018 年 4 月，加拿大联邦政府出台了油气行业上游甲烷排放管理法规； 2020 年，加拿大进一步修订和发布了两个指令来强化减排，分别是：石油和天然气操作的测量要求（指令 017）以及上游石油工业燃除、火炬和放空（指令 060），特别是在指令 060 中，明确了各个环节的具体要求
欧盟	2020 年 10 月，欧盟委员会发布新的《欧盟甲烷减排战略》，提出了能源、农业、废弃物以及跨部门等 24 项减排行动，包括提高甲烷排放数据的监测、报告和核查能力，旨在强化欧洲的甲烷减排力度，确保在全球甲烷减排中起到引领作用。根据《欧盟甲烷减排战略》，欧盟将改进甲烷排放量的监测和报告（MRV）作为优先事项，支持与联合国环境规划署、气候与清洁空气联盟以及国际能源署合作建立国际甲烷排放观测站（International Methane Emissions Observatory，IMEO），向全球合作伙伴提供欧盟卫星数据，支持甲烷排放相关国际数据的共享。欧盟将寻求与伙伴国家的合作，共同推进甲烷减排； 2021 年 12 月欧盟委员会通过了《欧洲议会和理事会制定关于能源部门甲烷减排的条例和修订（欧盟）2019/942 号条例的提案》，明确到 2030 年能源部门的甲烷排放比 2020 年减少约 58%。在煤炭领域，要求煤矿经营者对井工煤矿的通风井进行连续测量和量化，对抽放站的放空和火炬进行连续测量，对露天煤矿要应用排放因子；成员国应建立已关闭和废弃的煤矿资产清单。对于废弃矿井，各国要根据地质条件等制约因素和技术可行性，制定相适应的减排计划；对于正在运营的井工煤矿，应通过逐步淘汰放空和火炬来减少甲烷排放；从 2030 年 1 月 1 日起，禁止相关设备的放空和火炬，除非利用和减排不具技术可行性或有危及环境或人员安全的风险

表1-3(续)

国家	主要政策行动进展
中国	2008 年，原国家质量监督检验检疫总局同原生态环境保护部颁布了《煤层气（煤矿瓦斯）排放标准》，规定甲烷体积浓度大于等于 30% 的煤层气（煤矿瓦斯）不得直排，为煤炭行业的甲烷排放管控奠定了基础； 2020 年 11 月，生态环境部、国家发展和改革委员会、国家能源局联合发布了《关于进一步加强煤炭资源开发环境影响评价管理的通知》（环环评〔2020〕63 号），首次提出对温室气体排放的管控。《通知》提出，"提高煤矿瓦斯利用率，控制温室气体排放。……甲烷体积浓度大于等于 8% 的抽采瓦斯，在确保安全的前提下，应进行综合利用。鼓励对甲烷体积浓度在 2%（含）至 8% 的抽采瓦斯以及乏风瓦斯，探索开展综合利用。" 2021 年 9 月 22 日，中共中央 国务院《关于完整准确全面贯彻新发展理念做好碳达峰碳中和工作的意见》，要求加强甲烷等非二氧化碳温室气体管控； 2021 年 9 月 12 日，中共中央办公厅 国务院办公厅印发《关于深化生态保护补偿制度改革的意见》，要求将甲烷利用等领域温室气体自愿减排项目纳入全国碳排放权交易市场

　　全球甲烷行动倡议（Global Methane Initiative，GMI）国际煤矿甲烷项目数据库 2021 年版，统计了全球 16 个国家 330 个煤矿的甲烷收集利用项目，见表 1-4。由于目前只有井工煤矿有商业利用价值，所有项目都是在井工煤矿建设。中国是世界上煤矿甲烷收集利用最多的国家，目前有在建和计划建设 20 个项目，主要是在产煤矿中建设，没有在废弃煤矿建设项目。美国、英国、澳大利亚有约一半的收集利用项目建设在废弃煤矿，德国全部都建设在废弃煤矿。印度仅有一个运营中的煤矿甲烷收集项目，还有一个在计划中。

表1-4　主要国家煤矿甲烷收集项目

国家	项目总数	在运行项目数	在产煤矿	废弃煤矿	主要用途
美国	59	48	24	34	接入燃气管道，燃烧
澳大利亚	21	16	19	2	直接燃烧，发电
德国	57	48	0	57	供热与发电
英国	23	20	4	19	发电
波兰	16	14	14	2	供热与发电
俄罗斯	12	7	11	1	供热与发电
印度	3	1	1	0	发电
中国	80	58	76	—	供气、供热、发电

1.1.3　形势分析

1. 中短期内国际煤炭生产与消费总量总体保持稳定

首先，各国碳中和政策都普遍要求在 2030 年后实现大幅度碳减排，也就是未来 10 年发达国家制定的碳减排目标步伐不大，而发展中国家的碳排放大多处于上升阶段。其次，未来几年主要煤炭生产国没有大幅度减少产量政策，煤炭消费国需求仍在。

2. 短期内国际煤炭进出口总体保持在高位

2021 年世界煤炭进口总量为 1142 Mt 标煤，比 2010 年上涨 31.9%，如图 1-4 所示。受全球新冠疫情影响，2020 年世界煤炭进口总量下降到 1097 Mt 标煤，但 2021 年又回升到 1142 Mt 标煤，包括欧洲、日本韩国在内的发达国家和地区煤炭需求都有所回升。2022 年，受疫情和俄乌战争影响，国际产业供应链受到一定冲击，增加了各国对煤炭的需求。2022 年 4 月以来，印度电力需求加速增长，引发了严重的电力危机，为了应对危机，一方面是重开煤矿，2022 年印度全国煤炭总产量（包括褐煤）累计为 9.09 亿 t，比上一年同比增长 12.1%；另一方面是加大煤炭进口，2022 年进口量累计 2.18 亿 t，同比增长 8.1%。

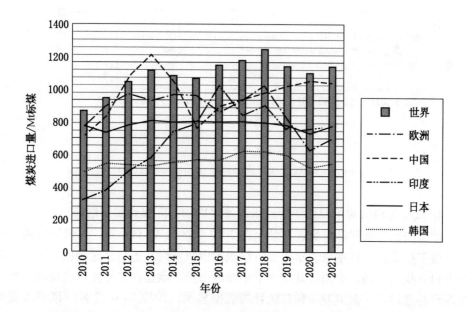

数据来源：BP 世界能源统计

图 1-4　国际煤炭进口情况（2010—2021 年）

3. 主要煤炭出口国煤炭出口量近几年保持基本稳定

澳大利亚和印尼是前两位煤炭出口国，2021年煤炭出口量分别为329 Mt和293 Mt标煤，比2010年分别上涨29.1%和38.6%，如图1-5所示。印尼煤炭出口政策是要以保障国内煤炭需求为前提。为保障国内煤电机组正常运转，2022年1月印尼实施煤炭出口禁令，但一个月后禁令解除，对其煤炭出口影响不大。根据印尼国家统计局数据，2022年1—12月印尼煤炭产量6.85亿t，比上年同比增长11.6%，1—12月出口累计4.67亿t，比上年同比增长9.2%。根据澳大利亚《资源和能源季报》（Resources and Energy Quarterly, December 2022），2022年，澳大利亚煤炭出口量预计为3.47亿t，比上年同比下降5.1%。

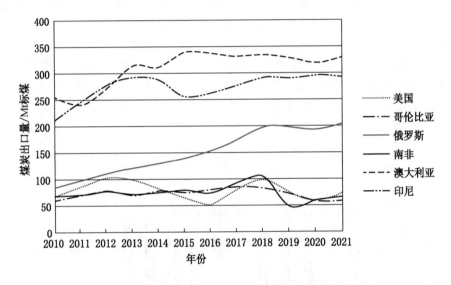

数据来源：BP 世界能源统计

图 1-5 国际煤炭出口情况（2010—2021 年）

4. 欧美等国家对俄罗斯能源禁运政策将影响国际煤炭贸易格局

欧盟国家对俄罗斯煤炭进口禁令在2022年8月10日生效，美国同时间宣布禁运俄罗斯能源，日本也表示将分阶段减少俄罗斯煤炭进口，这将促使俄罗斯煤炭出口寻找新市场，中国是其中一个重要的市场。欧盟在禁运生效前提高了俄罗斯煤炭的进口量，据俄罗斯联邦统计局数据显示，2022年1—7月，俄罗斯煤炭海运煤炭出口量为1.06亿t，比上年同期增长0.4%。禁运后，俄罗斯2022年煤炭出口量总体没有受到影响，根据意大利船舶经纪与服务集团班切罗·科斯塔

（Banchero Costa）发布的市场周报（Martket Report–Week 11/2023）数据显示，2022 年，俄罗斯煤炭海运煤炭出口量为 1.83 亿 t，比上年同期增长 3.1%。另一方面，俄罗斯加强远东铁路运输的煤炭出口建设，将重点围绕亚太地区煤炭市场需求，大力开发东西伯利亚和远东地区煤炭资源，拟在哈萨克斯坦共和国的雅库特、哈巴洛夫斯克、跨贝加尔湖等地区新建 29 座煤矿和 20 座选煤厂，新增煤炭产量绝大部分用于煤炭出口。

1.1.4　经验借鉴

1. 立足国情，合理安排退煤政策步调

国际上各国立足本国能源资源禀赋，统筹经济发展与能源安全，合理安排退煤政策步调。燃煤发电技术成熟、发电稳定，是每一个拥有煤炭资源禀赋国家的能源安全保障。以美国和澳大利亚为代表的采煤国仍是当前的煤炭生产大国，战略上始终以国家利益为首位，重视煤炭开采机械化、集约化；注重在经济、安全、生态保护的基础上，推动企业节能高效生产；鼓励开展碳减排新技术研究和煤层气的规模化、系统化、产业化利用。欧洲国家拥有减碳技术优势，但不具有煤炭资源禀赋，力推双碳发展，符合其经济社会发展规律。韩国和日本两个煤炭消费大国出于经济、安全考虑，不大幅度去煤电发展。发展中国家由于经济处于发展阶段，并且技术落后，需要更长时间去煤发展。

2. 重视联合发展，优化配置煤炭资源

美国、德国、英国、澳大利亚等国家的煤炭公司，通过合并或购买煤矿股份等方式，配置优质煤炭资源，迅速成长为大型跨国集团，在生产规模、效益规模上达到了最高水平。美国皮博迪能源公司（Peabody Energu Corp）在美国大量收购优质煤矿、建设新矿，包括在美国波德河的煤电煤层厚达 30 m 且含硫量极低的煤矿，弗吉尼亚州盛产炼焦煤的煤矿，以及澳大利亚昆士兰州优质动力煤矿等，成为世界大型煤炭企业。1984 年，澳大利亚必和必拓公司（BHP Billiton）收购犹他国际公司获得昆士兰州的多座煤矿。2001 年，BHP 与 Billiton 公司合并成为 BHP Billiton 矿业集团，成为全球最大的采矿公司。

3. 积极拓展多元化业务

美国、德国等发达国家，由于能源结构转型、碳排放压力等原因，慢慢转入"后煤炭经济"，煤炭工业逐步衰落。在资源枯竭型城市转型过程中，欧美等发达国家政府因地制宜，提前谋划、逐步实施，引导发展新兴产业，制定相应碳减排政策激励企业减排，促进煤炭行业平稳转型。美国、德国、英国、澳大利亚等国家的煤炭公司，也积极开展与气体矿产资源企业、上下游企业的股权合作、直接投资项目，拓展多元化业务。如皮博迪能源投资了日本的贸易公司，发展煤炭贸易，在澳大利亚投资金属矿和煤电项目；20 世纪 90 年代致力于洁净煤技术研究，建立了高效低排放能源站来应用最新的洁净煤技术。

4. 加大创新研发能力，提高煤炭开采生产效率

科学技术的创新研发能力是决定着煤炭工业能否成功转型升级的关键。综合来看，美国、澳大利亚、德国等国煤炭科技发展处于领先位置。美国井工煤矿长壁开采方法属于最先进的井工开采技术，自动化、信息化、智能化相关技术广泛应用。澳大利亚露天煤矿开采理念先进，选用世界一流装备制造商产品，装备载重量大、可靠性高，无人驾驶矿车实现了 1000 km 以上的远程控制；长壁工作面自动化技术（LASC）能够实时监测长壁工作面情况，且已经开始向数字化方向发展，井工煤矿单矿规模大幅度提高，生产率普遍提升。德国的智能化开采技术处于世界先进水平，德国依托工业 4.0 战略，以机械化、自动化、信息化为基础，建立智能化的新型生产模式和产业结构。

5. 重视矿山生态修复和治理

美国、英国等发达国家开展矿山治理水平高于我国。德国于 1979 年出台相关法规对废弃煤矿塌陷区、工业区等进行生态治理。英国在 20 世纪 80 年代经历煤矿关闭浪潮时也颁布了相应的矿区法律，以保证煤矿周边的土地安全。美国国会于 1977 年通过了《露天开采控制和复垦法》，对采矿业的研究试验逐步深入开展，包括剥离物的化学分析方法、土地复垦设计，整形、施肥与管理等方面的研究与探索；有四种类型的废弃矿山土地可供复垦作业：露天开采遗址、地下开采遗址、露天和地下联合开采遗址、矸石山。这些地点通常都未被回收和植被覆盖，造成安全隐患，并经常与污染性排放或沉积问题有关。澳大利亚政府要求采矿企业必须提出土地复垦的用途和实施计划，并提取土地复垦保证金。土地权益的相关方和采矿企业共同决策复垦后土地的利用方。如果政府或土地权利人没有对开采后土地的用途作出具体规定，复垦后的用途才可由矿业公司确定。日本政府把环境修复和发展循环经济放在首位，通过制定《公害对策基本法》，明确各级政府和企业在环境保护中的义务和责任，并实行严格的责任追究制，把环境修复与产业调整、国土整治相结合，通过建立生态园，以优美的环境吸引国内外旅客和投资者，达到发展循环经济，改善生态环境，以实现产业转型。

6. 重视煤层气的开发与利用

美国、加拿大、澳大利亚、德国等发达国家高度重视煤层气产业化开发。美国关于税收补贴的法律规定，有效地推动了美国煤层气井数和产量的增加。1996 年 3 月，美国环保局发布《美国联邦政府对煤层气项目资助指南》，明确贷款或援助的煤层气开发项目。1980 年，美国联邦政府出台《能源意外获利法》，

该法第二十九条规定，煤层气开采实行"先征后返"，即先按照联邦税法征收4%~6%的生产税或者开采税，然后给予煤层气 2.82 美分/m³ 的税收补贴。1992 年，美国联邦政府出台《能源政策法》1605（b）款规定，电力部门以煤层气为燃料发电减少二氧化碳排放时，可获得 0.02 美元/（kW·h）的能源补贴。澳大利亚健全的产业法治环境，极大地刺激了煤层气的勘探开发。2001 年，澳大利亚联邦政府分别对 1923 年颁布的《石油法》、1989 年颁布的《矿产资源法》进行修订，以立法形式规定：煤层气的产权管理保持与石油完全一致；现有的石油和煤炭租赁区以及租赁申请区都授权进行煤层气的开采；在租赁申请方面，煤层气和煤炭开采享有同等的优先进入权；煤炭开采过程中，煤层瓦斯含量必须降到 3 m³/t 以下，空气甲烷浓度小于 1%，先采气、后采煤；在矿权审批时，以垂直向上的深度划分矿权，避免地表矿权申请的冲突；煤炭与煤层气在地面允许同时作业，但是应尽量避免相互干扰。2001 年，澳大利亚新修订的《石油法》和《矿产资源法》在如下几个方面采取措施，以满足煤层气勘探开发企业的投融资需求：一是鼓励技术先进、经营状况良好的企业挂牌上市，通过证券资本市场进行融资；二是利用信托基金、贷款贴息、融资担保等方式，引导各类商业金融机构加大对煤层气勘探、开发与利用项目支持力度，鼓励保险公司为煤层气企业提供财产、产品责任等保险服务；三是引导风险投资资本进入煤层气开发领域，鼓励风险投资公司设立煤层气产业风险投资专项资金；四是设立煤矿区煤层气减排基金，鼓励企业利用煤层气。

7. 重视废弃矿井能源资源的开发利用

国外重视对废弃矿井能源资源的开发利用，英国，如英格兰东北部西汉姆花园村示范项目利用附近废弃的道顿矿（Dawdon mine）的热水供热；德国联邦经济与能源部将联合本土研究机构弗劳恩霍夫太阳能系统研究院及荷兰光伏电站安装商 Volta Solar，共同建设一个创新型浮式光伏项目——将一个已经资源枯竭的露天煤矿改造为人工湖，并计划在矿湖水面上安装总规模为 120 千瓦的光伏板；美国投入资金支持从煤矿和煤电厂废物中提取关键矿物的技术，提取的矿物可用于生产电动汽车及其他清洁能源技术所需的电池、磁铁及其他重要部件。

8. 充分利用财政、税收等经济政策手段，助力煤炭行业转型发展

英、德等国家在煤炭工业转型过程中普遍采用奖励或惩罚性税收、节能补贴、贷款政策等经济激励政策，大力推动了煤炭行业转型发展。美国内务部露天矿复垦与执法办公室（Office of Surface Mining Reclamation and Enforcement），是负责废弃煤矿再利用的最主要部门，自 1977 年以来，已经提供 40.6 亿美元的补助金用于废弃煤矿复垦。从德国来看，一是设立专项资金，对失业人员进行补

助，减轻失业人员困难；二是将转型后的老矿区定位为高新技术产业区，对从事信息技术、新材料的新兴产业的高新技术企业给予一定的财政补贴和优惠政策，促进煤炭退出区向高新技术产业转型发展；三是对煤炭消费进行补贴，防止煤炭产量过快下降而造成社会冲击，此外，多方筹集转型资金，支持煤炭转型。

9. 优化和完善市场机制，运用市场力量加速节能低碳技术发展

在美国政府的引导及推动下，美国国内节能减排市场机制逐步确立，依据"限额与交易"原则，基于市场碳排放权使用情况高透明度的特性，运用市场力量自主调节节能低碳成果开发及应用，加速煤炭行业节能低碳技术发展。区域温室气体减排行动（RGGI）是美国首个强制性碳排放权交易体系，它是世界上第一个主要以完全拍卖形式进行配额分配的碳交易体系，于 2009 年正式启动，伴随叠加技术进步、清洁能源等相关政策以及环保部门的规制，逐步纳入化石燃料等高耗能产业，同时开展 CO_2、CH_4、N_2O、HFC_S、PFC_S、SF_6 6 种温室气体减排交易的市场。RGGI 不仅提高了电力行业机组燃煤效率，还改变了覆盖区域的煤炭产业结构。

10. 加强煤炭生产过程的全生命周期碳排放监管

为便于进行煤炭全生命周期低碳排放监管，英国按照"谁开发、谁负责，谁排放、谁治理，谁破坏、谁恢复"的原则，构建法规制订、环境评价体系构建、环境影响评价、煤矿环境规划的正反馈闭环系统，建立涵盖可行性研究、设计、开发、生产及排放全生命周期的监管法律法规，明确煤炭生产过程中碳排放的主体责任，并出台配套政策，提取排放后治理费用，保证后期治理效果。

专栏一 美国煤矿甲烷利用项目与政策

美国煤矿甲烷排放主要包括五个来源：井工煤矿通风、横向和纵向瓦斯气体排放井、废弃煤矿散溢、露天煤矿煤层和煤炭处理与运输。其中井工煤矿通风排放的甲烷约占 61%，是最大的煤矿甲烷排放途径，通常采用热氧化法去除通风排放的甲烷。美国煤矿主要建有七种甲烷利用与破坏（destruction）项目：燃气管道销售、发电、供热、煤矿锅炉蒸汽或干燥、直接燃烧、去甲烷、泵和通风排放。其中煤矿甲烷项目大多接入燃气管道，煤矿甲烷发电项目一般在 1~3 MW。2017 年，有 13 个在运井工煤矿甲烷回收利用项目；20 个废弃煤矿甲烷回收利用项目，主要分布在东部阿帕拉契恩地区。

一、联邦政策法规

2009 年，美国环保署制定了大型温室气体排放源汇报政策，规定年排放超过 25000t 温室气体的项目设施需要向美国环保署汇报数据，包括通风排放的甲

烷、燃烧后未回收利用的甲烷。美国环保署规定了三种煤矿通风排放甲烷量的计算方法，煤矿企业可以任意采取一种方法计算。2011 年美国有 117 个井工煤矿向环保署汇报甲烷排放数据，占在运井工煤矿的 23%，2017 年有 78 个井工煤矿汇报数据，占在运井工煤矿的 33%。

二、地方市场激励政策措施

1. 自愿碳交易市场

美国煤矿企业减少的甲烷排放可以兑换碳信用。煤矿企业获取碳信用，主要基于投产使用日期、使用用途、露天或是井工等条件。美国"气候行动储备""美国碳注册"和"加州空气资源板块"自愿碳交易市场均设立了煤矿甲烷排放信用交易。2012 年 10 月，美国发布《煤矿甲烷项目协议 1.1 版》，涵盖煤矿甲烷发电利用、燃烧和通风排放甲烷。"美国碳注册"是最早建立的私有温室气体交易市场，2015 年设立了煤矿甲烷项目。2014 年"加州空气资源板块"设立了煤矿甲烷项目，是美国煤矿甲烷交易量最大的市场。截至 2018 年 10 月，"加州空气资源板块"向煤矿甲烷减排发放了 5.86 Mt CO_2 碳等价物的碳信用，占全部碳减排信用的 4.2%。

2. 将煤矿甲烷利用认定为替代性能源或可再生新能源

美国一些主要煤炭产地将煤矿甲烷利用认定为替代性能源或可再生能源，并提供相应的信用与政策支持。2016 年，宾夕法尼亚、俄亥俄、犹他、印第安纳和科罗拉多 5 个州把煤矿甲烷认定为替代性能源和可再生能源。宾夕法尼亚、印第安纳和俄亥俄州把煤矿甲烷认定为替代性能源，但不是可再生能源，其中，俄亥俄州把废弃煤矿甲烷认定为可再生能源。只有犹他州认定煤矿甲烷为可再生能源。

1.2　我国煤炭行业发展现状及形势分析

1.2.1　发展现状及取得的成效

煤炭作为我国能源安全的"压舱石"，"十三五"以来在保障能源安全方面发挥了重要的作用。2021 年以来，受国际能源供需关系变动、国内用电需求快速增长、异常气候等多重因素影响，国内煤炭需求紧张，一系列增产增供措施落地见效，煤炭供需形势持续好转。同时，煤炭行业围绕推动供给侧结构性改革目标任务，深化市场化体制机制创新，着力推动煤炭科技进步，着力淘汰落后产能、化解过剩产能，着力建设大型现代化煤矿，行业绿色节能低碳发展取得一系列成效。

1. 煤炭供应保障能力显著提升

长期以来，煤炭作为最重要的基础能源和工业原料，为保障国民经济的快速健康发展作出了突出贡献。国家积极推进煤炭储备能力建设。2022 年，我国煤炭资源储量为 2078.9 亿 t，主要分布于山西、陕西、新疆、内蒙古、贵州五省。2021 年，面对煤炭供应偏紧、价格大幅度上涨等情况，国家发展改革委加急下发《关于做好 2021 年煤炭储备能力建设工作的通知》，要求全国安排形成 1.2 亿 t 以上的政府可调度煤炭储备能力。在全国主要煤炭消费集中地、主要煤炭铁路运输枢纽、主要煤炭接卸港口等形成 1 亿 t 政府可调度储备能力。煤炭生产企业全力增产增供，加快释放优质产能。2021 年，全国批复核增产能煤矿 200 处左右，核增煤炭产能 3 亿 t/a 左右，其中，中央企业核增产能 9400 万 t/a 左右。2022 年，全国原煤产量完成 45.6 亿 t，创历史新高，同比增长 10.5%，有效保障人民群众安全温暖过冬和经济平稳运行，如图 1-6 所示。当前，全国煤炭资源已经形成从科学规划到清洁高效利用的可持续发展的新体系。煤炭生产运输协同保障体系逐步完善，煤炭储备体系建设不断健全，初步形成以企业社会责任储备为主体、地方政府储备为补充的储备体系。煤炭安全稳定供应保障能力实现跨越式提升，满足了国民经济持续发展的需要。

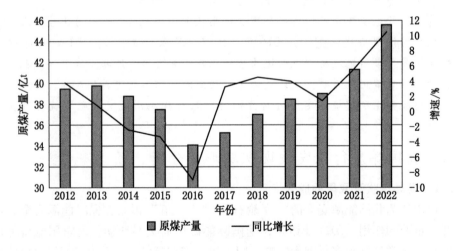

数据来源：国家统计局

图 1-6　2012—2022 年全国原煤产量及增速

2. 生产结构持续优化升级，集约开发布局进一步优化

2016 年以来，国家、各地区出台一系列去产能政策，通过淘汰落后产能，化解过剩产能，提高煤炭供给质量和保障能力，并针对职工安置、失业职工帮

扶、内部退养费用缺口等问题作出具体安排。2016 年以来，全国累计退出煤矿 5500 处左右、退出落后煤炭产能 10 亿 t/a 以上，分流安置职工 100 万人左右，超额完成去产能 8 亿 t 的目标任务。全国煤矿数量大幅减少，大型现代化煤矿已成为全国煤炭生产的主体。截至 2022 年底，全国共有煤矿 4400 处左右，同比下降 2.2%。2021 年，全国建成年产 120 万 t 以上的大型现代化煤矿 1200 处以上，同比增长 4.3%，产量占全国的 85% 左右；其中，建成年产千万吨级煤矿 72 处，同比增长 38.5%，产能 8.2 亿 t/a；年产 30 万 t 以下的小煤矿产能占比 2% 以下，同比下降 0.8 个百分点。

全国煤炭资源开发、生产布局不断优化，煤炭生产重心进一步向资源禀赋好、开采条件优、生产成本低的区域集中，先进产能比重大幅提高。在供给侧结构性改革推动下，煤炭生产集中度不断提升，西部优质产能加快释放，东部等地区衰老矿井不断报废、淘汰，煤炭产地进一步向西部集中，中西部主要产煤区的重要作用和战略地位越发凸显，晋陕蒙三省（区）煤炭产量占全国总产量的比重超过 70%。2022 年，山西、内蒙古、陕西、新疆、贵州、安徽 6 个省（区）原煤产量超亿吨，产量共计 39.6 亿 t，占全国的 86.8%。其中，晋陕蒙新四省（区）原煤产量 36.9 亿 t，占全国的 80.9%，同比提高 1 个百分点；东部地区原煤产量占全国的比重为 3.2%。

煤炭生产集中度大幅提高。2021 年，前八家大型企业原煤产量 20.26 亿 t，占全国的 49.1%，同比提高 1.5 个百分点。亿吨级以上煤炭企业有 7 家，原煤产量 20.6 亿 t，占全国的 45.2%，同比提高 0.6 个百分点；年产千万吨级煤矿由 33 处发展到 72 处，产能由 4.5 亿 t/a 提高到 11.24 亿 t/a；1146 处安全高效煤矿原煤产量占全国的比重达到 70% 以上。2022 年，全国规模以上煤炭企业实现营业收入 4.02 万亿元，利润总额 1.02 万亿元。

煤炭企业战略性重组步伐加快，资源向优势企业和主业企业集中以促进煤炭企业聚焦主责主业，增强产业链供应链支撑和带动能力。神华与国电集团合并重组为国家能源投资集团，山东能源与兖矿集团联合重组成立新山东能源集团，中煤能源兼并重组国投、保利和中铁等企业的煤炭板块，山西省战略重组成立晋能控股集团和山西焦煤集团，甘肃省、贵州省、辽宁省分别重组成立甘肃能源化工投资集团、盘江煤电集团、辽宁省能源集团。煤电联营和煤电一体化发展成效显著，煤炭企业参股、控股电厂总装机容量由 2016 年的 1.3 亿 kW 发展到 2021 年的超过 3.4 亿 kW。

3. 循环经济稳步发展，资源综合利用水平不断提升

充填开采、保水开采、煤与瓦斯共采、无煤柱开采等绿色开发技术在部分矿

区得到推广应用，煤炭资源回收率显著提升。原煤入选率、矿井水综合利用率、煤矸石综合处理率及井下瓦斯抽采利用率显著提高；煤矸石及低热值煤综合利用发电装机持续增加。土地复垦率持续提高，矿区大气、水、土壤、绿化等生态环境质量稳定向好，促进了矿区资源开发与生态环境协调发展，如图 1-7 所示。2021 年，全国原煤入选能力 34 亿 t，全国原煤入选量 29.6 亿 t，入选率为71.7%，同比下降 2.4 个百分点；全国煤矸石产生量 7.6 亿 t，利用量 5.5 亿 t，利用率73%，同比提高了 0.8 个百分点；煤矸石及低热值煤综合利用发电装机达4300 万 kW；全国矿井水涌水量约 56 亿 m^3，利用量 44.2 亿 m^3，利用率79%，同比提高了 0.3 个百分点；全国煤矿土地复垦率57.5%，同比增加 0.5 个百分点；全国煤矿抽放瓦斯约 120 亿 m^3，利用量 55 亿 m^3，利用率45.8%，同比增加1 个百分点。废弃矿井资源综合开发利用取得积极进展，建成了以开滦南湖中央生态公园、徐州潘安湖湿地公园、神东国家级水土保持生态基地为代表的一批国家矿山公园、近代工业博览馆和国家生态旅游示范区。

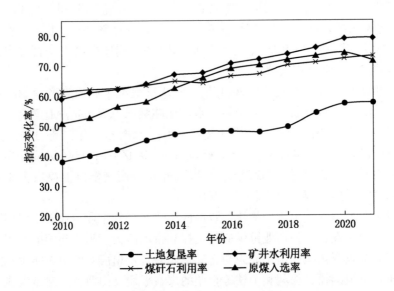

图 1-7 2010—2021 年全国原煤入选率、矿井水综合利用率、
煤矸石综合利用率、土地复垦率的变化

4. 节能降耗和减碳工作取得显著成效，低碳转型发展压力凸显

一直以来，我国非常重视煤炭行业节能降耗和减碳工作。我国煤矿数量多、地质条件差异性大、技术水平参差不齐，随着行业淘汰落后产能工作的深入，大

量落后产能退出生产，煤炭企业总体能效水平得到较大幅度提升，企业生产技术和装备水平不断提升、节能新技术新产品不断应用、节能技术改造深入开展、节能诊断和节能监测服务水平不断提升、能源管理体系不断建立健全，煤炭行业节能降耗和减碳工作取得了显著成效。30 年以来，我国煤炭生产的能耗水平呈现逐年降低的趋势，2022 年，大型煤炭企业原煤生产综合能耗为 9.7 kg 标准煤/t，同比下降 6.73%，与发达国家相比，我国煤炭生产能耗处于较高水平。根据统计，发达国家每开采 1 t 煤炭，平均能耗仅为 2.5 kg 标准煤，我国煤炭开采平均能耗是发达国家的 4.2 倍，节能空间巨大。2022 年，我国大型煤炭企业生产综合电耗 20.0 kW·h/t，同比增长 3.38%。我国煤炭开采的吨煤碳排放强度由 2010 年的 226.7 kg/t 降低到 2016 年的 169.6 kg/t，年均降速 4.7%，但 2020 年吨煤碳排放强度为 151.1 kg/t，2017 年以来年均降速仅为 2.92%，降速呈现逐年放缓趋势，煤炭行业低碳转型发展压力凸显。

5. 煤炭清洁高效利用步伐加快

我国电煤消费比重大，2021 年，电力、钢铁、建材、化工及其他行业耗煤量分别为 24.2 亿 t、6.7 亿 t、5.5 亿 t、3.1 亿 t，分别同比增长 8.9%、−1.9%、1.1%、3.6%、0.8%。煤电清洁化生产取得显著成效，截至 2021 年底，我国达到超低排放限值的煤电机组约 10.3 亿 kW，占全国煤电总装机容量的 93%。2021 年，全国电力烟尘、二氧化硫、氮氧化物排放量分别约为 12.3 万 t、54.7 万 t、86.2 万 t，较 2015 年分别下降 69%、73%、52%；散煤综合治理和煤炭减量替代成效显著，清洁高效燃煤锅炉得到普遍推广应用。现代煤化工向高端化、多元化、低碳化方向发展，能源转化效率普遍提高，单位产品能耗继续下降，煤炭消费利用空间有力拓展，加速由单一燃料向燃料与原料并重转变。

6. 煤炭行业自主创新能力大幅度提升，支撑能力仍有待加强

"十三五"以来，我国煤炭行业自主创新能力大幅提升，实现了从跟踪、模仿到部分领域并跑、领跑的转变。大型矿井建设、特厚煤层综放开采、煤与瓦斯共采、燃煤超低排放发电、高效煤粉型和水煤浆浆体化工业锅炉、现代煤化工技术达到国际领先水平，主要煤机装备和大型粉煤气化技术实现了国产化，煤机装备制造水平位于世界先列，矿山生态、清洁煤电、煤炭转化等重要领域实现跨越式发展，初步形成以采掘（剥）运主要系统减人提效、生产辅助系统无人值守、生产经营全面管控为主要特征的智能矿山运行模式，引领了世界煤炭智能化开采和清洁高效化的发展方向。

7. 煤矿智能化建设纵深推进

全行业以煤矿智能化建设为引领，深入推动大数据、人工智能、区块链、物

联网等现代信息技术与煤炭产业深度融合、向煤炭生产经营各环节延伸。鸿蒙矿山操作系统实现商用，多种新型智能化采掘装备投入使用，企业智能决策体系、生产运营体系、服务保障体系加快构建，数据治理能力明显提高，企业管理模式深刻变革、管理效能得到整体提升。我国首套钻锚一体化智能快掘成套装备下线，此装备突破了钻锚一体化锚杆及自动化施工系统，开发出自动喷涂支护工艺、材料及设备，研发出巷道随掘变形动态监测三大核心技术，将煤矿掘进设备的自动化、智能化水平推向了新高度。截至 2022 年底，全行业建成 572 处智能化煤矿，建成 1019 处智能化采掘工作面，31 种煤矿机器人在煤矿现场应用，实现了"地面一键启动，井下有人巡视、无人值守"。全国煤矿人均生产效率由 2012 年的 750 t/a 提升至 2022 年的 1800 t/a，推动了煤矿质量变革、效率变革、动力变革。

8. 市场化改革持续深化

全国煤炭交易市场体系不断完善，煤炭价格指数体系逐步健全，煤炭市场运行机制、交易归迫、监管体制不断建立和完善，逐步建立了符合煤炭工业改革发展方向的产能置换、中长期合同制度和"基础价+浮动价"的定价机制，最高最低库存和政府行业共同抑制煤炭价格异常波动、行业诚信体系建设、中长期合同制度和"基础价+浮动价"的定价机制等一系列基础制度。燃煤发电上网电价市场化改革进一步深化，全部燃煤发电电量上网电价有序放开，建立了"能涨能跌"的市场化电价机制。2021 年煤炭中长期合同签订量达到 21 亿 t，占全国煤炭产量的 50% 以上。中长期合同制度和"基础价+浮动价"的定价机制发挥了维护煤炭经济平稳运行的"压舱石"作用。

9. 煤矿安全生产形势明显好转

我国煤矿以井工开采为主，是世界上煤炭开采难度最大的国家。"十三五"以来，我国煤矿安全生产责任体系不断完善，煤矿机械化、信息化、自动化、智能化水平大幅度提升，安全投入长效机制不断健全，瓦斯、水害等隐患排查治理力度不断加大，重大灾害治理关键技术及装备得到推广应用，煤矿安全生产形势实现了明显好转。2022 年，全国矿山事故起数同比下降 6.9%，较大煤矿事故起数下降 8.3%，煤矿百万吨死亡率为 0.054。

10. 煤炭运输保障能力增强

我国煤炭生产地主要集中在中西部的晋陕蒙地区，而煤炭消费地主要集中在东部沿海地区。我国煤炭生产和消费分布不平衡的状况，决定了我国"西煤东运""北煤南运"的煤炭运输总体格局，即以"三西（山西、陕西和蒙西）"煤炭基地为核心，向东、向南呈扇形分布的煤炭运输网络格局。目前我国煤炭运输主要有 3 种方式：铁路运输、公路运输和海上运输。我国主要煤炭生产矿区铁路是国家铁路网的组成部分，自营铁路承担的煤炭运输，也是干线铁路煤流的主要来源。面对严峻的环境考验，国务院发布一系列政策，要求大宗货物运输"公转铁、公转水"。铁路、水路煤炭运输比例大幅提升，公路运输大幅减少。2000—2022 年，铁路煤炭运量由 7.3 亿 t 增至 26.8 亿 t。2021 年沿海港口煤炭总吞吐量 23.85 亿 t。运输环节是影响煤炭供需的关键因素，近年来，随着大秦、唐呼、瓦日、浩吉 4 条万吨重载铁路通道的建成投运，"西煤东运""北煤南运"主要煤运通道能力持续加强，产销地铁路集疏运网络不断完善，主要港口、物流园区多式联运有序发展，煤炭运输能力进一步在提高。

1.2.2　政策要求

1. 习近平总书记关于碳中和碳达峰重要讲话摘录

党中央、国务院高度重视煤炭行业的改革发展。近年来，习近平总书记多次对煤炭企业进行考察调研，对煤炭安全稳定供应、清洁高效利用、资源枯竭地区经济转型等作出重要指示，明确了煤炭在我国能源安全稳定供应保障中的地位和作用，为煤炭工业的安全绿色智能化发展和清洁高效低碳集约化利用指明了方向。深入学习贯彻习近平总书记关于碳达峰碳中和政策的重要讲话精神，切实将思想与行动统一到总书记、党中央决策部署上来，有利于加快构建煤炭产业高质量发展的新格局，习近平总书记关于碳达峰碳中和重要讲话摘录见表 1-5。

表 1-5　习近平总书记关于碳达峰碳中和重要讲话摘录

应对气候变化《巴黎协定》代表了全球绿色低碳转型的大方向，是保护地球家园需要采取的最低限度行动，各国必须迈出决定性步伐。中国将提高国家自主贡献力度，采取更加有力的政策和措施，二氧化碳排放力争于 2030 年前达到峰值，努力争取 2060 年前实现碳中和。

——2020 年 9 月 22 日，习近平在第七十五届联合国大会一般性辩论上的讲话

煤炭作为我国主体能源，要按照绿色低碳的发展方向，对标实现碳达峰、碳中和目标任务，立足国情、控制总量、兜住底线，有序减量替代，推进煤炭消费转型升级。

——2021 年 9 月 13 日至 14 日在陕西榆林考察时的讲话

实现碳达峰碳中和目标要坚定不移，但不可能毕其功于一役，要坚持稳中求进，逐步实现。要立足国情，以煤为主是我国的基本国情，实现碳达峰必须立足这个实际。在抓好煤炭清洁高效利用的同时，加快煤电机组灵活性改造，发展可再生能源，推动煤炭和新能源优化组合，增加新能源消纳能力。要狠抓绿色低碳技术攻关，加快先进技术推广应用。要科学考核，完善能耗"双控"制度，创造条件尽早实现能耗"双控"向碳排放总量和强度"双控"转变，加快形成减污降碳的激励约束机制。各地区各有关部门要统筹做好"双控"、"双碳"工作，防止简单层层分解。要确保能源供应，实现多目标平衡，多渠道增加能源供应，大企业特别是国有企业要带头保供稳价，决不允许再次发生大面积"拉闸限电"这类重大事件。要深入推动能源革命，促进能源消费、供给、技术、体制改革，加强国际合作，加快建设能源强国。

——2021 年 12 月 8 日，习近平在中央经济工作会议上的讲话

表1-5(续)

要立足我国能源资源禀赋，坚持先立后破、通盘谋划，传统能源逐步退出必须建立在新能源安全可靠的替代基础上。要夯实国内能源生产基础，保障煤炭供应安全，保持原油、天然气产能稳定增长，加强煤气油储备能力建设，推进先进储能技术规模化应用。

——2022年1月24日，习近平在十九届中央政治局第三十六次集体学习时的讲话

要积极稳妥推进碳达峰碳中和工作，立足富煤贫油少气的基本国情，按照国家"双碳"工作规划部署，增强系统观念，坚持稳中求进、逐步实现，坚持降碳、减污、扩绿、增长协同推进，在降碳的同时确保能源安全、产业链供应链安全、粮食安全，保障群众正常生活，不能脱离实际、急于求成。富煤贫油少气是我国的国情，以煤为主的能源结构短期内难以根本改变。实现'双碳'目标，必须立足国情，坚持稳中求进、逐步实现，不能脱离实际、急于求成，搞运动式"降碳"、踩"急刹车"。

——2022年3月5日，习近平在参加内蒙古代表团审议时的讲话

积极稳妥推进碳达峰碳中和。实现碳达峰碳中和是一场广泛而深刻的经济社会系统性变革。立足我国能源资源禀赋，坚持先立后破，有计划分步骤实施碳达峰行动。完善能源消耗总量和强度调控，重点控制化石能源消费，逐步转向碳排放总量和强度"双控"制度。推动能源清洁低碳高效利用，推进工业、建筑、交通等领域清洁低碳转型。深入推进能源革命，加强煤炭清洁高效利用，加大油气资源勘探开发和增储上产力度，加快规划建设新型能源体系，统筹水电开发和生态保护，积极安全有序发展核电，加强能源产供储销体系建设，确保能源安全。完善碳排放统计核算制度，健全碳排放权市场交易制度。提升生态系统碳汇能力。积极参与应对气候变化全球治理。

——2022年10月16日，习近平在中国共产党第二十次全国代表大会上的报告

要立足我国生态文明建设已进入以降碳为重点战略方向的关键时期，完善能源消耗总量和强度调控，逐步转向碳排放总量和强度双控制度……要深化电力体制改革，加快构建清洁低碳、安全充裕、经济高效、供需协同、灵活智能的新型电力系统，更好推动能源生产和消费革命，保障国家能源安全。

会议指出，党的十八大以来，我们把绿色低碳和节能减排摆在突出位置，建立并实施能源消耗总量和强度双控制度，有力促进我国能源利用效率大幅提升和二氧化碳排放强度持续下降。从能耗双控逐步转向碳排放双控，要坚持先立后破，完善能耗双控制度，优化完善调控方式，加强碳排放双控基础能力建设，健全碳排放双控各项配套制度，为建立和实施碳排放双控制度积极创造条件。要一以贯之坚持节约优先方针，更高水平、更高质量地做好节能工作，用最小成本实现最大收益。要把稳工作节奏，统筹好发展和减排关系，实事求是、量力而行，科学调整优化政策举措。

——2023年7月11日，中央全面深化改革委员会第二次会议

全会提出，中国式现代化是人与自然和谐共生的现代化。必须完善生态文明制度体系，协同推进降碳、减污、扩绿、增长，积极应对气候变化，加快完善落实绿水青山就是金山银山理念的体制机制。要完善生态文明基础体制，健全生态环境治理体系，健全绿色低碳发展机制。

——2024年7月18日，中国共产党第二十届中央委员会第三次全体会议

2. 综合性政策

当前，我国碳达峰碳中和"1+N"政策体系已构建，"双碳"工作取得良好开局。2021年10月24日，中共中央、国务院发布《关于完整准确全面贯彻新发展理念做好碳达峰碳中和工作的意见》，作为碳达峰碳中和"1+N"政策体系中的"1"，对指导和统筹"双碳"工作起到纲领性作用。2021年10月，国务院印发《2030年前碳达峰行动方案》的通知（国发〔2021〕23号），作为"N"

系列政策中的首要文件，对后续出台的"N"系列政策起到统领作用。在"双碳"顶层设计框架明确之后，各有关部门制定了分领域分行业实施方案和金融、价格、财税、土地、政府采购、标准等支撑保障政策，各省（区、市）制定了本地区碳达峰实施方案，实现了"横向到边、竖向到底"全方位的覆盖，构建完成了碳达峰碳中和"1+N"政策体系，详见附表 1。

习近平总书记作出碳达峰碳中和重大宣示以来，各地区各有关部门认真贯彻落实党中央、国务院决策部署和碳达峰碳中和工作领导小组部署要求，积极稳妥推动煤炭行业绿色低碳转型行动，2021 年以来，我国发布了一系列重要涉煤政策，详见附表 2、附表 3。

（1）深化供给侧结构性改革。持续打好煤炭增产保供"组合拳"。煤炭增产保供主要是通过项目核准和产能核定政策增加国内煤炭产量，鼓励煤炭进口增加进口量，进而增加煤炭总供给，加之协调铁路运力保障煤炭调运，进而保障煤炭供需平衡。煤矿项目核准和产能核定是增加国内原煤产量的基础性政策，2020 年以来，国家先后发布了《关于实行核增产能置换承诺加快释放优质产能的通知》（发改办运行〔2021〕583 号）、《关于加快做好释放煤炭先进产能有关工作的通知》（发改办运行〔2021〕702 号）、《关于进一步做好今冬明春煤炭增产增供工作的通知》（国能发煤炭〔2021〕50 号）、《煤矿生产能力管理办法和核定标准的通知》（应急〔2021〕30 号）、《关于加强煤炭先进产能核定工作的通知》（应急〔2022〕50 号）等政策，加强全国煤炭产量调度，持续释放先进产能，充分发挥煤炭煤电对能源绿色低碳转型的保障作用，加快建设山西、蒙西、蒙东、陕北、新疆五大煤炭供应保障基地。持续巩固去产能成果，加快淘汰落后产能。印发《关于煤炭行业化解过剩产能实现脱困发展的意见》（国发〔2016〕7 号）、《关于做好 2019 年重点领域化解过剩产能工作的通知》（发改运行〔2019〕785 号）等相关政策，扎实推进煤炭工业化解过剩产能的工作。2019 年以来，国家能源局会同有关部门组织开展了 30 万 t/a 以下煤矿分类处置工作，指导各地按照"严格执法关闭一批、实施产能置换退出一批、升级改造提升一批"的要求，有序淘汰落后产能。2021 年 9 月 22 日，中共中央、国务院《关于完整准确全面贯彻新发展理念做好碳达峰碳中和工作的意见》提出加快煤炭减量步伐，"十四五"时期严控煤炭消费增长，"十五五"时期逐步减少，开展煤炭去产能"回头看"。持续优化煤炭储备能力。国家发展改革委、财政部早在 2011 年下发《国家煤炭应急储备管理暂行办法》，明确储备点布局、承储企业及管理等内容。储备能力建设长期被作为重点工作。2022 年 5 月 24 日，国务院关于印发《扎实稳住经济一揽子政策措施的通知》（国发〔2022〕12 号）中提出"提高煤炭储备能力和水平。用好支持煤炭清洁高效利用专项再贷款和合格银行贷款。压实地方储备责任"。当前，国家正在推进煤炭储备能力建设，总目标是在全国形成相当于年煤炭消费量15%、约6亿t的煤炭储备能力，其中政府可调度煤炭储备不少于2亿t，接受国家和地方政府直接调度，另外4亿t是企业库存，通过最低最高库存制度进行调节。

（2）系统谋划、统筹推进节能降碳工作。编制《"十四五"节能减排综合工作方案》（国发〔2021〕33号）、《完善能源消费强度和总量双控制度方案》（发改环资〔2021〕1310号）、《关于进一步做好原料用能不纳入能源消费总量控制有关工作的通知》（发改环资〔2022〕803号）、《工业领域碳达峰实施方案》（工信部联节〔2022〕88号）、《"十四五"工业绿色发展规划》（工信部规〔2021〕178号）、《工业能效提升行动计划》（工信部联节〔2022〕76号）、《重点用能产品设备能效先进水平、节能水平和准入水平（2022年版）》的通知》（发改环资规〔2022〕1719号）、《关于统筹节能降碳和回收利用加快重点领域产品设备更新改造的指导意见》（发改环资〔2023〕178号）、《关于推动能耗双控逐步转向碳排放双控的意见》（中办发〔2023〕46号）、《甲烷排放控制行动计划》、《工业领域碳达峰碳中和标准体系建设指南》、《关于印发煤炭清洁高效利用行动计划（2024—2027年）的通知》（国能发煤炭〔2024〕31号）以及《关于建立碳足迹管理体系的实施方案的通知》（环气候〔2024〕30号）等文件，加快节能降碳先进技术研发和推广应用，深入推进节能降碳增效行动。

（3）发展循环经济，加强生态保护和修复。不断完善的政策体系，推动了煤炭开采行业的清洁生产和循环经济的发展进程。早在2016年，国家发展改革委、生态环境部等有关部委发布了《清洁生产审核办法》（第38号令），明确清洁生产审核机制。《清洁生产标准—煤炭采选业》（HJ 446-2008）和《煤炭采选业清洁生产评价指标体系》（公告2019年 第8号）涵盖了煤炭工业生产工艺与装备、资源能源消耗、资源综合利用等关键指标，为煤炭开采实现清洁化发展指出了努力方向。2020年以来，印发《"十四五"循环经济发展规划》（发改环资〔2021〕969号）、《"十四五"全国清洁生产推行方案》（发改环资〔2021〕1524号）、《关于"十四五"大宗固体废弃物综合利用的指导意见》（发改环资〔2021〕381号）、《工业水效提升行动计划》（工信部联节〔2022〕72号）、《工业废水循环利用实施方案》（工信部联节〔2021〕213号）、《关于进一步加强煤炭资源开发环境影响评价管理的通知》（环环评〔2020〕63号）等文件积极构建资源循环型产业体系，强化煤炭工业清洁生产，园区循环化发展，资源综合利用。持续加强矿山生态环境保护和生态修复，推动印发实施重点流域水生态环境保护规划，推进历史遗留矿山污染和生态修复问题解决，2020 年以来，印发《中华人民共和国黄河流域保护法》、《尾矿污染环境防治管理办法》（部令第 26 号）、《黄河生态保护治理攻坚战行动方案》（环综合〔2022〕51 号）、《关于鼓励和支持社会资本参与生态保护修复的意见》（国办发〔2021〕40 号）、《关于支持开展历史遗留废弃矿山生态修复示范工程的通知》（财办资环〔2021〕65 号）、《全国重要生态系统保护和修复重大工程总体规划（2021—2035 年）》（发改农经〔2020〕837 号）、《重点区域生态保护和修复中央预算内投资专项管理办法》、《生态保护和修复支撑体系中央预算内投资专项管理办法》（发改农经规〔2021〕1728 号）等文件，积极推进形成矿山生态保护和修复新格局。

（4）深化煤炭产业体制机制改革、完善相关保障措施。印发实施《2023 年电煤中长期合同签订履约工作方案》（发改运行〔2022〕1861 号）、《关于进一步完善煤炭市场价格形成机制的通知》（发改价格〔2022〕303 号）等一系列政策文件，推动健全完善煤炭价格形成机制，放开煤电上网电价；印发《推动能源绿色低碳转型做好碳达峰工作的实施方案》（发改能源〔2022〕206 号）、《关于完善能源绿色低碳转型体制机制和政策措施的意见》（发改能源〔2022〕206 号）、《关于进一步加强绿色矿山建设的通知》（自然资规〔2024〕1 号）等文件，系统推进能源绿色低碳转型工作。

（5）加快煤矿智能化建设，推进行业高质量发展。2020 年 2 月，国家发展改革委、国家能源局等八部委联合发布了《关于加快煤矿智能化发展的指导意见》，吹响了煤炭工业向智能化进军的冲锋号，标志着煤炭工业迈进了实现智能化的新阶段。2020 年以来，国家发布了一系列的政策鼓励引导煤矿智能化的建设，先后发布了《煤矿智能化建设指南（2021 年版）》（国能发煤炭规〔2021〕29 号）、《能源领域 5G 应用实施方案》（发改能源〔2021〕807 号）、《关于印发〈5G 应用"扬帆"行动计划（2021—2023 年）〉的通知》（工信部联通信〔2021〕77 号）、《关于支持建设新一代人工智能示范应用场景的通知》（国科发规〔2022〕228 号）等系列政策，科学规范有序引导煤矿智能化建设，加快建成一批多种类型、不同模式的智能化煤矿。

3. 相关地方政策

依据我国"十四五"规划，煤炭生产向资源富集地区集中，各省市的政策倾向不一。山西、陕西、内蒙古、贵州、河南等资源丰富的省市地区，政策/规划重点在发展煤炭优质产能、推动煤矿开采智能化低碳化等方面；而浙江、江苏等地区的政策重点在结构转型以及绿色发展方面，附表 3 列出了地方层面重点煤炭行业相关政策汇总。

1.2.3 技术进展

1. 煤炭地质勘探

"十三五"以来，煤炭地质勘查理论体系不断完善，关键技术取得突破。完善了具有中国特色的煤炭地质学新理论，建立了煤系多能源、多资源的综合勘查技术体系。在绿色勘探方面，形成了具有中国特色的煤炭地质学新理论，发展出适合中国煤炭资源分布特点的煤炭资源综合勘查技术体系，初步总结形成一套先进的技术方法和工艺设备等，如以钻代槽（井）、以铲代镐、一基多孔和一孔多支、洛阳铲、赣南钻、模块化便携式全液压钻机等，在具备条件的地区进行探索应用，可在达到预期找矿效果的同时，最大限度地降低对生态环境的扰动。在地球物理勘探方面，已发展形成包括地震、电磁法、测井及综合探测等多个技术系列，开发出井下直流电法、瞬变电磁法、无线电坑道透视、地质雷达、槽波地震、瑞利波等多种物探技术与装备，超前探测距离达到 200 m。在掘进工作面、采煤工作面水、瓦斯、地质构造的超前探测方面，发挥着重要作用。煤矿井下发射槽波超前探测技术与装备达到国际领先水平。我国自主研发的大功率定向钻进技术和装备创造了顺煤层定向钻孔深度 3353 m 的世界纪录，并实现了煤矿井下随钻测量由"有线传输"向"无线传输"的跨越；研制了针对突出煤矿瓦斯抽采钻孔施工的智能化钻探技术装备。在远距离自动控制钻进、遥控自动钻进装备研制方面取得重大突破。在透明矿井构建（矿山地质信息化）方面，我国的数字化矿山起步较晚，初期以地质信息系统为基础构建，三维空间分析功能较弱。近几年，随着软件技术的进步和国外矿业工程软件在国内的应用范围的不断扩大，国内数字矿业软件在功能上取得了长足进步，具备强大的专业矿图编辑、矿山勘探策略数据和资源储量管理、三维矿山建模等功能。

未来，煤炭地质勘查方面，通过运用大数据、互联网+等信息进行的"数据勘查""智慧勘查"将成为重要发展方向。煤炭智能开采地质保障技术方面，随着煤炭智能开采对地质环境的透明精准需求，需要突破地层结构精细探测和灾害自动感知及预警等关键技术，开发高精度地球物理探测及多场反演成像技术、随采随掘精细探测技术、多场实时地质建模技术、动力灾害监测技术，研制随掘随采地震监测系统、雷达波岩层结构自动感知测量系统、多源场动力灾害智能预警系统等，形成适于不同地质条件的煤炭智能开采高效精准地质保障关键技术体系，实现煤炭智能开采智慧地质的目标。深层煤炭资源综合探测方面，需要从高精度的地震勘探、电磁法勘探、CT 扫描等新型勘探方法入手，逐步解决相关技术的应用，同时开展深井空间原位应力真值、地温梯度等参数的测量，建立以煤田、煤矿区和煤矿床为中心的深部原位应力场、地温场、渗流场、湿度场模型，为灾害预测、减灾、避免或防止灾害发生提供基础保障。

2. 煤炭开采

我国的煤炭资源储量丰富，但分布不均匀。全国垂深 2000 m 以浅的预测煤炭资源为 55700 亿 t，居世界第一。我国煤田地质条件复杂，多元灾害共生。东部大部分区域资源逐步枯竭、开采条件恶化。我国煤炭开采技术经历了爆破开采、普通机械化开采、高档普通机械化开采、综合机械化开采、综合开采放顶煤等几个阶段，开采技术结构呈现多元化的特点。

近 10 年来，我国煤炭行业在厚煤层开采技术和装备、薄及中厚煤层开采技术和装备、煤炭绿色开采技术和装备、煤矿高效掘进技术和装备、露天煤矿智能高效开采技术和装备、露天煤矿无人驾驶技术和装备的技术攻关和工程应用等方面，取得了突飞猛进的发展，为我国煤炭工业的转型升级和高质量发展打下了坚实的基础。

（1）在矿井建设方面，深厚土层中冻结法及机械破岩钻井技术取得突破。冻结法凿井技术解决了多圈冻结壁、高强混凝土井壁等关键技术，穿过冲积层厚度达到 754.96 m，冻结深度达 958 m，创造世界冻结深度纪录；非爆破机械破岩的立井钻机、反井钻机和立井掘进机钻井技术体系逐渐形成，形成了长斜大直径定向反井钻井、盾构法长距离斜井施工成套技术装备。智能快速掘进关键技术取得突破，如掘进机位姿检测与导航技术，极大地缓解了煤矿采掘失衡矛盾。千米深井巷道围岩控制技术取得突破，提出"支护—改性—卸压"三位一体围岩控制理论与成套技术，为深部巷道支护提供了有效途径。

（2）在煤炭绿色开采方面，研发了充填开采、煤与瓦斯共采、保水开采等绿色开采技术体系。提出了针对西部浅埋煤层保水开采岩层控制理论和技术，提出了基于煤柱群布置，减轻地层非均匀沉降的方法，实现了井下减压和地表减损。研发了矸石固体充填、粉煤灰膏体充填和高水材料充填技术。基本形成了集采空区勘察技术、地基稳定性评价技术、沉陷区注浆治理及抗采动影响技术为一体的沉陷区工程建设成套技术。

（3）矿山生态环保方面，初步构建了煤矿区生态修复与水资源保护技术体系。针对鄂尔多斯盆地采煤地质区域，按照保护环境就是保护地下水位的新理念，以及不同分区可保护水位的开采方法。西部煤矿区实现了采煤塌陷地和矸石山微生物修复，建成了以"导储用"为特征的地下水库，在神东矿区建成 35 座地下水库。研发了采煤沉陷区土地损毁评价、生态景观构建等技术，形成了集生态损害监测、土壤介质构造和植被重生的"三位一体"的多元复垦技术体系。位于徐州东部的潘安湖国家 4A 级湿地公园便是通过综合复垦技术由采煤沉陷区重建而来，是矿区生态治理的示范性工程。

（4）在煤机装备与智能开采方面，发明了工作面直线度精确检测与智能控制、采煤机记忆截割控制、刮板机智能控制等多项关键技术，研发了适用多种煤层条件的智能化综采（放）成套装备。在智能化远程管控研发方面，研发了综采工作面采煤、支护、运输等智能化协调控制技术，开发了矿井人员与车辆等动目标定位关键技术与系统，开发了煤矿供电无人值守及防越级跳闸技术与系统，研发了一体化矿山生产综合智能监控系统和面向智能开采的高效生产空间信息处理关键技术，建立了煤矿智能化建设理论和技术体系。研制出世界首台 9 m 采高智能化采煤机、8~9 m 一次采全高智能化液压支架、7 m 超大采高智能化综放开采液压支架和智能化超前支护液压支架、大运量智能刮板输送机等先进装备。采煤工作面机器人群、钻锚机器人、选矸机器人和巡检机器人等多种煤矿机器人已在煤矿井下应用。

（5）煤炭开采技术和装备的安全高效集约化、绿色化、智能化，已成为我国煤矿开采技术的主流发展趋势。尤其是煤矿智能化，是煤炭工业高质量发展的核心支撑，对实现煤矿减人增安提效、促进能源低碳转型具有重要意义。截至 2021 年底，全国智能化采掘工作面达 687 个，其中采煤工作面 431 个，掘进工作面 256 个，并有 26 种煤矿机器人在煤矿现场实现不同程度的应用。但煤炭行业智能化发展水平整体仍处于示范培育阶段，在智能开采基础理论、智能地质保障、智能快掘、大型设备联动控制、智能感知与决策等领域存在技术短板，煤炭开发与物联网、云计算、5G 通信等新一代信息技术融合也亟须加强。

3. 煤炭洗选

煤炭洗选是通过重介质选煤、浮游选煤、光电分选等技术将精煤与矸石等有效分离处理，实现原煤的除杂、除灰、除硫，进而提高煤炭产品质量的目的，达到用户的要求。煤炭洗选能改善和稳定煤质，提高后续煤炭利用效率，是煤炭清洁高效利用的源头技术。近年来，我国煤炭洗选加工技术快速发展，煤炭洗选技术和装备已达到国际先进水平，千万吨级湿法全重介选煤技术、大型复合干法和块煤干法分选技术、细粒级煤炭资源的高效分选技术、大型井下选煤排矸技术和新一代空气重介干法选煤技术成功应用。

4. 煤炭运输

煤炭运输电气化比例提升。自 1980—2000 年，铁路煤运量占全国煤炭运量的比重，基本上保持在 70% 以上。2019 年，铁路能源种类以电力、柴油和燃煤为主，电力消耗量所占比例最高，占 65.5% 左右，油类和煤炭分别占 23% 和 2.5% 左右，天然气、煤气、市政热力等其他类型能源所占比例为 9%。2012—2019 年，由于既有线路电气化改造及新电气化线路开通，电力机车数量和承担的工作量明显提升，牵引用电量不断上升，电力消耗占总能耗的比例从 34.1% 上升至 65.5%。由于内燃机车逐步被电力机车替代，油类消耗占比从 38.1% 下降至 23%。面对铁运为主的煤炭运输格局，加快形成煤炭绿色低碳运输方式意义凸显。

随着西部地区煤炭就地转化比例的提高，主产地调出能力减弱，未来重大突发事件、极端天气对东部地区煤炭短时稳定供应的压力将更加严峻，亟须优化煤炭物流体系，加速新一代信息技术与煤炭物流产业融合发展，提高煤炭保供能力。为降低煤炭运输过程能耗与碳排放水平，需提升铁路系统电气化水平，大力发展以铁路、水路为骨干的多式联运，推进工矿企业、港口、物流园区等铁路专用线建设，加快大宗货物和中长距离货物运输"公转铁""公转水"；有序实施既有线路电气化改造，提高路网电气化率，提高电气化铁路运输比重；优化运输组织方案，优化空车和重车比例，降低空车比例，提高有效运输系数，提高整体运输效能；加强太阳能、风能、氢燃料、天然气等新能源动力列车领域研究，打造铁路绿色高效移动装备；加强对既有燃煤、燃油设施设备的更新替代力度，按照因地制宜、多能互补的原则开展新能源、可再生能源、清洁能源技术的应用，提升电能、燃气、太阳能在铁路采暖能耗中的比例，持续优化铁路能源消费结构，提高铁路能效水平，减少大气污染物排放，推进铁路清洁能源化、绿色低碳化；大力推进技术性节能减排，扩大新型低能耗技术装备应用，推广内电混合动力调车机车，研发再生制动电能，降低机车牵引用能；利用新一代信息技术建立区域煤炭智慧物流信息系统，纳入消费者、物流企业、经销商及煤炭生产企业，充分发挥信息流在煤炭分销物流供应链各环节的控制和协调作用，使供应链各环节成员共享信息并实现交互，提高信任度、增强透明度，促进煤炭产、供、储、销的顺畅衔接，增强保供能力，如图 1-8 所示。2021 年，国家能源集团天津港务基于自主研发"流程智能化"控制技术的煤炭高效直接装船工艺完成重载作业超 4.3 万 t，标志着我国专业化煤炭港口码头首个煤炭高效直装工艺正式上线成功。该公司在"流程智能化"控制技术和原设计工艺的基础上融合创新，提出了一种国内首创的煤炭高效直装工艺。该工艺创新融合"多路径在线融合"技术，可实现每小时 6000 t 的高效直装作业，实现效率最大化。据测算，每直装一列火车，可以节约作业能耗 1500 kW·h，煤炭在港中转时间平均减少 97.9%，增加堆存能力 4300 t，释放设备维修时间 1.5 h。

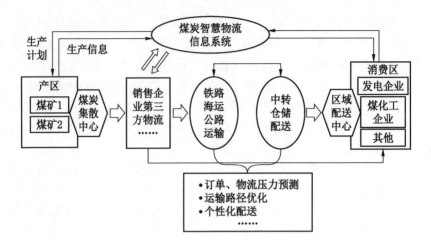

图1-8　区域煤炭智慧物流系统

5. 煤炭利用

"十三五"以来，煤炭清洁利用技术体系逐步完善。千万吨级湿法全重介选煤、大型干法选煤技术成功应用。高效煤粉工业锅炉、水煤浆浆体化 CFB 供热供暖锅炉、民用新型燃煤炉具、低阶煤热解分质分级利用等技术取得突破。建成了全球最大的清洁煤电供应体系，全面开展燃煤电厂超低排放改造。燃煤电厂超低排放和节能改造 9.5 亿 kW，占全国燃煤电厂总装机的 76% 左右。煤电机组通过实施节能改造，供电煤耗率逐年降低。散煤综合治理和煤炭减量替代成效显著，落实《燃煤锅炉节能环保综合提升工程实施方案》，提高锅炉系统高效运行水平。

现代煤化工产业关键技术和核心装备自主化取得重大突破，煤制油、煤制天然气、煤制烯烃、煤制甲醇等示范项目取得成功，污废水实现循环利用和近"零排放"，大型设备的开发和运用使得煤炭清洁高效转化示范工程顺利实施，我国煤炭转化发展迅速，技术创新和产业化均名列世界前茅。

在"双碳"目标背景下，为减少煤炭利用少碳用碳，需持续加强对二次再热超超临界发电技术、大容量超超临界循环流化床燃烧发电技术、煤电机组灵活性改造技术、新一代煤催化气化、加氢气化、煤化学链气化、煤制合成气一步法转化液体燃料和高值化学品等关键技术攻关。

本书主要聚焦煤矿开采、洗选和矿区内的运输环节。

1.2.4　节能提效与低碳发展存在的机遇与挑战

1. 节能提效与低碳发展存在的机遇

（1）煤炭仍将在能源供应中发挥着关键作用。从总量而言，煤炭依然是我国能源消费的主要来源，为我国能源的安全性提供了坚实基础。"富煤、贫油、少气"是我国能源结构的基本特征，煤炭与其他能源相比，具有资源自主、生产实力强大、生产基础稳固等优势。煤炭在能源消费中占比在仍在 56% 左右，远高于石油、天然气以及非化石能源占比，依然是我国能源消费的主要来源。随着"双碳"目标推进，能源低碳转型发展对能源供应保障提出新的要求。在国内用能需求持续增长的背景下，煤炭行业需立足长远，确保能源供应。从结构而言，"双碳"目标下煤电和新能源将形成科学有序互补替代，在实现碳达峰过程中，风、光等新能源是满足能源增量需求的主体，但在能源消费结构中的占比较低，仍然是补充能源；煤炭消费总量保持平稳或略有增长，占比将逐步下降到 50% 左右，逐渐变为基础能源。在实现碳中和过程中，新能源不仅满足能源增量需求的主体且逐渐开始替代煤炭，煤炭利用逐步向电力调峰、保障能源供应安全等不能被替代的方面转变，逐渐成为保障能源和支撑能源。

（2）"双碳"目标下，煤炭开发利用迎来低碳转型的发展机遇。《中共中央 国务院关于完整准确全面贯彻新发展理念 做好碳达峰碳中和工作的意见》要求，深度开展产业调整，加快煤炭减量步伐，"十四五"时期严控煤炭消费增长，"十五五"时期逐步减少。逐步减少直至禁止煤炭散烧。《"十四五"能源体系规划》要求推动化石能源绿色低碳开采，强化煤炭绿色开采和洗选加工。《减污降碳协同增效实施方案》要求增强生态环境政策与能源产业政策协同性，以碳达峰行动进一步深化环境治理，以环境治理助推高质量达峰。因此，当前煤炭行业原有的粗放型发展模式已不能满足可持续发展的要求。在推进碳达峰碳中和目标工作中，如何统筹煤炭清洁低碳发展、多元化利用、综合储运等各项问题，提高煤炭作为化工原料的综合利用效能，促进煤化工产业高端化、低碳化的发展，为煤炭行业转型发展提出了新要求。同时传统能源逐步退出要建立在新能源安全可靠的替代基础上。要立足以煤为主的基本国情，必须尊重客观规律，把握步骤节奏，坚持先立后破、稳中求进，夯实国内能源生产基础，保障煤炭供应安全等重要指示精神和决策部署，为煤炭行业的转型提供了窗口期和机遇期。

（3）"1+N"双碳政策体系为煤炭低碳发展提供了有力的支撑保障。"双碳"目标顶层设计不断完善，政策体系不断夯实。《中共中央 国务院关于完整准确全面贯彻新发展理念 做好碳达峰碳中和工作的意见》从完善投资政策、积极发展绿色金融、完善财税价格政策、推进市场化机制建设等方面提出加强政策支持。《2030 年前碳达峰行动方案》要求构建有利于绿色低碳发展的法律体系，健全可再生能源标准体系，加快相关领域标准制定修订；要求完善经济政策，加大对碳达峰、碳中和工作的支持力度。建立健全有利于绿色低碳发展的税收政策体系、完善绿色金融评价机制，建立健全绿色金融标准体系。国家发展改革委、能源局《国家发展改革委 国家能源局关于完善能源绿色低碳转型体制机制和政策措施的意见》要求完善煤炭清洁开发利用政策，提出立足以煤为主的基本国情，按照能源的不同发展阶段，发挥好煤炭在能源供应保障中的基础作用。建立煤矿绿色发展长效机制，优化煤炭产能布局，加大煤矿"上大压小、增优汰劣"力度，大力推动煤炭清洁高效利用。制定矿井优化系统支持政策，完善绿色智能煤矿建设标准体系，健全煤矿智能化技术、装备、人才发展支持政策体系。这些政策的出台对于煤炭行业低碳转型发展提供了有力的支撑保障，形成了良好的发展氛围。

（4）"双碳"目标下的煤炭低碳转型面临更高质量发展要求。党的二十大提出，要积极稳妥推进碳达峰碳中和，立足我国能源资源禀赋，坚持先立后破，有计划分步骤实施碳达峰行动，深入推进能源革命，加强煤炭清洁高效利用，加快规划建设新型能源体系，积极参与应对气候变化全球治理。"双碳"目标的政策体系在提供支撑保障的同时，也对煤炭低碳转型发展提出了更高质量的要求。一是严格能耗"双控"要求，要求坚持把节约能源资源放在首位，强化能耗强度降低约束性指标管理，加强能耗"双控"政策与碳达峰、碳中和目标任务的衔接；二是优化升级产业结构的要求，要着力推动产业升级，持续增加大型先进产能煤矿比例；三是更高的政策协同要求，需要增强煤炭开发、生态环境政策与国土空间管理政策的协同性。

（5）技术创新是实现"双碳"目标的核心动力。我国煤炭开采的平均能耗节能空间巨大。与此同时，吨煤碳排放强度降速呈现逐年放缓趋势，煤炭行业低碳转型发展压力凸显，唯有科技创新是实现碳达峰碳中和的核心驱动力。煤炭行业未来要把握新一轮产业革命机遇，加强煤炭基础理论研究和关键技术攻关，充分考量技术的先进性、成熟度、经济性，在智能绿色开采、清洁低碳利用、瓦斯抽采利用、低碳融合技术、负碳固碳技术等方面进行创新攻关，为行业实现碳达峰碳中和目标提供重要支撑。智能化是煤炭行业转型升级的必由之路。随着信息化技术的高速发展，未来人工智能、云计算、机器人、智能装备等与现代煤炭开发利用深度融合的技术，通过改善煤炭开发利用工艺、技术装备和系统性管理，提高煤炭利用效率和系统节能水平，减少不必要的能源损耗。与此同时，煤炭行业节能与低碳技术发展仍面临着一系列的约束，包括现有节能技术提升空间提升难度大，5G、工业互联网等技术与煤炭行业的深度融合不足，渗透率低、开发运行成本普遍较高、煤矿数字化转型任重道远。

2. 节能提效与低碳发展存在的挑战

（1）煤炭开发面临能源保供与绿色发展的博弈。一是我国绿色煤炭资源量有限。据中国工程院项目研究测算，我国预测煤炭资源量约为 5.97×10^{12} t，探明煤炭储量为 1.3×10^{12} t。而我国绿色煤炭资源量仅有 5.05×10^{11} t，约占全国煤炭资源量的 10%；煤炭资源回收率平均仅为 50% 左右，按照国家能源战略需求，绿色煤炭资源量可开采年限仅为 40~50 年。二是存在区域性、时段性煤炭供需形势紧张。2021 年年初，迎峰度夏以及 9—10 月部分地区电力供应紧张，电煤和天然气增长与需求增长不匹配，煤炭供应热值较 2020 年明显降低，煤炭有效供给量低于全社会耗煤量增速 1.14 个百分点，低于电煤耗量增速 4.43 个百分点。尽管有关部门自 5 月起，持续出台了多种增产增供措施，但在迎峰度夏、迎峰度冬或新能源出力不足的时候，煤炭资源的兜底保障和应急调节能力不足。三是煤矿产能释放不及需求增长速度。近年来，我国煤炭行业固定资产投资速度相对较低，煤企投资建矿意愿不强，2017 年以来核增、核准产能逐年减少，煤炭产能增加有限。国务院常务会议提出，通过核增产能、新投产等，2022 年新增产能 3 亿 t，手续办理、建设周期等有待协调推进。此外，煤矿产能核增及接续用地征用手续复杂，部分地区仍存在一个矿出现安全事故，整个区域或所属集团甚至全国煤矿停业整顿的现象。进口煤减少和不确定性因素增加，国内资源支撑需求增加。受新冠疫情、俄乌冲突、能源危机等因素影响，国际市场形势复杂多变，国际煤价处于高位，进口煤市场份额挤占；印尼等主要出口国出口量存在较大变数；俄罗斯煤炭进口存在一定的限制，短期内煤炭进口量难以大幅提升。四是"双碳"目标、生态环境和长期煤炭地位变化要求煤炭行业必须转型发展。短期来看，我国能源消费总量还将继续增加，煤炭在我国能源安全稳定供应中兜底保供作用依然无可替代，但气候因素、煤炭转运能力及市场预期的影响越来越大。长期来看，在新形势、新环境和新要求下，传统的煤炭开发利用方式不可持续，煤炭行业面临的问题也由之前的"扩能保供，满足人民群众用上煤炭"转变为"绿色开发利用煤炭，不断满足人民对美好生活的向往和需求"。五是黄河流域生态保护对煤炭行业环保要求进一步提高。我国 14 个大型煤炭生产基地有 7 个分布在黄河流域，煤炭年产量约占全国总产量的 70%，黄河流域面积约 80 万 km^2，其中含煤面积超过 35.9 万 km^2。根据《黄河流域生态保护和高质量发展规划纲要》相关要求，煤化工项目、煤矿项目环评审批将更加严格；另一方面，由于用水指标有限和水价较高，煤炭及煤化工企业加强废水深度处理循环利用补充企业用水将成为必然选择。

（2）绿色发展不充分。我国煤炭资源开发长期处于高位，煤炭产能也进一步向生态环境脆弱的西部、西北部地区转移，矿区环境治理、生态修复和资源综合利用都面临较大的压力。尽管 2010 年以来，国家大力推进绿色矿山建设，部分煤矿已建成绿色矿区，但仍有很多煤矿存在严重的环境问题，主要表现在：一是煤炭开采引发大量土地沉陷，破坏土地资源和植物资源，影响土地耕作和植被增长，改变地貌和生态环境，恢复治理难度大。开采沉陷区造成东部平原矿区土地大面积积水受淹或盐渍化，使西部矿区水土流失和荒漠化加剧。采煤塌陷区还带来山体滑坡、泥石流等次生灾害。我国每年因煤炭开采造成的土地损伤面积约为 70000 公顷。据相关资料，全国矿山开采占用损毁土地 5400 多万亩。其中，正在开采的矿山占用损毁土地 2000 多万亩，历史遗留矿山占用损毁 3400 多万亩。所以，我国矿山生态修复目前面临着形势严峻。二是煤矿开采产生的大量的矿井废水，其悬浮物含量高，有害物质种类多，有害废水渗入土壤，破坏矿区周围地下水系，影响动植物生长。我国每年因煤炭开采破坏的地下水资源约为 7.0×10^9 t，部分矿井废水直接外排，不仅浪费水资源，还污染环境。三是煤矸石堆存占用大量土地，破坏矿区生态环境，恢复治理滞后。一些煤矿对煤矸石的持续管理重视不够，仍以"一堆了之"等简单方式为主，无序处置导致环境问题频发。保水开采、充填开采等绿色开采技术仅在少数煤矿应用。煤矸石等资源综合利用推进力度不足。矸石产品市场竞争力弱，市场空间小，缺乏有效政策激励机制和杠杆作用。有些地方仍将煤矸石的热值计入能耗指标，将煤矸石制备建材等项目与传统建材项目同等对待，纳入"两高"或限制类产业进行，综合利用项目落地难。四是瓦斯矿井的煤层气的开发利用未得到充分重视。2020 年井下瓦斯抽采利用率仅为 44.8%，利用规模与质量存在明显不足。当前对煤矿瓦斯治理和利用过程中，存在着对"先抽后采、监测监控、以风定产"十二字方针认识不到位，瓦斯治理、抽采利用技术环节基础研究较为薄弱、瓦斯突出预测理论技术尚未实现重大突破，煤层气开发利用的相关政策措施尚待落实到位等问题，影响煤矿中瓦斯治理和煤矿安全生产工作，进而影响着我国"双碳"战略目标的实现。此外，随着煤炭行业化解过剩产能，越来越多的废弃矿井瓦斯排放将成为一个重要的现实问题。

（3）部分基础理论与技术瓶颈亟待突破。我国在绿色矿山建设、煤炭清洁利用等方面部分基础理论和技术已取得长足进展，但对标碳中和实现仍有差距，支撑产业升级的原创性核心技术仍显不足，与优势行业相比还有一定差距，科技成果转化率仍处于较低水平。智能采掘技术及准备方面，自适应割煤、煤岩识别、超前支护自动化、智能放煤、装备智能定位及路径规划等技术难题亟待攻克。资源综合利用方面，我国煤炭开采所产生的水、气、热、矸石、伴生矿等资源利用率不高，尤其是煤炭开发产生甲烷的排放控制水平偏低，亟待提升煤矿瓦斯及煤层气的开发利用规模和质量，针对风排瓦斯的智能化低能耗的分离和氧化利用技术亟待创新突破和应用。煤矿事故的防控与应急技术装备方面，主要传统的煤矿水、火、瓦斯、冲击地压、粉尘等煤矿灾害防治技术和装备不能有效解决深部复杂地质条件带来的严重问题，灾害防治的区域化和节能低碳等方面科技攻关力度不足。煤炭低生态损害开采基础理论技术研究方面，矸石回填技术、深部煤层瓦斯富集及抽采流动理论、矿区生态环节损毁调查诊断及修复技术、土体清洁和污染治理技术、废旧矿山的可持续利用、地貌重塑、土地复垦及植被恢复技术等技术研究相对薄弱，亟待创新突破和应用。节能低碳技术资金扶持政策方面，煤炭企业节能低碳技术发展主要是自行投入资金、人才等，研发时间较长，资金压力较大，且在短期内很难看到显著收益，进行节能低碳技术研发的积极性不高。

（4）产业发展格局不均衡。一是我国煤矿现代化水平发展不平衡。我国煤矿数量多，地质条件差异性大，开采技术和装备水平参差不齐，是影响煤炭行业生产能耗的主要因素。以大型矿井为主的国有煤炭企业平均生产效率高，机械化、自动化、智能化发展速度快，一部分先进矿井已实现了地面一键启动、井下有人巡视，无人值守，但仍有一部分落后矿井生产效率较低，采用炮采炮掘等落后采煤工艺。二是区域性和时段性供需结构不平衡。区域性不平衡方面，存在"西煤东运""北煤南运"的运输格局，抬高运输物流成本，增加能耗和碳排放。我国煤炭资源主要分布在山西、陕西、鄂尔多斯和新疆地区，其开采条件好，开采规模大，南方、中东部地区煤炭资源禀赋条件差，开采条件复杂，灾害也比较严重，开采成本高。我国煤炭消费主要集中在东部地区，东南沿海省份经济最发达，煤炭消耗量及调入量大，部分省份或地区由于区域内煤矿大规模关停，煤炭依靠省外调入。我国煤炭生产与消费不平衡，近半数煤炭依赖跨省区调运，增加了煤炭运输成本和压力，特别是用煤高峰阶段，主要煤炭外送通道及下水港需全天候满负荷运行。此外，矿区"前后一公里"两次车辆倒短现象普遍，铁路专用线接入率不高，路矿、路厂直通少，铁路煤运大通道优质运能尚未完全发挥。时段性不平衡方面，煤矿生产、运输与电煤消耗的时段性差异凸显。当前，由于我国电力供需结构变化，峰谷差加大，清洁能源发电比例不断提高，叠加季节、极端天气影响，电煤消耗季节性波动明显，与煤矿生产、铁路运输均衡性的矛盾越来越突出，部分地区受资源、运输约束出现时段性偏紧的问题。三是我国煤炭产业集中度偏低。2020 年底全国前 8 家大型企业原煤产量为 18.55 亿 t，占全国的 47.6%。从国外看，主要产煤国行业前四名份额集中度大多在 50% 左右。煤炭资源分布散、同质化经营、重复建设的局面不利于行业的技术进步和创新，也不利于整个煤炭产业的高效与可持续发展。

（5）企业转型升级不充分。企业作为市场主体，需要通过转型升级来实现产业从中低端迈向中高端，实现核心竞争力的提升。近年来，煤炭企业积极寻求多元化发展道路，部分大型煤炭企业通过与下游产业、新技术新业态的融合发展，初步形成了以煤为基础，煤电、煤化工、煤钢、建材、金融、新能源等相关产业协同发展格局，同步积极开拓海外市场。与国外大型煤炭企业相比，我国煤炭企业的转型升级不充分。一是 2016 年以来，煤炭行业形势稳中向好，行业转型升级意愿不强。大多数企业仍以单一的"买煤、卖煤"业务模式，以煤炭外销为主，向高端产业链延伸的不多，导致企业盈利能力较多依赖煤炭价格，没有形成具有可持续发展的资源优势和抵御风险的能力。二是不同地区的煤炭企业转型升级难度差异大。总体上看，我国东部地区的煤矿企业受资源、环境、区域经济等条件约束，产业发展和升级空间小；西部地区煤矿企业具有资源、土地等方面的优势，产业升级空间相对较大。三是煤炭企业专业化程度不够。发达国家先进煤炭企业十分重视专业化发展，专注于高效低成本生产高质量煤炭产品和提升矿井的竞争力。目前，我国大多煤炭企业规模小的偏多，产业较为分散，专业化程度不足，管理层级复杂，生产要素配置不科学，削弱了企业能源保障能力。

（6）煤炭行业节能低碳专业人才储备不足。由于各矿区开采条件、经济实力、科技人才储备等存在较大差异，节能环保低碳领域的专业技术人才不足以支撑发展的需要，与绿色低碳高质量发展的内在需求相比仍存在较大差距。主要表现在：从业人员数量众多，属于典型的劳动密集型行业；人员老龄化现象严重，后备劳动力不足，加之煤矿工作环境差、待遇低、交通相对闭塞，导致井下一线招工难；高级技术人员短缺，不能适应未来信息化、智能化、低碳化矿井建设需求；专业化的节能与低碳管理和技术人才缺乏，不能满足低碳转型发展的需求；高等学校矿业工程生源日趋紧张，科研院所高水平人才流失率较高，煤炭人力资源供需矛盾越发明显。

1.3 本章小结

（1）减少煤炭的开发和利用是实现全球可持续发展目标的核心议题，是解决环境污染、应对气候变化等一系列问题的重要途径。世界各国积极应对气候变化，已提出各种限制减少煤炭过度开发利用的政策措施，包括提出减排目标计划，开展退煤行动及计划、加强煤炭清洁高效开发及利用、开展煤炭行业甲烷排放控制计划及行动等。综合各国煤炭资源禀赋和政策实施情况，短期内全球煤炭资源以存量发展为主，煤炭需求主要来自燃煤电厂，长期看煤炭到 2050 年仍有使用空间。

（2）国外发达国家在煤炭行业节能低碳发展中积累了先进经验，主要手段包括：立足国情，合理安排退煤政策步调；重视联合发展，优化配置煤炭资源；积极发展新兴产业，拓展多元化业务；提升创新研发能力，提高煤炭开采生产效率；利用财政、税收等经济政策手段，助力煤炭行业转型发展；重视矿山生态修复和治理、煤层气的开发与利用和废弃矿井能源资源的开发利用；加强煤炭生产过程的全生命周期碳排放监管。

（3）"十三五"以来，煤炭作为我国能源安全的"压舱石"，在保障能源安全方面发挥了重要的作用。煤炭行业围绕推动供给侧结构性改革目标任务，深化市场化体制机制创新，着力推动煤炭科技进步，淘汰落后产能，建设大型现代化煤矿，行业绿色低碳发展取得一系列成效：煤炭开发布局和产业结构持续优化，运输保障能力持续提升，煤矿机械化智能化水平稳步提升，生产效率稳步提高，煤矿安全生产形势明显好转，循环经济稳步发展，资源综合利用水平和效率不断提升，煤炭清洁高效利用步伐加快，节能降耗和减碳工作取得显著成效，煤炭市场化改革稳步推进。

（4）"双碳"目标下，煤炭开发利用迎来低碳转型的发展机遇，面临更高质量发展要求，"1+N"双碳政策体系为煤炭低碳发展提供了有利的支撑保障。同时，煤炭行业绿色低碳发展面临诸多挑战，包括煤炭开发面临去产能与能源保供的博弈，绿色发展不充分，部分基础理论与技术瓶颈亟待突破，产业发展格局不均衡，企业转型升级不充分，煤炭行业节能低碳专业人才缺乏等。面对机遇与挑战，煤炭行业既要落实好能源保供与绿色转型双重任务，又要兜住国家能源安全稳定供应保障的底线。

第2章 煤炭行业能耗及
碳排放现状分析

近年来，煤炭行业深入贯彻"资源开发与节约并举，把节约放在首位"的工作方针，大力开展节能降耗和减碳工作，提升生产技术和装备水平，深入开展节能技术改造、节能诊断和节能监测服务，不断应用节能技术新产品，建立健全能源管理体系和节能低碳标准体系，节能降耗和减碳工作取得了一定成效。本章节调研分析了我国煤炭产业能耗现状、碳排放现状及节能低碳标准的建设情况，分析存在的不足，并提出相关建议。

2.1 能耗现状

2.1.1 总体情况

根据国家统计局的数据，2020年，我国煤炭生产能源消费总量为1.0066亿t标准煤，占全国能源消费总量49.8亿t标准煤的2.02%，与2011年相比，年均下降3.94%。2011—2020年我国原煤产量和煤炭生产能源消费总量如图2-1所示。从煤炭开发和利用过程看，煤炭利用过程的碳排放量占比近90%，煤炭开发过程的碳排放量占比约10%。

32年以来，我国大型煤炭企业的能耗水平呈现逐年降低的趋势。2022年，我国大型煤炭企业原煤产量30.3亿t，占全国原煤产量的66.45%，大型煤炭企业原煤生产综合能耗为9.7 kgce/t，与1990年大型煤炭企业原煤生产综合能耗38.67 kgce/t相比，下降74.92%，如图2-2所示。

根据《煤炭井工开采单位产品能源消耗限额》（GB 29444—2012）和《煤炭露天开采单位产品能源消耗限额》（GB 29445—2012）的规定，井工煤矿单位产品能耗先进值3.0 kgce/t，露天煤矿单位产品能耗先进值5.0 kgce/t，与之相比，我国煤炭企业原煤生产综合能耗节能潜力巨大。2022年，我国中小型煤炭企业原煤产量15.3亿t，占全国原煤产量的33.55%，中小型煤炭企业原煤生产综合能耗平均水平更低，也是节能提效的重点对象。

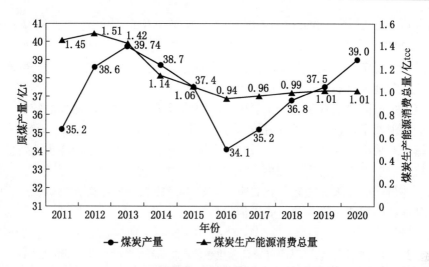

数据来源：国家统计局

图 2-1　我国原煤产量和煤炭生产能源消费总量

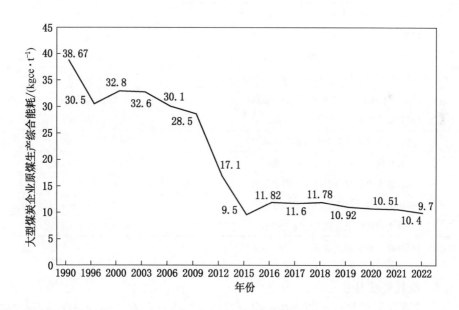

图 2-2　大型煤炭企业原煤生产综合能耗

2.1.2　计算依据

根据《煤炭企业能源消费统计规范》（GB/T 28398—2023）、《综合能耗计算通则》(GB/T 2589—2020)、《煤炭井工开采单位产品能源消耗限额》(GB 29444—2012)、《煤炭露天开采单位产品能源消耗限额》(GB 29445—2012)等标准的相关规定,煤炭企业能源消耗统计的范围为主要生产系统、辅助生产系统所消耗的各种一次能源量、二次能源量和损失量。

煤炭生产能源消费量包括主要生产能源消费量和辅助生产能源消费量。主要生产能源消费量包含井工开采中的采掘、通风、排水、瓦斯抽放、运输、提升等,露天开采中的穿孔、爆破、采装、运输、排土等。辅助生产能源消费量包括矿内机修、矿灯充电、生产照明、生产供水、井口浴室、生产采暖、井口食堂、烤衣、井口选矸、灭火灌浆、化验室、矿建等,井工开采、露天煤矿、选煤的单位产品能耗限定值、准入值、先进值见表2-1。

表2-1 井工开采、露天煤矿、选煤的单位产品能耗限定值、准入值和先进值

单位产品能耗值	能耗限额值
现有煤炭井工开采企业单位产品能耗限定值	≤11.8 kgce/t
新建煤炭井工开采企业单位产品能耗准入值	≤7.0 kgce/t
煤炭井工开采企业单位产品能耗先进值	≤3.0 kgce/t
现有煤炭露天开采企业单位产品能耗限定值	≤8.2 kgce/t
新建煤炭露天开采企业单位产品能耗准入值	≤6.5 kgce/t
煤炭露天开采企业单位产品能耗先进值	≤5.0 kgce/t
现有炼焦煤选煤企业电力消耗限定值	≤9.5 kW·h/t
新建炼焦煤选煤企业电力消耗准入值	≤7.5 kW·h/t
炼焦煤选煤企业电力消耗先进值	≤5.7 kW·h/t
现有动力煤选煤企业能耗消耗限定值	≤6.3 kW·h/t
新建动力煤选煤企业能耗消耗准入值	≤4.6 kW·h/t
动力煤选煤企业电力消耗先进值	≤3.2 kW·h/t

注:电力折标准煤系数采用当量值。

2.1.3 能耗现状分析

为摸清我国煤炭行业的能耗情况、节能工作现状及存在问题,课题组在文献调研基础上,开展了井工煤矿、露天煤矿、基建煤矿以及选煤厂能耗情况问卷调研,调研煤矿煤炭产量占全国煤炭产量的48.77%,包括253座井工煤矿、12座露天煤矿、10座基建煤矿和144座选煤厂基础能耗数据。

1. 井工煤矿

2020 年，我国井工煤矿的原煤产量为 32.4 亿 t，占原煤总产量的 84.33%，近 10 年，井工煤矿产量整体呈现缓慢下降的趋势，如图 2-3 所示。

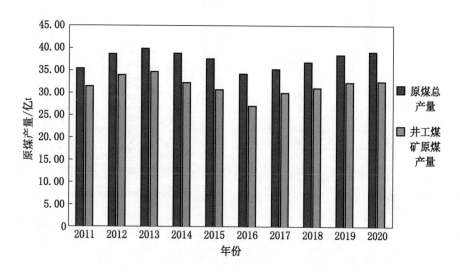

图 2-3　我国原煤总产量和井工煤矿原煤总产量

1）煤炭开采单位产品能耗

我国井工煤矿的能源消耗种类主要包括电力、煤炭（或燃气、蒸汽、外购热力）、柴油、汽油、润滑油、新鲜水等，电力是主要的能源消耗种类，其次是煤炭和油品等。综合本课题研究所调研的井工煤矿的能源消费情况，电力消费占整个煤矿能源消费的比例为 70%，煤炭消费占整个煤矿能源消费的比例为 25%，油品消费占整个煤矿能源消费的比例为 5%。电力消费中，井下采、掘、运系统的电耗占总电耗的 35%～45%，主通风、主排水、空压机、主提升运输四大工序的电耗占总电耗的 25%～40%。

截至 2022 年底，我国已建成千万吨级煤矿 79 处，核定生产能力 12.8 亿 t/a，约占全国生产煤矿总产能的 29%。随着我国井工煤矿采掘工艺技术和装备水平的不断提升，煤炭开采单位产品能耗水平整体上呈现逐年降低的趋势。千万吨级的井工煤矿的煤炭开采单位产品能耗多数在 3.0 kgce/t 左右。

综合本课题研究所调研的煤炭井工开采企业单位产品能耗限额指标情况，单位产品能耗指标能够达到先进值的企业数量所占比例小于 5%，未达到限定值的企业数量所占比例超过 20%，位于准入值和先进值之间的企业数量所占比例为 75% 左右，如图 2-4 所示。

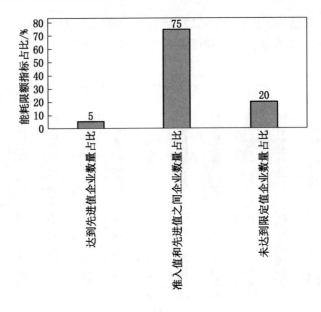

图 2-4 煤炭井工开采企业单位产品能耗限额指标情况

2）井工煤矿生产主要工序能耗

井工煤矿主要生产工序主要包括开拓、掘进、回采、提升、运输、通风、排水、空气压缩、排矸和装车等。根据本课题调研的我国井工煤矿的通风、排水、空气压缩、提升运输等工序的能耗指标，得出我国井工煤矿生产主要工序能耗的状况。

表 2-2 煤矿主要工序能耗等级和限值

能耗指标	一级指标	二级指标	三级指标	参考标准
轴流式通风机的主要通风系统	≤0.360 kW·h/ (Mm³·Pa)	0.361~0.400 kW·h/ (Mm³·Pa)	0.401~0.550 kW·h/ (Mm³·Pa)	《煤矿主要工序能耗等级和限值 第1部分 主要通风系统》（GB/T 29723.1—2013）
主排水系统工序	≤0.390 kW·h/ (t·hm)	0.391~0.440 kW·h/ (t·hm)	0.441~0.500 kW·h/ (t·hm)	《煤矿主要工序能耗等级和限值 第2部分 主排水系统》（GB/T 29723.2—2013）
空气压缩系统工序	≤0.107 kW·h/ (m³·MPa)	0.108~0.114 kW·h/ (m³·MPa)	0.115~0.130 kW·h/ (m³·MPa)	《煤矿主要工序能耗等级和限值 第3部分 空气压缩系统》（GB/T 29723.3—2013）

表2-2(续)

能耗指标	一级指标	二级指标	三级指标	参考标准
主提升带式输送系统工序	≤0.380 kW·h/(t·hm)	0.381~0.450 kW·h/(t·hm)	0.451~0.550 kW·h/(t·hm)	《煤矿主要工序能耗等级和限值　第4部分　主提升带式输送系统》(GB/T 29723.4—2013)
竖井主提升系统工序	≤0.450 kW·h/(t·hm)	0.451~0.490 kW·h/(t·hm)	0.491~0.550 kW·h/(t·hm)	《煤矿主要工序能耗等级和限值　第5部分　主提升系统》(GB/T 29723.5—2019)

　　根据表2-2，综合本课题研究所调研结果，井工煤矿主要通风系统工序能耗指标达到一级的占10%、达到二级的占25%、达到三级的占38%、不满足三级要求的占27%；井工煤矿主排水系统工序能耗指标达到一级的占12%、达到二级的占25%、达到三级的占37%、不满足三级要求的占26%；井工煤矿空气压缩系统工序能耗指标达到一级的占15%、达到二级的占28%、达到三级的占30%、不满足三级要求的占25%；井工煤矿主提升带式输送系统工序能耗指标达到一级的占14%、达到二级的占26%、达到三级的占35%、不满足三级要求的占25%；立井主提升系统工序能耗指标达到一级的占14%、达到二级的占25%、达到三级的占33%、不满足三级要求的占28%；斜井主提升系统工序能耗指标达到一级的占15%、达到二级的占24%、达到三级的占34%、不满足三级要求的占27%，如图2-5所示。

　　在煤炭开采行业，我国每生产1亿t煤炭，排放矸石1400万t左右，在煤炭洗选行业，每洗选1亿t炼焦煤，排放矸石2000万t，每洗1亿t动力煤，排放矸石量1500万t。根据调研，排矸环节的能耗占煤炭生产总能耗的2%~5%。目前，煤矿智能化排矸系统已在多个煤矿投入使用，实现安全高效运输和无人作业。

　　作为煤炭矿区煤炭运输主要环节，智能火车无人装车系统和末煤汽运智能装车系统是煤矿地面快速装车系统的主流系统，已经在多个煤矿投入使用。智能火车无人装车系统主要包括火车车厢定位系统、偏载检测系统、火车智能指挥系统和监测控制平台，该系统具有自动完成配料、车号自动识别、车辆动态跟踪、溜槽自动控制、自动卸料等功能，真正实现无人操作、有人巡视、全流程自动装车。使用该智能无人值守装车系统仅用2分钟就能装满整卡车30~40 t的物料，解决了传统装车方式中人工劳动强度大，装车速度慢，车辆管理混乱等一系列问题。末煤汽运智能装车系统是基于激光雷达点云处理技术实现车厢长度、车厢前

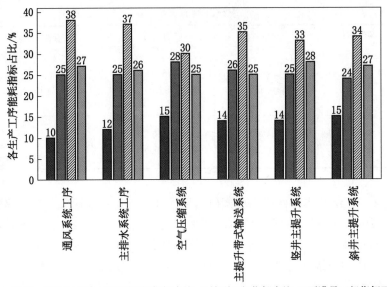

图 2-5 井工煤矿主要生产工序能耗指标情况

后帮及侧帮高度、车厢位置跟踪等重要功能,并将车辆信息集中处理后传递至控制系统 PLC,由 PLC 系统进行汽车装车流程化自动控制及语音指挥的智能装车系统,解决了末原煤产品汽运使用传统的铲车装载自动化程度低、岗位司机劳动强度大这一突出问题,整个系统运行稳定,减人提效效果突出。

2. 露天煤矿

露天煤矿是我国煤炭工业重要组成部分,具有资源回收率高、安全条件好、劳动效率高、生产规模大等优点,对国内煤炭稳定供应的作用越来越明显。目前,我国共有露天煤矿 376 处,产能 9.5 亿 t/a、占全国煤矿总产能的 17.8%,产量占全国的比重由 2000 年的 4% 左右提高到目前的 18% 左右。其中:生产露天煤矿 283 处,产能 7.51 亿 t/a;在建露天煤矿 87 处,产能 1.98 亿 t/a。

全国产能 400 万 t/a 及以上的大型露天煤矿 53 处、占全国露天煤矿总数量的 14.10%,合计产能 6.37 亿 t/a、占全国露天煤矿总产能的 67.05%。千万吨级特大型露天煤矿 19 处、占全国露天煤矿总数量的 5.05%,产能 3.54 亿 t/a、占全国露天煤矿总产能的 51.90%。产能 100 万 t/a 以下的小型露天煤矿 207 处,占全国露天煤矿总数量的 55.00%,产能 1.17 亿 t/a,占全国露天煤矿总产能的 12.30%。

露天煤矿的能源消耗种类主要包括电力、煤炭、柴油、汽油等。露天煤矿的生产主要分为穿爆、采装、运输、排土四个环节，以目前主要采用的单斗－卡车工艺为例，各环节中主要以机械设备对能源的消耗为主，其生产用能主要包括柴油、汽油和电力，其次是少部分的煤炭（或燃气、蒸汽、外购热力）等。电力主要用于穿爆和采装环节的钻机和电铲；油品主要用于运输和工务环节的自卸卡车和推土机；汽油消费主要来源于辅助环节的指挥车。

在煤炭露天开采的总能耗中，主要是柴油消耗，占总能耗的 80%～90%，其他能耗仅为冬季采暖使用的煤炭和开采过程中电铲、钻机等设备的电耗。影响煤炭露天生产能耗的主要因素包括：露天矿坑产量、自然地质条件、煤层深度、厚度、生产机械化和集中化程度，主要耗能设备的技术水平及矿坑安全系数等。

根据《煤炭露天开采单位产品能源消耗限额》（GB 29445—2012），综合本课题研究所调研的原国有重点露天开采企业单位产品能耗限额指标情况，单位产品能耗指标超过限定值 8.2 kgce/t 的占 9.4%；限定值和准入值之间的占 30.0%；准入值和先进值之间的占 45.6%；达到先进值的占 15.0%，如图 2-6 所示。

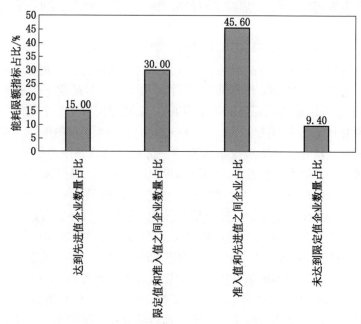

图 2-6　煤炭露天开采单位产品能源消耗情况

由于调研数据来自原国有重点煤炭企业，其煤炭产量仅占全国煤炭产量的 1/3，且其能源管理制度较为规范、技术水平和设备规模较为先进，能耗指标相对较低。因此，结合我国煤炭露天开采总产量以及能耗整体现状，单位产品能耗能够达到先进值的数量所占比例小于 5%，未达到限定值的企业数量所占比例将超过 20%。

3. 基建煤矿

矿井建设是矿建工程、土建工程与机电设备安装工程三类工程建设的综合体，而矿建工程是矿井建设的主体，占矿井建设全部能耗的 70%（耗电量）以上。矿建工程包括井筒、巷道及硐室的施工。

作者通过调研我国山西、陕西、河北、新疆等省（区）在建煤矿耗电情况，基建煤矿年耗电量基本为 2000 万~2700 万 kW·h。基建期按 5~7 年考虑，总耗电量在 1.0 亿~1.9 亿 kW·h。

现阶段我国生产煤矿年电耗大多为 1.0 亿~1.8 亿 kW·h，高瓦斯及突出矿井年电耗高于一般矿井，如：山西华阳集团新能股份有限公司一矿、二矿，矿井年电耗达到了 2.8 亿 kW·h 左右。从矿井全生命周期看，基建期煤矿耗电量与生产矿井年耗电量相当，在整个矿井生命周期占比很小。因此，本书中的基建煤矿节能提效研究范围重点为基建期高耗能的施工工艺和装备，即：采用冻结法施工的工艺和设备。

冻结施工的节能提效研究以单机节能提效与工序节能提效为落脚点，单机节能提效研究对象主要是一些高能耗、节能潜力较大的装备，比如制冷压缩机、钻机、风机、水泵、挖掘机、空压机、升降机等；工序降耗主要针对矿建施工中的冻结法施工，土建施工中外围结构的保温隔热及暖通空调，机电安装工程中的电气节能。

冻结凿井技术属于高耗能技术，冻结过程中要耗费大量的电能及水资源，消耗的电量是冻结凿井法施工造价最重要的一部分，达到整个造价的 10%~30%。冻结施工过程中，电费单价按 0.35 元/（kW·h）折算，根据冻结造孔总延米数计算，每米造价中电费约为 200~520 元。冻结站内安装了大量的用电设备，主要包括螺杆制冷机组、盐水泵、冷却塔及其他小型附属设备，其能耗占整个冻结施工的 80% 以上，是节能减排的重中之重。冻结站内的螺杆制冷机组能耗占总能耗的 50%~60%，盐水泵加上冷却塔约占 25%~30%，其他部分主要是各种小型附属设备的消耗。目前冻结站内的节能提效尚未引起各企业的重视，所采取的措施也仅仅是无功补偿或是简单的人为调整开机数量，没有形成系统的节能措施，既使是技术成熟的变频技术，在冻结站内的应用也很少见。冻结站内的节能提效需要进行深入的研究与改进。

4. 选煤厂

我国选煤行业经历了 3 个阶段，1978—1990 年为发展的起步阶段，选煤技术落后；1990—2000 年为快速发展阶段，选煤厂生产能力快速增长，技术有所创新；2001—2007 年为大发展阶段，是洁净煤技术的基础和前提。2007 年至今，选煤在煤炭行业中稳步推进，成为煤矿建设必不可少的环节。近 40 年来，我国原煤入选率由 1978 年的不足 20% 上升到 2020 年的 74.1%，单座选煤厂洗选能力在不断扩大，1999 年我国单座选煤厂平均洗选能力仅为 300 万 t/a 左右，目前国家能源集团哈尔乌素选煤厂洗选能力已达到 3600 万 t/a。

选煤厂的主要能耗是用电，其电力统计范围从原煤进入准备车间到产品装车全过程。选煤厂各系统各环节的电耗并不相同。分系统看，各车间消耗电量由大到小依次为主选、煤泥水、准备、辅助及办公系统，其中，主选电耗占比 45% 左右，煤泥水电耗占比 25% ~ 35%，准备电耗占比 9% ~ 18%，辅助电耗占比 2% 左右。分设备看，选煤厂泵类设备较多，装机容量约占全厂设备总容量的 35% ~ 50%，运输设备占 15% ~ 25%，压风设备占 12% ~ 18%，破碎筛分脱水设备占 10% ~ 15%，洗选设备占 2% ~ 10%。现阶段，我国选煤厂吨煤电耗 5 ~ 12 kW·h。

课题组调研了我国山西、陕西、贵州、山东等省区选煤厂样本近 60 处，2021 年度电耗为 2.2 ~ 19.0 kW·h/t，从调研数据可以看出，较大部分选煤厂采用重介洗选工艺，近一半选煤厂吨煤电耗小于 6.8 kW·h/t，电耗等级为 I 级，为先进值；近 1/3 的选煤厂吨煤电耗大于 9.0 kW·h/t，电耗等级为 III 级，为限定值；其余选煤厂吨煤电耗等级为 II 级，为推荐值。从调研数据看，选煤厂能耗有较大节能空间。

煤炭洗选能耗过高的主要原因有：①注重产量和安全，忽视吨煤能耗，缺少科学的节能指标约束，导致煤炭洗选能耗过高；②部分选煤厂建设年代较早，工艺路线较为落后，设备较为陈旧，致使能耗过高；③部分选煤厂自动化控制程度、智能化程度较为落后，造成能耗偏高；④目前洗选装备研发注重单机技术进步，不断提高单机的装机容量、运行效率、可靠性及选煤机械的功能性，造成设计、选型标准保守，富裕系数过大；⑤选煤厂建筑未使用有效的节能措施，造成能耗损失；⑥隔热保温措施不够完善，存在热损失现象。

综上，选煤厂节能提效主要应考虑在洗选工艺路线、技术更新、单机设备、建筑能耗、智能控制等影响因素方面进行提升。

2.2　碳排放现状

2.2.1　总体情况

2020 年，我国煤炭开发过程的碳排放总量为 5.93 亿 t。其中，生产用能（包括电力、煤炭和油气的消耗）的碳排放量为 2.57 亿 t，占总排放量的

43.34%;瓦斯排放（碳排放）量为2.65亿t，占总排放量的44.69%；矿后活动的碳排放量为7.1亿t，占总排放量的11.97%。

2.2.2 计算范围和计算方法

1. 《IPCC 2006国家温室气体排放清单计算指南》

《IPCC 2006国家温室气体排放清单计算指南》按照甲烷气体排放环节将煤炭开采和矿后活动划分为煤炭开采过程、矿后活动、低温氧化、非控制燃烧以及废弃矿井等5类排放源。其中开采过程排放指采掘活动扰动、破碎煤岩层导致赋存煤层气通过地下煤矿的通风和抽放系统释放；开采过程并不能完全释放煤炭中的温室气体，另有少量气体从采出煤体的后处理过程，如煤炭加工处理、储存以及运输逃逸到大气，该部分为矿后活动排放；低温氧化指煤炭暴露到空气中部分被氧化产生温室气体；当低温氧化产生的热量聚积到一定程度可能引起煤炭燃烧，该部分为非控制燃烧排放；煤炭开采停止后，废弃矿井依然会通过自然或人为通道继续释放温室气体，此部分为废弃矿井排放。另外，由于煤层气中CH_4含量较高，是一种优质的清洁能源，部分CH_4会通过煤矿的抽放系统回收利用，回收部分应从煤矿开采和矿后活动逃逸排放量中扣除。

2. 《中国煤炭生产企业温室气体排放核算方法与报告指南（试行）》

根据《中国煤炭生产企业温室气体排放核算方法与报告指南（试行）》，煤炭生产企业温室气体排放源和核算边界如图2-7所示。

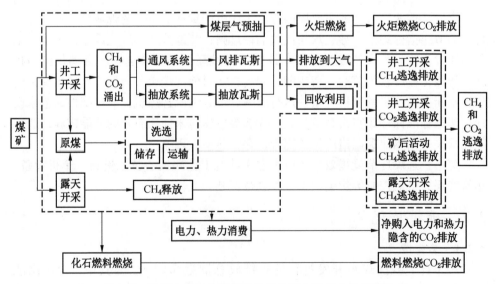

图2-7 煤炭生产企业温室气体排放源和核算边界示意图

煤炭生产企业的温室气体（GHG）排放总量等于燃料燃烧 CO_2 排放量、火炬燃烧 CO_2 排放量、CH_4 和 CO_2 逃逸排放量、净购入电力和热力隐含的 CO_2 排放量之和：

$$E_{GHG} = E_{CO_2燃烧} + E_{CO_2火炬} + E_{CH_4逃逸} \times GWP_{CH_4} + E_{CO_2逃逸} + E_{CO_2净电} + E_{CO_2净热}$$

式中，E_{GHG} 为企业温室气体排放总量，tCO_2 当量；$E_{CO_2燃烧}$ 为化石燃料燃烧的 CO_2 排放量，tCO_2；$E_{CO_2火炬}$ 为火炬燃烧的 CO_2 排放量，tCO_2；$E_{CH_4逃逸}$ 为 CH_4 逃逸排放量，tCH_4；GWP_{CH_4} 为 CH_4 相比 CO_2 的全球变暖潜势（GWP）值，21；$E_{CO_2逃逸}$ 为 CO_2 逃逸排放量，tCO_2；$E_{CO_2净电}$ 为企业净购入电力隐含的 CO_2 排放量；$E_{CO_2净热}$ 为企业净购入热力隐含的 CO_2 排放量。

3. 《温室气体排放核算与报告要求　第 11 部分：煤炭生产企业》（GB/T 32151. 11—2018）

《温室气体排放核算与报告要求　第 11 部分：煤炭生产企业》确定的煤炭生产企业温室气体排放源和核算边界如图 2-8 所示。

该标准中确定煤炭开发过程中温室气体源包括：化石燃料燃烧 CO_2 排放、CH_4 逃逸排放、CO_2 逃逸排放、购入电力对应的 CO_2 排放、输出电力对应的 CO_2 排放、购入热力对应的 CO_2 排放、输出热力对应的 CO_2 排放。煤炭生产企业的温室气体排放总量等于化石燃料燃烧 CO_2 排放量、CH_4 逃逸排放量、CO_2 逃逸排放量、购入的电力和热力对应的排放之和，减去输出的电力和热力对应的排放：

$$E = E_{燃烧} + E_{CH_4逃逸} + E_{CO_2逃逸} + E_{购入电} + E_{购入热} - E_{输出电} + E_{输出热}$$

式中，E 为企业温室气体排放总量，tCO_2 当量；$E_{燃烧}$ 为化石燃料燃烧的 CO_2 排放量，tCO_2；$E_{CH_4逃逸}$ 为 CH_4 逃逸排放量，tCO_2 当量；$E_{CO_2逃逸}$ 为 CO_2 逃逸排放量，tCO_2；$E_{购入电}$ 为购入电力对应的 CO_2 排放，tCO_2；$E_{购入热}$ 为购入热力对应的 CO_2 排放，tCO_2；$E_{输出电}$ 为输出电力对应的 CO_2 排放，tCO_2；$E_{输出热}$ 为输出热力对应的 CO_2 排放，tCO_2。

2.2.3 碳排放现状分析

1. 井工煤矿碳排放特征

我国煤炭开发过程吨煤碳排放强度呈现逐年降低的趋势，由 2010 年的 226. 7 kg/t，快速降低到 2016 年的 169. 6 kg/t，年均降速 4.7%，此后缓慢再降低到 2020 年的 151. 1 kg/t，年均降速 2.2%。

1）碳排放源与分析

目前，我国的煤炭产量有大约 85% 来源于井工煤矿。井工煤矿的能源消耗

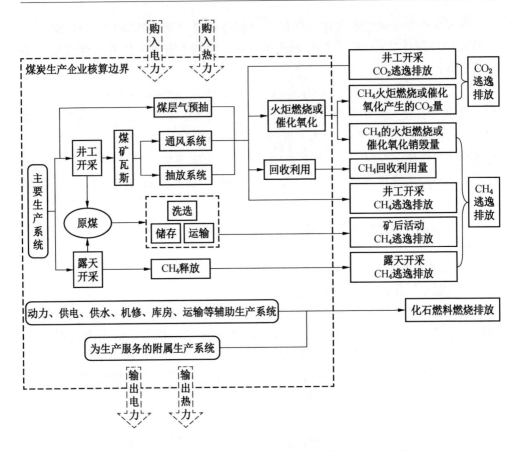

图 2-8 煤炭生产企业温室气体排放源和核算边界示意图

主要指电能、原煤、汽油和柴油等。井工煤矿的温室气体源包括电耗带来的间接排放、燃料燃烧的直接排放、开采过程中的 CH_4 溢散、低温氧化和非控制燃烧造成的碳排放和废弃矿井碳排放。

（1）电能引起的间接碳排放。井工煤矿的主要生产、辅助生产和附属生产中都需要电力作为动力。井工煤矿用电有两个来源，分别是自备电厂或坑口电站自发电和外购电。井工煤矿用电的碳排放量，应按自发电和外购电将所消耗电能的间接碳排放量进行核算。井工煤矿电能消耗引起的碳排放量等于井工煤矿每年的用电量乘以所在电网的排放因子。

（2）化石燃料引起的碳排放。井工煤矿的能源消耗除电力外，还包括原煤、汽油和柴油。燃油产生的温室气体有 CO_2、N_2O 和 CH_4，燃油引起的 N_2O 和

CH_4 的绝对排放量与 CO_2 相比数量很小，但单位量的 N_2O 和 CH_4 产生的温室效应分别是 CO_2 的 298 倍和 25 倍，所以应将其统一计算为 CO_2 的排放量。井工煤矿消耗化石燃料排放的主要温室气体有 CO_2、N_2O 和 CH_4。CO_2 排放量等于井工煤矿年消耗的各种燃料量与缺省的温室气体排放因子相乘，并将温室气体进行当量处理为 CO_2 排放量后加总。

（3）温室气体的逸散排放。井工煤矿的逸散排放的温室气体主要包括 CH_4 和 CO_2，虽然目前瓦斯在抽采方面的利用率逐渐提高，但是还有大量瓦斯未加以利用而直接排空，特别是风排瓦斯。不同瓦斯地质条件的井工煤矿，逸散碳排放情况也不同。矿井瓦斯的排放分为开采中和开采后，矿井瓦斯主要来源于矿井通风系统以及矿井瓦斯抽采。

（4）低温氧化和非控制燃烧造成的碳排放。煤和煤矸石在堆放期间会发生氧化、发热，甚至自燃，这种低温氧化和非控制燃烧向大气排放了大量温室气体。新疆、宁夏及内蒙古接壤区是我国煤层自燃最严重的地区。

（5）废弃矿井碳排放。中国工程院重点咨询项目"我国煤炭资源高效回收及节能战略研究"研究表明，到 2030 年，我国的废弃矿井数量将达到 1.5 万处。井工煤矿在煤炭开采停止后，浅埋深的废弃矿井依然会通过地面塌陷裂缝或人为的井巷通道等继续释放温室气体。

2）生产用能碳排放

参考中国工程院咨询研究项目（2022-28-12）的研究成果，课题组依据《中国统计年鉴（2011—2020）》测算煤炭开发过程主要能源消耗数据，并根据《IPCC2006 国家温室气体排放清单计算指南》，更新了煤炭开发过程不同能源消耗的碳排放因子，对我国 2010—2020 年井工煤矿生产用能的碳排放量和排放强度进行估算，结果如图 2-9 所示。

由图 2-9 可知，我国煤矿生产用能碳排放主要包括煤炭、电力及油品消耗碳排放，其碳排放量由 2010 年的 2.64 亿 t，先增加到 2011 年的 2.79 亿 t，随后逐渐降低到 2016 年的 2.15 亿 t，而后逐渐增加到 2020 年 2.57 亿 t。生产用能碳排放受原煤产量、单位产品能源消耗强度、能源消耗碳排放强度的影响，其中原煤产量是最主要影响因素，生产用能碳排放量的变化趋势基本与原煤产量变化趋势一致。

我国煤矿生产用能碳排放强度由 2010 年的 81.5 kg/t，先快速降低到 2015 年的 66.5 kg/t，年均降速 4.0%，而后缓慢降低到 2020 年的 65.4 kg/t，年均降速 0.3%；吨煤煤耗碳排放强度持续降低，由 2010 年的 55.6 kg/t 快速降低到 2016 年的 39.3 kg/t，年均降速 5.6%，而后缓慢降低到 2020 年的 35.8 kg/t，年

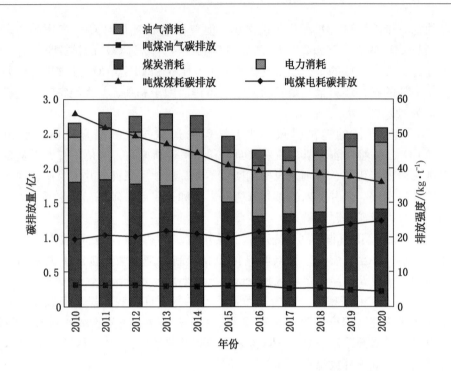

图 2-9　生产用能碳排放及排放强度

均降低 2.3%；吨煤电耗碳排放强度整体上呈现波动增加趋势，由 2010 年的
19.4 kg/t，波动增加到 2020 年的 24.9 kg/t，年均增加 2.6%；吨煤油气消耗碳排
放强度呈现降低趋势，由 2010 年的 6.5 kg/t，波动降低到 2020 年的 4.8 kg/t，
年均降低 3.0%。

3）瓦斯逸散排放

根据煤监部门统计数据，估算了 2010—2020 年我国井工煤矿瓦斯逸散排放
量，结果如图 2-10 所示。

我国井工煤矿瓦斯溢出量整体上处于下降趋势，由 2010 年的 0.17 亿 t，先
缓慢降低到 2016 年的 0.12 亿 t，而后处于稳定状态，2020 年排放量为 0.11 亿 t。
近年煤矿瓦斯的抽采利用率持续增加，使得瓦斯排放量的变化与原煤产量变化规
律不一致。瓦斯逸散排放折合碳排放量及排放强度如图 2-11 所示。

由图 2-11 可知，我国瓦斯逸散排放（碳排放）量由 2010 年的 4.01 亿 t 先
缓慢增加到 2012 年的 4.03 亿 t，而后逐渐降低到 2016 年的 2.81 亿 t；随着瓦斯
抽采利用率的提高，瓦斯逸散排放（碳排放）量逐渐降低到 2020 年的 2.65 亿 t。

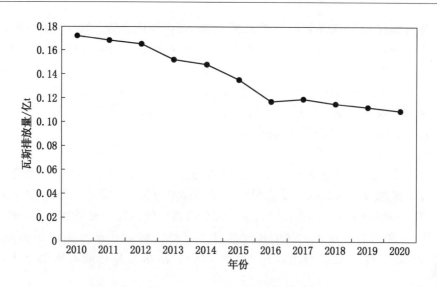

图 2-10　我国井工煤矿瓦斯逸散排放量

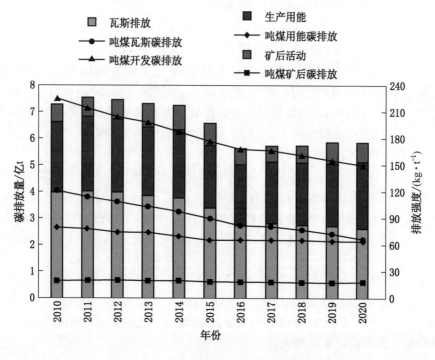

图 2-11　煤炭开发碳排放量及排放强度

吨煤瓦斯碳排放呈现逐渐降低的趋势,由 2010 年的 123.7 kg/t,逐渐降低到 2020 年的 67.6 kg/t,年均降速为 5.8%,煤矿瓦斯逸散排放包括煤矿乏风瓦斯(甲烷气体浓度低于 0.75%)、井下抽采采空区瓦斯(甲烷气体浓度 0.75%~3%)、井下钻孔抽采煤层(甲烷浓度为 3%~50%)和地面抽采瓦斯(≥80%),瓦斯逸散排放(碳排放)量的变化与煤矿瓦斯溢出量变化规律一致,主要受原煤产量和瓦斯抽采利用率的波动影响。

4)矿后活动碳排放

依据中国煤炭工业统计资料和《中国统计年鉴(2011—2020)》整理了我国井工煤矿原煤产量数据。结合国标《中国煤炭分类》(GB/T 5751—2009)中界定的不同煤种所对应的挥发分含量,对照可得中国高瓦斯和突出矿井的矿后活动 CH_4 含量约为 3 m^3/t。对于瓦斯矿井,按照《矿井瓦斯涌出量预测方法》(AQ 1018—2006)行业标准,井工煤矿的矿后活动 CH_4 排放量依据下式计算得出:

$$W_c = 10.385 \times e^{-7.207/W_0}$$

式中　W_c——原煤的矿后活动 CH_4 排放量,m^3/t;

　　　W_0——煤层的原始 CH_4 含量,m^3/t,通常取值 1~5 m^3/t,取值 3 m^3/t,可得瓦斯矿井的矿后活动 CH_4 含量为 0.94 m^3/t。

由图 2-11 可知,我国煤炭开发矿后活动碳排放量由 2010 年的 7.0×10^7 t,先缓慢增加到 2014 年的 7.7×10^7 t,随后降低到 2016 年的 6.4×10^7 t,此后增加到 2020 年的 7.1×10^7 t。吨煤矿后活动碳排放强度呈现逐渐降低的趋势,由 2010 年的 21.5 kg/t,逐渐降低到 2020 年的 18.0 kg/t,年均降速为 1.7%。

5)典型矿井碳排放源构成

图 2-12 所示为某高瓦斯煤矿 2021 年碳排放盘查情况,其中,比重最大的是井工开采甲烷的逃逸排放,占比为 81.09%,第二位是矿后活动甲烷逃逸排放,占比为 12.88%。因此,针对自身高瓦斯矿井的特点,提高瓦斯的回收利用率,降低井工开采瓦斯的直接排放所造成的主要温室气体排放影响是矿区重要的降碳途径。

图 2-13 所示为某千万吨级的低瓦斯煤矿 2022 年碳排放盘查数据,其中,净购入电力对应的 CO_2 排放占比较多,为 63.6%,其次为井工开采的 CH_4 逃逸碳排放,为 15.7%,因此,针对低瓦斯矿井的特点,通过瓦斯利用与销毁和绿电替代是矿区降碳的重要支撑途径。

2. 露天煤矿碳排放特征

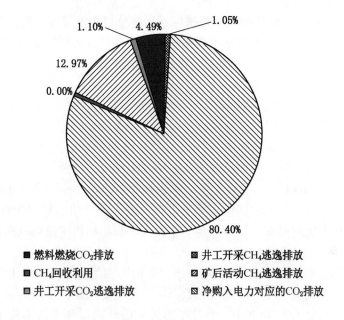

燃料燃烧CO_2排放　　　井工开采CH_4逃逸排放
CH_4回收利用　　　　　矿后活动CH_4逃逸排放
井工开采CO_2逃逸排放　净购入电力对应的CO_2排放

图 2-12　某高瓦斯煤矿 2021 年盘查结果

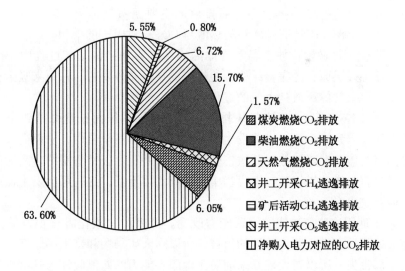

煤炭燃烧CO_2排放
柴油燃烧CO_2排放
天然气燃烧CO_2排放
井工开采CH_4逃逸排放
矿后活动CH_4逃逸排放
井工开采CO_2逃逸排放
净购入电力对应的CO_2排放

图 2-13　某低瓦斯煤矿 2022 年盘查结果

1）碳排放源与分析

露天开采建设周期短，投资少，效率高，但我国适合露天开采的煤炭储量仅占总储量的 7% 左右，而其中 70% 是褐煤，主要分布在内蒙古、新疆和云南。

露天煤矿的温室气体源包括电耗带来的间接排放、燃料燃烧与爆破的直接排放、开采过程中的 CH_4 溢散、煤炭与煤矸石氧化产生的温室气体溢散和矿山开采扰动导致的矿区碳固定能力的变化。

（1）电能消耗带来的间接排放。我国露天煤矿的发展正在呈现大型化和机械化的趋势。截至 2020 年 12 月底，我国年产 10 Mt 的大型露天矿有 26 处，其机械化程度达到 100%。露天矿中各种大型采掘设备都是电力驱动，功率都非常大，一座大型露天矿的年用电量相当于一座中小城市。如黑岱沟露天矿使用的拉斗铲工作电压为 21000 V、单机工作功率达到 8948 kW，另外还有牙轮钻机、单斗挖掘机、破碎机、带式输送机、排土机等大型设备，功率都在 3000 kW 左右。露天煤矿消耗电能的温室气体排放量等于露天矿每年的用电量乘以所在电网的排放因子。

（2）化石燃料消耗引起直接排放。一座千万吨级露天矿每年由矿用自卸卡车和辅助机械等设备消耗的燃油可达数万吨，是重要的碳排放源。燃油产生的温室气体排放主要有 CO_2 和 N_2O。另外，露天矿的开采过程中硬岩爆破一般采用铵油炸药（主要由硝酸铵和柴油配制而成），这种炸药在爆炸时释放出大量的 CO_2 和 N_2O，也是重要的排放源。而排放的主要温室气体有 CO_2、N_2O、CH_4。CO_2 排放量等于露天矿年消耗燃料的热值与 CO_2 排放因子的乘积。

（3）温室气体逸散排放。温室气体的逃逸主要是指在采矿过程中，由于采矿活动破坏了煤层原有的完整结构，使煤层的裂隙充分发育，将原来吸附在煤炭中的甲烷等温室气体释放到大气的过程。

（4）非受控燃烧造成温室气体排放。基于采煤工作面长期暴露或小煤窑井工开采破坏等因素，采场内可能发生煤的氧化、发热甚至自燃，从而向大气排放大量的温室气体和有毒气体。其次，受工艺和煤层赋存条件的制约，露天矿开采过程中必然有少量的煤掺杂在剥离物中被排弃到排土场，这些煤会发生低温的缓慢氧化而释放出 CO_2。

（5）土地用途改变造成的固碳能力改变。植被对二氧化碳有很好的固定作用，露天矿开采会完全破坏地面的植被，所以露天矿采场和排土场原有的固碳能力就会全部丧失。所以露天矿开采前后土地固碳能力的差值应计入其增排量。

2）碳排放特征

我国 2010—2020 年露天煤矿碳排放的趋势如图 2-14 所示。

由图 2-14 可知，我国煤炭露天开采量由 2010 年的 3.05 亿 t 增至 2016 年的 7.20 亿 t，随后降低到 2017 年的 5.29 亿 t，而后再缓慢增加到 2020 年的 6.63 亿 t。

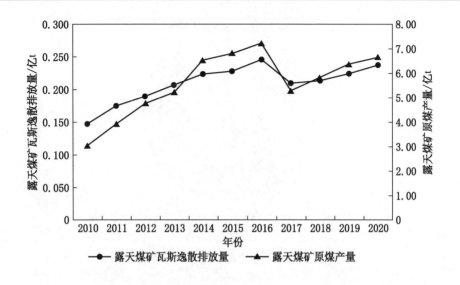

图 2-14　我国露天煤矿碳排放趋势

我国露天煤矿开发过程碳排放总量由 2010 年的 0.147 亿 t，先增加到 2016 年的 0.245 亿 t，随后降低到 2017 年的 0.209 亿 t，而后再缓慢增加到 2020 年的 0.237 亿 t。

3）典型露天煤矿排放源构成

露天煤矿的温室气体排放源主要可分为：直接能源消耗带来的排放、电力消耗带来的排放、开采过程和开采后散逸的排放和煤炭自燃导致的排放。参考 IPCC（2006）中的排放因子和计算方法，以我国某一露天煤矿为例，2018 年共开采原煤 14.78 亿 Mt，2018 年该煤矿排放 CO_2 共计 25.84 万 t，其中，消耗电力产生的 CO_2 排放当量为 2.86 万 t，消耗燃料油产生的 CO_2 排放当量为 12.72 万 t，瓦斯散逸排放量为 10.257 万 t；燃油消耗导致的排放约占 49.21%，开采过程中和过程后的瓦斯排放约占 40%，如图 2-15 所示。因此，对于露天煤矿而言，温室气体排放大多数是由于能源消耗，特别是燃料油燃烧产生的，需通过采用新能源车替代燃油车是温室气体减排的关键支撑。

4）闭坑煤矿碳排放特征

2020 年，全国关闭矿井数量超过 1.2 万处。2030 年关闭矿井预计可达到 1.5 万处，闭坑煤矿遗留的煤炭资源中赋存大量的煤层气资源，预计将达 5000 亿 m³ 浅埋深的废弃煤矿巷道和煤层中富含的低浓度煤层气，部分依然会通过地面塌陷裂缝或人为的井巷通道等继续释放温室气体。

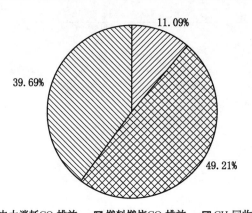

图 2-15 某露天矿井 2018 年碳排放情况

预计到 2030 年闭坑煤矿中的煤层气资源量将达 5000 亿 m³。废弃煤矿巷道和煤层中富含的低浓度煤层气,部分将从煤层或岩层表面细小的裂隙中溢出,造成甲烷等温室气体的直接释放。

我国非常重视废弃矿井瓦斯的开发利用工作,国家能源局在煤层气"十三五"规划明确提出要建设废弃矿井残余瓦斯抽采利用示范工程和研发推广废弃矿井残余瓦斯抽采利用技术。2020 年 5 月国家发展改革委又要求进一步加快推进关闭煤矿瓦斯综合治理与利用,获得洁净能源,减少关闭矿井温室气体排放量,降低煤炭资源枯竭矿井瓦斯爆炸或泄漏的危险性。

由于闭坑煤矿直接逸散的煤层气量占煤矿全生命周期的碳排放量的比例低,目前监测核算方法未健全,本书暂未把闭坑煤矿的碳排放做重点研究。

2.3 本章小结

(1)我国煤矿节能提效成效显著。2020 年,煤炭生产中消费能源总量1.0066 亿 t 标准煤,占全国能源消费总量的 2.02%;与 2011 年相比,年均下降3.94%。其中,大型煤炭企业原煤生产综合能耗从 1990 年的 38.67 kgce/t,下降至 2022 年的 9.7 kgce/t,年均下降 4.23%。随着煤矿大型化、规模化,大型煤矿单位产品能耗明显优于中小型煤矿,国内千万吨级煤矿单位产品能耗多数在 3.0 kgce/t 左右,达到行业先进值标准。

(2)井工、露天煤矿能耗种类比重不同。国内井工煤矿能源消费中,电力占 70%、煤炭占 25%、油品占 5%;其中电力消费中,采掘运环节占 35%~45%,

通风、排水、空压、主提升等大型设备占 25% ~40% ；其中瓦斯、水害、地压等灾害严重煤矿电耗高于一般煤矿。露天煤矿能源消费主要是油耗，柴油占总能耗的 80% ~90% 。基建煤矿能耗主要为电力，以冻结法施工工艺和设备耗能影响最大。选煤厂主要是耗电。

（3）节能降耗任务依然繁重。根据有关限额标准，井工煤矿单位产品能耗先进值 3.0 kgce/t ，露天煤矿先进值 5.0 kgce/t 。受我国煤矿数量多、地质条件差异技术水平不同、能耗水平不一影响，调研范围内煤矿综合能耗处于行业准入值（ 11.8 kgce/t ）与先进值之间（ 3.0 kgce/t ）占 75% ，达到先进值的企业数量所占比例小于 5% ，未达到限定值的企业数量所占比例超过 20% ，节能降耗任务依然严峻。

（4）吨煤综合能耗降速进入平台期。1990—2015 年，通过采用高能效开采技术与设备，应用智能变频永磁驱动等节能技术，能耗快速下降，节能工作成效显著，吨煤综合能耗从 38.67 kgce/t 下降到 10 kgce/t 左右。2015 年以后，吨煤综合能耗进入平台期，在 10 kgce/t 上下波动，通过现有技术进步实现综合能耗降低面临瓶颈。未来，随着智能化推进和煤矿资源综合利用提升，吨煤综合能耗短期还可能上升。

（5）煤炭行业碳排放强度呈逐年下降趋势。2020 年，我国煤炭开发过程碳排放总量为 5.93 亿 t ，其中生产用能排放占 43% 左右、瓦斯排放占 45% 左右、废弃煤矿排放占 12% 。井工煤矿中，2010 年吨煤碳排放强度 226.7 kg/t ，2016 年降至 169.9 kg/t ，年均降速 4.7% ；之后缓慢降至 2020 年的 151.1 kg/t ，年均降速 2.2% 。

（6）井工、露天煤矿能碳排放类比重不同，碳减排需因类施策。煤炭行业生产用能（包括电力、煤炭和油气的消耗）的碳排放占总排放量的 43.34% ；瓦斯排放（碳排放）占总排放量的 44.69% ；矿后活动的碳排放占总排放量的 11.97% 。对低瓦斯井工净购入电力对应的 CO_2 排放占比较多，为 63.6% ，应重点推进节能和绿电替代；对于高瓦斯井工矿井，井工开采甲烷的逃逸排放占比较多，为 81.09% ，应重点提升瓦斯减排销毁量；对于露天矿井，运输车燃料油燃烧导致的排放约占 49.2% ，实现燃油车的新能源替代是关键。

第3章 煤炭生产节能降碳增效

党中央、国务院作出碳达峰、碳中和的重大决策部署，对节能工作提出新的更高的要求。中共中央 国务院印发的《关于完整准确全面贯彻新发展理念做好碳达峰碳中和工作的意见》中强调把"坚持节约优先"作为重要基本原则，强调要"把节约能源资源放在首位，实行全面节约战略"，把"节能降碳增效行动"作为"碳达峰十大行动"之一，凸显了节能对实现"双碳"目标建设的重要作用。对于煤炭生产企业发展而言，全面加强节能降耗，是减少碳排放的主要途径之一，是推动煤炭生产企业低碳发展的有效手段。新时期，煤炭生产的节能降碳增效工作必须拓宽工作视野，从末端治理转向全流程系统发力，推动节能工作从源头向末端延伸拓展，统筹抓好规划、设计、布局、开采方式、技术装备、工艺流程、运营管理等全过程节能降碳路径。本章节将从煤炭绿色开采技术示范、典型节能提效路径两方面介绍煤炭生产的节能降碳增效路径。

3.1 推进煤炭绿色开采技术示范

煤矿绿色开采从广义资源的角度出发，是通过控制或利用采动岩层破断运动，从源头减轻采煤对环境的影响，实现对煤层及共伴生资源的共采或保护。煤矿绿色开采技术及装备主要有保护土地、基础设施的"充填开采技术及装备"，保护水资源的"保水开采技术及装备"，以及"煤与瓦斯（煤层气）协调开发技术及装备"和"煤炭地下气化技术及装备"等。

3.1.1 充填开采

我国充填开采技术主要包括矸石充填置换煤炭技术、膏体充填采煤技术、似膏体充填采煤技术、覆岩离层注浆充填开采技术以及高水材料充填技术等。目前，充填开采已在山东、河北、河南、陕西、辽宁、内蒙古、山西等地的多个煤矿得到成功应用。目前，受采充开采工艺的限制，国内以矸石为骨料的充填均采用全面积充填，由于充填生产效率与成本问题，充填技术并未得到大面积推广应用。

3.1.2 保水开采

保水采煤是绿色开采的重要组成部分，是解决西北干旱半干旱矿区煤炭开采与水资源和生态环境保护问题的有效途径之一，主要有两种技术路径：即以"堵截法"为主的煤矿保水开采技术和以"疏导法"为主的矿井水储存再利用技术。目前，"堵截法"处于技术攻关和个别煤矿初步实践与探索阶段，"疏导法"在神东矿区具有成功的先例，是当前煤炭开采地下水保护利用的一条有效途径。国内针对地表水、含水层水等不同水体，在我国陕西、内蒙古、新疆、河北等省份的多个矿区开展了保水采煤的系统研究，取得了诸多研究成果。针对特殊保水开采区，提出了局部充填开采隔水层控制技术、再造覆岩关键隔水层技术、强化采空区围岩结构技术、煤矿地下水库、注浆加固等技术。另外，基于采动损伤传导控制的浅表水原位保水开采技术，聚焦西部矿区浅表水保护与地表沉陷的问题，以控制采动损伤传导为突破口，在掌握煤层高强度开采扰动下开采空间传导机制、覆岩损伤机理、离层发育时空演化规律的基础上，提出了一种重点针对浅表水保护的近地表岩（土层）注浆防渗加固改造和离层注浆充填的减损控制方法，以阻隔煤层高强度开采传递至浅部岩层的发育空间，减小开采对浅部岩层的损伤，为矿区浅表水保护构筑最后一道屏障，实现矿区地表水和潜水的原位保护。该技术是一种以"新型堵截法"为主的煤矿保水开采技术，将对丰富绿色开采理论体系，创新保水开采技术和方法，具有重要的科学意义。

3.1.3 煤与瓦斯（煤层气）协调开发

煤与瓦斯（煤层气）协调开发的根本目的就是提高煤炭采出率和煤层气抽采率。煤层气地面井抽采可以有效解决采煤工程所受到的空间约束；采煤工程可以通过采动作用协助采气工程突破抽采极限。目前，煤与瓦斯（煤层气）协调开发主要有以下 3 种模式：单一煤层井上下联合抽采、煤层群井上下联合抽采和单一煤层/煤层群井下抽采模式。其中，晋城矿区为单一煤层井上下联合抽采的典型代表，实现了在开发前大规模的煤层气超前预抽，减小了煤与煤层气开发的安全隐患，同时研发了地面和井下联合抽采的关键技术。两淮矿区为煤层群井上下联合抽采的典型代表，采用井下采动卸压的技术达到煤层岩体消突的作用，结合地面井煤层气开采技术，实现了煤层气地面和煤矿井下协调开发的目的。原松藻矿区为单一煤层/煤层群井下抽采的典型代表，不涉及地面井开采技术。在原松藻矿区，井下煤层由开拓区、准备区和回采区组成，利用多岩性穿层钻孔、水力压裂增透煤层、采空区全密闭抽采等技术实现了对煤层气的高效抽采。

3.1.4 煤炭地下气化

煤炭地下气化（UCG）是将处于地下的煤炭在原位进行有控制的燃烧，通过煤的热解以及与氧气、水蒸气等发生的一系列化学作用产生 CO、H_2、CH_4 等可燃气体，综合开发清洁能源与生产化工原料，有效利用深部煤炭和不可采煤炭的新技术。我国 UCG 技术起始于 20 世纪五六十年代，经过近半个世纪的探索与研究，目前，我国在 UCG 技术研究领域取得了历史性的重大突破，取得了多项专利和技术成果，开展了多项工业性试验，比如内蒙古乌兰察布弓沟煤田钻井式 UCG 示范工程、中为能源唐家会矿区 UCG 工业化示范项目、新疆国利衡库木塔格沙尔湖煤田 UCG 试验项目等。

3.2 节能提效典型路径

3.2.1 井工煤矿

综合井工煤矿的主要生产工序以及能耗特征，主要从优化生产布局和工艺、提高煤炭资源回收率、采掘智能化提升技术及装备、矿井智能运输技术及装备、矿井其他辅助系统智能化技术及装备、智能永磁变频调速直驱技术及装备、智能供电技术及装备、井下煤炭智能选矸技术及装备、多热源综合利用技术及装备等方面提出节能提效的技术路径。

1. 优化生产布局和工艺

煤矿生产布局是基于煤矿资源条件、建设条件、生产装备水平等综合因素所决定，其布局的合理性、生产工艺的科学性、生产装备的匹配与高效，是煤矿节能提效的重要基础条件。

对于生产矿井，基本的开拓布局已经定型。工作面长度及推进长度等参数的优化，采掘设备的机械化和大型化，采煤机、刮板输送机、液压支架"三机"的结构参数、工作面的空间尺寸和相互连接方面的强度的优化配置和协调运转，主要运输装备运行时间和方式的智能优化，是提高工效和实现源头节能的关键路径。陕煤榆北小保当二号矿井井田面积 93.2 km^2，可采储量 7.82 亿 t，设计生产能力为 1300 万 t/a，受生态红线影响，矿井仅能开采 2 m 左右的煤层，如果按照陕北同等地质条件布置 300 m 的工作面，矿井年产能超不过 600 万 t，面临"投产即亏损"的问题。为破解中厚煤层产量低、效率差的劣势限制，经过调研论证在全国首次创新，布置 450 m 超长工作面，优化"三机"配套，实现采煤机、支架、输送机、泵站等结构复杂、数量众多的设备有条不紊地联动，实现视频、语音、通信的全覆盖，智能化控制系统的高度集成和常态化运行。截至目前，450 m 高智能化超长综采工作面实现单班 7 人的少人化开采和常态化运行，实现了年产千万吨的目标，使榆北小保当二号煤矿由预算亏损 4 个亿，实现盈利 3 亿元的目标。而且，产生的示范效应也非常明显，2 m 煤层千万吨产能的实现，为榆北煤业尔林兔矿井设计产能提升到 1500 万 t 提供了技术支撑。2023 年 6 月，由中国煤炭科工集团天地奔牛自主研制的 10 m 超大采高工作面智能刮板输送成套装备正式发布，该设备首次突破了 10 m 特厚煤层综采工作面智能刮板输送装备的关键技术瓶颈，其主要技术参数和性能指标达到了国际领先水平。

对于新建矿井，合理选择井筒形式及布置，优先选择平硐开拓或斜井开拓，科学设置开采水平，合理划分采区（或盘区），优化工作面长度及推进长度等参数，推广"一矿一水平一面"开发布局，简化生产系统。2020 年，全国 68% 的煤矿实行了"一矿一井一区一面"的集约化生产模式。

随着我国煤矿开采深度不断增加，冲击地压、瓦斯等灾害加重且耦合叠加，加之有的煤矿超能力、超强度开采，重大风险不确定性居高不下。近年来，云南、湖南、贵州、吉林、河北、甘肃、陕西等地煤矿相继发生煤与瓦斯突出和冲击地压事故或现象。2020 年 2 月 22 日，山东新巨龙能源公司发生较大冲击地压事故造成 4 人死亡。2021 年 10 月 11 日，陕西煤业化工集团彬长矿业胡家河矿业有限公司综放工作面回风巷超前 25 m 至 90 m 段发生冲击地压事故，造成 4 人死亡、6 人重伤、20 人轻伤。2022 年 3 月 2 日，贵州省清镇市利民煤矿发生一起煤与瓦斯突出事故，造成 8 人死亡、13 人受伤。对于该类煤矿，其生产的水平、采区、采掘工作面数量和采掘工作面推进速度等需要进行科学的开采强度评估，确保矿井开拓布局、煤层和工作面开采顺序、采掘工作面布置、采掘工作面推进速度满足瓦斯治理、冲击地压防治的要求。

2. 提高煤炭资源回收率

我国煤炭资源相对丰富，但是煤层赋存条件差异大，从薄和极薄煤层到厚与特厚（巨厚）煤层、从近水平煤层到缓倾斜、急倾斜煤层均有分布，且地处欧亚板块结合部，地质构造复杂，自然发火、高瓦斯、煤与瓦斯突出煤层多，开采难度大。目前，我国煤炭资源回收率低，平均仅为 30%～40%，小煤矿回收率不足 10%，远低于美国等发达国家的井工煤矿 60%～80% 的资源回收率。煤炭作为一种不可再生资源，开发过程中提高煤炭资源回收率是最大的节能。提高煤炭资源回收率的主要途径有：

（1）加大煤矿采区综合地质与精细化勘探力度，应用三维地震、瞬变电磁、地质雷达等先进煤田地质勘探技术，查明采区隐伏构造、小断层、主要含水构造和资源分布的具体情况，为煤矿开采设计提供准确的信息和依据，为煤矿智能化开采和提高资源回收率提供保障。

（2）厚煤层综放开采已成为高效集约化生产的主要途径，但其资源回收率较低，一般为 85% 左右，因此，提高顶煤回收率一直是制约该技术发展的关键问题。顶煤冒放性以及科学的放煤工艺，是决定综放工作面煤炭资源回收率的关键因素。爆破致裂技术和水压致裂技术是提高顶煤冒放性的有效技术。陕西彬长小庄矿业有限公司 40309 工作面 4 号煤层三盘区 40309 首采工作面埋深 531～731 m，倾角为 0°～5°，平均采高 23.5 m。工作面宽 195 m，推进长度为 2824 m。采用分层综放开采，上分层开采高度为 15.2 m，采放比为 1∶3。40309 工作面综放开采时，11.4 m 的顶煤未能有效压裂破碎。位于工作面两端的顶煤产生大面积悬顶，顶煤破碎块度大，冒放性差。由于端头区域顶煤大面积悬顶，采空区遗煤增加，埋下火灾安全隐患。为了解决小庄煤矿顶煤冒放性差的问题，矿方于2020 年 6—8 月在 40309 工作面回风巷，布置 240 m 水压致裂技术和未预裂对比试验段，以检验水压致裂技术的应用效果。结合现场试验和调研结果可知，由于煤层水压致裂扩展了顶煤的原生和次生裂隙，导致顶煤结构的改变，顶煤强度弱化。顶板水压致裂破坏了坚硬顶板的完整性，导致顶煤覆岩压力增加，加剧了顶煤的破碎。未采取预裂措施工作面采出率为 86.1%，应用水压致裂技术处理顶煤和顶板后，工作面采出率提高至 88%，提升 1.9%。

（3）中厚煤层综采工作面长度的加大，不仅能提高工作面单产、降低巷道掘进率，有利于矿井实现集中化生产，而且可以提高矿井资源回收率。目前，由中国煤炭科工集团牵头，通过科研技术攻关和装备制造升级实施的全国首套国产中厚煤层 450 m 高智能化超长综采工作面在陕煤集团小保当二号煤矿工业性试验成功，降低了万吨掘进率，提高了煤炭资源的回收率，为煤炭行业实现"一面一人千万吨"提供榆北方案，更为我国中厚煤层的开采开辟出一条可以借鉴和复制的创新之路。

（4）薄煤层占全国煤炭总储量的将近 20%，薄煤层开采普遍存在成本高、单产低、效益差、工人劳动强度大等诸多问题，技术装备限制和开采效益低下又导致部分煤矿弃采薄煤层资源，造成严重的资源浪费。薄煤层工作面少人化、无人化、智能化开采技术可以提高开采效率和资源回收率。国内首套薄煤层等高式智能综采工作面于 2020 年 7 月 6 日在国家能源神东煤炭集团有限责任公司石圪台矿 22 上 303-1 面投入生产，该工作面长度 253.4 m，平均煤厚 1.3 m，设计采高 1.4 m，在自动化模式下，采煤机生产速度每分钟能达到 10 m，工作面垂直进刀时间仅 1 min 左右，同传统斜切进刀工艺相比，生产效率提升了 20% 以上，采煤机采用远程控制，无本地控制系统，真正意义上实现无人综采工作面，为煤炭行业低采高工作面回采技术推广应用奠定了坚实基础，填补了国内薄煤层等高无人全自动化生产的空白，为神东矿区可采储量达 9.57 亿 t 的薄煤层安全高效开采积累了经验。

（5）无煤柱开采技术是提高煤炭资源的回收率的有效技术，主要包含沿空留巷技术、沿空掘巷技术和充填开采技术。目前神东矿区已在榆家梁矿、上湾矿、寸草塔矿、哈拉沟矿等多个煤矿的 10 多个工作面实施了无煤柱开采技术，累计沿空留巷 13131 m，资源回收率提高 6%～7%，多回收煤炭资源 78 万 t。

（6）三角煤柱、不规则煤柱的安全高效开采，可以解决因地质条件、三下压煤等原因造成的煤炭资源浪费的问题，提高煤炭资源回收率。目前主要采用的开采技术有壁式回采技术、掘进穿采技术、条带式开采技术、放顶煤扇形开采技术等。晋能控股煤业集团长治公司小常煤矿 30212 工作面斜切眼与工作面推进方向的夹角为 64°，弧长位于回风巷一侧，整个扇形三角区设计可采长度 130 m，可采面积 17934 m²，可采煤量约 15.51 万 t。采用工作面扇形开采技术，对三角煤的回收率由 50% 提高至 90%，共回收三角煤约 16 万 t。

3. 推进采掘智能化建设

1）安全高效采掘技术及装备

从 20 世纪 90 年代至今，我国井工煤矿的开采技术和装备不断进步，取得了突飞猛进的发展，为煤炭行业节能提效技术发展奠定了基础。

（1）厚煤层开采技术方面，近 10 年来，我国煤炭行业开展了一系列技术攻关，取得了年产千万吨级大采高综采成套技术与装备等一批重大成果。目前，8.8 m 智能超大采高综采关键技术与成套装备成功投产，刷新了特厚煤层一次采全高世界纪录；引领了世界特厚煤层开采技术和装备发展方向；单面一次采全高年产 1600 万 t，经济效益和社会效益显著；达到了国际领先水平。采高 9 m 的采煤机已经问世，有望实现 9 m 煤层的一次采全高智能化高效开采。成功攻克大采高综采放顶煤开采关键技术工艺、"采运支"等主要工作面装备、工作面大断面巷道支护技术和装备、辅助运输设备、大采高安全保障等技术难题，采高从 3.5 m 逐步提高至 5.2 m，放顶煤煤层厚度也从 12 m 提升至 20 m，一般工作面单产 600 万 t/a 以上，最高突破 1000 万 t/a，极大地提高了开采效率和采出率。在特大采高搬家倒面设备方面，额定载荷 100 吨级支架搬运车和 100 吨级蓄电池铲板车已投入使用，实现了大型综采设备的快速搬家倒面，大大提高了效率。

（2）薄及中厚煤层开采技术方面，近 10 年来，借助智能化技术优势，向着高效、智能进一步迈进，工作面长度逐步加长，智能化水平逐步提高。工作面加长使原计划用连采设备回采的边角煤区域全部纳入综采工作面，采出率由原来的 88% 提高到 95%。目前，薄煤层智能化采煤机组神东公司哈拉沟煤矿、山东枣矿集团滨湖煤矿、黄陵矿业双龙煤业、龙煤集团等成功应用，不断刷新单面日产纪录。

（3）煤矿高效掘进方面，综掘技术是我国煤矿巷道掘进采用的最主要的技术方式。由中国煤炭科工集团自主研发制造的煤矿掘支运一体化快速掘进系统

（"煤海蛟龙"）代表了煤巷快速掘进技术的发展方向，是高产高效矿井技术的重要组成部分，可以根据不同地质条件进行配套，整个系统最长可达 200 多米，重量高达 230 多吨，其掘进速度与原有掘进工艺相比提高了 2~4 倍，作业人员较以往减少三分之二，有效缓解了采掘失衡的问题，还创造了煤巷月进尺 3088 m 的世界纪录。连续采煤机多巷高效掘进是目前高产高效工作面采掘准备的优选方式，优点突出，采掘合一，掘进速度快。我国煤矿半煤岩及全岩巷高效掘进技术是以采用重型悬臂式掘进机实现高效掘进。重型悬臂式掘进机具有重型化、大功率及自动化水平高等特点。

（4）煤矿采掘等智能化建设和技术创新方面，目前已初见效果。2021 年，全国智能化采掘工作面已达到 813 个，与 2020 年相比增加 65%，其中，采煤面为 477 个，与 2020 年相比增加 43%；掘进面为 336 个，与 2020 年相比增加 109%。已有 29 种煤矿机器人在 370 余处矿井现场应用，包括掘进类机器人、采煤类机器人、运输类机器人、安控类机器人、救援类机器人等。国内首台全断面矩形智能掘进机研制成功，月进度掘进能力达到 3000 m，实现了"掘锚支"智能化作业。自主研发出 10 m 大采高智能化液压支架，达到了世界先进水平；井下探放水智能操作系统、智能防冲卸压装备、智能防冲限员系统等相继应用，防突、防治水钻孔机器人已定型量产；露天煤矿无人驾驶车辆达到 146 台；智能化违章管控系统已经在多个煤矿实际应用。

2）智能化开采

井工开采是我国煤炭开采的主要方式。根据调研数据的统计，在煤炭开采全过程中，采掘工序的能耗占总能耗的比例最低为 7%，最高可达 41%，平均能耗占比为 18.39%。因此，采掘工序的节能提效是煤炭开采的重要方向之一。我国采煤技术经历了人工炮采、普通机械化开采、综合机械化开采和目前的智能化开采 4 个主要阶段，煤矿智能化开采是第 4 次煤炭行业重大技术变革。2020 年 2 月，国家发展改革委、国家能源局等八部门联合印发的《关于加快煤矿智能化发展的指导意见》提出，到 2025 年，大型煤矿和灾害严重煤矿基本实现智能化，到 2035 年，各类煤矿基本实现智能化。智能化开采是煤矿"安全、高效、绿色"发展的必由之路，是煤炭工业高质量发展的核心技术支撑。

智能化开采是应用物联网、云计算、大数据、人工智能等先进技术，是工作面采煤机、液压支架、输送机（含刮板式输送机、转载机、破碎机、可伸缩式输送机）以及电液动力设备等形成具有自主感知、自主决策和自动控制运行功能的智能系统，实现工作面落煤（截割或放顶煤）、支护、运煤作业工况自适应和工序协同控制的开采方式。结合我国煤炭资源的赋存特征，在智能化开采方向主要的技术路径包括：薄及中厚煤层智能化无人开采技术及装备、大采高工作面人—机—环智能耦合高效综采技术及装备、综放工作面智能割煤与人工干预辅助放顶煤开采技术及装备、复杂条件机械化+智能化开采技术及装备等方面。

（1）薄及中厚煤层智能化无人开采技术及装备。薄煤层在我国分布广泛，其储量约占煤炭资源总储量的20.42%。由于薄煤层普遍存在厚度变化较大、赋存不稳定、工作面作业空间狭小、设备尺寸与能力的矛盾突出等问题，导致许多矿区大量弃采薄煤层，造成资源浪费。薄煤层刨煤机智能化无人开采与滚筒采煤机智能化无人开采，可有效改善井下作业环境，提高煤炭资源的采出率。

对于煤层厚度小于1.0 m、赋存稳定、煤层硬度不大、顶底板条件较好的薄煤层，优先采用刨煤机智能化无人开采技术及装备，主要包括智能截割刨煤机及控制系统、智能自适应液压支架及控制系统、智能变频刮板输送机及控制系统、智能供电系统、智能供液系统、智能通风系统、智能降尘系统等。目前，该技术和装备已在铁法煤业集团小青煤矿、临矿集团田庄煤矿等应用，实现了井下工作面的智能化、无人化开采，取得了很好的技术与经济效益。

对于煤层厚度大于1.0 m、赋存条件较优越的薄及中厚煤层，优先采用滚筒采煤机智能化无人开采技术及装备，主要采用基于LASC系统的采煤机定位导航与直线度自动调控技术、基于4D-GIS煤层地质建模与随采辅助探测的采煤机智能截割技术，实现采煤机对煤层厚度的自适应截割。同时配套基于煤量监测的刮板输送机智能调速技术、液压支架自动跟机移架与自适应支护技术、智能供液供电技术、端头与超前支架智能移架技术等，大幅提高工作面智能化开采水平，在条件较好的薄及中厚煤层工作面，真正实现智能化无人开采。2023年7月，中国煤炭科工上海研究院"适应最小采高1.3 m煤层大功率自适应采煤机关键技术研究及应用"项目在国家能源集团神东煤炭公司石圪台煤矿成功应用，创造了最低1.3 m煤层年产260万t的世界纪录。

（2）大采高工作面人—机—环智能耦合高效综采技术及装备。我国厚及特厚煤层可采储量占我国煤炭总可采储量的44%左右。对于煤层厚度较大、煤质坚硬、埋深比较浅，采用综放开采技术存在顶煤冒放性差、采空区易自然发火等问题的煤层，优先采用大采高工作面人—机—环智能耦合高效综采技术及装备进行一次采全高，通过应用液压支架支护状态智能监测技术、液压支架与围岩智能自适应支护技术、煤壁片帮智能预警与防护技术、采煤机智能调高控制技术、采煤机与液压支架防干涉技术、大块煤破碎技术等，最大限度降低工作面作业人员数量，提高工作面开机率，实现大采高工作面智能高效人机协同作业。目前，该技术和装备已在金鸡滩煤矿、红柳林煤矿、张家峁煤矿、上湾煤矿等西部煤层赋存条件较优越的矿区应用，实现了综采装备群智能开采为主、人机协同控制为辅的智能化开采，采出工效达到 1050 t/（人·d），年产量超过 1500 万 t，实现了厚煤层大采高工作面的智能化、少人化开采。

（3）综放工作面智能割煤与人工干预辅助放煤开采技术及装备。对于煤层厚度较大、赋存条件较优越、适宜采用综采放顶煤开采方法的厚煤层，优先采用综放工作面智能割煤与人工干预辅助放煤开采技术及装备进行开采，其核心技术为放顶煤智能化控制工艺与装置，包括时序控制自动放煤工艺、自动记忆放煤工艺、煤矸识别智能放煤工艺。由于特厚煤层一般均存在多层夹矸，且煤层厚度一般赋存不稳定，采放平行作业工艺复杂、智能控制难度大，现有智能化开采技术与装备尚不具备进行无人化的条件，放煤过程仍然需要采取人工进行干预。该技术在实现采煤机智能截割、液压支架自动跟机移架、刮板输送机智能调速控制等功能的基础上，通过应用基于精准地质模型与放出煤量监测的智能综放技术、煤岩界面识别技术等，在部分人工干预的情况下，最大限度实现综放工作面的智能化少人开采。

（4）复杂条件机械化+智能化开采技术及装备。我国煤层赋存条件比较复杂、复杂难采的大倾角煤层约占我国探明煤炭储量的 20%，西部 50% 以上的矿井赋存该类煤层，优先采用机械化+智能化开采技术及装备进行开采。目前，基于液压支架电液控制系统的液压支架自动跟机移架、采煤机记忆截割、刮板输送机智能变频调速、三机集中控制、超前液压支架遥控及远控、智能供液、工作面装备状态监测与故障诊断等智能化开采相关技术与装备均已日益成熟，但尚难以实现复杂煤层条件无人化开采的要求，但仍可以在一定程度上提高复杂煤层条件的智能化开采水平。目前，针对 50 多度大倾角条件的复杂难采煤层，通过机械化+智能化技术的融合，已解决综采设备在 50 多度大倾角条件下稳定运行的世界难题，实现了由不能采到能够安全高效开采的突破。该技术的应用，对于西部矿区的安全高效智能化开采有重大战略意义。

3）智能化掘进

多年来，我国煤矿井下巷道掘进作业呈现作业环境恶劣、地质条件复杂、施工工序多、安全性差等问题。我国已建成年产 120 万 t 以上大型现代化煤矿 1200 处以上，产量占全国的 80% 左右，这些煤矿对采掘接续要求迫切，同时在资金、人才及智能化建设基础方面均具有一定的优势。智能快掘技术是煤炭安全高效生产的客观需求，是解决采掘失衡问题的根本途径。目前，已经攻克自适应截割、智能支护、掘进定位定向、多机协同控制、远程集中控制、主动安全防护和工作面数字孪生等关键技术，成功研制了锚索支护机器人、锚杆支护机器人、高精度惯导+全站仪组合导航系统、基于地质透明化技术的掘进工作面数字孪生系统和远程集中控制系统等，实现了掘进一键启停，高效协同智能掘进。

（1）掘支运一体化智能掘进技术及装备。目前，我国已形成系列化、配套多样化、个性定制化的快速掘进产品谱系。按巷道围岩稳定性条件，掘支运一体化智能快速掘进系统主要分为稳定围岩条件下和中等稳定围岩条件下 2 类快速掘进系统。稳定围岩条件快速掘进系统主要由掘锚一体机、破碎转载机、跨骑式锚杆钻车、柔性连续运输系统等组成，主要技术特点：掘支分离、集中支护；重叠搭接、连续装运；集中控制、多机协同；作业辅助、减人强安。中等稳定围岩条件快速掘进系统主要采用掘锚一体机、锚杆转载机、柔性连续运输系统的配套方式。该系统采用分段平行支护工艺，即掘进工作面通过掘锚一体机实现低密度强力锚杆支护控制顶板，后部利用锚杆转载机同步实施增强永久支护，形成“前疏后密，快速推进”协同支护体系，根据巷道支护参数和围岩自稳性，优化各设备的支护任务，再优化设计锚杆转载机的钻机空间位置、调整行程和数量，提高掘支平行作业率。千米级快速掘进成套装备系统主要技术特点：锚索自动连续钻孔；支护工艺参数可调。

（2）全断面掘进机智能掘进技术及装备。全断面掘进机智能掘进技术及装备适合于斜井、平硐、瓦斯抽放巷等岩巷掘进。全断面掘进机集截割、支护、出渣、除尘等功能于一体，具有低扰动、成型好、高效率（主要指硬岩截割效率）、高安全性等优势，同时也有进转场时间长（安装、拆除工期 2.5 个月）、地质条件变化适应性差、支护效率低、转弯半径大（不能联巷转弯掘进）等缺陷。全断面掘进机智能掘进技术主要有岩体感知、煤岩界面识别、智能截割、智能导向、智能支护、故障诊断等。

（3）双锚掘进机智能掘进技术及装备。我国年产 30 万 t 以下的小煤矿 1000处左右，这些煤矿地质条件较差、智能化基础薄弱。针对此类煤矿的智能快速掘进，优先选用双锚掘进机智能掘进技术及装备。该技术适应复杂地质条件下煤、半煤岩和岩巷掘进 [空帮（顶）距为 0.3 m]，采用双锚掘进机、锚杆转载机、桥式转载机、自移机尾和集控中心的配套方式，锚杆支护选用双锚掘进机+锚杆转载机平行支护方式，双锚掘进机机载 2 组钻机和临时支护，实现部分顶帮支护；锚杆转载机对剩余锚杆补支护。双锚掘进机智能掘进技术主要包括断面自动成形、自适应截割、远程集控等。

（4）5G+连续采煤机智能连掘技术及装备。主要包括连续采煤机远控割煤、梭车自主驾驶、破碎机自动启停等技术。

专栏二　山东能源集团鲍店煤矿掘进工作面远程操控

鲍店煤矿胶轮车副巷掘进面掘进迎头和远程监控中心通过部署5G+智能掘进成套装备，利用高速率、低时延的煤矿5G专网实现工作面环境状态实时监测，实现掘进机一键启停、远程实时监控、自动化截割等智能化掘进作业的常态化运行（图3-1）。

图3-1　掘进工作面5G基站现场安装图

通过在掘进机机身安装内置5G通信模块的矿用高精度惯导装置，实现了掘进机自主定位、定姿、定向功能，矿用高精度惯导装置实时采集掘进机三维位置、姿态信息，通过5G专网传输至工作面监控中心控制主机，实现机身相对巷道的位置、姿态偏移量的监测和显示，通过联控对接掘进机控制系统，实现掘进机航向偏差的修正和补偿，目前鲍店煤矿胶轮车副巷掘进工作面已实现机载惯导系统位姿监测功能的常态化应用。

4. 采用矿井智能运输技术及装备

井工煤矿运输系统一般分为主运输系统和辅助运输系统。主运输系统一般采用多条带式输送机（或刮板输送机）和井下缓冲煤仓搭接的方式实现煤炭连续高效运输，主要负责从井下采煤工作面、掘进工作面经工作面巷道、中转煤仓、大巷、井底煤仓、主斜井（或立井）提升系统、地面上仓至原煤仓的煤及矸石运输任务，目前我国除少数年产量几十万吨的老旧矿井仍采用轨道机车+斜井绞车或立井提升的非连续运输工艺外，大部分矿井都采用带式输送机+斜井或立井提升的连续运输工艺。辅助运输系统在煤矿生产中主要完成除煤炭运输以外的人员、物料、设备、矸石等运输工作。目前在我国除了传统的轨道机车+斜井绞车或副立井提升的非连续运输工艺外，西北地区千万吨高产高效矿井尤其是斜井开拓的矿井已普遍采用无轨胶轮车的"点到点"运输工艺。

1）矿井智能主皮带运输技术及装备

井工煤矿主运输系统的工艺特点是运输距离长、搭接转载点多、运输效率高。在底层装备方面，煤矿用带式输送机已完全实现国产化，产品系列越来越丰富。技术参数已逐步接近国际先进水平，特别是在长距离、大运量、高带强、大功率带式输送机，快速掘进后配套长距离同步延伸连续带式输送机，无基础快速拆装可伸缩带式输送机等方面取得了很大成果。目前煤矿用带式输送机最大运距为 12800 m，最大倾角为 35°，最大带宽为 2.2 m，最高带速为 6.3 m/s，最大运量为 7500 t/h，最大装机功率为 5×3150 kW，最高带强为 ST7500。在主运输系统智能化方面，主要实现了带式输送机单机控制和集中控制。然而，当前主运输系统存在电控装置受恶劣的井下工况环境、电磁环境影响，导致可靠性低；带式输送机沿线保护和传感器感知信息不足和不准确，井下无人值守运行模式不安全；系统管控水平低，运行能耗高、故障停机时间长等问题，还不能完全满足主运输系统智能化的要求。主运输系统向从工作面到地面原煤仓全对象有人巡视、无人值守、协同经济运行的管控一体化新模式发展，是当前阶段国内煤矿智能主运输系统的发展趋势，是煤矿智能化建设的主要内容之一，是主运输系统节能提效的重要手段。

矿井主运输系统智能化关键技术：一是基于全数字化的 FCS 分布式带式输送机通信控制技术，实现主运输系统带式输送机单机监控系统数字化与自动控制、多机协同联动、远程集中控制、IP 广播、智能视频联动、运行工况检测及故障智能预警等功能；基于 AI 煤量智能识别、人员违规作业智能监测、大块煤/堆煤/异物识别与预警、全煤流载荷分布检测等功能，实现主煤流与综采输送带运输系统顺煤流一键启停、协同经济运行。二是基于机器音视觉的多传感融合增强型带式输送机保护技术，采用工业高速相机、结构光发射器，结合传统保护传感器及转载点前后的煤流量，以多传感融合计算盒为边缘计算核心，基于机器视觉技术，采用多传感融合计算方式实现正带面流量和异物检测、正反带面异常检测、转载点卡堵趋势检测等增强型保护检测功能，大大提高带式输送机保护的可靠性。三是煤流线协同经济运行控制技术，以全煤流线所有设备为控制对象，采用多点感知融合技术，根据来煤和载荷分布情况，应用协同控制策略，在保证全线不撒煤的前提下实现煤多快运、煤少慢运的协同经济运行，节能效果突出。

2) 矿井智能主提升技术及装备

矿井主提升机担负着提运煤炭的任务，是联系井下和地面的主要运输工具，其性能和提升能力是决定矿井生产能力的主要因素，同时它又是一个动力消耗很大的大型设备，具有频繁重载启动、停止、调速和换相的特性。其运转的经济合理性对节约电能、降低成本具有重大意义。

矿井主提升系统智能化关键技术：一是无人化和智能化技术，实现负载自适应、力矩自调整、柔性无冲击和无人值守；二是永磁直驱技术，取消减速器和联轴器，提高提升机的传动效率，尤其是 1 MW 以上功率的永磁直驱提升机的研发和应用；三是能量回馈技术，有效地将提升中负载上的机械能变换成电能并回馈交流电网，供附近其他用电设备使用，一般节电率可达 30%～45%。

3) 矿井智能辅助运输技术及装备

井工煤矿辅助运输系统的工艺特点是运输线路经常变化、水平或倾斜线路互相交错、线路复杂、工作地点分散、运输环节多、待运物料品种繁多且形状各异。我国煤矿辅助运输系统主要以轨道机车、单轨吊、无轨胶轮车等一种或多种混合的运输工艺为主，现阶段安全高效矿井的辅助运输主要以无轨胶轮车、单轨吊等"点对点"运输方式为主要发展方向。在底层装备方面，实现了基本国产自主的机械化、电气化和简单自动化。在辅助运输系统智能化方面，主要实现了功能侧重点不同的各类单系统自动化，各系统之间无法互联互通。目前国内辅助运输系统主要以轨道机车信集闭系统、无轨胶轮车红绿灯调度系统、绞车调度通信系统等监测监控类单系统为主，各系统之间缺少融合。辅助运输向人、车、物全过程管控一体化模式发展是当前阶段国内智能辅助运输系统的发展趋势，是煤矿智能化建设的主要内容之一，是辅助运输系统节能提效的重要手段。

矿井辅助运输系统智能化关键技术：一是基于工业互联网架构的煤矿井下辅助运输管控一体化技术，采用工作流、智能报表、GIS 地图等组件，实现基于二维、三维地图的辅助运输一体化管控应用 APPs（PC 端、手机端、车机端），包括车辆调度、物资管控、运输管理等。二是煤矿井下车联网及无人驾驶技术，通过井工煤矿车联网系统管控矿井车、人、移动设备等动目标，实现矿用无轨胶轮车监控、车路协同、路径规划等功能；通过车载智能感知与控制系统的多传感融合技术，实现障碍物感知，并通过域控制器对车辆进行控制，实现车辆自动避障行驶与路径合理优化；通过双模转向电动无轨胶轮车线控系统实现上层域控制器与底层线控系统通信，并完成车辆基于预瞄轨迹点的横向与纵向控制。

5. 矿井其他辅助系统智能化技术及装备

对于井工煤矿而言，通风、排水、空气压缩等辅助系统的智能优化，也是煤矿节能提效的重要途径。

1）矿井智能通风技术及装备

矿井通风系统是矿井生产系统中的重要子系统。矿井主要通风机连续运行，其电耗占整个煤矿电耗的比例最低为 6%，最高可达 32%，平均占比为 20.07%。矿井通风系统的智能化对煤矿整体的节能提效很有必要，同时，矿井智能通风是智能矿山建设和智能化开采安全保障的重要内容，是灾变应急控风的基础，防灾减灾的有效途径。

中国煤炭科工集团有限公司围绕智能监测感知、智能决策、智能调控，在行业内率先形成了"风流准确监测控风智能决策—风量定量调节—灾变应急控制"一体化技术装备系统，已在陕西煤业化工集团张家峁煤矿、红柳林煤矿，国家能源集团保德煤矿、补连塔煤矿、利民煤矿，淮河能源集团张集煤矿等几十个煤矿开展推广应用。矿井智能通风成套系统包括 VentAnaly 三维矿井通风智能决策软件、矿用定量调节自动风窗、多功能可变形远程自动平衡风门、全断面高效全自动测风仪、局部通风机智能控制系统、主通风机智能控制系统和抗冲击自动复位风井防爆门 7 个部分，以数字化、可视化、自动化技术为核心，对矿井通风动力、通风设施进行精准有序的互联控制，实现全矿井或者局部通风系统风量准确节能调控。

2）矿井智能排水技术及装备

根据调研，矿井排水系统电耗占整个煤矿电耗的比例平均可达 9.23%。矿井涌水量大、煤层埋藏深的矿井，其排水系统电耗所占比例甚至高达 50%。据统计，国外企业吨煤排水电耗大部分在 $2\,kW\cdot h/t$ 以下。我国约有 30% 的煤矿企业的吨煤排水电耗在 $2\,kW\cdot h/t$ 以下，另有 30% 的煤矿企业的吨煤排水电耗高于 $5\,kW\cdot h/t$。

矿井智能排水技术及装备是煤矿智能化建设的主要内容之一，是排水系统节能提效的重要手段。建设基于压力、液位、流量、温度等监测传感器和电动阀的智能排水系统，可按照水量实现排水用电自动削峰填谷，智能优化排水方式，实现能耗自评估和故障自诊断，具备智能报警、智能统计分析排水量等功能，实现"地面集中管控，现场机器人巡视、无人值守"常态化运行模式。

3）矿井空气压缩智能控制技术及装备

根据调研，矿井空气压缩系统电耗占整个煤矿电耗的比例可达 1%～3%。矿井空气压缩系统智能化关键技术：一是优化压缩空气使用区域和供气线路，减少管网阻力损失和漏风损失；二是采用具有绝热和容积效率高、比功率低的螺杆式空气压缩机，采用永磁电动机驱动；三是采用智能控制技术，提高制气效率，优化运行参数，降低工序能耗，实现无人值守；四是余热回收技术，回收空气压缩机在运行过程中产生的大量热能，用于解决员工生活或工业用热水问题。

6. 应用智能供电技术

煤矿是综合性大企业，其用电特点分为直接生产、辅助生产、选煤加工、生活及其他用电。其中原煤直接生产用电包括提升、排水、通风、压风、井下运输、采掘各工序所用电能；辅助生产用电包括机厂、工业广场等用电；其他用电包括服务于煤矿的地面设施耗电等。煤矿供电系统是煤矿安全生产的基础保障系统，是煤矿的动力源泉和安全保障。

1）供电系统顶层设计优化

煤矿供电系统的节能降耗首先需要从供电系统的优化设计着手。供电系统的优化改进是最为根本的措施，要求有关的设计人员结合煤矿生产的实际需求，对供电系统的电负荷种类、等级、容量与分布加以分析，保持配电变压器处于经济运行状态，保障供电系统的各个要素都能够符合煤矿企业生产的实际需求。在供电系统的优化方面，重点是要对相关的线路加以综合规划，整合电力负荷，使得在供电系统的运行过程中，既能够满足生产的实际需求，也能够降低电力损耗，节约系统运行所产生的电力成本。

2）变频调速设备的合理选用

煤矿供电系统的节能降耗方面，通过应用变频调速设备，能够实现对电力损耗情况的控制。当前，变频调速设备在很多领域得到了普遍的应用，这种控制方式具有一定的自动化特征，将其应用于煤矿供电系统内，主要是经由变频调速手段，来实现电力资源的控制，这种控制方式下，减少了不必要的电能消耗，提高了机械设备运行的整体效率，在设备的运行过程中，能够自动根据其生产需求，实现电能的自动转换。与传统的控制方式相比，变频调速控制更为先进，其可靠性与安全性都更高，有效避免了传统人工控制的弊端，使得相关的系统、设备都可以始终维持在最佳的生产、运行状态下，延长了设备的使用寿命，降低了设备运行过程中的故障概率。从变频调速控制的应用效果来看，不仅节约了电能资源，还实现了设备维修成本的控制，因此，对煤矿供电系统而言，变频调速设备具有其经济性，能够为煤矿企业节约大量的成本。

3）节能灯具的推广使用

煤矿企业的运行过程中，灯具的应用相对较多，由于灯具的数量、类型较多，在整个供电系统的运行过程中，灯具的电能消耗占据很大的比重。对煤矿企业而言，节能灯具的推广是节能降耗的有效手段。在节能灯具的推广过程中，可以综合分析煤矿内部各个区域内的用电需求，应用多种灯具控制方式，比如，在煤矿照明系统内，可以采用声控、手控等多种控制方式。

7. 推广井下煤炭智能选矸技术及装备

煤炭生产过程中的矸石排放量约占产煤量的 15% ~ 18%，其中巷道掘进中的矸石排放量约占 45%，采煤过程的矸石排放量约占 35%，选煤过程中的矸石排放量约占 20%。我国每年开采 1 亿 t 煤炭的矸石排放量约 1400 万 t，每洗选 1 亿 t 炼焦煤的矸石排放量约 2000 万 t，每选 1 亿 t 动力煤的矸石排放量约 1500 万 t。将矸石从井下运至地面，不仅需要耗费大量的动力，而且降低了矿井的有效产能。以毛煤中大块矸石含量为 15% 计算，2020 年我国矿井产煤量约 39 亿 t，向地面运输的矸石量高达 7 亿 t，浪费了巨大的矿井运输能力，相当于 70 个千万吨级矿井的运输量，若以平均矿井深度 600 m 计算，这些矸石从井下运至地面消耗的能量约 4200 GW，消耗运输装备电能约 11.5 亿 kW · h。据估计，煤矸石运输量约占矿井提升量的 15% ~ 25%，部分地质条件复杂的矿井将会高达 35%。

目前，井下煤矸分选主要包括新型跳汰分选、旋流器分选、重介质浅槽分选、跳汰分选和射线分选 5 种技术，在一些煤矿均有不同规模的应用。内蒙古李家塔煤矿采用井下动筛跳汰机分选大于 50 mm 块煤，动筛跳汰设备分选能力为 450 t/h。新矿集团新巨龙煤矿使用重介浅槽分选大于 100 mm 块煤，分选能力为 500 t/h。济宁二号煤矿井下 X 射线智能煤矸分离系统核定生产能力为 353 万 t/a，采用 X 射线智能分选机处理大于 50 mm 块煤，处理能力为 200 t/h。临矿王楼煤矿设计能力 130 万 t/a，滚轴筛分级后，50 ~ 300 mm 筛上物进入智能干选机分选，最大产量 450 t/h，50 mm 以上块煤达到 30%，计 140 t/h。

2021 年 3 月 18 日，《关于"十四五"大宗固体废弃物综合利用的指导意见》（发改环资〔2021〕381 号）指出，大力发展绿色矿业，推广应用矸石不出井模式，在煤炭行业推广"煤矸石井下充填 + 地面回填"，促进矸石减量，到 2025 年，煤矸石等大宗固废的综合利用能力显著提升，利用规模不断扩大，新增大宗固废综合利用率达到 60%，存量大宗固废有序减少。因此，井下煤矸分选处理技术发展和应用前景广阔，是实现节能提效技术的有效手段。

在煤炭开采过程中实施井下煤矸智能分选技术来实现矸石的减量，主要有三条技术路线：减少矸石产生量，通过改进采煤工艺来实现；减少矸石排放量，及减少矸石运至地面的排放；减少矸石最终堆存量，即通过资源化利用，减少矸石进入自然界的数量。

1）煤层精准截割技术

从采煤工艺方法上着手，减少回采机械切割矸石夹层，尽量降低采煤工作面的矸石产出量。采煤机记忆截割是在采区遇到岩石突变状况，采煤机就会切割岩石而产生矸石。为此,对采煤机滚筒自动控制调高,从而避开截割岩石。目前,Eickhoff 公司、DBT 公司、JOY 公司及我国的高端采煤机都装备了记忆截割系统。

2)井下煤矸智能分选技术

对回采煤炭中的矸石在井下运输过程中加以分选,提高煤炭清洁度,减少矸石废弃物的升井排放量。目前的井下煤矸分选技术有选择性破碎选矸、井下振动筛分排矸、井下重介浅槽排矸、井下动筛跳汰机排矸、井下空气脉动跳汰机排矸。山东能源新汶矿业集团有限责任公司新巨龙煤矿 1303N-1 号充填开采工作面采用采选充生产系统,井下煤矸分选方法为跳汰+全粒级水介分选方法,工作面采用固体充填采煤工艺处理分选矸石,分选能力达 400 万 t/a,就地充填能力 150 万 t/a,充填工作面采煤效率由垮落面的 60% 提高至不低于垮落面的 85%,系统运行稳定,实现了安全高效开采,为我国深部煤矿井下分选与就地充填、矿区环境保护协调发展提供了可靠技术途径。

3)矸石原位利用技术

煤矸石资源化利用有两种方式:地面处理后资源化利用和井下原位利用。当前,煤矸石利用主要是地面处理后的资源化利用,井下分选及原位利用已有探索,主要有矸石材料智能填充技术、矸石材料封堵技术、矸石材料泵送技术以及矸石共混材料技术等。但工程化成熟技术还未有大规模应用。

8. 应用多热源综合利用技术及装备

煤矿企业生产过程中会有大量的余热资源产生,比如矿井涌水余热、矿井乏风余热、空压机余热、洗浴废水余热等。这些余热资源大多属于低品位的能源,不能直接利用,基本上都是直接排放,造成了能源浪费。

多热源综合利用技术及装备的应用,能够把煤矿的各类余热资源、空气源整合为一个多能互补的供热体系和开放式的供热平台,使供热系统更加稳定可靠、节能高效。同时,可把太阳能、风能等清洁能源整合为一体,让系统更加环保节能。

3.2.2 露天煤矿

综合露天煤矿主要从优化生产布局和工艺、智能化采剥技术及装备、智能化穿爆技术及装备等方面提出节能提效的技术路径。

1. 优化生产布局和工艺

统筹开采工艺、开采时序和开拓运输系统等技术因素,优化开采方案和布局。露天煤矿采剥工程广泛采用单斗-卡车工艺外委承包的模式长期严重制约着我国露天采矿技术及工艺装备的发展。遵循"工艺为本"策略,以连续或半连续开采工艺部分替代单斗-卡车间断开采工艺，以带式输送机连续运输替代卡车运输，以相对成熟可靠的连续系统智能控制技术弥补尚不成熟的单斗挖掘机和卡车无人驾驶技术，以连续系统的辅助机器人作业替代单斗-卡车工艺的人工操作或远程驾驶。

优化生产组织，根据采场实时动态探索最佳生产方案，做到穿、采、运、排最佳衔接，不断发挥设备效能，提高生产效率。尤其是优化排土空间布局和道路运输系统，科学规划内排空间和时序，做到运距最短、系统简化、维护方便、降本增效。

2. 提高煤炭资源回收率

（1）含矸煤层精细开采技术。该技术主要用于含有夹矸的煤层的开采。采用推土机配合电铲逐层分采分装，减少爆破造成的煤岩混杂，最大限度地减少煤炭的贫化与损失，提高煤炭资源回收率。

（2）边帮压煤开采技术。该技术主要用于回收露天矿到达最终境界后，端帮下裸露出的无法通过正常采煤方法回采的煤层，是提高露天煤矿煤炭资源回收率的有效技术，还可解决煤层自燃引发的环境安全问题。主要有陡帮开采技术、端帮开采技术、井工平巷开采技术和露井协调开采技术等。结合露天煤矿地质条件、边坡稳定性、压煤量、煤层厚度等要素，灵活选择开采方式，提高煤炭资源回收率。但是，除了内蒙古，其他地区目前尚未出台监管办法，边帮压煤开采缺少统一执行标准。政策盲区亟待解决，明确边帮煤开采的行业规范，包括适用条件、开采工艺、开采程序、安全技术评价标准等具体内容，在确保安全的前提下，能采尽采。

3. 推进采运智能化建设

1）安全高效生产工艺、技术装备和智能化建设现状

近年来我国露天采煤量呈逐年上升的趋势，由 2003 年的 0.8 亿 t 增加到 2020 年的近 7.0 亿 t，占全国煤炭产量的比例由 4.65% 提高到 17% 左右。随着我国煤炭开采重心加速向新疆等西部地区转移，露天开采的比重还将进一步增大。截至 2020 年 12 月底，全国共有产能 4 Mt/a 及以上的大型露天煤矿 53 处，占全国露天煤矿总数量的 14.10%，合计产能 637 Mt/a，占全国露天煤矿总产能的 67.05%。千万吨级特大型露天煤矿 26 处，占全国露天煤矿总数量的 6.90%，产能 493 Mt/a，占全国露天煤矿总产能的 51.90%。

露天煤矿的生产工艺主要包括采掘、运输和排卸 3 个环节，其生产工艺系统可分为间断、连续和半连续三大工艺。中国中小型露天煤矿以单斗-卡车间断工艺为主，千万吨级以上露天煤矿采煤工程大多均采用单斗-卡车-半固定式破碎

站半连续开采工艺,剥离工程在一些大矿引进了半连续及连续工艺,如元宝山、扎哈淖尔、伊敏等露天矿松软表土层剥离采用轮斗连续开采工艺,霍林河南露天煤矿、扎哈淖尔露天煤矿岩石剥离采用半移动式破碎站半连续工艺,黑岱沟露天煤矿深部岩层剥离采用抛掷爆破拉斗铲倒堆工艺,半连续及连续工艺设备全部为进口。随着我国露天煤矿,开采的范围和深度在不断扩展,剥离比在不断提高,单一开采工艺方式往往不能与之相适应,开采成本高,效率低,需求以及各项因素的影响促使露天煤矿的开采效率不断提升,开采高度集约化和开采工艺综合化越来越成为开采的主流方向。

露天采矿设备方面,中小型露天煤矿多采用 $4 \sim 6 \ m^3$ 液压挖掘机配 $40 \sim 80 \ t$ 级卡车,千万吨级大型露天煤矿以 $10 \ m^3$ 级电铲配 $108 \ t$ 自卸卡车为主。随着开采规模和开采范围的扩大,逐步引进了 $23 \ m^3$、$35 \ m^3$ 电铲及 $150 \ t$ 级、$220 \ t$ 级自卸卡车,外包设备配置的液压挖掘机的斗容由 $1 \sim 3 \ m^3$ 提高到 $4 \sim 6 \ m^3$,卡车载重由 $20 \sim 30 \ t$ 提高到 $40 \sim 60 \ t$ 级,几乎全部实现国产化。目前,露天采矿设备逐渐向大型化发展,主要表现在下述几个方面。一是露天穿孔设备的钻孔直径在不断扩大。露天穿孔设备的发展经历了四个阶段,从最初的磕头钻到现在的牙轮钻,钻孔的直径越来越大,穿孔的效率也越来越高;二是露天采矿装载设备的斗容量在不断增大。电铲是大型露天煤矿必需使用的装载设备。太原重工生产的矿用挖掘机 WK-75,目前世界最大的矿用挖掘机,斗容 $75 \ m^3$;三是露天采矿运输设备的吨位在不断增加。矿用卡车已成为露天矿区使用的主要运输设备。徐工 DE400 是我国载重量最大的矿用卡车,载重达到 $400 \ t$。

露天煤矿智能化建设方面,目前露天矿区使用智能化手段的采矿设备越来越多,这对于提高露天矿区采矿的效率具有很大的促进作用。一是智能化技术被应用于车载监控系统。目前,很多露天采矿设备都装有车载监控系统,通过无线通信技术对设备的使用情况和运行状态进行实时监控。二是智能化技术被应用于卡车调度系统。该系统能对汽车进行全面实时监控,并及时向有关部门提供相应的数据。三是智能化技术被应用于 GPS 定位系统。GPS 定位系统可以用于露天矿山地表测量,GPS 定位系统的精度能达到米,甚至某些高精度的定位系统能使定位精度达到厘米。

总体而言,露天煤矿智能化建设当前尚处于初级阶段,主要体现在以下几个方面。一是信息基础设施建设总体上呈现出两极分化的趋势。国有大型露天矿信息基础设施建设较为完善,实现了万兆有线环网及 5G 无线网络的覆盖,数据中心网络设备基本可满足现阶段智能化系统的运行要求。中小型全外包运营模式的露天矿,其信息基础设施建设水平低,以千兆网络和 4G 无线网络应用为主,机房老旧，算力不足。二是露天煤矿设计受矿山人力资源等的限制，整体技术水平不高。三是露天煤矿穿爆工程多以外包为主，穿爆系统及装备智能化程度较低。四是矿山采剥运排工程智能化程度较低。尤其是全连续工艺系统目前在国内应用不多，且核心设备多为进口，受协议开放性的限制，难以对轮斗挖掘机进行深度智能化改造。四是露天煤矿智能辅助系统建设水平参差不齐，目前不能对复杂条件下矿山采运排环节进行数据孪生、智能控制、实时反馈和交互映射，实现装备的智能协同与实时监控。五是管理与决策系统方面缺乏智能化经营管理平台，现有当前管理与决策以信息化与数字化管理为主，未形成大数据库，缺乏管理与决策的辅助分析和预测功能。

2）采装运排智能化技术及装备

（1）采装运排装备的智能化、数字化技术。露天开采系统装备由挖掘机、破碎站、转载车、带式输送机、卸料车、排土机等组成，整个开采系统设备大、种类杂、数量多，相互制约且处于动态变化中，较难集中管理。各个设备单独工作且信息不通。运用先进的计算机管理技术，结合各种大型的智能化操作系统，利用先进的数据通信技术，实现系统的无人值守化和智能化操作。将生产、管理、自诊断、设备维护和安全等因素结合在一起，构建远程操控系统、无人驾驶系统、远程运维系统、综合管控系统等，实现开采环境数字化、剥采装备智能化、生产过程遥控化、信息传输网络化和经营管理信息化，在软件平台管理下，最大限度地提高工作效率，发挥系统的最大生产能力，实现绿色、安全、少人、高效发展，是落实国家能源发展战略的重要举措，也是推动我国煤炭工业高质量发展的重点任务之一。

采装运排环节智能化和数字化主要包括：一是电铲远程监控功能、在线动态数字化称重、辅助/自主挖掘与装载等；二是卡车安全管理数字化、燃油胎压数字化监控、辅助/无人驾驶卡车、智能化卡车调度系统等；三是推土机自动找平系统、远程遥控系统等。

（2）采装运排装备的大型化、重型化、自动化以及集约化。随着设备和技术水平的提升，露天煤矿采装运排设备向着大型化、重型化、自动化以及集约化方向发展。高度集成化的设备有利于提升煤矿企业内部集约化程度，能够有效地促进运行效率的提升。

电铲挖掘机是我国大型露天矿建设中的关键设备。目前全球能自主研制 55 m^3 以上巨型电铲的企业，只有太原重工、美国 P&H 公司和比塞洛斯三家。太原重工生产的矿用挖掘机 WK-75，是目前世界最大的矿用挖掘机，斗容 75 m^3。

准能集团黑岱沟露天煤矿的 8750-65 型吊斗铲，自重 5300 t，高度 71 m，斗容 90 m³，大臂长 110 m，机械室面积 1100 m²，是全国乃至亚洲最大的矿山采掘设备。吊斗铲属于无运输倒堆工艺的关键设备，具有生产能力大、人员配置少、安全系数高、生产成本低等优势。与单斗卡车工艺相比，剥离成本降低 33%；整个工艺年节能减排约 2 万 t 标准煤。

航天重工与准能集团共同研制的露天矿卡无人驾驶系统，率先在中国国内成功实现了 300 吨级无人驾驶矿用卡车混编运行和编组试运行。无人驾驶矿车通过一套包括地面控制中心系统、车地无线通信系统、车载控制系统等在内的无人驾驶控制系统，实现矿用自卸卡车装、运、卸作业过程的完全无人自主运行，并与钻机、电铲、推土机、平路机等露天矿作业关键设备配合工作。该系统采用国内领先的 4D 光场智能感知系统，深度融合激光雷达、毫米波雷达、北斗定位等多种感知技术，在矿区多尘、雨雪雾等恶劣天气及多碎石、路面颠簸等特殊环境下，能够精确识别激光雷达不易发现的影响安全的小型障碍物。其专有的"双控双驾无人驾驶系统"完全独立于原车的控制系统，完整保留了原车的操作控制装置和功能，保证原有车辆性能不受影响，具有响应速度快、控制精度准、可靠性高的特点，并能够对不同品牌、不同吨位的矿用卡车进行无人驾驶改造，进而兼容不同类型和品牌的矿用卡车实现无人驾驶。同时，针对编组运行，该项目使用 V2X 通信系统，在 5G 网络的支持下，实时在无人驾驶卡车、辅助车辆、智能化调度中心之间高速通信，在保证安全的前提下，缩短车辆编组之间的安全间距，提高整体运行速度与运行效率。

（3）智能化穿爆技术及装备。爆破是露天矿采矿过程中的重要环节。智能化穿爆技术及装备是露天矿智能化建设的重要方向之一。穿孔环节智能化主要包括钻机状态自动检测、钻机自动导航及钻进控制、地层岩性识别等技术，爆破环节智能化主要包括装药车自动导航及装药、爆破效果自动评价等技术。

准能集团采用国内独有的抛掷爆破工艺，运用抛掷爆破设计软件、北斗卫星精准定位和智能布孔系统、炮孔智能测量机器人、炸药混装车智能装药和智能爆破等技术及系统，实现了爆破设计、布孔、穿孔、炮孔测量、装药、起爆等穿爆作业全流程的智能化。

3.2.3 基本建设煤矿

本节从矿井全生命周期规划设计理念与矿井基本建设过程关键支撑技术两个维度论述节能发展路径。

1. 超前开展矿井全周期节能减排规划

根据煤炭行业全周期节能提效与低碳发展的特征，煤矿要从规划、设计、建设到生产、闭坑全过程中都要抓好节能减排工作，梳理基建煤矿能耗现状和碳排放特征，制定出更加明确的节能提效和碳减排行动计划，精准施策。促进节能提效与低碳发展目标的实现具有重要意义。如图 3-2 所示。

1）推动新建矿井全周期节能提效与零碳示范矿山设计

围绕开拓开采进行优化设计、余热余压利用、淘汰落后设备、推广应用先进适用节能技术等重点环节，重点实施一系列关键节能技改项目，实现基建矿井建设方式科学化、资源利用高效化、生产工艺低碳化、矿山环境生态化。打造节能提效与零碳示范矿山"智能感知"技术尤为重要。"感知矿山"是通过各种感知、信息传输与处理技术，实现对真实矿山整体及相关现象的数字化、虚拟化、智慧化，三者之间的关系如图 3-3 所示。因此，煤炭企业应该明确并完善"零碳示范矿山"建设标准与管理制度，研究形成配套建设的体制机制，重点打造"采煤不见煤"的煤炭工业 5.0 时代。

针对"零碳示范矿山"开展基建煤矿的勘察设计、施工生产、装备研发和技术服务工作，加大基建煤矿生态环境综合治理力度，实现基建煤矿建设与生态效益相协调。积极探索与低碳发展相适应的煤炭企业发展新模式，打造节能提效与零碳示范矿山。以"黑色煤炭，绿色开采""高碳企业，低碳运行""生态文明，科学发展"为目标，全力打造资源节约、生产清洁、安全高效、生态文明、可持续发展的国际化新型能源企业。因此，亟须将相关装备制造企业、设备应用企业、承担技术攻关的科研院所和高等院校加强合作，强化基础研发投入、工程创新决策、科研组织和成果应用的主体作用，以创新为动力、以协调为路径、以绿色为使命，以开放的格局共享发展成果。

2）强化设计标准与优化深度提升矿井节能降碳水平

煤矿新建项目要从源头控制能源消耗，把节能提效、绿色低碳纳入最初设计环节，切实提高煤炭资源采出率，须加强基础设计研究，各系统应尽量简单，简化环节。

（1）地质勘探程度要达到不影响矿井设计工作。要做好传统地质勘探工作：煤层赋存情况是确定矿井开拓方式、采煤方法及工艺的重要依据，地质勘探阶段难以用有限的网距精确控制煤层形态、煤层厚度变化、煤层顶底板条件及小型断裂构造等。在煤矿建设中应在勘探阶段所取得的地质成果基础上，不断收集地质资料，分析研判煤层赋存情况和构造展布特征，加强预测预报，为进一步优化设计提供可靠的基础资料。

（2）要充分论证设计技术方案，深度适应资源禀赋条件。目前我国的基建煤矿规划设计不够规范，重生产轻节能现象普遍存在。一是确定煤炭项目生产规

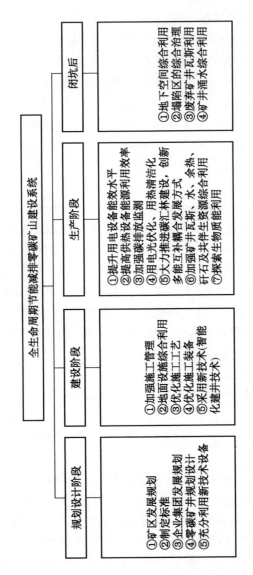

图 3-2 全周期节能减排零碳矿山建设系统

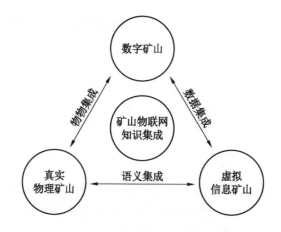

图 3-3　数字矿山、虚拟矿山及智慧矿山之间的关系

模不够科学。合理的生产规模是煤炭项目节能的先决条件，是矿井开拓开采、主要工艺设备选型、煤炭洗选加工等考虑的首要因素。矿井生产能力需要考虑矿井资源条件、外部建设条件、矿区总体规划及目标市场需求、技术装备条件和经济效益等影响因素。二是井口及工业场地选址对节能减排重视不够。井口及矿井工业场地位置应根据地形条件，结合井下煤层赋存情况确定。井筒落底点应靠近高级储量中心，从而减少煤炭、材料由地面至井下的运输距离。电源、水源、地面运输线路应便捷顺畅。同时应避开文物古迹、军事管理区、风景生态区等，不占基本农田、少占或不占林地、少压煤。三是各类井筒功能与布置考虑节能减排精心研究不够深入。井筒被称为矿井的"咽喉"，是人员、设备、材料运输的重要通道。井筒布置形式要根据煤层埋藏深度、井筒穿越岩层岩性、水文地质条件、煤层赋存条件等因素综合确定。井筒数量、功能及断面形式在满足生产和安全的前提下应进一步优化，简化环节。四是设置开采水平考虑节能减排不够科学。开采水平的设置应根据煤层倾角、层间距、可采范围等因素综合确定。近水平煤层群开采时，当层间距不大时，宜优先推荐一个水平生产保证生产能力。五是开拓巷道布置基本不把节能减排作为重点因素考虑。井下巷道布置应根据煤层赋存情况、矿井生产能力、运输能力、通风能力等，在满足矿井生产、安全和抗灾等要求的前提下，合理确定巷道条数、层位及巷道断面大小和形式，多做煤巷、少做岩巷。并应根据井田形状、地面建构筑物分布，合理布置井下巷道，减少井下压煤、各类煤柱留设和三角煤损失，提高资源采出率。巷道布置方位应尽量顺直，避免或减少反向运输，减少运输环节，缩短通风线路长度。六是采区划分只考虑

生产安全，忽略节能减排因素。首（盘）采区应选择在工程量少，勘探程度高的地段。在开采技术条件允许时，应适当加大采（盘）区尺寸，减少采（盘）区数量，并宜布置一个生产采区。

（3）精准分析煤层赋存，实现采煤绿色节能。合理的采煤工艺和方法与煤炭资源自身赋存条件的深度耦合是煤矿安全高效节能的先决条件。一是采煤工艺分类精细化。精准分析煤层厚度、煤层结构（夹矸）、顶底板条件、倾角等煤层赋存条件、开采技术条件和水文地质条件，"一矿一煤一策"合理确定采煤方法，进一步细化采高、年推进度等采煤工艺参数。二是煤层开采顺序科学化。研究近距离煤层群的分布特征，本着先近后远、先浅后深、先易后难的原则，减少初期工程量，联合开采近距离煤层群。三是回采巷道布置减量化。由于矿井地质条件、开拓方式、采煤方法、采掘速度等不同，同一井田内各采区情况亦有差异，因此，要优化工作面回采巷道布置，合理确定连续推进长度和工作面长度，并优先采用无煤柱布置方式，减少回采巷道布置长度，提高工作面煤炭资源采出率。四是采掘设备利用最大化。进一步提高掘进机、采煤机等大型矿用设备能源利用效率，减少能源用量，严格按生产规模优化配置装备和能力，减少"大马拉小车"的能源浪费。五是推动智能开采技术研发应用。攻克精准地质信息系统、自适应割煤、煤岩识别、超前支护自动化、智能放煤、装备智能定位及路径规划、智能化无人开采、矿山机器人、煤矿物联网等技术难题，减少不必要的功率损失和能源消耗。

（4）设计要秉承以矸换煤理念，推广充填开采。充填开采作为绿色矿山建设的重要技术手段，在我国绿色矿山建设的远景规划中将扮演更加重要的角色，应进一步形成我国煤矿充填开采的区域战略、精准模式、产业政策体系，尤其是重点区域的充填开采。随着我国充填开采激励政策和约束机制的逐步完善，充填开采有很大发展空间，煤炭资源采出率将有提升，对煤炭资源开发潜力将有一定促进作用。

（5）深度优化用能工艺，设计要科学合理选型设备。煤矿设计项目耗能工序除采、选环节外，主要工序还包括提升、运输、通风、排水、压风、瓦斯抽采等，设计选型必须达到一级能效指标。①主提升系统设计应重点考虑：主提升系统设计的原则是安全可靠，高效节能。从提升机的驱动系统来看，是减少驱动系统的传动环节，积极推广直连驱动和永磁内装提升机，取消减速器和联轴器，提高提升机的传动效率。从提升机的驱动电动机来看，积极推广永磁直驱和永磁内装同步电动机，同步电动机在载荷变化和速度变化时效率变化很小，异步电动机的效率变化很大，能耗较大。从提升机的控制来看，提升系统按智能化控制设计，根据不同载荷，采用调速运行，减少系统的功率消耗。对电动机和变频器的发热进行余热利用，减少能量消耗。②主运输系统应重点考虑：一是井下主运输系统应该广泛设计采用变频调速，变频器不仅用于起动和停车，还应具备根据实际煤流量来调速运行。根据神华宁煤的节能经验，若主煤流运输系统根据实际煤流量来调速运行，可省大约 50% 的能量消耗。带式输送机系统设计的原则也是安全可靠，高效节能。一是从输送机的驱动系统来看，减少驱动系统的传动环节，积极推广永磁直驱和永磁电动滚筒，取消减速器和联轴器，提高输送机的传动效率。二是从输送机的控制来看，主运输系统按智能化控制设计，采用动力学设计技术，减少输送机起动、停车和变速时输送机系统的动力冲击和能量波动，实现输送机的变频调速运行，减少功率消耗。③主通风系统在设计上应重点考虑：选择高效区宽广的节能通风设备，采用变频调速运行，使主通风机在较大范围内能实现持续的高效运行。主通风系统按智能化控制设计，采用全系统的风量和阻力自动调节，通风机能适时、实时调速运行。④主排水系统在设计上应重点考虑：根据涌水量、排水距离及排水高度等条件，合理确定排水系统，使所选用水泵与排水管路达到最佳匹配，使主排水泵运行工况点在高效区。优先使用对称平衡主排水设备，采用无底阀排水系统，使主排水泵在较长时间内能实现持续的高效运行。⑤空气压缩和制氮系统设计上应重点考虑：采用具有绝热和容积效率高、比功率低的螺杆式空气压缩机，采用永磁电动机驱动。按智能化控制设计，根据终端用气量自动开停。⑥瓦斯抽采系统设计上应重点考虑：根据瓦斯抽采量、工作阻力，合理确定瓦斯抽采设备，使瓦斯泵运行在高效区。瓦斯泵房按智能化控制设计，实现泵房的无人值守和远程监控集控。⑦设计上采用新能源供电：矿井新能源供电可以在三级用电负荷广泛推进，并研究二级用电负荷的供电问题及解决方案，逐步推进矿井绿电的应用。⑧采煤沉陷区治理设计上应重点考虑：全面打造"光伏+"模式建设，积极开展利用采煤沉陷区受损土地发展光伏发电，推动采煤沉陷区受损土地综合利用。⑨闭坑阶段设计上应重点考虑：攻克废弃（关闭）矿井煤层气资源评价和抽采技术，推进关闭矿井 CH_4 高效抽采利用，减少 CH_4 通过煤矿巷道和地层裂缝向大气中逸散，同时加强特殊地下空间的综合利用。

（6）推进高效节水减排，实现行业节水降耗。推进高效节水减排工作，提高水资源利用效率及重复利用率，对煤炭行业节水降耗、改善环境将起到积极作用。一是采用先进的节能技术。将生活、生产、消防给水系统分开设置，采取分质供水。对高层行政公共建筑、选煤厂生产系统等，充分利用管网压力采取分区供水。优先利用高位水池采取静压供水，动压系统采用变频调速或管网叠压供水。二是采用新型节水措施。应用新型节水设备、节水型卫生器具和配水器具、优质管材、阀门，使卫生器具水效等级不低于2级。对给水系统的压力作出合理限定，控制超压出流。合理运用太阳能、空气源热泵、水源热泵等绿色清洁能源，完善热水供应循环、保温系统，尽可能减小或消除无效冷水的浪费。三是制定水资源利用方案，统筹利用各种水资源。建设绿色生态煤矿，优化配置水资源，提高非常规水源的利用率及重复使用率。配套建设矿井水/疏干水/坑内排水处理站、生活污水处理站、选煤厂循环水处理和雨水收集系统，合理确定处理规模，采取有效的节能和环保技术，出水优先作为煤矿生产、生活杂用水水源。根据用水点对水质的要求，采取梯级供水，做到一水多用，减少新鲜水耗量的同时实现废污水不外排。四是建立健全节能减排的计量、统计制度。安装水质、水位及水量等在线监测仪表，提高水质检测的自动化程度、节水管理的智能化水平和水质管理的时效性，更好地保证水质安全与卫生，防止水资源浪费。五是引进绿色建筑、海绵城市等理念。遵循因地制宜的原则，结合地区的气候、资源、自然环境、经济等特点，对建筑全寿命期内的性能进行综合评价。采取有效措施控制雨水径流，满足各地区年径流总量控制率的要求。六是煤矿节水管理未来发展趋势。在各供水系统安装水量计量、调节和控制流量装置，将场区内的计量数据收集到水网集中控制系统，进行数据统计、处理和分析，得出用水、排水量数据，对各主要工艺系统进行监督管理，建立煤矿用水监测系统。逐步普及采用带恒温控制和温度显示调节功能的淋浴器，公共建筑淋浴采用用者付费等管理模式。引进专业的物业管理公司、水处理托管公司等，建立健全管理信息系统建设。

（7）优先配置清洁热源，实现行业节煤降耗。煤矿供热热源的确定应根据本地区资源情况、能源效率、能源价格及环保政策，经技术经济分析比较确定。煤矿供热热源的变化，尤其对于小型煤矿，要采用清洁能源，应优先利用煤矿余热和废热，积极利用可再生能源。一般煤矿热源按下列顺序确定：一是充分利用煤矿余热资源，煤矿回风和井下排水余热、空压机余热及浴室废水余热，利用太阳能和空气能等可再生能源，减少大气污染排放，节能环保。二是凡在热电联产供热管网覆盖地区，优先使用热电联产供暖热源。三是根据本矿区资源情况，采用燃气锅炉、生物质锅炉、蓄热式电锅炉等清洁能源供热。四是煤矿余热和其他热源，采用自建燃煤锅炉供热，锅炉吨位和烟气排放标准均应满足国家和当地环保规定。

3）多措并举规划基建煤矿节能提效支撑技术

基建煤矿节能提效和低碳发展不是一蹴而就的，而应依托现有的基础和条件进行科学谋划、全面改进、突出重点、整体推进，遵循从阶段突破到重大突破的发展路径。根据基建煤矿能耗特点和节能减排的总体目标，并依据任务重要性、可行性、经济性、减碳性、可推广性、可复制性等基本原则，从"发展与提升""变革与阶跃""政策与激励"几个主要方面，提出基建煤矿碳减排与节能提效的重点任务，见表 3-1。进一步提高基建煤矿安全、绿色、低碳和智能化建设水平，通过技术变革实现基建煤矿环境零损害、气候零负荷的绿色开发。

表 3-1　基建煤矿节能提效设计发展路径

重点任务	一级任务	二级任务
基建煤矿节能提效重点任务	1. 基建煤矿成熟重点技术的发展与提升	（1）构建基建煤矿土地资源规划设计与优化整合体系
		（2）推进超低能耗建筑和低碳建筑建设
		（3）加快高耗能装备升级改造与研发低能耗产品
		（4）提升基建煤矿能耗监测与控制技术水平
	2. 基建煤矿地下建造技术的变革与阶跃	（1）创新井巷低能耗掘进技术
		（2）创新井巷开拓与布置方式
		（3）创新矿井整体优化节能技术
	3. 基建煤矿建设政策导向与激励措施	（1）推进基建煤矿用能限额与用能管理制度
		（2）完善现有节能减碳激励政策
		（3）建立完善的基建煤矿节能减排量核证体系
		（4）设立节能管理部门与引进专业管理人才
	4. 推动节能提效与零碳示范矿山建设	

基建煤矿成熟重点技术的发展与提升，即构建基建煤矿土地资源规划设计与优化整合体系、推进超低能耗建筑和低碳建筑建设、加快高耗能装备升级改造与研发低能耗产品、提升基建煤矿能耗监测与控制体术水平。

（1）构建基建煤矿土地资源规划设计与优化整合体系。坚持低碳理念引路，树牢绿色发展意识。面对基建煤矿与生态脆弱的突出矛盾，以矿山环境生态化、生产工艺环保化、企业管理精益化，统筹推进煤矿基础工程建设与环境保护协调推进，促进资源效益、生态效益、经济效益和社会效益同步提升，共享绿色发展成果，为矿井高质量发展创造更加有利的条件。增强节约集约利用土地资源的紧迫感，节约集约用地。要认真做好基建煤矿建设的调研分析和论证工作，对基建煤矿地面办公用地、生活用地、绿化用地、井筒建设场地、装备存储用地等统筹规划设计，避免零星、分散和孤立地摊大饼式规划方案，尤其是生态环境脆弱的地区，必须增强地面构筑物和基础设施的协调性。同时，要针对基建煤矿工程项目的自身特点，以求最大限度地协调、统筹当前需求与长远发展目标，并满足与政治、经济、环境和社会等其他方面的协同发展，为煤矿长远绿色低碳发展留有充分空间。

（2）设计研究超低能耗建筑和低碳建筑。提升地面超低能耗建筑和低碳建筑建设技术，增大节能技术工艺运用力度。在地面建筑和构筑物设计和施工过程中，结合实际情况，进一步强化施工与节能技术管理力度，大幅提升基建煤矿地面建筑物或构筑物的生态友好性、节能性，促进工程绿色低碳化发展，包括：提升超低能耗提高绿色星级建筑比例（超低能耗建筑）、既有建筑节能改造、分散采暖及热水系统能源结构调整、应用可再生能源、建筑电气化；充分利用构筑物与办公楼屋顶、工业广场等发展分布式光伏发电，以及加快推进光储直柔建筑示范应用、非 CO_2 类温室气体排放管控、大物业智慧建筑控制系统应用，实现建设更加节能、更加舒适、更好空气品质、更高质量保证的超低能耗建筑和低碳建筑。

（3）设计提出要求研发低能耗产品。升级改造基建煤矿高耗能装备，提高其节能效果，加快推进低能耗装备研发。要加大对相关装备的研发，对其进行节能改造，降低单位产品碳排放强度。重点是针对基建煤矿中一些高耗能装备，要求其耗能较大，节能潜力也大，如：锅炉、排水大泵、提升装备以及空压机等，从而促进安全、高效、节电的综合目标的实现。加强机电设备技术改造、淘汰落后高耗能设备，是降低能耗、提升效益的有效方法之一。高耗能设备更换需要进一步加快，机电技术改造重点做好电机补偿技术、锅炉低碳改造、风机节能技术改造、利用消防水池蓄冷、推广高效制冷机房、冬季热泵供热改造、光伏系统推广应用，大力引进与应用节能型设备。合理限制基建煤矿超设计能力的配置装备，规避"大马拉小车"现象，倡导利用变频等节能提效技术装备，降低装备运行过程中的能耗和碳排放量。对重点装备对象、碳减排效果、经济性及实施步骤进行详细测算，压缩装备节能提效可提升空间；进一步加大装备一体化、资源共享、循环利用等方面工作力度，充分利用矿井水、回风等余热资源，减少煤矿燃煤消耗。

2. 推广新型凿井技术

1）降低冻结法凿井用电能耗

井筒冻结法施工是井筒涌水量较大或过软岩凿井的一种有效方法。主要缺点是凿井电耗高、凿井周期长。为降低电耗，采取的技术手段是通过对井筒冻结实施精准化设计及动态协同控制，实现用能优化，同时利用 5G 技术、物联网技术对冷冻机进行单机改造，实现冷冻机单机自动运行，提高单机运行效率，采用变频技术、人工智能技术实现装备优化，通过建立冻结智能型能量管控系统，实现冷能合理分配利用，降低能耗，可实现冻结站耗电为定额耗电的 45% 以下，可降低井筒冻结工程造价 5%~15%。借助先进的制冷技术和传热技术可推动冻结技术向绿色低碳转型，促进井筒冻结技术的快速发展，冻结技术是一项复杂的技术，涉及制冷、传热、流体、机电、地质等多领域，涵盖了科研、设计、施工等各个环节，冻结节能需要统筹谋划，协同推进，通过技术、工艺及装备优化后，冻结施工节能至少可以达到 40% 以上。冻结法凿井将向着精准、高效、绿色、节能方向发展，将成为井筒通过复杂不稳定含水地层的首选方法。

2）采用一次成井快速掘进法凿井

（1）大力推广一次快速成井技术。随着 TBM 掘进技术不断成熟和资源、能源开发等领域需求的增长，矿用全断面掘机掘进技术和装备在矿山井巷工程施工领域焕发新生机。我国已拥有了一定的煤矿岩巷全断面掘进机掘进技术、装备与施工经验，但目前我国煤矿井下岩巷全断面掘进机掘进技术和装备还处于起步研发阶段，亟须解决煤矿岩巷全断面掘进过程中地层超前探测、高效破岩掘进、连续排渣、姿态控制、围岩快速支护、装备运行状态监控等技术，以及关键核心技术的节能提效技术改进与管理，向更高效、更节能的绿色、低碳、智能化掘进方向发展。

（2）反井钻机、立井钻机、下排渣立井掘进机自动化控制技术。在矿井穿越地层条件适宜的情况下，反井钻机、立井钻机、下排渣立井掘进机等大型钻井装备在自动化控制下可实现较高的破岩钻进效率，有效保障和明显改善了建井工人的作业环境和劳动强度。从现有的机械破岩钻井装备运行方式和钻凿模式来分析，在适宜的地层条件下通过控制程序调控钻压、钻头转速、扭矩等破岩参数和排渣参数，可适应不同地层岩性的高效破岩钻进并提高装备的适应性，但在一定程度上更多的还是爆破破岩技术的替代以及建井作业工人体力的延伸或替代。然而，对于复杂的矿井地质条件下，特别是穿越富水地层或高应力破碎地层时，必须随时进行人工干预或者实施辅助钻进技术或工艺才能完成安全钻井，自动化、机械化的钻井装备系统尚无法实现智能调控。

3. 创新井巷低能耗掘进技术和开拓布置方式

加快探索煤炭开发新技术，从原理上改变碳排放特性。基建煤矿地下建造技术的变革与阶跃，即创新井巷低能耗掘进技术、创新井巷开拓与布置方式、创新矿井整体优化节能技术。

1）创新井巷低能耗掘进技术

目前，煤炭行业快速发展，工程建设规模不断扩大，工程技术创新进入高度活跃期。我国矿井建设已由解决供需矛盾为主转变为提升质量为主的发展阶段，国家"十四五"及中长期内将致力于向安全、低碳、智能转型与变革。基建煤矿的井巷工程作为煤炭开发的核心构筑物，是煤炭开发的关键工程也是首要工程，担负着矿物、人员、材料、设备等运输，以及地下通风、供电、排水等功能。根据国家能源战略对洁净、绿色和低碳能源的需求不断调整，以及国家能源局、应急管理部、发展改革委等部委对矿业和其他地下工程安全、高效、绿色、智能建设的总体要求，普通钻孔爆破破岩井巷掘进技术存在安全风险高、作业不连续、环境污染、职业伤害严重等问题，与井巷安全、低碳、智能化发展趋势不匹配、不协调。

井巷掘进技术与装备的发展将秉持安全、高效、绿色、智能等理念，协同政府、行业、企业、科研院所，面向国家重点项目或工程，发挥校企联合主体地位、政府和行业主管部门服务、市场需求引领的作用，加大专项资金投入，制定相关支持政策，完善技术产业链；研制低能耗掘进装备，突破复杂地质条件下井巷掘进全系统协同控制技术；基于信息融合、数字逻辑模型、智能控制等技术，构建井筒掘进信息化、无人化、智能化钻井体系；同时对智能井巷掘进组织架构、管控模式、管理方法、经营模式和岗位权责等需要制定全面覆盖、重点突出、持久力强的保障措施，积极整合现有资源和潜在资源，推动我国井巷低能耗掘进的基础研究、关键技术突破和智能装备制造，减少井巷掘进过程中能源消耗带来的碳排放，建设智能化掘进工作面，打造智慧矿井建设，满足提质增效、节能提效、绿色低碳、高质量发展的需要。

2）创新井巷开拓与布置方式

煤矿矿井开拓按照井筒倾角的不同一般可分为平硐、斜井、立井以及综合开拓方式。然而，矿井建设深度超过千米后，平硐和缓坡斜井的开拓方式从技术性、经济性和安全性等方面分析均不适宜，因此立井开拓方式将成为深部矿井建设的主要方式。因此，矿井建设作为基建煤矿的重要工作内容，必须对待开发煤矿的地质条件进行研究，且对煤矿开发的井巷布置及其工艺技术用评价体系专家系统进行分析，以便得出最合理的组合；换而言之，就是通过各方面的研究，以便使所制定出来的矿井建设方式与巷道布置，能够和煤矿后期投产开采的具体情况相匹配，从而更好地开展煤矿生产工作，提升煤炭供给和满足经济高质量发展的保供需求。

对基建煤矿进行矿井开拓与布置方式优化，继而对煤矿生产系统加以简化，减少巷道开拓工程量，提升煤矿掘进的工作效率。除此之外，还可强化矸石在井工中的处理，以将其作为一种填充材料或支护材料加以利用，降低矸石排放的节能提效技术，这种技术或方法，不但能够降低对地面环境的污染，同时还可对煤矿生产系统加以简化，继而有助于煤矿生产的高效化、集中化。

3.2.4　选煤厂

1. 重视煤质分析，推行节能设计

选煤厂从设计阶段按照优质高效、安全环保进行创新性设计，是节能降耗的基础。

1）重视煤质分析

煤质资料是选煤厂设计的基础，对煤质资料收集齐全，分析到位，可以为选煤厂设计过程中制定合理的工艺流程、计算适销对路的产品结构、符合实际的设备选煤、最优化的工艺布置提供可靠的依据，使选煤厂最终达到节能提效的目的。总结我国选煤厂设计现状，在煤质分析方面存在以下问题，一是对煤田地质勘探报告中所附的煤质资料分析不到位，设计只是对煤田地质勘探报告中煤质部分的文字进行罗列，没有针对煤质指标从煤炭洗选加工角度进行分析评价；二是不重视钻孔煤质分析，对井田煤质分布规律缺乏全面了解，造成设计针对性不强；三是不重视筛分浮沉资料的收集，造成计算的产品失真现象严重，影响资源的合理利用；四是由于煤质分析准确性不足，易造成选煤厂建成后改造不断，造成人力、物力的浪费。因此，为了设计高效节能的选煤厂，煤质分析方面要做好以下工作：

一是选煤厂设计要认真分析煤田地质勘探报告的煤质资料。这些资料包括煤田地质勘探报告说明书；煤层钻孔煤质分析化验统计表；反映煤层厚度、夹矸层数的钻孔柱状图、井田各煤层煤质平面分布图、简选煤样筛分浮沉资料样分析资料。以上资料对全面了解入选煤质特征，做到设计过程中"对症下药"具有重要的意义。

二是做好筛分浮沉资料的收集、校正工作。筛分浮沉资料是选煤厂设计过程中进行选煤方法技术经济比较、产品结构计算及优化、全系统工艺流程计算的最基础资料。条件具备的要按照国家标准，委托有资质的单位做筛分浮沉实验报告。对于未开发的矿井，无法采样做实验的，要收集临近矿井或矿区的筛分浮沉资料，按照原煤灰分预测公式，预测首采区原煤灰分，对收集的筛分浮沉实验资料进行合理校正，作为设计依据，对校正的资料结果，要参照地质报告简选样进行必要验证，做到筛分浮沉资料代表性更强。

三是新设计选煤厂，必须重视对周边已生产煤矿及选煤厂的实际生产指标进行收集分析，对现有选煤厂生产过程中存在的问题，进行分析评价，为设计选煤厂合理确定最优的加工方案和适销对路、效益最佳的产品结构提供借鉴经验，防止工艺不合理造成能耗高的问题。

2）合理选取选煤方法

我国选煤经过数年特别是改革开放以来的发展，选煤技术得到大幅度提高，由于我国煤层赋存相对复杂的特点，选煤方法齐全，千万吨以上的选煤厂达到80多座，最大选煤厂规模达到 3500 万 t/a。选煤方法取得了"百花齐放"的效果，即国外有的选煤方法中国都有，国外没有的中国也有。通过实践证明的高效选煤方法，行业基本达成共识，为了达到选煤方法的节能提效，可参考以下原则，根据煤质特点、用户需求、最大经济效益原则、投资方面等方面进行全面的技术经济比较后，择优选取选煤方法。

一是炼焦煤选煤厂选煤方法选择要先进合理。炼焦煤选煤厂重点选择的选煤方法，应优先考虑以下两种高效选煤方法：一是不脱泥无压三产品重介旋流器+粗煤泥重介旋流+细煤泥浮选联合工艺；二是脱泥无压三产品重介旋流器+粗煤泥干扰床分选（TBS）+细煤泥浮选的联合工艺。选煤方法的选择立足点要放在提高精煤回收率上，工艺流程制定要有利于高效分选。

二是动力煤选煤方法的选择主要为：块煤重介浅槽洗选、末煤不洗直接销售；块煤重介浅槽洗选、末煤两产品重介旋流器分选，粗煤泥螺旋分选；块煤重介浅槽洗选、末煤 3 mm 脱粉后两产品重介旋流器洗选；混煤跳汰选生产精煤、中煤、矸石；用于化工、高炉喷吹的无烟煤、贫煤、贫瘦煤按炼焦煤选煤厂选煤方法选择，入选下限为 0。

三是缺水地区、矸石泥化严重的煤类、褐煤优选采用干法选煤技术。

3）优化工艺流程设计

工艺流程是指从煤炭进厂、洗选加工、产品储运、定制化销售的全过程规划，结合煤质、产品、效率、效益进行优化非常重要。

（1）对于炼焦煤选煤厂，如果块煤中矸石含量高，特别是矸石泥化严重的煤质，要设置预排矸工艺。如果 50（40）mm 以上矸石含量高，应优先选用智能干选，干选效果要达到分选效率 99% 以上，做到矸石中不见"黑块（煤）"，防止矸石中跑煤，造成矸石量增加、煤炭资源损失的耗能损失。如果 25 mm 或者 13 mm 以上粒级矸石含量高（灰分 40% 以上），建议选用重介浅槽预排矸。这些矸石排出后，对提高分选效果、降低后续分选矸石对设备的磨损、减少煤泥量、降低介耗均有好处。

（2）对于动力煤选煤厂，当入选煤层为巨厚煤层，煤层中有特低灰煤质存在，采出后煤质量可满足用户要求，工艺流程中要有优质煤不经水洗，直接筛分破碎后作为产品的灵活性,严格禁止动力煤"过度洗选、无效洗选"的能源浪费加工。

(3)对于煤质差需要末煤洗选的动力煤选煤厂,应采用 3 mm 干法脱粉入选工艺,脱粉入选煤泥量减少 50% 左右,对于加工成本降低、节能降耗意义重大。工艺流程要按照"无泥化、矸石减量化"设计。动力煤选煤厂煤泥水分控制在 20% 以下,破碎后均匀掺入最终产品煤中,无落地煤泥。炼焦煤选煤厂,浮选按照两段浮选工艺设计,将浮选尾煤灰分提高到 70% 以上后混入矸石进行综合利用。矸石"减量化"是指 1.8 kg/L 密度级以下,以及发热量大于 1200 kcal/kg 的物料必须全部回收作为产品,防止这部分物料排至矸石系统,增加矸石的处理费用及能耗。

(4)完善自动配煤系统的设计,实现资源的合理利用、优化利用、高效利用。选前自动配煤要结合不同煤层灰分、硫分、分选精煤的边界灰分,实现配煤入选,即按照"等拉姆达"理论设计,落实最大回收率原则。炼焦煤选煤厂如果来煤煤种多且煤质差别大,在条件具备时,要积极推广按照不同分选密度进行分别入选,提高精煤回收率;不具备分别入选条件的,要按照最优化配比入选,达到精煤回收率最高。动力煤选煤厂按照选后产品配煤销售、定制化销售,即:用户需要哪一级发热量的煤,系统都能实现。配煤技术按照数字化专家系统、智能化运行进行设计。主要采用煤仓上下在线测灰、测水(必要时测硫),仓下变频给煤,皮带秤计量,在线测灰、测水(必要时测硫),按照发热量回归方程自动计算热值进行销售装车。

(5)煤泥水系统按照粗细煤泥分别回收设计,粗细煤泥分级按照叠层筛实现高效分级,防止粗煤泥进入细煤泥系统。炼焦煤选煤厂及末煤入选的动力煤选煤厂,煤泥水浓缩设备采用两段工艺,一段不加药回收粗粒,一段浓缩溢流进入二段浓缩,该工艺有利于减少药剂消耗,实现清水选煤、选煤水闭路循环。

4)选用高效节能设备

选煤厂设备选型按照国家推荐的节能产品,选用大型、高效、经过实践检验的高效设备。要通过详细计算数质量流程,合理选择各环节的设备,防止因某一设备或环节设计达不到设计生产能力形成的"木桶效应",影响选煤厂节能提效生产。同时要按照合理的计算结果,进一步提高选煤、筛分破碎、各种泵类等大型洗选设备能源利用效率,严格按生产规模优化配置装备加工能力,禁止"大马拉小车"的高耗能源运行。

淘汰落后的高耗能产品,使用高效低耗的新型节能产品,以利于节约用电。对动力煤选煤厂块煤入选,要选择高效的筛分设备,块末煤分级的筛分效率要达到 90% 以上。筛分效率高有利于减少"见水"煤量，该效果不仅有利于提高商品煤的发热量，也有利于减少煤泥量。选煤厂煤泥量减少可显著地降低煤泥水处理系统的电耗、药耗。干法筛分下限为 3~4 mm 时，要选用筛分效率高的交叉筛，若选用弛张筛，单位处理量要适当较低。

选煤厂属于大宗物料的输送系统，带式输送机、刮板输送机等非标设备用量较多。带式输送机系统设计选型要按照带式输送机设计规范，做到安全可靠，高效节能。输送机的驱动系统积极推广永磁直驱和永磁电动滚筒，取消减速器和联轴器，提高输送机的传动效率。从输送机的控制方面，要按智能化控制设计，采用动力学设计技术，减少输送机起动、停车和变速时的动力冲击和能量波动，实现输送机的变频调速运行，减少功率消耗。刮板输送机由于能耗高于带式输送机，且维修量大，工艺系统能用带式输送机的，尽量不用刮板输送机。

重介选煤厂工艺管道及溜槽磨损较为严重，易造成滴、漏、跑、冒的生产事故，同时会引起紧急停机现象频发，由此会造成能耗无效损失过于严重。因此，设计中要按照耐磨管道、耐磨溜槽设计，其中管道内要铺设高铝陶瓷，溜槽过煤断面铺设 16 锰钢板及防砸设施，为生产过程的耐久性提高设计保障。

5）合理优化布局

选煤厂平面布置原则要根据我国煤炭行业产业政策要求，本着"少投入、多产出、高效率、高效益"的原则，简化、优化地面部局，处理好建、构筑物位置的关系，实施集中化布置，使总平面布置合理，使用方便，各种室外管线、通道要短捷畅通、整齐美观。矿井型选煤厂要结合地形条件及矿井的总体布置，选煤工艺系统合理，适应场内、外运输，线路短捷顺直，满足车辆运转与室外操作。同时选煤系统建筑物之间防火、防爆、防振、防噪、防尘、自然通风、日照、采光及环境保护要满足相关规程规范的要求。要统筹平面布置与竖向设计，合理利用地形、工程地质及水文地质条件，确保工业场地边坡的稳定性、防洪排水安全，减少建筑物基础处理工程量、场地整平土方和支护工程量。合理布置煤流、矸石流、人流、物流，避免相互干扰、交叉，确保安全生产。

对于矿区型、中心型选煤厂，要严格禁止不靠煤源、不靠铁路、不靠用户的"三不靠"项目建设。选煤厂设计要落实国家"公转铁"的相关节能环保政策，减少公路运煤量，降低汽车运煤对环境的影响及高耗能、高成本运输。

选煤厂煤流系统要简洁顺畅，尽量减少转载点，因为一个转载点至少损失 3 m 的提升高度，同时造成相应的输送皮带走廊长度增加约 10 m，输煤系统提升高度的增加，带来的驱动装置功率增加，吨煤电耗增加。

重视厂房布置的优化设计。主厂房布置长轴按照南北方向布置，增加厂房内日照空间，减少能耗。厂内煤流尽量选择合适的角度、坡度，尽最大可能让煤流、水流形成自流模式，减少利用设备转载。建筑遵循国家相关规程规范，按照节能保温设计。选煤厂选水按照一级闭路循环设计，耗水指标低于行业规定。

6）配电系统节能提效

合理设置配电点，实现近距离向主要负荷供电，减少供电线路损失；功率 200 kW 以上的设备采用高压供电，其他设备采用 660 V 供电。推广太阳能发电储电照明，逐步实现太阳能发电与电网供电的耦合供电系统，全方位降低选煤厂电耗。

实现自动化与智能化的高度耦合，提高配电控制水平。对电耗、水耗、药耗、介耗实行动态跟班显示。各环节的自动控制配备齐全，具体详见智能化部分说明。

按照《国家重点节能低碳技术推广目录》《国家重点推广的电机节能先进技术目录》《节能机电设备（产品）推荐目录》等国家推荐的节能产品目录配置供配电设备。

7）控制电耗水耗

按照选煤厂节能规范、国家及地方的节能指标控制要求，按照"全方位减排、立体化节能"的系统进行节能设计。选煤厂电耗要满足或低于选煤厂电耗规范限定指标的要求；设计吨煤水耗小于 0.01 m^3；设计块煤入选吨煤介质（磁铁矿粉）消耗小于 0.5 kg，全部入选的选煤厂吨煤介耗低于 1.5 kg，力争低于 1 kg；设计选煤厂药耗指标低于全国平均水平。综合能耗指标满足国家及地方的节能控制指标要求。

推进高效节水减排工作，提高水资源利用效率及重复利用率，对选煤行业节水降耗、改善环境将起到积极作用。一是采用先进的节能技术。将生活、生产、消防给水系统分开设置，采取分质供水。选煤厂生产系统等充分利用管网压力采取分区供水。优先利用高位水池采取静压供水，动压系统采用变频调速或管网叠压供水；二是采用新型节水措施。应用新型节水设备、节水型卫生器具和配水器具、优质管材、阀门，使卫生器具水效等级不低于 2 级。对给水系统的压力作出合理限定，控制超压出流。合理运用太阳能、空气源热泵、水源热泵等绿色清洁能源，完善热水供应循环、保温系统，尽可能减小或消除无效冷水的浪费；三是制定水资源利用方案，统筹利用各种水资源。选煤厂循环水处理和雨水收集系统，合理确定处理规模，采取有效的节能和环保技术，选煤用水应将矿井排水、生活杂水作为用水水源。根据用水点对水质的要求，采取梯级供水，做到一水多用，减少新鲜水耗量的同时实现废污水不外排。四是建立健全节能减排的计量、统计制度。安装水质、水位及水量等在线监测仪表，提高水质检测的自动化程度、节水管理的智能化水平和水质管理的时效性，防止水资源浪费；五是引进绿色建筑、海绵城市等理念。遵循因地制宜的原则，结合地区的气候、资源、自然环境、经济等特点，对建筑全寿命期内的性能进行综合评价。采取有效措施控制雨水径流，满足各地区年径流总量控制率的要求。

2. 优化运行管理，实现过程动态寻优

（1）对标先进的管理模式。按照中国煤炭加工利用协会制度的选煤厂质量标准化考核办法，逐条落实煤质管理、分选效果、设备完好率、"五耗"（介耗、水耗、电耗、油耗、材耗）指标、全员效率等考核标准，使选煤厂各项指标达到或先进于规定指标，评分标准达到 95% 以上。对低于某项指标的，提出限期改进的措施，使选煤厂处于高质量发展的运行状态。

（2）实现洗选过程的动态寻优管理。重介选煤生产过程中合理确定分选密度，并实行动态跟踪调节，确保选出的矸石不带煤。结合脱介筛煤流厚度，自动调节脱介筛喷水量及压力，提高脱介效率，减少产品煤带磁铁矿粉的量。动态调节磁选机的入料浓度，以及磁选尾矿的磁性物含量，使选煤厂吨煤介耗达到国际先进水平。介耗降低，意味着选煤厂管理水平提升，同时带来节能提效的效果会更好。磁铁矿粉是四氧化三铁，选煤全行业介耗降低，意味着节约了国家铁矿石资源，带动产业链能耗降低，有利于"双碳"目标的实现。

（3）动力煤选煤厂按照"三减三增"运行。我国动力煤储量占煤炭总储量的 70% 以上，国内煤电一体化企业主要为动力煤选煤厂。为了实现选煤节能提效，动力煤选煤厂按照"三减三增"运行。"三减"主要指煤泥减量化、选后矸石带煤减量化、末煤入选减量化。"三增"包括三个方面，"一增"主要指浅槽重介系统设计要按照洗选下限 6 mm 选型，以便实际生产中调节分选下限，进而实现生产管理的灵活调节。"二增"主要指原煤深度筛分面积要适当增大。由于原煤水分和矸石泥化的影响，许多选煤厂原煤 13 mm 分级效果差，而减少单位处理量，增加筛分面积，对提高筛分效果和降低入选下限均有好处。"三增"指节能提效，增加企业的经济效益。

（4）精细化管理动力煤选煤厂干法筛分环节。动力煤一般为块煤入选，其块、末煤干法筛分环节尤为重要。其原因是：干法筛分效率的提高，产生的效应是由于煤泥量的减少，带来选煤厂的药耗、水耗、电耗相应降低。

（5）推广成本核算到个人的管理模式。选煤厂每班生产结束后，通过管理平台，APP 显示，使班组明确本班完成的加工量、分选效果、质量合格率、停机故障时间、各种消耗考核指标、吨煤"五耗"数据的综合评分结果，并计算出本班的个人奖惩收入。选煤厂各种备件领取采用"超市"化管理，消耗费用计入班组生产成本，实现全员关注降本提效的激励机制，使选煤厂的降本增效有针对性地落到实处。

（6）积极推广选煤厂集约化管理。近年来以神东公司、陕煤集团等企业为代表的洗选中心，对本企业多座选煤厂实行集中管理。其好处是技术力量集中，专业维修机构检修力量强，修旧利废成果显著，备品备件及耗材集中采购，生产过程中的疑难杂症问题处理方便，技术力量调配业务提升快，节能提效对比性强。集约化管理经过多年的实践证明，集约化、专业化运营的选煤厂管理水平高、节能提效效果好，因此，条件具备的企业应积极推广。

3. 推进选煤厂智能化建设

智能化建设是选煤厂节能提效、实现企业高质量发展的重要保障。国家能源局、国家矿山安全监察局研究制定了《煤矿智能化建设指南（2021 年版）》，对新建选煤厂、现有选煤厂智能化建设提出了具体要求，并制定了"初级、中级、高级"三个等级的评分标准。中国煤炭加工利用协会结合行业特点，制定了选煤厂智能化验收评分标准。智能化选煤厂建设，除建立先进的有线、无线网、云平台、数据库等基础设施外，以下 20 项智能化建设应全面实现。

（1）实现重介选煤的智能化系统。结合煤质变化及数质量要求，在线动态调节分选密度，建立分选密度、介质黏度、浓介密度、水及精煤灰分的关联数学模型，通过自动加水、自动加浓介、自动调节分流，实现密度动态自动控制系统，其中包括入料压力的稳定调节，合格介质密度控制，根据检测的合格介质当前密度值与设定密度目标值的差距自动控制分流阀、补水阀的开启和关闭，达到控制合格介质密度稳定的目的。要控制合介桶液位保持在正常的上下线范围区间，避免合介桶"冒桶"或合介泵空抽问题。系统根据当前合介桶液位检测值是否在正常范围区间内自动控制分流阀与补水阀，达到控制合介桶液位的目的。

重介旋流器分选系统根据合介桶液位、稀介桶液位、当前合介密度综合判断重介系统加介时机，参数满足加介条件后，发出加介需求信号，避免重介系统因介质量不足导致产品质量受到影响。重介分选系统检测分流阀、补水阀发生硬件故障，自动发出硬件故障报警，提醒操作人员介入，将故障影响降至最小。重介旋流器分选系统可根据生产阶段的不同，合理控制合介桶液位，避免出现系统停车介质回流导致合介桶"冒桶"事故。重介旋流器分选利用压力变送器自动调节旋流器入料泵的频率，稳定旋流器入料压力。在线检测精煤灰分，结合煤质变化，自主调整分选密度。

（2）煤泥重介。做好两个控制：一是分流量监测控制，二是煤泥重介精矿磁选尾矿分流返回煤泥重介入料桶，自动调节煤泥重介的分选密度，以达到最优分选。

（3）各种煤泥水桶的液位智能控制。设定高、低报警液位，当系统出现异常，桶的液位低于低报警液位时报警，并停止给煤；液位高于高报警液位时报警，并加大分流箱开度。液位控制元件需要高质量产品，如：超声波液位计检测相关池、桶液位；采用静压式液位计检测相关煤介桶液位。

（4）对于 TBS，单机智能化水平较高，但需要结合入料、精矿、尾矿的浓度与灰分建立数学模型，控制上升水的流速、压力及流量，确保尾矿灰分高、精煤泥回收率高。

（5）浮选智能控制。入料浓度、流量检测元件基本可行、自动加药系统技术已经成熟。需要进一步研究的问题：原矿、精矿、尾矿灰分在线监测元件不过关，需要进一步研发，确保该系统能准确实现智能化。

（6）智能浓缩。安装流量计、浓度计，计算入料干煤泥量。采集浓缩机耙子电机电流信号，并传输到控制系统。实时测量溢流水浊度，根据实时与历史数据、入料性质等建立浓缩加药数学模型。循环泵出料电动闸门安装位移传感器，实现调度远程调节阀门开度。增加通信网关接入集控系统，上传加药系统相关参数，调节加药单元，控制加药量，达到最佳加药效果。需要完善的检测元件有：浊度计、沉淀层厚度监测仪

（7）智能压滤系统。增加浓度计和流量计，检测来料参数，检测压滤机滤水流量及入料泵的参数，判断压滤过程，确定各压滤机压滤工作状态，多台压滤机要做到排队卸料，防止集中卸料和其他产品掺混不均影响产品煤质量。在压滤车间建立独立集中的操作画面，控制浓缩机底流浓度、流量、压滤给料、压滤压力，同时设置移动平板监控设备运行情况。完善振动卸饼、自动清洗、滤液水的浊清分流。

（8）动力煤灰水在线监测要完善。动力煤洗选要根据化验的发热量、灰分、水分数据组，采用二元回归方程建立发热量计算公式 $Q_{netar} = Q_1 - bAd - cWt$，动态计算入选及产品煤的发热量，对进仓产品质量做到"心中有数"，采用专家配煤系统，实现仓下智能配煤，定制化销售。

（9）炼焦煤最大回收率在线智能生产。利用"等 λ"、多煤组精煤等边界灰分理论确定合理的分选密度，控制最佳分选效果要通过在线煤质监测和集成动态计算完成。结合在线测灰、测水、测硫、在线计量、给煤变频形成智能配煤系统。监测元件需要完善及过关。

（10）设备故障的在线监测。主要是测机体、驱动、轴承、电机等的振动、温

度、电流，包括筛子的振幅等参数，对每个设备只要各种显示平台点到，就能看到其运行情况及运行参数历史数据，动态显示检修历史记录及各部件故障发生频率记录。单机智能化是选煤厂实现智能化的关键，有许多工作需要研究和完善。

（11）运输设备的智能化。在刮板输送机上安装拉斜、漂链报警传感器，将刮板运行状态转化为脉冲信号输入 PLC，通过相应算法判断刮板输送机的运行状况。第一时间判断刮板是否存在跳链、断链及对轮销切断故障。带式输送机具有打滑、跑偏、拉绳、过载、过流保护。采用新型输送带激光防纵撕识别装置，起防止堆煤及防撕裂的作用。温度报警，防止着火事故。大运量、高水分、长距离带式输送机，可考虑设置巡检机器人。

（12）各种集水坑的智能管理。通过在集水坑增加液位计，将信号传输至PLC，实现排污泵的自动启动与关闭。防止采用浮球开关技术，因受环境的限制、杂物的影响不能正确动作，影响排污泵正常工作。建议采用超声波液位计的方式，准确及时反映液位，实现自动开停排污泵。

（13）选煤厂溜槽的智能管理。选煤厂溜槽虽然不能实现自身智能化，但溜槽的堵、修、改、换对智能化选煤厂生产影响很大，由于点多、量大，维修费时、费力，智能化选煤厂溜槽断面要大、角度要大、优质耐磨钢板要铺。目前，防堵监测元件有待提高，分叉溜槽如何解决分流运输，需要结合传感元件，建立开启度与煤量的数学模型，完善机械系统。

（14）单机设备的智能化。主要是运行状态在线检测、定期检修提示、历史检修查询、故障预警显示及语音提示、自动润滑及润滑提示等。主要设备有重介浅槽、离心机、磁选机、泵、加压过滤机、压滤机、破碎机、筛子等。

（15）各种阀门的智能管理。电液阀配套具有就地和远程操作功能的控制箱，在闸阀上安装位置开关，实现远程控制，并将位置信号上传至集控室。上位机组态画面实时显示阀门的位置情况。阀门技术在化工行业先进性比较高，需要开发开启度与流量的传感元件，并建立数学模型，实现各类水、介、油、气的流量在线监测及数据传输。

（16）停送电智能管理。实现远程停送电的柜子门上安装"有人工作，禁止合闸、设备已带电、设备已断电"三种状态方式显示电子屏，并在高压柜上装电能表，通过通信方式将信号传至集控室服务器。主厂房高压配电室、主厂房低压配电室、原煤车间配电室，新增巡检机器人，做到可见光监控、感烟探测监控，具有自动巡航功能，特巡功能，自动调用云台预置位检测，手动、自动控制功能，设备巡检人员可在监控后台进行巡视，对机器人本体、云台及可见光摄像仪进行自动控制或应急人员干预控制。

（17）自动配煤智能化。增加在线水灰仪，增加自动采样机，化验设备单机智能化，实现数据上传，增加机器人送样的研究。

（18）智能装车系统。具备车号自动识别系统，车厢定位与自动装车，偏载检测与装车模型自学习，智能报表系统，汽车运行定位等。

（19）选煤效果自动评价系统。评价结果自动生成及推送汇总。生产过程及管理类的数据收集，将收集的数据转换为具体的指标，对每项指标区分权重并进行评价，按照数据特性划分为数量、质量、生产消耗、过程控制等数据类型，分别汇总综合得分，作为选煤厂各环节、班组考核的依据。

（20）设备信息系统智能化。一是设备静态信息（包括设备编号、设备名称、规格型号、生产厂家、技术参数、所属位置、主要部件信息等）；二是设备动态信息档案（包括维保策略、点检记录、保养记录、检修记录、备件更换记录等）；三是系统会为每一台设备生成唯一的二维码，支持移动端扫码查看设备的静态信息和动态信息，同时支持扫描创建隐患问题和润滑、检修工单。选煤厂生产数据的管理不仅反映着选煤厂的生产情况，更能够为选煤厂管理提供重要的参考依据。通过构建报表管理系统，全部数据进入数据库共享，提高效率，实现更准确的数据管理。报表数据通过图形、曲线等可视化的形式展示，相关数据及时更新，方便调度室及管理人员直观地查看报表及生产数据，及时获取最关心的信息。可视化现场数据，汇总当日工厂生产信息，可以根据需求进行整体的定制开发与展示，定制展示现场生产卡片、生产数据、设备实时数据等现场生产信息。能源管理主要是五耗指标；安全管理主要是人员定位系统、门禁系统、禁区提示系统。

智能化系统实施的主要目的是：提高分选效果、降低选煤"五耗"、实现本质安全和减人提效生产，形成生产管理智能化、生产过程自动化、生产模式柔性化的现代化企业管理体系。按照国家能源局、中国加工利用协会制定的智能化建设评分标准，现阶段选煤厂智能化建设验收得分不能低于 85 分的中级水平，逐步达到 90 分以上的高级水平。

4. 推进干湿结合工艺，攻克"采—选—充"一体化技术

创新是企业发展永恒的动力。要树立"持续改进"的理念，用科技创新成果，促进选煤厂节能提效不断取得新的突破。通过技术创新，工艺用能方面，预计到 2025 年，完成淘汰落后产品、提高现有选煤厂自动化水平、工艺系统优化、提升生产运行管理等工作；2025—2030 年，完成新型建筑材料、新能源、智能化（数字化）的研究和推广；2030 年后，持续推广新型建筑材料、新能源、智能化的广泛应用；突破自适应原煤性质全流程智能控制、数字孪生运维等技术，

构建智能化选煤技术体系。技术装备方面，到 2025 年，大型化、自动化洗选装备、新型智能干选设备的研究和推广；2025—2030 年，持续研发新型选煤装备，研发旋流场重介质精准分选、界面调控增强选择性浮选、煤泥水高效固液分离等关键技术装备，突破工艺参数和产品质量高精度在线检测及预测技术，形成煤炭精确分选技术工艺及装备；2030 年后，智能化新型洗选装备得到广泛应用。选煤厂节能提效技术路线图如图 3-4 所示。

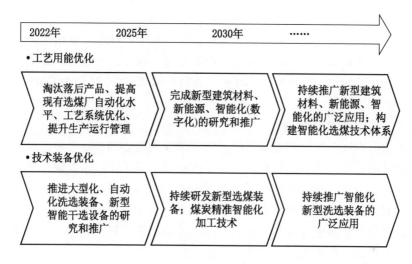

图 3-4　选煤厂节能提效技术路线图

（1）研究井下精准采煤和井下"采—选—填一体化"技术。我国目前多数煤矿升井原煤含矸率偏高，如有的矿 2 m 厚的煤层，开采高度 2.5 m，造成大量矸石升井，由选煤厂洗选排除。由于环保要求，不允许地面建设矸石山，因此，发展矸石井下充填已经成为一种矸石综合利用的新趋势。地面选煤厂排出的矸石作为井下浆体充填物料，需要破碎到 3 mm 后加入 30% 的水，形成浆体充填井下。矸石充填井下工程存在耗电、耗水量大的问题，增加成本多，而且不同煤层还存在一些技术问题需要实验研究。因此，要结合井下无人开采、掘进，智能化判断煤层厚度、夹矸及顶底板，动态操作割煤，实现井下精准采煤，最大限度地减少矸石混入煤中升井洗选，这样，会取得良好的节能提效效果。同时要积极研究井下高效选煤技术，实现井下"采、选、充一体化"的技术研究，为节能提效、实现"双碳"目标作出应有的贡献。

（2）开展动力煤大型干湿结合选煤工艺示范工程研究。我国块煤智能干选、末煤复合风选技术成熟，但分选效果低于水洗，如果采用干湿结合选煤工艺，选煤厂首先采用干法选煤，精煤段直接作为产品，对分选不干净的"中煤"，采用水洗工艺分选，这样选煤厂水洗煤的比例仅是全部水洗煤的 10%~20%，该工艺分选精度高，煤泥量减少 80%，选后产品水分低，带来的效果是选煤厂耗水量、介质消耗量、用于煤泥沉淀的药剂消耗、总体电耗会大量降低。为此，建议进行这方面的示范工程研究。

（3）开发三产品重介浅槽分选机。重介浅槽选煤具有处理能力大、分选精度高、单机耗电低、产生的次生煤泥少的优势，但目前只有两产品重介浅槽分选机，在有些项目的应用会受到限制，如华电肖家洼煤矿选煤厂采用三产品重介浅槽分选，效果会更好。而主要分选设备的跳汰选、重介旋流器、粗煤泥分选、浮选均具有加工三种产品的功能。因此，建议立项开发智能三产品重介浅槽分选机。

5. 供电系统智能化建设

煤矿供电系统智能化建设是煤矿智能化建设的核心和基础之一，对于保障煤矿智能化高质量发展具有重要意义。煤矿智能供电系统，运用数字技术，对采集到的电网数据、供电设备数据等进行智能分析、智能判断；实现状态全面感知、信息互联共享、人机友好交互、设备智能诊断、优化运行环境、优化设备配置，指导节能降耗，形成全面感知、实时互联、分析决策、自主学习、动态预测、多系统协同运行的管控系统。

3.3 本章小结

绿色开采是解决煤矿采动损害与环境问题的根本途径，当前，绿色开采技术已成为国家基本国策，煤与瓦斯共采、保水开采、充填开采等技术在创新与实践上取得了重要进展，在确保安全的前提下，持续探索煤炭绿色开采技术路线，积极应用成熟技术，高标准建设不同类型的示范煤矿是未来新型煤炭工业发展的重要方向。

本章节从井工煤矿、露天煤矿、基建煤矿、选煤厂四个维度，系统梳理和提出煤炭行业节能提效发展的技术路径。

（1）井工煤矿生产布局的合理性、生产工艺的科学性、生产装备的匹配与高效，是煤矿节能提效的重要基础条件。生产矿井工作面长度及推进长度等参数的优化，采掘设备的机械化和大型化，采煤机、刮板输送机、液压支架"三机"的结构参数、工作面的空间尺寸和相互连接方面的强度的优化配置和协调运转，主要运输装备运行时间和方式的智能优化，是提高工效和实现源头节能的关键路径。新建矿井推广"一矿一水平一面"开发布局，简化生产系统。

（2）提高井工煤矿的煤炭资源回收率的主要技术路径包括：加大煤矿采区综合地质与精细化勘探力度，为煤矿开采设计提供准确的地质信息和依据，为煤矿智能化开采和提高资源回收率提供保障；采用爆破致裂技术和水压致裂技术提高厚煤层综放开采的资源回收率；加大中厚煤层综采工作面长度；薄煤层工作面少人化、无人化、智能化开采；采用沿空留巷技术、沿空掘巷技术和充填开采技术等无煤柱开采技术；采用壁式回采、掘进穿采、条带式开采、放顶煤扇形开采等技术实现三角煤柱、不规则煤柱的安全高效开采。井工煤矿智能化开采是煤矿"安全、高效、绿色"发展的必由之路，是煤炭工业高质量发展的核心技术支撑。智能化开采方向主要的技术路径包括：薄及中厚煤层智能化无人开采技术及装备、大采高工作面人—机—环智能耦合高效综采技术及装备、综放工作面智能割煤与人工干预辅助放煤开采技术及装备、复杂条件机械化+智能化开采技术及装备等方面。

（3）井工煤矿智能快掘技术是煤炭安全高效生产的客观需求，是解决采掘失衡问题的根本途径，主要的技术路径包括：掘支运一体化智能掘进技术及装备、全断面掘进机智能掘进技术及装备、双锚掘进机智能掘进技术及装备、5G+连续采煤机智能连掘技术及装备。

（4）井工煤矿智能主运输主提升和辅助运输技术及装备、智能通风技术及装备、智能排水技术及装备、空气压缩智能控制技术及装备、智能永磁变频调速直驱技术及装备的采用，是整个井工煤矿节能提效的重要技术途径。

（5）井下煤炭智能选矸技术及装备是实现节能提效技术的重要手段，主要有三条技术路线：改进采煤工艺，减少矸石产生量；减少矸石排放量，及减少矸石运至地面的排放；减少矸石最终堆存量。

（6）多热源综合利用技术及装备的应用，能够把煤矿的各类余热资源、空气源整合为一个多能互补的供热体系和开放式的供热平台，使供热系统更加稳定可靠、节能高效。同时，可把太阳能、风能等清洁能源整合为一体，让系统更加环保节能。

（7）统筹露天煤矿开采工艺、开采时序和开拓运输系统等技术因素，优化开采方案和布局；优化生产组织，根据采场实时动态探索最佳生产方案，是露天煤矿节能提效的重要基础条件。提高露天煤矿的煤炭资源回收率。主要技术包括含矸煤层精细开采技术和边帮压煤开采技术等。露天煤矿采装运排智能化技术及装备以及智能化穿爆技术及装备，是露天煤矿节能提效的主要技术路径。

（8）基本建设煤矿首先要超前开展全生命节能减排规划，强化设计标准与优化深度，在基建过程中采用降低冷冻法凿井用电、采用一次成井快速掘进法等先进技术，超前培育探索创新技术。

（9）选煤厂重点从优化工艺流程、节电、节水、降低药耗介耗、建筑节能、智能化控制等角度进行节能提效，通过提高设计质量、强化运维管理、智能化赋能和创新工艺技术提升节能效果。

第4章 矿区低碳零碳供能

推进绿色低碳能源为主体的新型能源供应体系建设，是落实我国"双碳"目标的重要战略部署。实现矿区"低碳、零碳"运行，需要融合清洁能源开发、生产系统的节能优化、智慧能源管控等技术措施，围绕矿区空间、水、热等资源，推进新能源和资源综合开发利用，形成多能互补与低碳零碳供能体系。本章节从新能源的开发建设、矿区低碳供热和重卡换电三个典型技术路径上构建矿区低碳零碳供能体系。

4.1 积极推进采煤沉陷区新能源建设

煤矿企业的电力消费占整个煤矿能源消费的比例非常高，如井工煤矿占比为70%，随着锅炉替代、电气化和智能化建设的推进，未来煤矿电耗占比将呈上升趋势，采用绿电替代可显著降低矿区碳排放，是未来实现低碳发展的关键路径和重要支撑。

通过发挥煤矿所在区域风光资源较好、土地资源丰富等优势，利用现有闲置土地、采煤沉陷区、关闭退出矿区、露天矿排土场、工业广场、铁路护坡两侧等土地资源，开发太阳能、风能等新能源，并与矿区生态修复融合发展，将是矿区低碳发展的重要路径。

煤炭矿区建设新能源项目得到了国家相关部委的积极支持与引导。2021年11月30日，国家发展改革委、科技部、工信部、自然资源部、国家开发银行联合印发《"十四五"支持老工业城市和资源型城市产业转型升级示范区高质量发展实施方案》（发改振兴〔2021〕1618号），明确创新"光伏+"模式，推进光伏发电多元布局，支持包头、鄂尔多斯、石嘴山等城市以及宁东能源化工基地等地区因地制宜利用沙漠、戈壁、荒漠以及采煤沉陷区、露天矿排土场、关停矿区建设风电光伏发电基地。2022年1月30日，国家发展改革 国家能源局关于印发《以沙漠、戈壁、荒漠地区为重点的大型风电光伏基地规划布局方案》的通知（发改基〔2022〕195号），提出到2030年在陕北、宁夏、蒙西鄂尔多斯、晋北采煤沉陷区规划建设0.37亿千瓦的新能源项目。2022年国家发展改革委、国家能源局又下发《关于进一步推进利用采煤沉陷区发展光伏等新能源有关工作的通知》(发改办振兴〔2022〕632 号文) 和《关于促进新时代新能源高质量发展的实施方案》(国办函〔2022〕39 号),进一步推进采煤沉陷区新能源发展。

4.1.1　分布式光伏

为了缓解国内光伏东中西部发电、用电的不平衡状况以及集中式光伏发电的输送损耗问题,自 2013 年起国家发展改革委、国家能源局等部门逐步推出了一系列鼓励分布式光伏的政策,特别是 2021 年 6 月 20 日国家能源局正式启动整县(市、区) 屋顶分布式光伏开发试点工作,我国分布式光伏发电进入了快速发展期。2022 年 7 月 13 日,住房和城乡建设部、国家发展改革委联合印发《关于城乡建设领域碳达峰实施方案的通知》,要求推进建筑太阳能光伏一体化建设,到 2025 年新建公共机构建筑、新建厂房屋顶光伏覆盖率力争达到 50%。

矿区可利用矿区工业广场建筑物和专用线护坡空间等建设分布式光伏,如办公楼、宿舍楼、联建楼、材料库、检修库等建筑物的屋顶、停车场车棚顶、铁路、公路专用线护坡等。

目前分布式光伏系统技术日益成熟,通常采用单晶硅光伏组件和组串式逆变器,然后并入内部 380 V 低压电网,或者通过变压器升压后并入内部 10.5 kV 或其他电压等级中压电网。电能消纳方式可以采用"全部自发自用""余电上网"等模式。如华电蒙泰不连沟煤业有限责任公司产能 1800 万 t,2021 年启动分布式光伏项目建设,利用工业广场办公楼、餐厅、公寓楼、洗煤车间、物流园屋顶面积约 68997 m^2,建设 6 MW 的分布式光伏项目,共安装 540 Wp 单晶硅光伏组件 11210 块。项目采用"全部自发自用"模式。据测算,按照 25 年运行期测算,年均发电量为 830.47 万 kW·h,年均利用小时数 1384 h,25 年总发电量约为 20761.8 万 kW·h。开启了煤矿绿电供应的序幕。

为提升矿区分布式光伏建设质量与运维水平,需在如下技术方向持续提升:一是研究分布式光伏矿区供电技术方案与标准规范,实现分布式光伏的全矿负荷供电;二是积极开展轻质组件示范,提高工业广场装机容量;三是推进光伏建筑一体化技术路线;四是根据矿区特点开发光伏系统智能管控与无人值守技术。

4.1.2　集中式光伏

我国集中式光伏的开发和运营技术,总体上处于国际先进水平。截至 2022 年底,我国光伏发电并网装机容量达到 3.93 亿 kW,光伏组件产量、多晶硅产量、新增装机量、累计装机量分别连续 16 年、12 年、10 年、8 年居全球首位。但受区域自然环境、地质条件、开采方式和土地性质等多重因素影响,煤矿沉陷区建设生态光伏需综合考虑采空区塌陷特性、光伏建设方式、生态修复方式等多种因素叠加的相互作用。

早在 2015 年我国就开始了以光伏治理采煤沉陷区的相关探索。如山西大同采煤沉陷区 100 万 kW 光伏示范基地 2016 年建成并网发电。近年来又涌现出一批生态光伏项目，如鄂尔多斯市伊金霍洛旗采煤沉陷区 50 万 kW 生态治理光伏发电项目，包含光伏+生态治理+草畜一体化。项目将采煤沉陷区约 4 万亩土地进行高标准生态修复，在生态修复完成后实施"光伏+"项目，以农牧光互补，实现"一草两用"，增加牧草产量的同时可防风固沙、改善水源涵养，推动优质牧场建设，使生态效益、经济效益、社会效益最大化。

借鉴已实施矿区生态光伏建设经验，根据矿区特点，矿区生态光伏实施需在如下三方面持续提升。

（1）优化光伏支架结构。适当抬高光伏组件支架，最低距离高于 1.2 m（灌木平均高度），为其他作业面预留足够空间，便于后期植被种植。在支架与基础材料选择上重视材料本身的回收利用，可考虑钢柱式或圆柱形水泥墩固定阵列支架，最大限度减小电站建设对土壤及自然环境的二次污染，加快周边环境生态恢复。在采煤沉陷区地形较为复杂地区，可考虑大跨度光伏支架结构的适用性，减少支架各构件间的次生应力和局部变形，实现土地资源的最大化利用。

（2）开展生态环境与安全监测。由于地面沉陷为不可控因素，可结合场址区实际情况应用变形监测、植被监测、水沙监测及治理效果等监测技术，并设置合理的监测体系，为适时采取有效防患措施及生态保护做技术支撑。另外，该监测数据还可为后续光伏运维及其他同类工程的科学研究提供基础资料和积累经验。

（3）建设光伏+生态修复系统。在塌陷区建设光伏需同步结合生态修复。施工过程中尽量保护现有植被。项目施工结束后，在光伏列阵之间栽植适宜当地生长的灌木林或灌木经济林，达到生态效益与经济效益同步发展。

4.1.3　集中式风电

与光伏相似，我国风电开发和运营技术也处于国际先进水平。截至 2022 年底，风电装机容量约 3.654 亿 kW，已连续 13 年稳居全球第一；2020 年全球前十大风机商中，中国公司占据七席，陆上风电 6.7 MW 风机已并网发电，13 MW 抗台风型海上风电机组已成功制造，为实施矿区集中式风电项目建设奠定了良好的基础。

与在采煤沉陷区建设光伏相比，建设风电项目对地质稳定性、压覆矿及土地属性和风资源要求更高。例如，经过对华电甘肃万胜矿业有限公司矿区范围内资源的分析，可选择无煤区建设总容量为 50 MW 的风电。随着风电技术成熟度的提升，建造成本的快速下降，及年利用小时数优势（通常高于 2000 h），风电近期受到更多的关注，但在开展沉陷区风电项目的同时，需特别关注风电选址复杂性和环保的问题。

4.1.4 矿用智能微电网

随着新能源占比不断提升，新型电力系统的构建和矿区范围内低碳化、电气化的推进，为保障煤矿供电安全、高效、低碳和经济运行，需构建以柔性、低碳、智能为核心的微电网系统，主要技术支撑路径如下。

1. 以电化学储能为核心的应急备用电源系统

稳定供电是煤矿设备运行和人员安全的基础保障。为提高煤矿安全生产水平，保障煤矿人员和财产安全，山东省 2020 年 7 月 6 日发布通知，要求煤矿在二回路供电基础上强制配置应急后备电源；2021 年华电煤业集团也发文要求配置应急备用电源，确保在双回路断电情况下，主要保安负荷通过应急备用电源能够继续运行。

目前我国煤矿的备用电源主要包括自备电厂、静态储能、固定柴油发电机组、移动柴油发电车和引入第三电源五种形式。第三电源和自备电厂不一定所有煤矿都能够具备条件。静态储能和柴油发电机组是比较常用的实现方法。

柴油发电机组型应急电源是将柴油机的机械能转化为电能的装置，以柴油发电机为动力，驱动发电机工作。在市电缺失时，柴油发电机组自动启动为保安设备提供交流电能，一般由柴油发动机、发电机、联轴器、电子调速器、冷却风扇、控制系统、共用底座等组成。通常适用于矿场、工厂、消防等用电量大且持续时间长的场所。柴油发电机组平时不开启，在电网断电以后再启动运行。

以新能源供电为核心的储能型应急供电系统是把能量存储起来，然后在电网没电的时候释放的一种应急供电系统。其中存储能量的介质一般情况下是电池，其中磷酸铁锂电池兼具高能量密度和高可靠性的特点，在国内近些年发展最快。电池储能系统具有可靠性高、启动迅速、功能配置灵活及良好的环保效应等特点，非常适合于煤矿应急电源系统的应用。不仅如此，得益于电力电子技术的高速发展和新器件、新理论的不断应用，电池储能系统中的功率变换单元（PCS）已经具备在非应急状况下执行无功补偿、功率因数校正以及利用峰谷电价差盈利等多种高附加值功能的潜力。因此，基于新能源供电、大功率、大容量、基于锂电池和电力电子技术的储能系统在作为应急电源功能的应用时优势非常明显。

目前锂电储能在电力系统已经大规模应用，相关设备、技术及系统集成已较为成熟。目前主要问题在于锂电系统的安全性以及与源网荷的协同问题。下一步需重点关注锂电应急电源的安全应用，重点发展锂电池安全升级和管理技术，研究应急电源与煤矿供能、负荷和电网间的协同管控策略，优化运行模式，发挥储能系统的多重功能。

2. 构建以柔性供电为核心的矿用智能微网系统

构建以国家电网、煤矿新能源、应急备用电源、煤矿用电负荷及智能管控系统等为主体的矿用智能微网系统,积极助力新能源占比不断提升的新型电力系统构建。开展煤矿智能用电研究,在保障一类负荷安全供电的前提下,根据矿用智能微网在不同季节、天气、时间段的系统运行特性和煤矿地区不同时段的峰谷平电价结构,通过人工智能和大数据赋能,实施动态监测与智能调控,减少新能源弃光/弃风率,优化用电功率曲线;提高积极推进煤矿用电侧需求管理,开展煤矿机电设备响应灵活性研究和工序生产的调变性;调整煤矿生产作业组织顺序,将用电量最大的生产班次安排在电力充裕、电价较低的时间段;通过生产端用电与分布式发电的柔性调整,实现安全经济低碳供电。

4.1.5　技术路线图与发展潜力分析

根据技术发展阶段,编制矿区技术发展路线图,如图 4-1 所示,并对 2025—

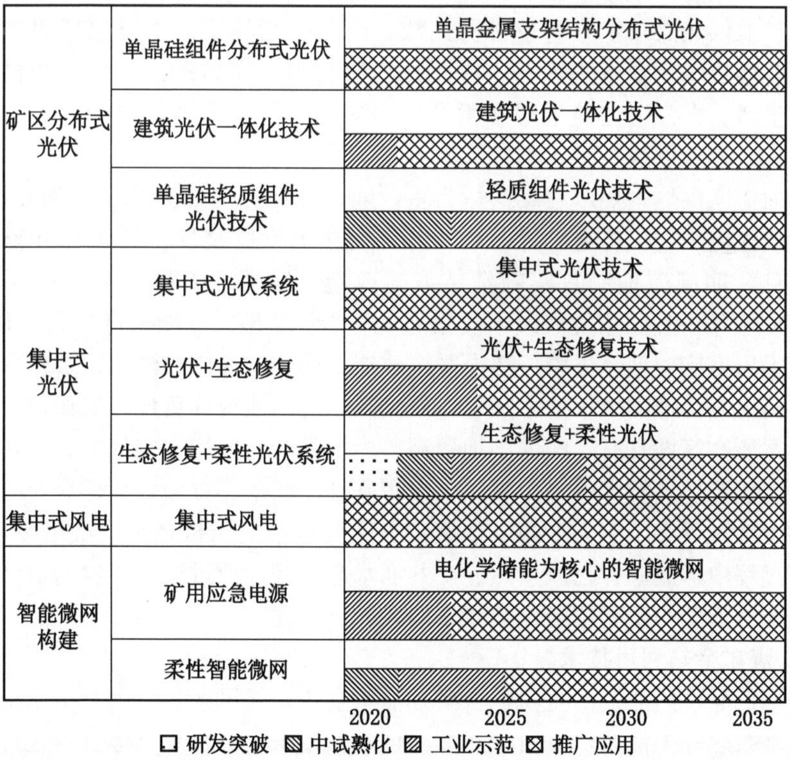

图 4-1　光伏技术发展路线图

2030 年矿区建设水平进行预测。对于分布式光伏，按照每千万吨 6 MW 的煤矿测算，2025 年实现 50% 覆盖，实现装机容量 144 万 kW；2030 年实现 100% 覆盖，实现装机容量 276 万 kW。对于矿区集中式生态光伏（含风电），按照 2025 年建成 8%，2030 年建成 19.5% 测算，将分别建成 1536 万 kW 和 3744 万 kW 的光伏装机容量。与 2022 年 1 月 30 日，国家发展改革委　国家能源局印发的《以沙漠、戈壁、荒漠地区为重点的大型风电光伏基地规划布局方案》的通知（发改基础〔2022〕195 号）提出的到 2030 年在陕北、宁夏、蒙西鄂尔多斯、晋北采煤沉陷区规划建设 0.37 亿 kW 的新能源项目相符。如矿区集中式光伏实施率达到 100% 覆盖，采煤沉陷区可建光伏装机将达到 1.92 亿 kW 装机容量，按光伏发电 1200 h、火电机组碳排放 0.828 kg/(kW·h) 核算，将实现碳减排 1.91 亿 t 二氧化碳，占煤矿生产碳排放的 32.2%。

4.2　实施清洁智慧供热技术

煤矿的供热需求主要有三部分组成，一是生活热水，主要包括集中浴室热水、宿舍楼热水及食堂热水等，占总供热量的 10% 左右；二是建筑物供暖，主要包括生活、办公区建筑采暖和生产厂房采暖，占总供热量的 45% 左右；三是井筒防冻，占总供热量的 45% 左右。

目前矿区供热主要以燃煤锅炉为主，随着环保标准的提升和低碳发展要求，煤矿的燃煤锅炉替代势在必行。2021 年 4 月国家发展改革委《2021 年能源工作指导意见》明确因地制宜实施清洁取暖改造，实现北方地区清洁取暖率达到 70%。2022 年 1 月国家发展改革委发布的《"十四五"节能减排综合工作方案》中明确提出推广大型燃煤电厂热电联产改造，充分挖掘供热潜力，加快落后燃煤锅炉退出力度，推动以工业余热、电厂余热、清洁能源等替代煤炭供热。

矿井所在区域具有广阔的土地资源，为太阳能、风能、空气能、地热能等各类可再生能源供热技术的应用提供了应用基础。在余热方面，煤矿企业生产装备运行和生活过程中产生大量的余热资源，主要包括空压机余热、洗浴废水余热，在生产过程中形成矿井乏风余热、矿井涌水余热等生产过程余热也为清洁供热提供了良好的资源。主要清洁供热技术路径如下所述。

4.2.1　煤矿余热利用技术

煤矿低品位热能资源主要包含矿井涌水余热、乏风余热，以及空压机余热及洗浴废水余热等生活余热。由于热能品位较低，需要结合热泵等技术进行品位提升，为煤矿生产生活提供热能，其主要资源化利用技术包括以下四种。特别说明，对于风井口、空压机与工业广场在同一地点的煤矿场景，其余热利用路线已形成典型技术路线，下一步重点是提升能耗；对于风井口、空压机与工业广场距离较远的煤矿场景，还需攻克余热远距离输送的技术与成本问题。

1. 矿井乏风余热回收利用技术

矿井排风的温度为 17~22 ℃，相对湿度基本在 90% 左右，且全年风量恒定，矿井排风中蕴藏丰富的低温热能。通过利用矿井排风取热技术与热泵技术相结合制取供 45~60 ℃ 的高温热水可以解决煤矿冬季井筒防冻、建筑供暖、洗浴热水用热问题，同时也可以用于夏季建筑空调。

乏风源热泵系统可以采用喷淋式间接取热和间壁式直接取热两种形式，相比喷淋式换热方式，乏风直接换热可保证热泵机组高效稳定运行，增加余热回收热量，延长热泵机组的使用寿命。因为矿井排风的温度始终保持在 17~22 ℃，冬天高于室外空气的温度，夏季低于空气的温度，这个特性使其无论作为低温热源还是低温冷源都保持很好的优势。无论制热还是制冷，热泵机组的性能系数（COP）都能达到 3.5 以上，矿井乏风余热回收流程如图 4-2 所示。从设备而言，乏风换热器为该技术的关键设备之一，需根据现场情况、乏风风道尺寸及空气质量等进行特殊化定制，并解决腐蚀、抗脏堵、风阻及换热性能衰变等问题。

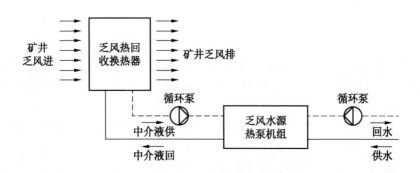

图 4-2　矿井乏风余热回收流程

华电煤业集团小纪汗煤矿、陕煤陕北矿业涌鑫公司等采用乏风源热泵机组实现回风井乏风热能回收，实现办公等各类建筑的清洁供热改造，为西北地区乏风热泵利用技术提供了示范。

2. 矿井涌水余热回收技术

地下水源热泵技术是利用矿井涌水温度常年变化不大的特性，将矿井涌水作为冷热源，通过涌水源热泵机组，可制取夏季供冷冷水、冬季供热热水，满足冷热两用的需求。在夏季，将建筑物中的热量转移至循环的矿井涌水中，由于矿井涌水温度低，因此可以快速、高效地带走热量；在冬季，从矿井涌水中提取热量，通过将矿井涌水作为载体经过热泵机组升温后输送至建（筑）物、井口等位置。

考虑水质情况，矿井涌水一般不可直接进入涌水源热泵机组，需采用污水换热器进行间接换热，由于矿井涌水矿化度较高，其热回收换热器需要开展防堵塞、耐腐蚀等设计选型，以保证系统寿命和效率稳定性。矿井涌水余热回收流程如图4-3所示。

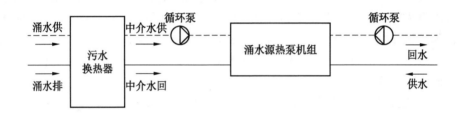

图4-3 矿井涌水余热回收流程图

由于矿井涌水温度一般在18 ℃左右，当热泵机组制取50 ℃的热水时，系统的制热能效比仍可达4.5以上，具有较好的经济与环保效益，是煤矿余热回收和用能系统清洁化的重要技术方向。目前华电煤业小纪汗煤矿正在实施矿井涌水工业示范项目，年供热量可达到4000万 kW·h 左右，实现工业广场的清洁供热。

3. 空压机余热回收技术

空压机是煤矿压风系统的主要设备，是煤矿安全生产的重要保障。对于大多数生产企业，空压机的能源消耗占全部生产设备能源消耗的10% ~ 35%。空压机在运行过程中，约80% ~ 93%的电能转化成热能。经空压机压缩后，空压机油、压缩空气的温度一般在80 ℃以上。换热后，空压机油的温度可降至60 ~ 65 ℃，压缩空气的温度可降至50 ℃以下（取决于回水温度情况）。

将空压机的压缩机油、压缩空气作为高品位热源，通过高效的空压机余热回收设备，基于传导换热原理直接换热或与热泵技术耦合制取高温热水，不仅可以免费提取余热，还可以提高空压机的空气压缩效率。空压机余热回收流程如图4-4所示。

山西省晋城市某煤矿4台功率为375 kW 的水冷喷油螺杆空压机，两用两备，全年平均运行负荷率为80%，采用上述空压机余热综合利用技术替换原有4 t/h 燃煤锅炉，完成全年350 t/d 洗浴热水制取及2824 m² 浴室采暖，并利用新风机

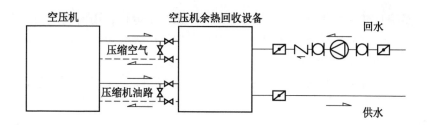

图 4-4 空压机余热回收流程

组，制 12000 m³/h 热风实现 3500 个吊篮烘干。项目初期投资 392 万元，年运行费用 98 万元，与原燃煤锅炉方案相比，在经济、节能、减排方面具有显著的优势。华电煤业小纪汗煤矿、石泉煤矿等也均已实现工业级余热回收。

4. 洗浴废水余热回收系统

洗浴用热水温度一般为 50~55 ℃，洗浴污水排水温度为 32~35 ℃，制取洗浴水所用的 60% ~70% 的能量随着废水的排放而直接流失。矿区洗浴用热水一般在 80 L/（人·天）左右，是煤矿生活用热的重要组成部分，需求稳定，能耗巨大。

洗浴废水一般首先收集至废热水池，系统工作是把废热水从池中抽出，通过热能回收系统进行热交换，实现废热回收利用。由于洗浴废水中含有大量毛发等杂质，需经多级过滤后进入热回收换热器，以保证热水制备和废热水热能回收机组稳定、通畅地运行。热回收换热器的科学设计与稳定性是影响洗浴热能系统稳定性和系统性能的关键因素，需要通过材料选型、结构与换热优化设计等以解决清洗、腐蚀和换热效率等瓶颈问题（图 4-5）。

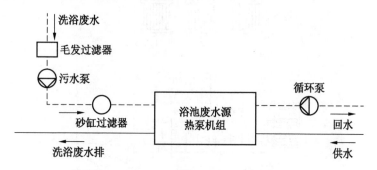

图 4-5 洗浴废水余热回收流程

由于洗浴热水用热温度与废水温度温差较小，热回收效率较高，在高校、宾馆等场合得到了广泛的应用。山西省西山煤电结合废热回收对洗浴热水系统进行改造，系统日耗水量 180 t，改造费用 300 万元，年运行费用由 150 万元降低至 30 万元左右，投资回收期约 32 年，取得显著的经济效益和环境效益。

4.2.2 可再生能源供热技术

煤矿的可再生能源供热技术主要包括太阳能供热技术、地热能供热技术和风能直接制热技术。

1. 太阳能供热技术

太阳能热利用技术成熟、应用广泛，主要技术有太阳能热水系统、太阳能供暖、太阳能制冷等，用于生活及工业热水、取暖及制冷等热能供应。从太阳能采暖方式来分，主要分为被动式采暖和主动式采暖。两者最大的区别在于被动式采暖不需要机械能驱动就可以实现建筑采暖。但在寒冷的地区，仅依靠被动采暖无法满足室内环境要求，本报告主要介绍主动式太阳能采暖技术。另煤矿供热具有明显的季节性差异，冬季供热占全年供热量的 90% 以上，还需开展跨季节储蓄的技术经济性研究与探索。

1) 分布式太阳能供热技术

传统的分布式太阳能供热系统主要由太阳能集热系统、储热系统、辅助热源系统、供热末端以及自控系统组成。系统优先使用太阳能集热系统，根据温差控制逻辑，将热量输送并储存在水箱中，当水箱温度无法满足供热要求时，启动辅助热源（如热泵、电锅炉、燃气等）维持水箱既定温度。末端循环泵根据室温控制阈值要求，实现自动启停。分布式太阳能供热系统原理示意如图 4-6 所示。

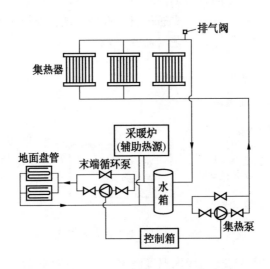

图 4-6 太阳能热水采暖系统运行原理

根据《2020 中国太阳能热利用行业运行状况报告》，2020 年，太阳能供暖成为太阳能行业最有活力的增长点之一，累计用于供暖的太阳能集热器面积为 330 万 m^2，累计建筑供暖面积 1650 万 m^2。分布式太阳能采暖是当前我国北方城镇清洁供热改造的重要技术方向之一。分布式太阳能采暖系统设计，一般需要兼顾采暖负荷与热水负荷的使用特点，基于经济性分析对太阳能贡献率进行优化，分布式采暖经济太阳能贡献率为 20%~35%（表 4-1）。

表 4-1　太阳能供暖面积数据表[①]

年份	供暖集热器面积/万 m^2	供暖建筑面积/万 m^2
2020 之前	85	425
2020	245	1225
累计	330	1650
2021（国家能源局规划）	约计 1000	5000

2）跨季节供热技术

由于供热负荷与生活热水负荷差异较大，受到季节性用热不平衡因素的影响，高比例太阳能供热系统将造成非采暖期的太阳能系统闲置问题，分布式太阳能采暖系统，由于受到经济条件约束，其采暖季太阳能采暖保证率一般仅为 20%~35%。

为了解决季节性用能差异对太阳能供热系统保证率的影响问题，近年来，基于长周期储热的及区域综合能源系统构建的太阳能长期储热供热技术得到了广泛的关注与发展，以有效推进太阳能的夏热冬用以及四季利用，提升太阳能供热系统的技术经济性。

太阳能跨季节储热供热系统一般由太阳能集热器、跨季节储热系统、辅燃锅炉、缓冲水箱、板式换热器、水泵、阀门等组成。系统原理如图 4-7 所示，系统通过跨季节储热水体，实现太阳能的全年利用，并保障供热系统用能安全。

非供热季跨季节储热水体充热模式。太阳能集热系统将热量送至跨季节储热水体中，不断提高跨季节储热水体温度。在供热季前期，如果跨季节储热水体温度基本达到既定温度，也可以通过太阳能集热系统将热量送至缓冲水箱中，提前预热缓冲水箱。

---

① 数据来源《2020 中国太阳能热利用行业运行状况报告》。

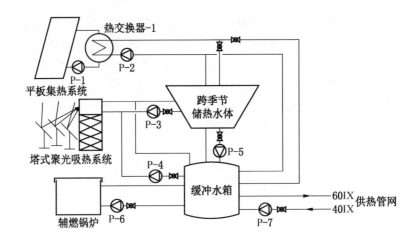

图 4-7　供热系统原理图

2. 地热能供热技术

地热能是蕴藏在地球内部的热能，是一种清洁低碳、分布广泛、稳定可靠的可再生能源。我国中低温地热能资源丰富，可采地热能总量约为每年 26 亿 t 标准煤当量。全国 336 个主要城市浅层地热能年可开采资源量折合 7 亿 tce，中低温水热型地热可开采资源量折合 18.65 亿 tce。充分挖掘矿区地热资源，可为煤矿清洁供热提供良好的支撑。如 2022 年 11 月由中国煤科西安研究院实施的棋盘井煤矿地热能开发利用项目勘探并顺利完井，完钻井深 1508 m，垂深 815 m，实测井底温度 57.1 ℃，比该地区预估值高出 25 ℃。

但我国矿区地热能产业也面临基础资源数据、经济性、审批管理等诸多问题。一是地热资源勘察不够充分，资源评价精度较低；二是部分地区地热开发设计与监管不到位，造成开发利用不可持续；三是中深层地热能利用等新技术仍不成熟，市场化激励手段缺乏，经济性有待提高；四是矿区地质条件复杂，且主要位于西北部地区，冬季取暖需求大，夏季制冷需求量少，长期运行需监测地层生态环境变化。

3. 风能直接制热技术

近年来，随着风电行业高速发展，风力发电技术的应用逐渐广泛。由于我国北方冬季供暖需求和风速呈正季节相关性，将风电技术和热泵系统联合供暖可降低弃电和碳排放，受到了广泛的关注和发展。风能供热技术分为间接制热技术与直接制热技术。间接制热技术是先将风能转变为电能，然后经过某种方式转变为热能，具有便利性的优势，但由于转变路径长，能源利用率低，投资大，且易对接入电网造成冲击。通过风力机传动链直接驱动压缩机的风能直接制热技术可解决上述风能间接制热技术的问题。

风能直接制热技术（简称"风热机组"）通过风机叶片捕获风能，将风能转变为机械能，经过增速齿轮箱将转速提高到压缩机适合运行转速下，拖动热泵系统的压缩机做功，其原理如图 4-8 所示。

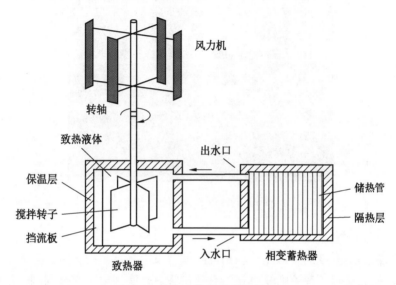

图 4-8　风能直接制热系统原理图

为验证风热机组的有效性，测试风热机组的性能，中国科学院工程热物理研究所已在河北省涿鹿县黄帝城小镇建立了 100 kW 风热机组供热供冷示范（图 4-9），打造了国内第一台成熟风力机拖动的风热机组；获得了风热机组的运行特性规律，明确了风速、风轮、热泵之间的能量转换规律，及风能与制热量之间的关系；额定制热功率可达 150 kW，性能系数（COP）可达 3.0，热水出水温度为 60 ℃，验证了风热机组技术的可行性与优越性。同时为建立 MW 级风热机组提供了前期理论、工程经验储备，当前 MW 级风热机组已经完成设计工作，正在进行样机备货状态。

4.2.3　供热电气化改造技术

随着我国清洁能源占比的不断提升，低碳化、电气化是未来发展趋势。国家发展改革委于 2016 年 5 月《关于推进电能替代的指导意见》，提倡在终端能源消费环节，使用电能替代散烧煤、燃油等一次能源，应用于电采暖、电蓄能调峰等方面。

图 4-9   100 kW 风热机组示范项目

1. 电极锅炉供热

采用蓄热式电极锅炉可充分利用夜间低谷电力和富余的弃风、弃光电量等清洁能源，从负荷侧实现了削峰填谷、有效调峰，是实现电力充分利用、治理大气污染的有效手段。电极式水蓄热锅炉系统主要由电极式锅炉、蓄热水罐、循环水泵、定压补水设备、换热器等设备组成，根据蓄热水罐的容积，实现不同比例的蓄热。由于电极锅炉自身并不具备蓄热功能，而是通过换热器全面实现电热转换，该系统具有电热转换速率高、启停响应快的特点。为使电锅炉系统与原有供热系统有较好的供热源转换和调整条件，根据峰时段及平时段所需热量配置适当容量的蓄热装置，可有效降低系统运行成本。近年来，蓄热式电极锅炉供热技术在电能富裕地区清洁供热改造中得到了广泛应用。

2. 空气源热泵

空气源热泵是目前最先进、能效比最高的制热设备之一，其依据逆卡诺循环原理，通过输入少量的电能等高品位能源，通过传热工质把空气中无法被利用的低品位热能转化为可被利用的高品位热能提供给热用户。我国北方地区"煤改电"工程推进过程，也逐步经历了电热直接利用到以热泵供热为代表的高效率清洁供热的转型发展，以降低居民供热运行成本，热泵技术与市场得到了快速应用的发展。

　　传统单级压缩热泵系统是指最常见的单级压缩式空气源热泵系统，由压缩机、蒸发器、冷凝器和膨胀阀等设备构成。传统空气源热泵供热系统一般通过 45~60 ℃热水送入风机盘管来加热室内空气（图 4-10）。

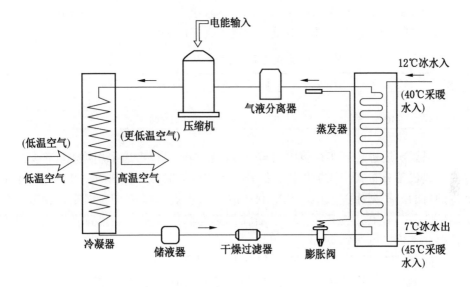

图 4-10　空气源热泵的工艺示意图

　　2015 年 11 月，住房和城乡建设部发布的《空气热能纳入可再生能源范畴的指导手册》对空气源热泵热水和供暖应用的节能潜力估算，空气源热泵热水器在夏热供冷气候区域、寒冷气候区域、夏热冬暖和温和气候区节能电力为 1620 万 tce/a，在北方冬暖和长江中下游地区的节能潜力共计 4097 万 tce/a。空气源热泵结合末端技术创新，逐步在北方建筑供热中得到大量的应用与示范。2020 年，全国热泵供暖市场占我国热泵产业市场占比的 52%，国内半数的空气源热泵设备应用于供暖市场，热水应用市场占比有所下降，从 2019 年的 46.3% 下降至 2020 年 40.7%，烘干市场近五年呈缓慢增长态势。针对西北地区煤矿，在低温下（-25 ℃）制热能效比常规空气源热泵机组高 50%~80% 的超低温型空气源热泵机组被认为是极具前景的技术路线，特别是对于供热要求不到的厂房取暖。

4.2.4　集中式供热替代分散式供热

　　相较于分散供暖，集中供暖维护更简单、供热效率高、便于维护管理。锅炉作为供热系统中的核心，直接决定了系统的运行效率，随着技术的进步，热电联产已经成为集中供热系统建设中的重要方式，有效地减少了对环境的污染。热电联产主要指发电厂在工作过程将电能和热能生产集中在一起，相比于单一的电能或热能生产，热电联产可以使热效率提高85%，节约大量的生产燃料，并在原有基础上降低发电用煤的投入量，实现节能降碳的作用，见表4-2。当前，该技术已逐渐成为能源合理利用的主要方式，更是循环经济发展的重要手段。随着应用效果的日益突出，热电联产技术得到了越来越多国家的认可，很多国家专门出台了相关法律法规，为该技术的发展创造了良好的条件。

表4-2　燃煤集中和分散供热碳排放分析

供热方式	供热量/万 t	管道效率/%	锅炉热效率/%	煤耗/万 tce	节煤/万 tce	碳减排/%
集中供热	100	99	91	12.58	2.1	14.3
分散供热	100	99	78	14.68	—	—

如果煤矿周边合理半径范围内与热电厂相邻，可以考虑采用热电联产集中供热的方式代替分布式小锅炉供热，提升热效率的同时减少碳排放，从而达到节能减排的目的。根据相关文献，热电联产的机组热效率可达91%以上，相较于传统锅炉的78%左右，提升了13%，若使用热电联产集中供热代替老旧锅炉分布式供热，碳减排可达到14.3%。

在同等供热量下，若以燃气供热代替燃煤供热，则二氧化碳排放降低16.5万 t，碳减排可达46.3%（表4-3）。按照当前50元/t的碳税均价测算，仅碳减排这部分节约近825万元企业运营成本。如考虑天然气三联供等综合利用方式，还可进一步减少碳排放。

表4-3　燃气和热电联产供热碳排放分析

燃料	供热量/万 t	管道效率/%	锅炉热效率/%	碳排放/万 t	碳减排/%
天然气	100	99	92	19.1	46.3
煤炭	100	99	91	35.6	—

如不连沟煤矿井田充分发挥热电联产优势，利用距离约5 km的配套大路2×300 MW坑口煤矸石热电厂输煤管廊同步输送蒸汽。与采用自有燃煤锅炉供热相比，可减少运行费用500万元，降低CO_2减排大于10%。

4.2.5　燃气（低浓度瓦斯）替代

天然气作为一种清洁能源，在建筑物取暖领域已得到应用，在煤矿供热领域，能否实现燃气供暖主要取决于燃气管线距离煤矿的距离和燃气价格。

对于瓦斯矿井，通过开展1%~30%的低瓦斯直燃/氧化蓄热，在减少瓦斯碳排放的同时提供清洁供热。

4.2.6　技术路线图和发展潜力分析

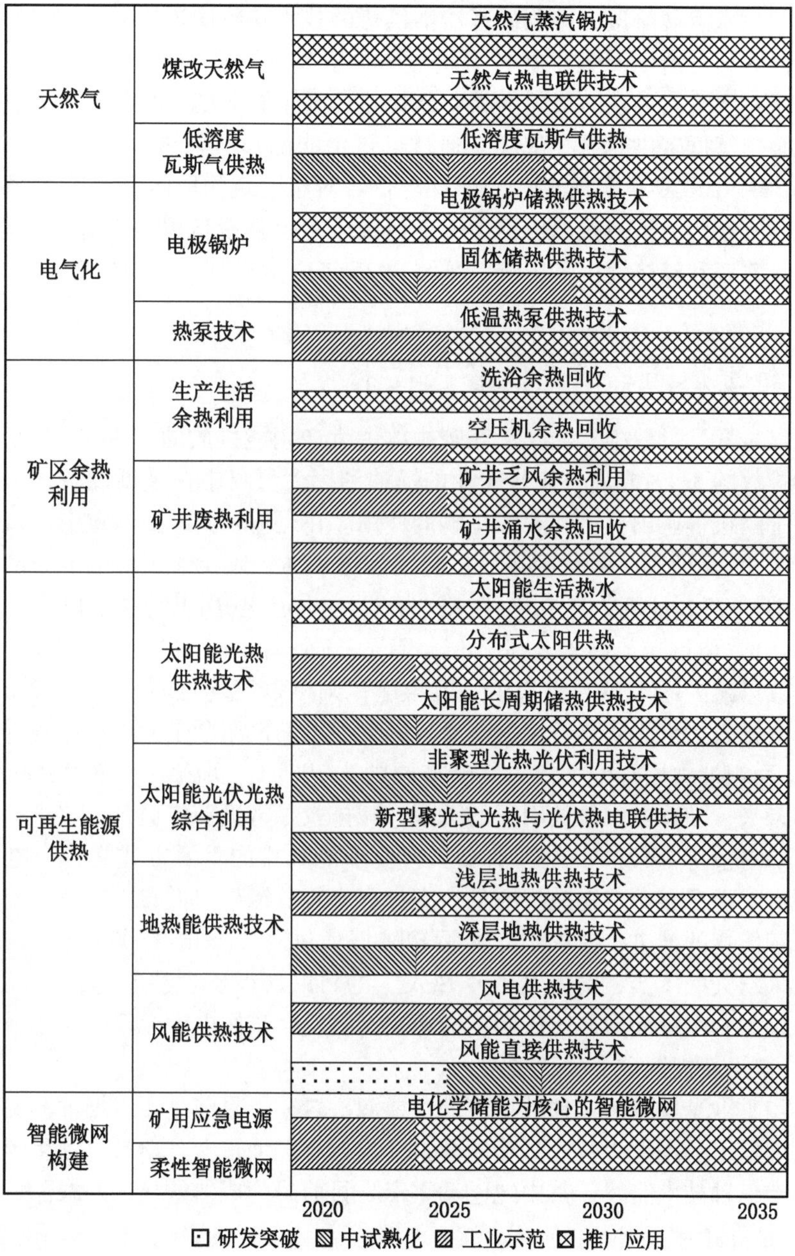

天然气	煤改天然气	天然气蒸汽锅炉				
		天然气热电联供技术				
	低溶度瓦斯气供热	低溶度瓦斯气供热				
电气化	电极锅炉	电极锅炉储热供热技术				
		固体储热供热技术				
	热泵技术	低温热泵供热技术				
矿区余热利用	生产生活余热利用	洗浴余热回收				
		空压机余热回收				
	矿井废热利用	矿井乏风余热利用				
		矿井涌水余热回收				
可再生能源供热	太阳能光热供热技术	太阳能生活热水				
		分布式太阳供热				
		太阳能长周期储热供热技术				
	太阳能光伏光热综合利用	非聚型光热光伏利用技术				
		新型聚光式光热与光伏热电联供技术				
	地热能供热技术	浅层地热供热技术				
		深层地热供热技术				
	风能供热技术	风电供热技术				
		风能直接供热技术				
智能微网构建	矿用应急电源	电化学储能为核心的智能微网				
	柔性智能微网					
		2020	2025	2030	2035	

□ 研发突破 ▨ 中试熟化 ▨ 工业示范 ▨ 推广应用

图 4-11 矿区清洁供热技术路线图

根据技术发展阶段，编制矿区清洁供热的技术路线图如图 4-11 所示。根据矿区用能方式与清洁高效供热技术进度，分析发展潜力如下：对于占比 10% 的矿区生活用水，目前已有成熟的太阳能集热、空压机余热、洗浴废水余热及乏风疏干水余热等低碳供热方式解决，通过可再生能源和与余热利用，预测 2025 年可实现 30%、2030 年实现 60% 的能耗降低。对于建筑物取暖和井筒保温，目前可实现燃气替代、蓄热式电极锅炉、乏风疏干水余热及低温空气源热泵等技术，受技术成熟度和经济性因素影响，预测 2025 年可实现 15%、2030 年实现 25% 的能耗降低。

4.3 推进燃油车的电能替代技术

在煤炭开发过程中，油气消耗碳排放占生产用能排放的 7.3% 左右，占煤炭开发碳排放的 3.1% 左右。煤炭行业的燃油利用大量集中在采掘设备、卡车、胶轮车、平路机等矿山机械和工程车辆的使用。在运输领域，我国重卡占汽车保有量仅为 7.9%，但其二氧化碳排放量占比高达 47%，以 49 t 柴油重卡为例，按每百千米油耗 35 L 计算，二氧化碳排放为 920 g/km，采用电动重卡以百千米电耗 140 kW·h，电网排放因子 0.581 tCO_2/MW·h 计算，采用电动重卡每千米二氧化碳排放可减少约 11.6%；采用氢能重卡，则可以实现近零排放。在轻型车辆领域，减排效果更为明显，根据测算，一辆纯电动汽车全生命周期的碳排放约为 22.4 t，而汽油乘用车全生命周期碳排放则达 39.7 t，实施电动替代将减排 40% 以上。未来，随着电网排放因子的下降，减排效果将进一步提升。

"以绿电/绿氢代油"是当前煤炭行业节能减排的重要方式之一，电能替代技术将有效提升煤矿节能减排效果，支撑煤炭行业绿色、低碳、可持续发展，并且随着智能化的推进，在煤矿交通运输领域通过"以绿电/绿氢代油"，还可以推进无人驾驶的落实，助力煤矿"减人"的目的。煤矿燃油的电能替代技术可重点从以下两个方面展开：矿用新能源重卡替代；矿用电动无轨胶轮车替代。

4.3.1 矿用新能源重卡替代技术

矿用重卡是煤炭运输领域排放的主要源头之一，目前主要以燃油车为主，未来新能源重卡替代潜力巨大。新能源重卡主要有电动重卡、燃料电池重卡和混合动力重卡三种技术路线，其中纯电动重卡是目前最为成熟的技术路线。

1. 电动重卡

早在"十二五"规划中，我国就正式提出发展新能源汽车，能源重卡作为新能源汽车领域产品之一，迎来了行业发展政策红利期。近年来，国家和地方也陆续出台了诸多支持电动重卡发展的政策，鼓励换电重卡的发展。2021 年，工信部发布实施《推动公共领域车辆电动化行动计划》，提出要加快推进工程机械和重卡电动化。2021 年 10 月，工信部发布《关于启动新能源汽车换电模式应用试点工作的通知》，首次提出将在宜宾、唐山、包头三座城市进行换电重卡试点，进一步推动换电重卡发展。2022 年初，《国家发展改革委等部门关于进一步提升电动汽车充电基础设施服务保障能力的实施意见》（简称《实施意见》）颁布，明确国家对提升新能源汽车充电基础设施服务保障能力的目标，促进新能源汽车充电更加规范化、便利化。2022 年 8 月，国务院发布《工业领域碳达峰实施方案》，明确提出加大交通运输领域绿色低碳产品供给，开展电动重卡、氢燃料汽车研发及示范应用。

2021 年 7 月，世界首台 120 吨级纯电动交流传动矿用电动轮自卸车在国家电投内蒙古公司南露天煤矿交付使用。根据公开报道数据显示，该车相比同吨位传统燃油车，动力性能更强劲，电制动控制车速更低，整车运行噪声低，能源成本降低 70%，运行成本降低 40%，年减少碳排放 1000 t，显示了巨大的节能降耗和减排效益。

截至 2022 年，国内新能源重卡销售 25151 辆，同比增长 140.7%，其中换电重卡 12431 辆，同比增长 273.6%，占比 49.4%，纯电重卡 10227 辆，同比增长 61.7%，占比 40.66%，燃料电池重卡 2465 辆，同比增长 216.4%，占比 9.8%，混合动力重卡 28 辆，占比 0.14%。可见，换电重卡特别是换电重卡发展势头迅猛，随着未来"双碳"目标的逐步推进，电动重卡市场增长潜力巨大。

按照补能的方式，电动重卡可分为充电式和换电式。充电重卡的劣势在补能时间方面，充电时间较长，最快一次需要 1 h；在慢充状态下，则需要数个小时，极大地降低了电动重卡的运营效率，并且充电站占用的场地较大。换电模式下，只需要几分钟即可完成补能，高效快捷地解决了续航里程问题，提升了工作效率；并且"车电分离"能有效降低购车成本；专业人士管理电池，延长了电池寿命，增强了安全性；相比重卡充电站，换电站占地相对较少；另外，还可以利用负荷低谷充电，全面降低充电成本，辅助参与电网调峰调频，在助力电网安全运行的同时提升充电设备利用率。同时，通过 V2G（电动汽车给电网送电）技术，用户还可以在电网用电高峰时向电网反向送电，参与电网的辅助服务，并获得增值收益。优势明显的换电重卡，销量持续高涨，根据公开数据显示，从换电销量占新能源重卡销量比例来看，换电重卡比重呈现持续提升态势，从 2021 年 1 月的 18.1% 攀升至 2022 年 5 月的 50.8%，成为新能源重卡的主流车型之一。

虽然电动重卡发展迅速，但也存在着一定的短板。对于纯电重卡，首先是续航里程受限，目前纯电动重卡的单次充满电之后的续航里程为 200 km 左右，更长的续航里程意味着需要携带更多的电池,进而导致整车成本大幅攀升。其次是充电时间较长,电动车的充电时间一般为两三个小时,这让纯电动重卡的利用率显著下滑,并且电动重卡的充电设施布局并不完善,因此,纯电动重卡在实际应用上面临较大的挑战。对于换电重卡,换电站的建设以及缺少统一的换电标准都是目前面临的重要问题。

因此,重卡换电技术的主要发展方向是:一是高电量、大功率、长寿命动力电池研发关键技术。目前,纯电动矿用卡车动力电池大倍率放电及寿命无法满足矿山持续爬坡等工况使用要求,亟待开展高电量、大功率、长寿命动力电池研发关键技术研究,实现 4C 以上大电流充放电、频繁充放电、使用寿命满足 5 年等要求。二是极端天气下纯电动矿用卡车研发及应用关键技术。我国多数露天煤矿位于内蒙古、新疆等偏远地区,属高寒地区,气候恶劣,冬季气温达到−35 ℃以下,亟须开展极端天气下纯电动矿用卡车研发及应用的关键技术,研究动力电池的低温充放电特性及电池保温措施,解决驾驶室冬季取暖问题及冬季车厢粘料等问题。三是 200 t 以上大载重电动重卡关键技术研发。目前,我国纯电动新能源矿用卡车载重仅 60 t 左右,百吨级电动重卡处于示范应用起步阶段,下一步亟须开展载重 200 t 以上电动矿用卡车研发关键技术研究,研发大功率电动机,并满足矿用卡车持续爬坡的需要。

2. 氢燃料电池重卡

在"双碳"目标指引下,我国氢能产业发展正步入快车道,2019 年两会期间氢能及燃料电池首次被写入政府工作报告中。氢燃料电池汽车从 2001 年开始研究,到 2016 年之前大多是试验和示范运营,目前,仍处于初期示范和商业模式探索阶段。2020 年 9 月,五部门《关于开展燃料电池汽车示范应用的通知》明确提出,重点推动燃料电池汽车在中远途、中重型商用车领域的产业化应用。2022 年 3 月,国家发展改革委、能源局印发的《氢能产业发展中长期规划(2021—2035 年)》进一步明确了氢能产业发展定位和中长期发展目标。根据规划,到 2025 年,我国要初步建立较为完整的供应链和产业体系,燃料电池汽车保有量约 5 万辆。

公开数据显示,氢能重卡自 2020 年开始小批量落地示范,2021 年销量 779 辆,同比增长 42 倍。2022 年销量 2465 辆,同比大涨 216%。2021 年 11 月,上汽红岩首批氢能重卡在鄂尔多斯投入运营,主要用于鄂尔多斯市的露天煤矿的运输,而此前,氢燃料车基本上是以城市公交为主,但从目前市场中投入运营的氢能重卡来看,在矿山、港口、码头、钢铁厂等场景中,氢能重卡逐渐推广应用。自 2022 年 7 月以来,中国重汽、上汽红岩、一汽解放、北汽福田、佛山飞驰等整车企业，相继宣布的氢能重卡订单总数突破万辆。从车型分布上看，我国氢燃料电池汽车销量中，重卡车型占据了绝对的主力地位，从各地最新发布的氢能产业规划来看，仍是在向重卡倾斜，我国氢能重卡将逐步进入快速发展阶段。

氢燃料电池重卡具有续航能力强、加氢速度快、低温性能优越等优点，能够真正实现零排放。与纯电重卡相比，其能量密度更高，自重更轻，寿命更长，安全性更好。通过加氢可以实现快速补充能源，既满足矿山运输的大载重，又满足连续作业的长续航。

当前燃料电池重卡生态仍处于发展初期，关键技术并不成熟，配套设施并不完善，其存在的主要问题是：一是氢燃料重卡系统成本过高。首先是氢燃料重卡本身价格过高，其单台价格达到 150 万元左右，在燃料电池城市群中，可拿国家补贴加地方补贴达 40 万~80 万元不等，但规模化的发展仍需更多市场化采购的加入。其次是产业链中制氢、储氢、加氢站的建设成本过高，氢燃料重卡规模化发展与燃料电池全产业链技术经济性密切相关；二是关键材料和核心技术仍不成熟。目前氢燃料电池中包括催化剂、质子交换膜以及炭纸等材料关键零部件还主要依靠进口，膜电极、双极板、空压机、氢循环泵等关键组件制备工艺和国外存在较大差距。在大功率燃料电池发动机方面，电堆功率不能满足重卡 200 ~ 300 kW 的需求，因此目前重卡装车普遍采用"110 kW 左右的燃料电池电堆＋锂电池"的电电混合方式。三是配套设施不完善。氢燃料重卡的发展，除了考虑车本身的性能外，其全生命周期的使用问题，尤其是获取氢燃料是否便捷影响着氢燃料重卡的推广，加氢站的布局直接影响车辆使用的便捷性。目前，我国建设加氢站超过 260 座，但加氢站的选址以及是否与应用场景相匹配，仍将影响氢燃料重卡的推广。

因此，氢燃料电池重卡技术的主要发展方向是：针对氢燃料电池重卡车还需开展燃料电池系统和整车集成关键技术研究，包括：200 kW 以上金属双极板水冷燃料电池系统、多堆集成氢燃料电池管理系统、氢燃料电池与锂电池的电 - 电混动系统、高压大容量供氢系统等。配套产业链还需进行大规模制氢、储运、加氢相关技术和装备的研发，以实现产业链协同发展。

总体上看，我国新能源重卡处于起步阶段，依然处在产业化前期，受电池重量、循环寿命、充电速度及电池性能等因素制约。

4.3.2　矿用电动无轨胶轮车替代技术

煤矿井下以防爆柴油机为动力的无轨辅助运输车辆已得到长足的发展。无轨辅助运输在煤矿减员增效、提高生产效率、提高煤矿安全和降低事故发生率等方面取得了良好的社会效益和经济效益，但也存在着诸多问题，存在着安全性差、软制动、"四高一低"（即高废气排放、高噪声、高故障率、高运营成本和低效率）等问题，严重危害井下工作人员的职业健康和企业效益。电动胶轮车具有零排放、无污染、低噪声、轻便灵活且动力强劲的特点决定了其在经济效益和环保方面具备独到的优势，并且可以通过无人驾驶实现煤矿减人的目的；满足矿务工程用车条件的同时能够完全取代柴油车。因此，电动胶轮车替代是燃油替代的重要方向之一。

电动无轨胶轮车按照蓄电池类型分为两类：铅酸蓄电池胶轮车和锂离子蓄电池胶轮车。铅酸蓄电池的主要依据《煤矿用特殊性铅酸蓄电池》（MT 658）和《煤矿铅酸蓄电池防爆特殊性电源装置》（MT/T 334）进行生产改造。铅酸蓄电池胶轮车受标准和整车重量限制，续航能力一般只有 30 km 左右，车辆速度一般不超过 8 km/h，且充电时间一般需要 6 h 以上。因此，目前铅酸蓄电池在煤矿主要应用于大吨位铲板车，在煤矿安撤工作面进行辅助搬运工作，偶尔用于采煤机等大吨位设备的长距离运输。锂离子蓄电池胶轮车仅允许使用磷酸铁锂电池，按照安标国家中心发布的《矿用锂离子蓄电池安全技术要求》和《矿用隔爆（兼本安）型锂离子蓄电池电源安全技术要求》进行生产和改造。根据标准必须限定容量使用，目前锂离子电池在煤矿主要应用于轻型运人车和小吨位运料车等，续航里程一般达 100 km 左右。

2014 年 5 月，安标国家矿用产品安全标志中心发布《煤矿用防爆锂电池无轨车辆安全技术要求（试行稿）》，2015 年 7 月，国内井工矿首台防爆电动无轨胶轮运输车在中国神华集团神东公司矿区进行试验。总体来说，矿用电动防爆无轨胶轮车还处于示范阶段，仍在商业化应用的初期。

根据不完全统计，目前全国矿用防爆无轨胶轮车使用量超过 40000 辆，其中超过 90% 为柴油车。以华电煤业小纪汗煤矿为例，矿区内在用柴油车辆 97 台，其中防爆 71 台、特种车 5 台、地面非防爆车 21 台，主要承担矿区内拉运工作，2021 年柴油消耗量达 539.86 t，平均每辆车消耗柴油约 5.6 t，因此若采用纯电动胶轮车进行替代，可减排 1652 t CO_2，平均每辆车可减排 CO_2 约 17 t。另外，采用电动车辆替代后，车辆的维护、检修作业大幅减少，未来在电动化的基础上，逐步发展无人驾驶等先进技术，可进一步减少人员投入。

纯电动防爆无轨目前处于示范阶段，还存在如下挑战与不足：一是在动力驱动系统、电机电池控制系统等关键部件上技术匹配度有待提升，目前是满足在巷道行驶的动力性要求，往往通过增加装机功率来适应低速大转矩和高转速工况，这就使得电机的高效区间利用率偏低、电机功率浪费过剩，驱动效率非常低。二是现有铅酸蓄电池车存在长期过度充电，且得不到较好的维护，使得无轨胶轮车电池组使用超过约 10 个月，性能下降明显，更换成本巨大。三是已通过煤安认证、满足矿下应用环境的锂离子电池厂家较少。

因此，矿用电动无轨胶轮车替代技术下一步主要发展方向为：针对煤矿井下车辆运行的恶劣环境以及复杂工况，重点研究防爆锂电无轨胶轮车的关键结构与部件，包括底盘与车身结构设计，传动系统，电池管理系统、车辆控制系统设计优化等。在电池容量允许范围内，提升车辆续航里程。开发适用于井下环境的无人驾驶技术，基于多传感器（毫米波雷达、激光雷达、超声波雷达、视频 AI 等）的多源信息融合技术，利用多源数据采集技术获得环境感知数据、车辆运行数据、路侧监控数据、移动目标数据等，通过大数据算法、AI 技术等，实现车辆的智能调度与无人驾驶。针对井下连续工作的特点，车辆无法进行及时补充电量的问题，发展井下充电技术。开发长寿命高安全煤矿专用锂离子电池，并耦合超级电容器系统，提升矿用电动无轨胶轮车的先进适用性。

4.3.3　技术路线图与发展潜力

根据技术发展阶段，编制燃油车电能替代技术发展路线图，如图 4-12 所示。2022—2024 年电动重卡及电动无轨胶轮车技术研发取得突破，2024—2026 年进行较大规模工业示范，2025 年新能源重卡行业渗透率达到 10%，2026 年后新能源重卡逐步推广应用，2030 年行业渗透率达到 30%。氢能重卡在2025—2026 年研发取得突破，2030 年后逐步推广应用。

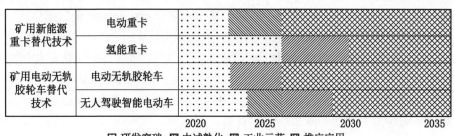

图 4-12　燃油的电能替代技术路线图

4.3.4　实施建议

（1）制定统一的换电重卡技术标准。标准化进程滞后、电池标准不统一是制约换电重卡发展的最大难题之一。由于电动重卡车型型号不一，各车型间不同电池厂商的电池型号也不统一，不同型号之间无法通用，同时换电站建设运营也同样缺乏统一的标准，这些因素制约了换电重卡的发展。因此，制定统一的电池和换电站技术标准，可以有效提升换电重卡技术发展。

（2）加强电能替代的关键技术科技攻关。重点开发智能化矿车系统，包括智能驾驶辅助系统、无人驾驶系统、车联网系统、智能故障诊断系统等，保障电池使用安全；开发车辆轻量化技术，在关键材料、结构等方面进行提升，提高强度，简化结构，降低整车重量；攻关 200 t 以上大载重矿用电动重卡技术；突破燃料电池重卡关键技术，包括集中突破核心部件、系统集成、关键材料等；研究矿用新能源无人驾驶技术，在减碳的同时实现煤矿减人的目的。

（3）推进电动重卡试点示范工作。逐步推广电动矿卡的应用，2025 年电动矿卡的行业渗透率达到 10%，2030 年达到 30%。进行燃料电池重卡、电化学储能型应急电源试点示范工作，适时推广应用。

4.4　本章小结

（1）充分发挥煤矿大量的土地、风、光资源优势和我国新能源技术优势，推进煤矿与新能源的耦合发展。与采煤沉陷区生态修复融合，统筹规划分布式光伏与集中式生态光伏建设，通过生态光伏的建设实施，预计 2025 年和 2030 年可减碳 0.218 亿 t 和 0.426 亿 t。

（2）燃煤锅炉的低碳智能替代是必然趋势，建议在行业层面开展煤矿清洁供热技术路线规划，企业层面按照"一矿一策"原则系统推进锅炉替代实施，优先利用系统余热如空压机余热、乏风、疏干水和可再生能源如太阳能集热、地热；积极推进供热的电气化改造，主动适应新型电力系统，开展储能/储热技术研究，突破可再生能源波动及用能日-季间时序不匹配问题，推动精准化智慧用能技术发展，实现集约用能，降低系统能耗。煤矿燃油带来的碳排放占 2% ~ 2.5%，加快推进矿用新能源重卡、矿用电动无轨胶轮车的电能/氢能替代，实现燃油的新能源电力替代和煤矿减人的目的。

第 5 章　矿区瓦斯利用减碳路径

瓦斯气是赋存于煤层中的非常规天然气，以吸附状态赋存于煤体中的高纯度甲烷气。我国是世界产煤大国，煤种齐全，煤炭资源丰富，有 44% 的煤矿属于高瓦斯或瓦斯突出矿井，煤层中蕴藏着丰富的瓦斯气资源，据初步测算埋深 2000 m 以下的瓦斯气资源总量约 30 万亿~35 万亿 m^3，相当 450 亿 t 标煤，与我国陆上常规天然气资源总量（30 万亿 m^3）相当。瓦斯排空在造成能源浪费的同时，也对环境造成污染。本章节重点介绍不同浓度瓦斯综合利用的几种途径和方法，以期实现瓦斯由治理向综合利用转变。

5.1　攻关瓦斯气高效综合利用

煤层气梯级利用技术是将高浓度煤层气（甲烷体积分数 > 80%）通过管网集输直接供给下游民用或工业用，作为发电、提纯以及作为其他设备的供应原料；中浓度煤层气（甲烷体积分数介于 30% ~80%）通过浓缩制 CNG、LNG；低浓度煤层气（甲烷体积分数介于 3% ~30%）通过直接发电、直接燃烧或蓄热氧化加以利用；甲烷体积分数为 0.75% ~3% 的超低浓度瓦斯，通常将其与空气掺混用于低浓度瓦斯蓄热氧化；甲烷体积分数小于等于 0.75%（矿井乏风），绝大部分直接排空，少部分与抽采瓦斯掺混用于低浓度瓦斯蓄热氧化。《煤矿低浓度瓦斯管道输送安全保障系统设计规范》（AQ 1076）、《煤矿瓦斯发电工程设计规范》（GB 51134）等规范的实施，也为高、低浓度瓦斯利用的工程建设提供了法规保障。高、低浓度瓦斯利用日益广泛，然而超低浓度瓦斯由于受到安全、技术、法规等各因素制约，仍处于起步阶段。

在双碳目标下，着力解决井下抽采瓦斯利用率不高，乏风瓦斯综合利用率偏低的问题将是煤炭企业在"十四五"及此后一较长时期的重要任务。如 2022 年 8 月，山西能源局发文《关于推动煤矿瓦斯综合利用的指导意见》提出到 2025 年煤矿瓦斯综合利用效率明显提升，建设一批瓦斯梯级利用项目，全省瓦斯利用率力争达到 50%。

5.1.1　中高浓度瓦斯发电提效技术

中高浓度瓦斯包括地面抽采煤层气和井下高负压抽采瓦斯，其中煤层气

2020 年利用率已达 91.9%。发电仍是目前煤矿煤层气和抽采瓦斯利用的主要技术途径。截至 2020 年底，全国煤矿瓦斯发电总装机容量突破 255 万 kW，山西省煤矿瓦斯发电装机容量超过 100 万 kW，晋城市总装机容量 28.4 万 kW，成为全国最大的煤层气发电基地，也是世界上瓦斯发电最集中、装机规模最大的区域。截至 2020 年底，山西省煤矿全部建成了煤矿瓦斯抽采系统，阳泉、晋城、西山、离柳、潞安 5 个煤炭国家规划矿区瓦斯年抽采量超过 1 亿 m^3，煤层气已成为山西省工业、商业、交通等产业集群以及城乡居民生产生活的重要能源。

5.1.2 低浓度煤矿瓦斯利用技术

低浓度煤矿瓦斯的甲烷浓度为 3%～30%。这部分低浓度瓦斯主要来源于井下钻孔抽采高负压瓦斯和低负压瓦斯，其 2020 年综合利用率为 44.8%。本浓度范围内瓦斯可直接利用或提浓后应用，主要利用途径包括燃烧发电与燃烧供热。其中 8% 以上瓦斯直接用来进行瓦斯发电，技术相对成熟，3%～8% 的低负压瓦斯利用途径主要如下。

1. 低浓度瓦斯提纯利用技术

提纯常用的方法有低温液化法、膜分离法以及变压吸附法。技术相对成熟，下一步重点是提升其技术经济性。

（1）含氧煤层气深冷液化技术。液化煤层气具有储存效率高、运输灵活方便的优点，对储气调峰具有十分重要的意义。高浓度煤层气（＞90%）催化脱氧深冷液化技术已经成熟，并在国内外得到了大规模的应用。但是煤矿区煤层气甲烷浓度低、氧含量高，采用催化脱氧深冷脱氮液化工艺，但甲烷回收率低，项目经济性差。

（2）低浓度煤层气变压吸附浓缩技术。变压吸附浓缩技术具有能耗低、操作灵活方便、常温下连续运行等优势，已广泛应用于钢铁、冶金、石油化工领域。该技术的关键是选取性能优良的吸附剂，不同吸附剂对甲烷和氮、氧等组分的吸附特性不同，决定了不同的低浓度煤层气浓缩工艺。

近年来，科研人员对低浓度煤层气（20%～30%）的短流程变压浓缩吸附技术进行了大量研究，依托煤基质高性能碳分子筛开发了原料气适用范围较宽的低压短流程提质利用工艺技术，可将甲烷体积分数 20%～30% 的煤层气，经过二级或者三级变压吸附浓缩至 90% 以上，回收率达 90%；浓缩产品气中 O_2 含量（体积分数）控制在 1% 以下，较常规技术降低能耗 15%～20%。

2. 低浓度煤矿瓦斯燃烧发电技术

低浓度瓦斯发电技术是低浓度瓦斯主要的利用途径之一。目前低浓度瓦斯燃烧发电主要有两种。一种是利用低浓度瓦斯内燃机爆燃式发电技术进行燃烧发电，其发电原理是通过精确的电控混合使甲烷与空气的混合气体处在最佳的爆炸点，瓦斯在气缸内发生爆炸，产生的高温高压气体带动气缸活塞和曲轴转动，从而实现燃烧发电；但本技术存在内燃机爆燃式发电在燃烧过程中会出现耗能严重、发电效率低、维修成本高等问题，需要持续研发。另一种是将低浓度瓦斯提浓后输入燃气轮机或蒸汽轮机。但低浓度煤层气的温度、甲烷浓度稳定性差、液态水含量较高等因素是导致其发电机组发电效率低、故障率高及增压器等主要部件寿命短的主要原因。近年来针对低浓度煤层气气源稳浓、除尘及深度脱水的技术研究取得了重大突破，该技术以高精度智能混配控制和原料气深度脱水提质两项技术为核心。如山西石泉煤业有限责任公司利用瓦斯抽放站抽放系统抽放的高负压瓦斯（8% 以上），建设一座 4×1000 kW 的 1000GF9-W 型瓦斯发电站，并采用余热蒸汽锅炉回收瓦斯发电机组尾部烟气余热产生过热蒸汽，拖动汽轮发电机组发电。2022 年 10 月 31 日，共发电 676.89 万 kW·h，利用瓦斯气量 $213×10^4$ Nm^3（折纯）。

3. 低浓度煤矿瓦斯直接燃烧技术

低浓度瓦斯燃烧技术是将甲烷浓度大于 6% 的瓦斯气体直接燃烧进行利用，根据不同下游用户使用场景可制备生活用热水或发电用高温蒸汽，烟气余热可通过烟气换热器或溴化锂制冷设备进行回收利用。国内外对有机废气燃烧利用的研究较成熟，低浓度瓦斯具有易燃易爆特性，在低浓度瓦斯燃烧利用时会存在回火、爆炸等安全隐患，其技术研究进展缓慢。近年来随着抽采瓦斯利用力度的逐步加强，国内部分研究机构及企业单位逐步加强了低浓度瓦斯直接燃烧利用技术研究及试验工作。当煤矿瓦斯浓度为 5%～16% 时（处于瓦斯爆炸界限），使用常规的低浓度瓦斯处理技术就无法利用这部分低浓度瓦斯。脉动燃烧技术、多孔介质预混燃烧技术与催化燃烧技术是目前处理这部分低浓度瓦斯最有效的利用方法。中煤科工集团重庆研究院有限公司基于金属纤维燃烧技术研究了低浓度瓦斯直接安全燃烧技术，对金属纤维燃烧器和阻火器的阻火阻爆机理的研究和试验，研究表明在合理的设计参数下，金属纤维燃烧器能够有效阻火、隔热，并阻断瓦斯爆炸火焰和冲击波的传播，可将瓦斯爆炸转变为安全燃烧。在此基础上，研发了处理能力为 2000 m^3/h 的低浓度瓦斯工业化燃烧试验系统，在重庆松藻石壕矿完成了工业性试验，研究表明该技术具有较好的安全性和可靠性。

4. 低浓度瓦斯蓄热氧化供热技术

瓦斯蓄热氧化技术是一种新型超低浓度瓦斯利用技术，该技术将乏风（或空气）与抽采瓦斯掺混成甲烷体积分数约 1% 的稳定气源，再将掺混气体送入蓄热氧化装置被加热、氧化并释放热量，随着装置的周期性换向，装置实现自动稳定运行状态。通过连接配套的余热锅炉和蒸汽发电机组，可对多余热能高效利用。美国 MEGTEC 公司、德国 DURR、德国 EISENMENN、中煤科工集团重庆研究院有限公司等针对该技术进行了技术研发。

煤矿超低浓度瓦斯蓄热氧化供热系统利用蓄热式氧化装置（Regenerative Thermal Oxidizer，RTO）对超低浓度瓦斯中的甲烷进行氧化，其产生的热量除了满足自身的氧化反应用热，还可以有多余热量输出并得到利用。商用的 RTO 装置目前均采用流向变换热反应器（TFRR）的原理，如图 5-1 所示。RTO 装置运行时，开启阀 1 关闭阀 2，低温的超低浓度瓦斯进风进入蓄热器 2 中吸热，蓄热器 2 降温，进风达到反应温度后在热氧化室发生氧化放热反应，成为高温烟气。高温烟气与蓄热器 1 换热，蓄热器 1 升温，高温烟气降温后流出。紧随其后关闭阀 1 开启阀 2，进风流向改变，超低浓度瓦斯进风进入蓄热器 1 中吸热，蓄热器 1 降温，进风达到反应温度后在热氧化室发生氧化放热反应，成为高温烟气。高温烟气与蓄热器 2 换热，蓄热器 2 升温，高温烟气降温后流出。如此往复，使得反应可以持续进行。在装置启动时，蓄热器 2 需由外界输入热量，保证超低浓度瓦斯经过该蓄热器时能吸热，然后在热氧化室发生氧化反应放热。氧化反应的放热量与进风瓦斯的甲烷浓度正相关。一般情况下，当进风瓦斯的甲烷浓度达到 0.2% 时，氧化反应生成的热量即可保证自持，不需外界额外输入热量。当甲烷浓度超出自持浓度时，生成的多余热量可由热氧化室直接取出加以利用。

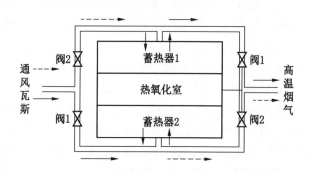

图 5-1 超低浓度瓦斯氧化-流向变换热反应器（TFRR）原理图

淮南矿业集团丁集煤矿 2019 年建成年发电量 17.6 GWh，供热量 22 万 GJ 的低浓度瓦斯供热示范项目，项目每年回收利用的超低浓度瓦斯约 1555 万 Nm^3，减少二氧化碳排放 20.3 万 t。

5.1.3 超低浓度煤矿瓦斯利用技术

超低浓度煤矿瓦斯（甲烷气体浓度 0.75% ~ 3%）主要是井下抽采采空区瓦

斯，其主要的利用技术是超低浓度瓦斯蓄热氧化技术。具体原理同低浓度瓦斯蓄热氧化供热技术。

5.1.4　极低浓度煤矿瓦斯利用技术

煤矿乏风瓦斯（甲烷气体浓度低于 0.75%）由于甲烷浓度低且流量不稳定，目前尚未得到有效利用，通常只能随回风直接排向大气环境。但这部分占煤矿瓦斯排放量的 50% 以上。另煤矿矿后活动瓦斯的排放量占 20%，这部分排放也属于超低溶度排放范畴，目前还未有相关技术储备。是未来煤矿降低碳排放的"卡脖子"技术。

从降低碳排放和提高资源利用效率角度考虑，需要将超低溶度瓦斯的回收利用提上日程。超低溶度瓦斯直接利用价值不高，主要存在以下两个问题，一是超低溶度瓦斯的收集，二是低溶度瓦斯的利用。超低溶度瓦斯的富集可采用吸附法或膜分离方法。富集后的煤矿乏风瓦斯用途可将技术划分为三类。一类是将煤矿乏风瓦斯作为辅助燃料主要用于内燃机、燃气轮机、燃煤粉煤发电厂锅炉、旋转式干燥炉。另一类将煤矿乏风瓦斯作为主要燃料的利用技术有热逆流反应器、催化逆流反应器、整体式催化燃烧反应器、贫烧燃气轮机与集中器。第三类是将瓦斯气转化为化工原料。

对于超低浓度瓦斯，通过收集利用近期难以达到经济运行，可考虑攻关瓦斯低成本、高安全销毁技术，以期降低其对温室气体排放的影响。

5.1.5　技术发展路线图与发展潜力预测

瓦斯排放所带来的 CO_2 排放占煤矿总碳排放的 50% 左右。煤矿瓦斯减排利用是煤矿安全、减碳与资源化利用的重要支撑路径。根据目前技术成熟度和技术经济性，建议技术发展路线图如图 5-2 所示。

对于煤层气（地面抽采瓦斯）2020 年抽采量 57.63 亿 Nm^3，利用量 53 亿 Nm^3，排放量为 4.63 亿 Nm^3，利用率在 92%；预计 2025 年利用率保持 92%，2025 年利用率可提升到 93%。2020 年实际完成煤层气（煤矿瓦斯）抽采量 240 亿 m^3，其中地面煤层气抽采量 77.7 亿 m^3，利用量 71.4 亿 m^3，利用率 91.9%；预计 2025 年利用率保持 92%，2030 年利用率可提升到 93%。对于地下抽采低浓度瓦斯，2020 年抽采量 127.97 亿 Nm^3，利用率在 44.8%。随着技术进步和支持政策推进，预计 2025 年利用率提高到 48%，2030 年提高到 60%。对于风排瓦斯和矿后活动类极低浓度瓦斯气，其碳排放量占瓦斯排放量的 50%，目前未开展利用，是未来技术攻关的重点，预计通过开展示范工作，2025 年风排瓦斯治理率为 0.5%，矿后活动瓦斯治理率为 0%；2030 年风排瓦斯治理率提升到 1%，矿后活动瓦斯治理率为 0.5%。

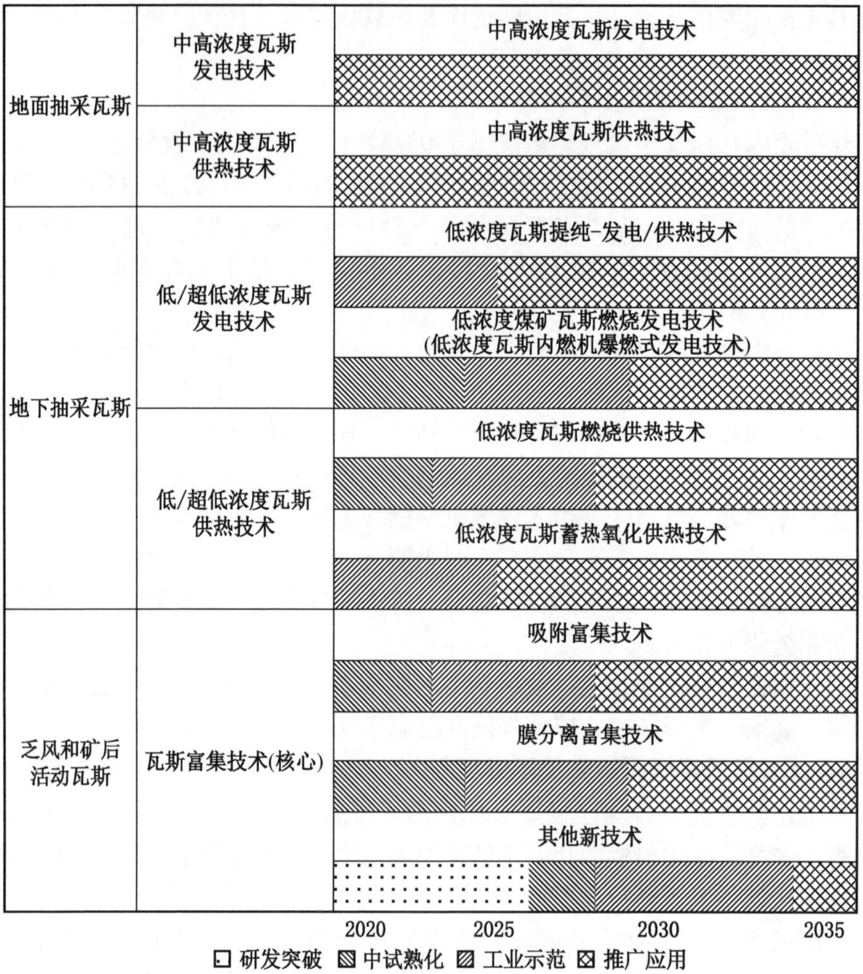

地面抽采瓦斯	中高浓度瓦斯发电技术	中高浓度瓦斯发电技术				
	中高浓度瓦斯供热技术	中高浓度瓦斯供热技术				
地下抽采瓦斯	低/超低浓度瓦斯发电技术	低浓度瓦斯提纯-发电/供热技术				
		低浓度煤矿瓦斯燃烧发电技术(低浓度瓦斯内燃机爆燃式发电技术)				
	低/超低浓度瓦斯供热技术	低浓度瓦斯燃烧供热技术				
		低浓度瓦斯蓄热氧化供热技术				
乏风和矿后活动瓦斯	瓦斯富集技术(核心)	吸附富集技术				
		膜分离富集技术				
		其他新技术				
		2020	2025		2030	2035

□ 研发突破 ▨ 中试熟化 ▩ 工业示范 ▧ 推广应用

图 5-2　瓦斯气治理技术路线图

《"十四五"现代能源体系规划》中规划到 2025 年，煤矿瓦斯利用量达到 60 亿 m^3。按以上数据预算，2025 年瓦斯抽采量为 61.5 亿 Nm^3。满足"十四五"规划要求煤矿瓦斯利用量达到 60 亿 m^3 的目标。

5.2　本章小结

（1）实现煤矿生产和抽采利用设施同步投入使用。按照"应抽尽抽"原则提高瓦斯抽采率和抽采瓦斯质量。

（2）加快中低浓度瓦斯综合利用规模。在现有的扶持政策机制和"双碳"目标约束下，支持煤炭企业提前谋划和布局地面抽采瓦斯和井下瓦斯抽采利用等相关项目，积极跟进相关前沿技术的研发应用情况，响应国家关于甲烷减排的号召和政策要求，通过发展瓦斯综合利用，回收电能、热能等资源，用以替代燃煤和外购电等能源，提高温室气体减排能力。

（3）加快推动瓦斯综合利用重点技术研发突破。通过设立政府重点研发项目、发挥市场积极性等措施加快对低浓度瓦斯利用相关技术的研发，包括柴油引燃低浓度瓦斯发电技术、瓦斯低氮燃烧技术、瓦斯发电提效技术、低浓度煤层气提纯技术及装备、瓦斯蓄热氧化利用技术及装备、低浓度瓦斯工业燃烧安全保障及监控系统等。对于瓦斯蓄热氧化利用关键装备研发，着力解决多床立式结构蓄热氧化装置，可靠、均匀的自动配气系统，热能分配及利用系统，综合运行安全监控系统，远程监控及故障专家诊断系统，低浓度瓦斯直接燃烧技术等。开展超低浓度瓦斯处理技术攻关与储备，为下一步实现碳中和提供技术支撑路线。

（4）推进关闭退出矿井的煤矿瓦斯综合利用。加大对关闭退出矿井煤矿瓦斯资源化利用技术研发和模式创新，加快建立配套政策措施，着力解决这部分矿井的煤矿瓦斯逃逸。

（5）加大对煤矿瓦斯气体综合利用扶持力度。通过财政补贴、增值税减免、科技攻关等方式，降低企业治理瓦斯气体的成本，特别是应用针对低浓度、超低浓度的通风（乏风）瓦斯减排与利用技术的成本，提高企业开展瓦斯综合利用的积极性。

加强瓦斯综合利用，对减少温室效应、保障煤矿安全生产、增加清洁能源供应具有重大意义。"十三五"期间，我国瓦斯利用技术得到广泛应用，利用规模快速增长，利用率稳步提高。为进一步提升瓦斯利用水平，减少瓦斯排放，推动"双碳"目标实现，需要采用瓦斯抽采先进装备、工艺和技术，如定向钻机、煤层瓦斯增透技术等，提升瓦斯抽采浓度和稳定性，积极推广高浓度瓦斯在发电、工业燃料等领域的多元化应用，同时，积极通过氧化、提浓等方式开展低浓度瓦斯和乏风综合利用。

煤矿瓦斯气排放占总碳排放量的 50% 左右，在落实中高浓度瓦斯气利用的同时，需加快研发低浓度、超低浓度及乏风中瓦斯气的转化利用与固化；预计 2025 年和 2030 年可实现减碳 0.1 亿 t 和 0.4 亿 t。

第6章 循环经济降碳与
末端固碳技术路径

　　煤矿行业实现循环降碳是在煤矿资源节约的基础上实现循环利用，形成和谐发展模式。本章节从加快推进矿山修复、推动煤炭清洁高效转化、开展煤炭生产过程伴生资源综合利用和探索废弃矿井综合利用四个方面开展。

6.1 加快推进矿山生态修复，提升绿色碳汇

　　20世纪以来，以矿区生态系统健康与环境安全为恢复重建目标的矿山恢复与重建技术日益得以重视，其中包含了矿区土地复垦、景观再造、矿山环境治理等多种手段联合恢复重建的新技术。初步形成了适用于我国井工煤矿主产区沉陷治理、受损土壤改良、微生物复垦、植被生态修复等技术，支撑了煤炭资源与环境的协调开发。

　　当前，采煤沉陷区综合治理已成为各地政府亟待解决的难题。加快推进矿山环境修复、采煤沉陷区的生态恢复，实施生态工程，构建低碳发展的复垦技术体系和生产体系，以不断增加碳汇和减少碳源，可有力推进煤矿的节能减排和污染防治。

　　近年来，矿山生态修复技术在我国逐渐引起关注。用客土法是目前我国使用较广、最有效的处理技术，植物修复是目前应用前景最好的技术之一，而使用微生物的技术仍处于实验室研究阶段。然而，采用单一方法无法轻易完全地恢复退化的矿山生态环境，综合利用多种修复技术可能是未来的趋势。

6.1.1 传统修复技术

　　传统治理技术在我国已经十分成熟，主要包括划方平整、挖深垫浅、预置填充、泥浆充填，生态治理等多种方法。划方平整主要是为了消除附加坡度、地表裂缝以及波浪状下沉等损毁对土地利用的影响，主要用于中低潜水位塌陷地的非充填治理、高潜水位塌陷地的充填法治理以及与疏排法配合用于高潜水位塌陷地的非充填治理等。挖深垫浅是将造地与挖塘相结合，即用挖掘机械将塌陷深的区域继续挖深，形成水（鱼）塘，取出的土方充填至塌陷浅的区域形成陆地，达

到水陆并举的利用目标。这种技术主要应用在塌陷较深，有积水的高、中潜水位地区，同时，挖深区挖出的土方量大于或等于垫浅区充填所需土方量，使治理后的土地达到期望的高程。充填技术是我国大量采用的一种技术，一般是利用煤矸石、粉煤灰、垃圾、湖泥等来充填塌陷地，使其恢复到设计地面高程。矸石充填是各矿区都可以采用的一种治理技术，利用矸石对塌陷地进行充填，既可以使采矿损毁的土地得到恢复，又可以减少矸石占地，消除矸石对环境的影响。矸石充填治理后的土地既可以作为农业用地，也可以作为建筑用地。粉煤灰充填是利用电厂粉煤灰充填塌陷区，既可解决电厂的贮灰问题，又可解决塌陷地治理问题，实现双重环境保护的目的。

6.1.2　新型修复技术

1. 边采边复治理技术

该技术是在地表损毁发生之前或已发生但未稳定之前，采取合理的措施对未来将要形成的损毁土地进行治理。该方法已有成功实践，即利用煤矸石充填动态塌陷区治理成建设用地，用来进行村庄搬迁，取得了良好的效益。

2. 夹层式充填复垦技术

现有充填技术采用一次性充填方式，形成典型的"土壤层+充填层"双层土壤剖面构型。在覆盖土壤厚度不足的情况下，复垦土地的生产力低，为此，提出"土壤层+充填层+夹层+充填层……"的夹层式多层土壤剖面构型，并以黄河泥沙充填复垦采煤沉陷地为例，从夹层式充填复垦的原理和方法两个方面进行研究分析。结果表明：根据不同充填材料土壤质地情况，在充填材料层中设置与其质地相异的夹层，可以改善充填材料的水分和营养元素状况，改良了"土壤层+充填层"的双层土壤剖面构型存在的弊端，提高复垦耕地的质量。在山东省邱集煤矿进行了一种充填复垦采煤沉陷地交替多层多次充填土壤重构方法，通过条带间交替充填工艺和多次充填与土壤回填，实现了夹层式土壤剖面结构重构的连续施工作业，夹层式土壤剖面构型的小麦产量可以当年达到甚至高于对照农田。

3. 湿地构建技术

我国煤矿城市有 150 余座，高潜水位地区采煤沉陷导致地表大面积积水，土地、生态水、植被等生态环境要素破坏严重，另外还有采矿和城市废物排放，采煤沉陷区生态环境问题突出，直接影响了矿业城市形象和市民的居住生息，将采煤沉陷积水区开发建设成具有城市服务功能的次生湿地是实现国家提出的生态宜居城市以及矿业城市经济社会可持续发展的重要举措。

4. 农业生态景观构建技术

煤沉陷区复垦主要侧重沉陷区农业、林业、养殖业的复垦利用，近几年才注重生态修复和景观构建等土地复垦利用问题。研究了矸石充填土壤剖面构建技术，解决了覆土厚度和耕作层土壤水分流失的技术难题。通过调配不同土壤层次、质地，优化了就地取土复垦土壤剖面结构和施工工艺，降低了二次土壤改良成本。

根据政府间气候变化专门委员会（IPCC）发布的评估报告，每公顷天然草地每年减少 CO_2 排放量 6.9 t。据估算，国内西部煤矿矿区面积约 1.92 万 km^2，开展生态修复全部种草，可减少 0.13 亿 tCO_2 排放。预计 2025 年实现 10% 的土地生态修复，可减少 0.013 亿 tCO_2 排放；2030 实现 20% 的土地生态修复，可减少 0.026 亿 tCO_2 排放。

6.2 推动煤炭清洁高效转化

实现煤炭从燃料煤到原料煤再到材料煤转化，是煤炭产业低碳转型的重要发展方向。从二氧化碳减排的角度，煤作为原料时，煤中的碳元素转移到新的产品中，可在一定程度上减少二氧化碳的排放。2021 年 12 月 8 日，中央经济工作会议首次提出"新增可再生能源和原料用能不纳入能源消费总量控制"。为实现煤炭从燃料向原料转化，需通过煤炭精准智能洗选、煤炭转化工艺开发等技术支撑路线实现。

6.2.1 煤炭精准高效洗选技术

原煤入选是煤炭清洁利用的主要方式和源头技术，在煤炭加工利用过程中有重要的地位和作用。选煤厂建设投资少，生产成本低，是目前我国发展低碳经济的最经济的方式之一。在"双碳"目标下，煤炭洗选行业在煤炭领域中承担降碳的重要作用。围绕煤炭洗选产业链条和延伸链条来进行全方位的"降碳"考量，是煤炭生产企业应对生存与发展的"战略性"决定因素，涉及煤炭生产企业的战略布局和发展方向。

1. 增加原煤入选率

我国原煤含矸量较高，一般为 20%～30%，煤炭洗选是将煤和矸石分离的过程，也是煤炭富集、提升品质的过程。主要用煤工业部门提供的资料证明，用户使用选后的煤炭可以节约原煤用量 10%～15%。原煤经过选煤厂洗选加工，可以很大程度上除去煤中伴生的矸石，有效降低煤炭的灰分和硫分，减少大量运输费用以及运输过程中的燃料消耗，降低燃煤对大气的污染，满足炼钢、发电等行业对煤炭品质的需求。选煤还可以去除大部分黄铁矿，减少燃料中烟尘和二氧化硫的排放，节省了较多的二氧化硫治理费用。因此，国内原煤入选率还需要进一步提高，应尽早实现煤炭的全部入选。2022 年全国原煤入选率 69.7%。根据《"十四五"现代能源体系规划》，到 2025 年，原煤入选率预计达到 80% 。

2. 提高煤炭分选精度

应加快推动煤炭洗选产业向智能化新产业、新业态转型，使选煤厂生产运营具备实时全面感知、深度优化协同、准确预测预警、快速科学决策的能力，并对用煤市场的波动作出迅速反应，自动调节生产关键参数。采用选煤厂智能化决策系统、智能重介质分选等智能化技术，可以有效提高煤炭分选精度，降低 E_p 值，预计煤中带矸率及矸中带煤率数值较采用智能化技术前降低 60% ，提高了煤炭利用效率以及资源回收率。通过智能化煤炭洗选，可以根据下游产业需求的产品质量，进行柔性灵活生产，通过优化提高煤炭品质以及煤炭利用效率，实现炼钢、发电等下游行业的碳减排，例如针对下游对产品质量的要求，优化提高煤炭品质，可以使燃煤发电减少 3% ~ 5% 的碳排放。

3. 降低洗选过程资源消耗

通过智能加药技术、智能重介质分选技术、智能加介技术，可以减少药剂消耗、介质消耗、水耗、电耗。通过智能启停，可以缩短起停车时间及降低启停能耗。通过设备故障监控预警系统，可以延长设备的使用寿命，减少故障影响时间以及易损易耗件和材料的消耗，从而降低材料成本和维修费用。如华电电力科学研究院研发的智能煤泥水加药系统在陕西华电榆横煤电有限公司小纪汗选煤厂示范应用，该系统具备低碳、智能的特点，示范应用后减少了选煤厂药剂消耗 50% 以上，提高精煤产率 0.2% 以上，大幅降低了"黑水"导致的选煤厂停产事故发生率，为煤矿带来 1082 万元/a 的经济效益。

综上所述，通过增加原煤入选率，采用智能煤炭洗选技术提高煤炭分选精度、降低洗选过程资源消耗，可以提高煤炭资源开发利用效率，进而减少煤炭用量，实现碳减排，这比碳捕集和封存的减排量更大、更具经济性。

6.2.2　煤化工品固碳技术

从全产业链减碳角度分析，煤炭由燃料属性向原料属性转变是重要的支撑路径。所谓原料用煤，主要是指以煤炭为原料生产煤炭下游化工产品的过程，如甲醇、油品、烯烃、芳烃、乙二醇等。在生产加工过程中，虽然消耗了一部分能源产品作为燃料，但是也有一部分能源产品被带进了工业产品作为原料，通过化工品实现固碳。目前我国原料煤占比 10% ，其中主要用于煤制甲醇和煤制烯烃等工艺过程。原料煤相比燃料煤，工艺指标更复杂，并且不同工艺过程对煤质要求又不尽相同，《煤化工用煤技术导则》（GB/T 23251—2009）中明确了不同工艺需求。煤矿需要超前筹划，对煤炭进行完善分析，并有针对性地进行洗选加工，提高煤炭利用价值。积极鼓励煤化工技术创新示范升级，加快煤基新型合成材料、先进碳材料、可降解材料等高端化工品生产技术开发应用，引导现有现代煤化工企业实施节能、降碳、节水、减污改造升级，加强全过程精细化管理，提高资源能源利用效率，稳步提升现代煤化工绿色低碳发展水平，提升固碳能力与附加值。

6.2.3 煤基高值材料制备技术

煤炭特别是特种煤，因其丰富的元素组成与物理结构，除作为燃料煤与原料煤，还可以通过有针对性的加工，作为特种材料，提高其经济价值的同时降低碳排放。升级煤基吸附剂的等级，拓宽应用领域；研究煤基石墨化结构材料如高性能石墨、石墨烯等，煤基储能材料如多孔炭、软碳负极材料、碳纤维等功能碳材料制备关键制备技术与应用场景。

6.2.4 实施建议

（1）加强煤炭智能化洗选技术攻关。加强煤炭智能化洗选技术攻关，提高选煤厂分选精度，优化生产工艺，增加系统的稳定性和处理量，进而提高生产下游所需煤炭产品的品质，实现碳排放的降低。

（2）加强规划引导，布局原料煤与材料煤加工利用途径。从煤炭特有的化学结构和物理结构出发，模拟设计可由煤基材料制备合成的新型碳材料，开发经济高效的加工技术路线，升级煤炭产业的后续产品结构。

6.3 重视煤炭生产过程伴生资源综合利用

长期以来，发展矿区伴生资源综合利用是煤炭企业处理煤矸石、矿井水和煤矿瓦斯等矿区伴生物的主要途径，是推进煤炭行业节能低碳绿色发展的重要手段，是完整构建矿区循环经济，推进矿区生态文明建设的重要内容。在双碳战略目标下，推进资源综合利用水平提升，降低煤炭全生命周期内碳排放，对于促进煤炭行业低碳高质量转型具有重要的战略意义，下面重点介绍煤矸石与矿井水综合利用技术。

6.3.1 低热值煤利用技术

低热值煤资源主要包括煤泥、选中煤和收到基热值不低于 5020 kJ/kg 的煤矸石。部分煤矸石、煤泥、选中煤掺混在优质煤中长距离运输，增加运输能耗，加剧运力紧张矛盾。加快发展低热值煤发电产业，对保护宝贵的土地资源、避免运力浪费具有积极作用。

低热值煤发电其原理是通过循环流化床（CFB）锅炉发电，可将煤矸石等低热值煤煅烧活化，灰渣后续综合利用变得更加方便，同时还能回收低热值煤中蕴含的热能。经过多年的发展，我国的 CFB 锅炉发电技术目前处于世界领先水平，世界上最大的 600 MW 等级超临界低热值煤综合利用项目实现了商业化运行，350 MW 超临界低热值煤综合利用发电项目投产近 30 台套。目前，煤炭行业所属的煤矸石及低热值煤综合利用电厂大多进行了超低排放改造，污染物排放控制达到常规燃煤机组水平，可以大幅度减少污染物排放，真正实现综合利用过程的资源高效利用和污染物有效减排，解决矿区低热值煤发电堆存占压土地、污染大气环境等一系列问题。

6.3.2　煤矸石综合利用技术

煤矸石来自煤炭采选过程，是主要的大宗工业固体废弃物之一，主要有掘进矸石和洗选矸石两种。根据有关数据测算，2021 年，全国煤矸石产生量预计在 7.6 亿 t 左右。从区域上看，华东、华中地区由于综合利用产品下游市场需求旺盛。与之相比，西南、西北等煤炭产区煤矸石产生规模呈逐年递增趋势，当地煤矸石综合利用产品的市场消费能力有限，因此煤矸石综合利用率相对偏低。根据中国煤炭工业协会发布的行业发展数据显示，2022 年全国煤矸石综合利用率为 73.2%。

目前，从利用途径方面看，当前煤矸石资源化利用的途径主要以煤矸石综合利用发电、生产建筑材料、井下充填、采空区回填、筑路和土地复垦等为主，其中用于筑路、土地复垦和采空区回填的煤矸石量占比在 55% 左右，发电利用占比约为 30%，生产建筑材料利用量超过 10%。

1. 煤矸石建筑材料制作技术

利用煤矸石作为原料，发展利废建材，是煤矸石综合利用发展进程中的一项重要技术，目前主要的煤矸石制作建材产品的技术包括：①利用煤矸石全部或部分代替黏土，采用适当烧制工艺生产烧结砖的技术在我国已经成熟；②利用煤矸石代替黏土烧制硅酸盐水泥熟料、以煤矸石作混合材磨制各种水泥，以及以煤矸石为原料生产混凝土等；③利用煤矸石制轻骨料，包括煅烧煤矸石轻骨料、自燃煤矸石轻集料、混凝土小型空心砌块等；④利用煤矸石作为路基填充材料，用于公路、铁路等土木工程路基材料，目前在老矿区也有一定范围的应用。煤矸石用于筑基修路一直是矿区利用煤矸石的主要方式之一。

2. 煤矸石充填开采置换煤技术

煤矸石井下充填置换煤技术是通过煤矸石井下充填，用以置换煤柱，解放建下压煤，回收煤柱中的煤炭资源，有效地解决煤矸石露天排放和地表塌陷破坏的问题，同时提高了资源回收率。利用井下开拓掘进煤矸石不上井，对矿井保安煤柱、巷道煤柱进行置换充填，既解决部分煤矸石地面排放、污染环境和占用土地问题，又能提高煤炭资源回收率，在衰老残采期、资源枯竭及煤种稀缺等类型矿井得到了较大范围的应用。煤矸石充填开采大致分为干式充填、湿式（高水材料）充填和似膏体充填方式，其中干式充填和似膏体充填正在逐步推广应用。

3. 煤矸石充填沉陷区技术

煤矸石充填沉陷区在老矿区应用较多，特别是东部土地肥沃、人口密集的地区。随着技术的进步，矸石不升井技术越来越多地在生产矿井得到应用，掘进矸石被直接留在了井下，作为采空区填充，这项技术在新建矿井应用较多。

4. 矸石生态土技术

煤矸石基人造种植土是适用于矿山回填后矿山生态修复的配套材料，也可用于人工湿地、城市或者道路绿化带。生态土以煤矸石为主要原料，掺比可高达90%以上。与西北地区常用黄土相比，人造种植土具备保水性高、透气性强、保温性好、流失率低以及微生态生命活动延长等特性，可解决北方昼夜温差大、冬季漫长寒冷少雪、春旱风大升温较快、夏季短暂炎热多雨等不适宜绿色植物长期生长和客土周期性覆盖等生态问题，避免开采黄土造成的生态破坏。

5. 煤矸石高值利用技术

利用煤矸石所含的矿物成分进行综合利用，如利用煤矸石中高岭土含量高的优势，提取氧化铝、生产白炭黑等；利用硫铁矿含量较高的煤矸石回收硫精矿等；利用煤矸石中石英岩类矿物含量高的特性，生产制作玻璃、超微陶瓷材料等。由于煤矸石深加工须以煤矸石中所蕴含矿物的品质高低来决定，所以目前煤矸石深加工消纳处理的煤矸石数量相对较小。

6.3.3 矿井水综合利用技术

矿井水是煤矿建井和煤炭开采过程中产生并从井下抽排到地面的水，主要来源于井下涌水、井下生产过程中产生的废水等。矿井涌水量与矿井所处的地理位置、气候条件、地质构造、开采深度和开采方法等有关。目前矿井水利用的主要方向：一是用于矿区主要工业生产用水，主要用于煤炭生产、煤炭洗选加工、焦化厂、综合利用电厂、煤化工项目等工业补水，约占矿井水利用量的70%以上；二是用于环境绿化、农业用水，如矿区绿化降尘、农田灌溉、矿区工业园区建设用水等。唐山南湖景区、大同塔山工业园、淮南生态园等用水，约占矿井水利用量的15%左右；三是用于生活用水，在缺水矿区，矿井水经深度净化处理后，达到生活用水标准，作为矿区居民生活用水，约占矿井水利用的10%左右。在矿井水处理技术和工艺上，"十三五"期间，矿井水处理利用技术得到了较快发展，工程规模显著加大，装备水平不断提高，逐步向大型化、系统化、自控信息化方向发展；开发了适应不同水质的处理技术工艺和装备。部分矿区正在开展矿井水零排放工程示范，为矿井水利用拓宽了方向。2021年，全国煤矿矿井水涌水量 56 亿 m^3，矿井水利用率为 79%，2022 年矿井水利用率上升为 79.3%。

　　传统的矿井水处理利用从处理工艺角度划分，可以分为简单处理利用模式、深度处理利用模式、特殊处理利用模式 3 种。其中简单处理利用模式是指洁净矿井水、含悬浮物矿井水经混凝沉淀、预氧化、过滤、消毒工艺进行二次处理，达到生产、生活用水要求的利用模式；深度处理利用模式是高矿化度矿井水（咸水、苦咸水）、酸性矿井水经消盐、过滤反渗透等工艺处理，达到生产、生活用水要求的利用模式；特殊处理利用模式是指含有有害有毒元素的矿井水经浓缩、分离等工艺处理，达到生产、生活用水要求的利用模式。"十三五"以来，矿井水资源化利用的模式在技术进步和国家政策的推动下，有了新的创新，涌现出了分质供水与梯级利用工艺、井下处理与就地复用工艺、高品质按需供水工艺和矿井水废水零排放工艺等。

　　1. 井下清污分流，降本增效

　　对煤矿井下涌水进行分析，对经过采空区垮落带和导水裂缝带泥岩过滤的清水和浊度较高的污水进行井下分流处理并分别输送到地面，其中经过滤后的清水可达到地面澄清池处理后的水质标准，不仅节约了地面处理厂的占地面积和处理费用，而且节省污水处理人员，材料等，效益显著。

　　2. 分质供水、梯级利用技术

　　该技术主要针对以悬浮物为主的矿井水净化，井下水仓中矿井水经加压泵送至地面，经各种矿井水处理站构筑物处理达到复用水质要求后，分为地面利用、部分再返回井下利用两种，澄清池出水可以作为选煤厂选煤用水，滤池出水井上利用可作为地面降尘、农用、生态、锅炉用水，井下利用可作为乳液配制、防尘与冷却用水。该工艺流程简单、配置灵活、易于管理、运行成本较低，相关理论与技术均较成熟。

　　3. 井下处理、就地复用技术

　　该技术利用当前千万吨级及以上大型井工矿宽阔的巷道条件，在井下部署矿井水处理设备，使矿井水经废弃巷道预沉淀后，混凝沉淀去除悬浮物，最后经过滤后进入清水池，处理后的水可用于井下的乳液配制、综采设备的冷却与液压支架用水等，混凝沉淀所产生的泥浆经板框压滤机脱水后可与煤一起抬升至地面外运。该工艺对处理工艺的高效与高集成度要求较高，对机械设备也有极高的防爆要求。

　　4. 高品质按需供水技术

　　该技术是在去除悬浮物、特殊污染物后，经过反渗透装置去除水中大部分的阴阳离子，实现高品质供水的目标。在反渗透装置前一般会增加微滤装置或超滤装置进行预处理。该模式适用于矿井附近依托于煤炭的煤电、煤化工业园等上下游产业链聚集区，通过该工艺处理，实现园区内的工业主体对用水水质、水量的高要求。

5. 矿井水废水零排放技术

该技术是指对高矿化度矿井水经过去除悬浮物和脱盐浓缩后，或是高品质按需供水处理后形成的部分高盐废水，通过反渗透浓水浓缩、纯化与蒸发结晶后得到回用水的工艺。

专栏三　陕西华电榆横煤电有限责任公司小纪汗煤矿清污分离技术

小纪汗煤矿通过对井下 646 Nm^3/h 的清水和 718 Nm^3/h 的污水进行清污分离，每年可节约运行费用约 100 万元，同时降低了中央水泵机房、采区和综采面辅运巷设置的离心泵和潜水电泵的泵体磨损程度。

输送到地面的矿井水进入矿井水处理系统。矿井水处理系统处理能力为 1900 m^3/h，包括三个工段：预处理和脱盐工段，经药剂澄清沉淀+超滤+反渗透工艺，原水回收率达到 75%，除盐率达到 98% 以上，第二个工段为反渗透浓水二次浓缩处理阶段。再次采用药剂澄清沉淀+变孔隙滤池+超滤+弱酸阳床离子交换+脱碳+纳滤+碟管式反渗透工艺，保证出水持续稳定、达到国家一级排放标准；第三个阶段是蒸发结晶段，此阶段采用 MVR 强制结晶工艺，对碟管式反渗透（DTRO）浓缩后的高浓度盐水进行蒸发结晶处理。对固液分离后的结晶盐进行干燥、包装处理，其白度、纯度均达到《工业无水硫酸钠》（GB/T 6009—2014）A 类一等品标准，全部资源化利用。蒸发结晶产生的冷凝水统一收集至冷凝水罐，然后输送至产品水池统一使用，真正实现废水"零排放"。

小纪汗煤矿矿井水综合处理项目极大地缓解了所属矿区缺水问题，一方面置换出了大量宝贵的地表及地下水资源，改善了陕北荒漠缺水的问题，年节水量 33 万 m^3；另一方面避免了矿井水直接排放，减少了周边环境的污染，满足了建设资源节约型、环境友好型国家循环经济示范区的基本要求，在实现 100% 复用、零排放目标的基础上造福企业、造福人民，成为保护生态环境的成功典范。小纪汗煤矿也因此被成功纳入 2019 年全国绿色矿山名录，荣获国家 2019 年度绿色矿山科学技术奖重大工程类二等奖。

6.3.4　发展建议

1. 扩大重点区域的矿井水利用规模

在"双碳"战略目标下，推进矿井水综合利用，应与煤基产业链相关园区发展相结合，充分发挥园区水、电、热等资源综合利用效率高，产出相对有保障的优势，切实提高矿井水综合利用效率，避免水资源浪费，尤其是在煤炭产能进一步向黄河流域集中的形势下，严格落实《黄河流域水资源节约集约利用实施方案》要求，推进陇东、宁东、蒙西、陕北、晋西等能源基地的煤炭矿井水综合利用。加快煤炭矿井水规模化综合利用，实现分级处理、分质利用。在黄河流域具备条件地区推广净化后矿井水用于农业灌溉等领域。

2. 推进矿井水资源化、生态化利用技术体系建设

扩大矿井水资源化、生态化利用，是切实提高矿井水利用水平的重要措施，核心是加快相关体系的建设。根据水的使用方向，将矿井水复用于工业、生活、农业与生态等领域，其中工业用水分为井下用水与地面用水，扩大地面用水规模，是解决当前矿井水大水矿区利用率低的重要途径，地面用水的重点与难点在于协调各用水单位的用水诉求，满足各单位对水质、水量的要求，并实现矿井水处理成本、地面用水成本和生态成本三方面的最优。下一阶段，重点为建立统一的矿井水供、排水规划，根据煤矿矿区本身以及周边产业结构的实际情况进行合理配置民用水、工业用水、农业用水、公共服务用水、消防及其他用水途径的用水量。加大在农业用水规模，包括灌溉用水、农业设施用水、水库补水、水产养殖以及动物饮用等，加强农业用矿井水水质管控，避免矿井水污染农业生态系统。对于确实难以完全利用的矿井水，扩大其在生态用水包括公园用水、景观用水、湿地补水、绿化用水、地面补水与地下补水等方面的应用，根据不同水系的用水要求，合理规划供水、补水，加强水质管控。

3. 加快特殊场景需求的矿井水处理技术和成套装备研发

推进矿井水综合利用技术提升的重点，着力在高矿化度矿井水、酸性矿井水和含特殊污染物矿井水处理技术和装备的研发应用上。解决大型煤炭基地内部分特殊场景下矿井水净化技术和装备需求，实现特殊矿井水的低成本大规模处理。

4. 加大煤矸石废弃物源头减量的力度

通过优化资源开发工艺，从源头缩减煤矸石、矿井水和煤矿瓦斯的排放量，从而实现降低资源综合利用过程的碳排放问题。深入推进煤炭行业结构性改革，优化煤炭产业布局，提高资源条件好、开采条件好的煤矿产能占比，切实从源头削减煤矸石升井量、矿井水涌水量和煤矿瓦斯对空排放量；优化煤炭开采工序，通过优化矿井开采工艺，降低煤矸石混入原煤量和升井量；实施保水开采和充填开采，降低矿井涌水量和煤矸石井下综合利用规模；应用边抽边采工艺，提高井下瓦斯抽采率，应用煤矿瓦斯提纯技术，提高抽采瓦斯浓度，降低混入乏风瓦斯的煤矿瓦斯量，集合上述多种方式从源头缩减废弃物产生量；优化煤炭洗选工艺，通过发展井下预排矸、预筛分、采选充一体化等方式，将白矸留在井下；优

化原煤洗选工艺，提高煤炭回收率，降低洗矸含碳量，便于下游非燃烧利用。

5. 调整煤矸石资源综合利用的方向

调整煤矸石资源综合利用以发电、建材为主的方式，提高煤矸石井下充填规模，提高煤矸石用于筑路、砂石骨料、土地复垦、充填采空区等非燃烧利用方式的比重，降低燃烧利用方式消纳的煤矸石规模；对暂时还需以发电和建材利用方式消纳煤矸石的项目，优化生产工艺流程，提高资源利用效率和能效水平，降低单位终端产品产出的碳排放强度。

6. 加大煤矸石大规模化利用技术的攻关

一方面，根据国家煤电"三改联动"的总体部署，加快推进煤矸石及低热值煤综合利用发电项目的节能和供热改造，提高综合利用发电的综合效率，降低单位二氧化碳和大气污染物排放量；另一方面，针对煤炭产能进一步向大型煤炭基地集中的趋势，研究探索大型煤炭基地煤矸石规模化利用成套技术，突破大规模低成本井下充填、回填复垦、生态修复和路基材料等方面的应用技术，实现大型煤炭矿区煤矸石固废的有效处置和利用。

6.4　探索废弃矿井的综合利用

我国关闭退出煤矿数量巨大，地上地下空间资源丰富，据有关数据统计，"十二五"以来，现存可供开发利用的关闭退出矿井 5090 处，预计"十四五"期间关闭退出煤矿 1200 余处、产能 6.02 亿 t/a，"十五五"期间关闭退出煤矿 288 处、产能 3.31 亿 t/a。矿井关闭后仍然赋存大量空间资源、煤气资源、地热资源、土地资源、生态开发和旅游资源等，其再开发利用越来越受到重视。

关闭退出矿井地上资源主要包括废弃工业场地、沉陷区/排土场，地下空间资源主要包括废弃井筒、废弃井下巷道和露天矿坑。据有关数据统计，"十二五"以来，关闭退出矿井地上空间资源达 1771.06 km^2，地下空间资源达 19.91 亿 m^3。关闭退出矿井中剩余丰富煤炭、瓦斯气体和地热资源等，其中煤炭资源量高达 420 亿 t，非常规天然气近 5000 亿 m^3。国内外本着"宜建则建、宜林则林、宜农则农、宜景则景"的原则，开展了大量的闭坑煤矿（废弃矿山）综合利用的研究和实践。

6.4.1　采空区 CO_2 封存技术

CO_2 封存是将 CO_2 以吸附态、游离态、水溶态和矿化态等形势储存于封存地质体中，封存地质体的 CO_2 封存潜力受其规模、封闭性、埋深、孔隙度、渗透率、温度、压力、地应力、水文等地质条件，以及技术、经济和政策措施等因素的综合影响。目前研究较多且具有应用价值的 CO_2 地下封存方式主要有：沉积盆地内的深部咸水层封存；油气田封存，包括已废弃或无商业开采价值的油气田封存和开采中的油气田封存（提高石油采收率的 CO_2 驱油技术—CO_2-EOR）；无商业开采价值的深部煤层封存（加强煤层气回收的 CO_2 驱气技术—CO_2-ECB-MR）。

煤炭是 CO_2 的天然吸附剂，对 CO_2 的吸附能力约为甲烷的 2 倍，煤层封存 CO_2 的同时，可实现煤层气的高效采收，具有明显的经济效益。煤矿废弃矿井存在大面积的采空垮落区和废弃巷道硐室。而随着中国煤炭的高强度开采，将会不断提供更多、更深的废弃矿井采空区。采空区上覆岩层垮落后形成的垮落区空隙率和其空隙的几何尺寸都远大于深部咸水层储层，加上废弃巷道硐室，不仅提供了较大 CO_2 封存空间，而且 CO_2 压注阻力要小于深部咸水层储层。另外，废弃矿井长期的开采地质工作提供了详尽的地质资料和数据。据估算，我国埋深 $300 \sim 1500$ m 以内煤层 CO_2 储存潜力约为 120 亿 t。

自 20 世纪 90 年代初，世界各国陆续开展煤层 CO_2 封存探索，实施了煤层注入 CO_2 试验，验证了煤层大量储存 CO_2 的可行性。我国在山西沁水盆地的 TL-003 井进行了注 CO_2 提高煤层气采收的微型先导性试验。目前煤层 CO_2 封存仍处于探索示范阶段，商业化、规模化推广尚未开展。

采空区 CO_2 封存技术需开展地质调查，筛选合适的实验场所，对地质盖层和封存载体进行研究，重点攻克地质盖层禀赋条件评价、封存载体物性特征研究、封存空间构建、采空区渗流规律、封存安全性评价、逸散通道修复封堵技术等关键技术。王双明院士在对煤炭开采扰动空间地质特点分析的基础上，探究了煤炭开采扰动空间高效封存 CO_2 的必备条件，提出了适宜煤矿开采过程中进行 CO_2 封存的 3 种潜在技术：煤层采空区碎裂岩体 CO_2 封存技术、煤地下气化煤灰及碎裂岩体 CO_2 封存技术、煤原位热解半焦 CO_2 封存技术。

6.4.2　抽水蓄能

矿井内的水资源蒸发量较小，又有地下水源作为补充，具有充足的水源保证，利用井下废弃空间建设抽水蓄能电站对井下采空区灾害防治和矿山生态修复具有积极作用，也可大幅降低抽水蓄能电站建设投资，因此利用地下废弃矿井建设为抽水蓄能电站具有广阔的应用前景。国外学者在利用废弃矿井建设抽水蓄能电站方面较早地开展了相关理论研究和实例设计。美国于 1993 年在新泽州建成霍普山抽水蓄能电站，水库有效库容为 620 万 m^3，装机容量为 204 万 kW；德国于 2017 年基于 Prosper-Haniel 煤矿建设了世界上第 1 个废弃煤矿抽水蓄能电站，其装机容量为 200 MW，下水库由井下 25 km 巷道构成。抽水蓄能电站示意图如图 6-1 所示。

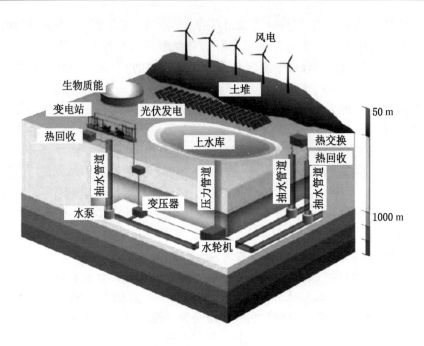

图 6-1　抽水蓄能电站示意图
图片来源：杜伊斯堡-埃森大学

开滦矿务局利用废弃矿建设了落差型地下抽水蓄能电站，井下废弃巷道约 47000 m³，垂直高差 836.9 m；由于高差太大，蓄能发电采用阶梯布置；发电装机容量 11000 kW，年可获得 244 万元的效益。

中国废弃矿井的煤矿地质条件复杂，抽水蓄能电站研究起步晚，基础理论研究薄弱，关键技术不够成熟，在输水系统的稳定支护与密闭、多巷道间的节流与引流、地下厂房的防渗与加固、厂房周围天然地下水的抽排、人员及大型设备的高效与安全等关键技术难题上仍有待深入研究。

煤矿井下抽水蓄能电站的推荐建设条件为：距高比 2~7，水头高度 300~500 m，有可靠的水源补给，满足地下空间渗流场、巷道水流流态、水力过渡过程等要求。由于边界条件较多，满足建设抽水蓄能的退出矿井数量较少，华东、华南等区域地表水系发达，具有利用退出煤矿地上、地下空间资源建设抽水蓄能的基本条件，可结合边界条件，选择适合矿井进行开发建设。

6.4.3　压缩空气储能

压缩空气储能是一种可以实现大容量和长时间电能存储的电力储能系统，可将风电、太阳能等不易储藏的电力用于压缩空气，将压缩后的高压空气密封在储气空间中，在需要时释放压缩空气推动透平发电的储能方式。

利用废弃矿井建设压缩空气储能电站要求具有较高的结构强度、大体积和低渗透率。国外学者对废弃矿井压缩空气储能也进行了大量的研究与探索。1978 年，德国建成了世界上第一座商业化运行的压缩空气储能电站，输出功率 290 MW。1991 5 月，美国亚拉巴马州麦金托什地区投入运行第二座压缩空气储能电站，发电容量 110 MW。总体来看，目前废弃矿井抽水蓄能发电的能量转化率可达到 80% 左右，而压缩空气储能部分技术的能量转化率为 40% ~ 70% 。

我国对矿井空间压缩空气储能的开发较晚，对地下压缩空气储能电站场址评价、空间加固、密封方式、电站运行控制等关键技术进行了研究。2020 年 8 月，全球首个基于煤矿巷道压缩空气储能电站在晋能控股煤业集团云冈矿北大巷废弃巷道开工，建设首期 60 MW、总规模 100 MW 的压缩空气储能电站。

我国大同、淮南等矿区煤层顶底板条件好，大巷多为岩石巷道，可结合地面光伏等建设压缩空气储能，优先建设压缩空气储能示范区，其他矿区可结合外部条件，根据投资、收益等测算开发建设。

专栏四 德国 Huntorf 压缩空气储能电站

德国 Huntorf 压缩空气储能电站是全球首座投入商业运行的压缩空气储能电站，该项目在 1978 年服役，目前仍在运行中，也是当前世界上最大容量的压缩空气储能电站。机组的压缩机组功率为 60 MW，释能输出功率为 290 MW。系统将压缩空气存储在地下 600 m 的废弃矿洞中，矿洞总容积达 31 万 m^3，压缩空气的压力最高可达 10 MPa。机组可连续充气 8 h，连续发电 2 h。该电站平均启动可靠性 97.6%。实际运行效率约为 42%。

Huntorf 储能电站流程示意图如图 6-2 所示。在投运之初，该储能电站主要充当紧急备用电源角色，当电网内其他电源出现故障时，向电网提供有功输出支持。

储能电站包括两处地下储气洞穴，在电能储存时空气压缩机组消耗电能制备高压力的空气并注入两处地下储气洞穴中；在电能输出时，地下储气洞穴内高压力空气经过阀门稳压实现压力稳定，在燃烧器内与天然气实现掺混燃烧与温度提升后直接进入膨胀机做功。汉特福储能电站的两台膨胀机之前都设置了燃烧器，末级膨胀机的高温乏气直接通过烟囱排放。

6.4.4 煤层气资源再利用

废弃矿井中蕴藏着大量的煤层气资源，引导煤矿废弃矿井继续抽采利用煤层

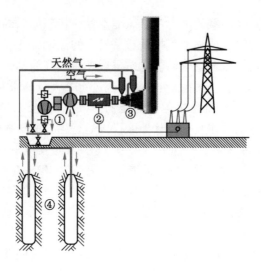

图6-2　德国汉特福储能电站流程示意图

气，对于消除矿区安全隐患、增加清洁能源供应、减少碳排放等具有积极意义。

我国已在晋城、淮南、铁法、阜新等矿区开展了老采空区地面钻孔煤层气抽采工作，取得了良好的抽采效果，为关闭/废弃煤矿井煤层开发利用积累了丰富的经验。现阶段，关闭煤矿瓦斯治理与利用的难点在于关闭煤矿瓦斯赋存状态的精准探测、智能抽采、高效利用，需持续加强对煤矿瓦斯赋存区域多场耦合机制、瓦斯区域精准探测与智能抽采、甲烷逸散监测、瓦斯综合高效利用等关键技术的攻关研究。

6.4.5　建设井下实验室、井下农业、矿山公园等

地下空间独特而稳定的环境条件，适合对储存环境有特殊要求的物品，如粮油食品、果蔬物品等存储。亦可利用废旧巷道作为固废、危废等特殊物资存储，建设地下实验室、防空掩蔽部等井下特殊场所工程。

苏联园艺学家在废弃矿井下进行蔬菜栽培试验已获得了成功，在地下300~500 m深的矿井下面种植黄瓜、西红柿及大白菜等蔬菜，测定表明，井下蔬菜一年中多播多收，产量可达地面种植产量的10倍以上，而井下温室建设费只相当于地面温室的1/4。北京京煤集团有限公司、河北峰峰集团有限公司，在废弃/关闭煤矿巷道内种植蘑菇，利用废旧的矿车和铁轨运输蘑菇生长所需物料，采摘的蘑菇也利用旧轨运出。此外，我国废弃/关闭矿井的生态重建、旅游开发多以建设综合性的国家矿山公园以及生态园区为主，将废弃/关闭矿井土地生态以及矿区景观进行修复，对废弃/关闭矿井地下采区小规模的局部保留及改造利用为

主，多建设成综合性矿山公园、科普教育与教学实践基地、地下水库等，其中晋华宫矿国家矿山公园、河北开滦煤矿国家地质公园（图 6-3）、四川乐山嘉阳国家矿山公园、太原西山国家矿山地质公园等是我国关闭煤矿资源开发利用的典型代表。

图 6-3　河北开滦煤矿国家地质公园

我国煤矿井下巷道空间 359.8 亿 m³，其中关闭退出矿井 19.91 亿 m³，现阶段可供开发利用；生产、建设矿井地下空间结合矿井生产分阶段开发利用。

6.4.6　发展建议

一是研究出台关于关闭/废弃矿井资源管理的政策规划，引导关闭/废弃矿井资源综合开发利用。

二是开展关闭/废弃矿井资源综合调查示范工程和开发利用模式研究，出台关闭/废弃矿井资源综合开发利用技术指南、标准规范，统一评价标准，形成完善关闭/废弃矿井资源综合调查和地质评价的技术体系，夯实相关理论基础。

三是从政策、资金、税收等方面对关闭/废弃矿井资源开发利用进行支持，鼓励社会资金对关闭/废弃矿井资源开发利用项目的投资。

四是联合攻关，解决关闭/废弃矿井资源开发利用的关键技术问题，使关闭/废弃矿井资源开发利用成为一个新型产业。

6.5　本章小结

采用矿区生态修复、煤炭清洁高效转化、伴生资源综合利用和废弃矿井的综合利用等路径，推动实现矿区循环经济降碳和末端固碳。着眼全局，通过矿区资源资源化利用，提高煤炭全产业链、全生命周期的减碳效果。提高煤炭入选率与洗选质量，细化煤质分析，助力煤炭由燃料属性向原料属性转化，拓宽煤炭应用领域，向高附加值产品如储能碳材料、碳纤维等功能碳材料应用发展；推进低热值煤、煤矸石和疏干水综合利用，实现废弃物料的资源化利用；探索闭坑矿井的资源化利用途径。

第7章 煤炭行业节能低碳发展的碳市场路径

利用市场机制控制和减少温室气体排放，不仅是推动全社会绿色转型的重要力量和制度安排，也是加快实现碳达峰碳中和目标的核心政策工具之一。尽管当前全国强制碳市场暂未纳入煤炭行业和甲烷气体控制，随着"双碳"目标的推进，应提前做好煤矿温室气体特别是甲烷的监测核算体系，积极探索面向碳中和的煤炭行业碳市场机制研究与路径分析，通过市场机制提升行业绿色低碳发展水平。

7.1 建立健全煤炭生产碳排放监测统计核算体系

7.1.1 开展煤矿碳排放方法学研究

建立统一规范的煤矿核算体系、摸清碳排放"家底"，是煤炭生产企业做好碳达峰、碳中和工作的当务之急，也是开展"双碳"工作的基本要求。高质量的碳排放数据既是国际间减排合作、国内碳市场健康运行的基础和重要保障，也是推动建立更为公平合理的碳排放核算方法体系、助力提升中国政府在煤矿碳排放领域掌握国际话语权的重要途径。

煤矿碳排放主要包括燃烧带来的 CO_2 排放和煤层瓦斯气（甲烷）排放。燃烧带来的 CO_2 可借鉴火电行业的监测与核算标准，但目前，国际上尚未建立起标准统一的甲烷气体核算体系，现有的甲烷排放量化方法主要分为两种，一种是排放因子计算法，另一种是实测法，也称为"自上而下"法和"自下而上"法。"自上而下"法主要指各国（或地区）在参考《IPCC 国家温室气体清单指南》（专门为各国编制和报告温室气体清单而设计，以下简称《指南》）所提供的计算方法和基本参数的基础上，结合本国（或本地区）的现实情况对计算方法和排放因子进行修正或确认，编制本国或本地区的温室气体排放清单，基于清单查询排放因子数据，从而对不同部门、不同来源的甲烷排放量进行计算的方法。"自下而上"的测量方法指能够提供微观尺度采样数据的元件级直接测量方法。《IPCC 国家温室气体清单指南》中第三层级的核算方法，即为"自下而上"的测量方法。其中煤炭行业主要按各特定煤矿设备对甲烷排放量采用直接的现场测量，以求和计算甲烷总排放量。

我国煤炭生产行业温室气体排放量核算中，由于监测方法不健全、排放数据严重缺失，导致已有的少量中国煤炭开采和矿后活动 CH_4 排放相关研究存在计算范围不全的问题，如仅聚焦于某一排放环节、方法相对粗略陈旧，并且排放因子较少、采用本国特征值等问题，也缺少对最近年度的排放量计算与分析，难以有效支撑减排决策以及满足未来履约需求。尤其是矿后活动碳排放量的核算中，煤层的原始 CH_4 含量由于地质条件、煤层的变质程度等因素的影响，存在较大的差异。我国在开展第二次国家信息通报研究过程中对高瓦斯和突出矿井的矿后活动 CH_4 含量进行过专题研究，得出了井工煤矿的矿后活动 CH_4 排放与煤的挥发分含量关系：随着煤变质程度的提高（即挥发分减小），煤的矿后活动 CH_4 含量显著增大，但缺少分区域分煤矿的准确值。由某低瓦斯煤矿矿后活动初步监察数据与美国某知名网站公开数据分析知，国际上公开的某煤矿数据比煤矿自测数据高一个数量级。

考虑到当前煤矿企业温室气体排放核算无法满足当前"双碳"对煤矿所产生的甲烷排放核算的新要求，需加强煤炭生产各环节温室气体排放核算的关键技术难题的研究，重点突破煤炭生产矿后活动碳排放、产品碳足迹、碳排放核算方法、本地甲烷排放因子等各类测算研究，夯实相关方法学基础，加快建立算法科学的煤炭生产行业碳排放核算方法体系，细化企业或设施碳排放核算方法或指南，以加快建立煤炭生产行业统一规范的碳排放统计核算体系。

7.1.2　攻关甲烷排放监测方法及核心设备

由于传统方法存在的各种局限性，长期以来，我国甲烷监测工作一直空白，相关知识产权也比较少，我国温室气体标准主要集中于二氧化碳监测，甲烷监测的技术标准主要是《固定污染源废气甲烷、总烃和非甲烷总烃的测定气相色谱法》（HJT 38），相关研究较少。为提升煤矿瓦斯监测水平，建立公平、公正和国际认可的排放因子，国家生态环境部正在开展煤矿瓦斯监测试点工作。借鉴国内外相关经验，目前煤矿瓦斯试点监测包括两类六项：地面监测（手动监测、自动监测和矿后活动监测），遥感监测（卫星遥感、无人机监测和走航监测）。对环境大气甲烷开展持续性动态监测不仅有助于探究甲烷浓度时空变化规律，对于客观分析大气甲烷浓度的驱动因素同样具有重要价值。当前环境大气甲烷浓度观测方法主要包括地面站点观测及卫星遥感反演两种方式。地面观测方式能够提供监测站点长时间序列且高精度的大气甲烷浓度连续观测数据，从而揭示区域及全球尺度上大气甲烷浓度的空间分布、季节变化和年际趋势，侧面反映甲烷源汇信息，逐渐成为大气甲烷浓度时空变化及其驱动力的重要手段。但是该方式具有一定的局限性，地面站点建设耗时耗力，且数量有限，分布稀疏，全球很多地方仍然是监测空白区，基于地面站点的分析结果不能完全表达大尺度区域甲烷浓度的时空变异性。

基于卫星遥感的大气甲烷浓度观测具有观测速度快、成本低、能够实现大面积同步监测等优势，但是其精度尚存在一定的不足。当前能对大气甲烷浓度进行观测的卫星主要有 Envisat-1/SCIAMACHY、Aqua/AIRS、Aura/TES、Metop-A/IASI、Sentinel-5P/TROPOMI、FY-3D/GAS、GF-5/GMI、GOSAT-2/TANSO-FTS-2、MethaneSAT 和 GeoCARB 等。卫星遥感反演数据能够提供稳定、精准、长时序以及广空间的环境大气甲烷监测信息，可以获得全球连续的环境大气甲烷浓度时空分布格局及演变特征，有效弥补地面站点观测的缺陷和不足，但是其在反演过程中因为算法导致的不确定性较大，需要借助更多且更密集的地面站点数据对其进行校正。此外，以云和气溶胶为主的参数的不确定性同样会造成极大的反演误差，因此需要提升对上述两者的筛选能力，从而提升遥感数据本身的应用效能。

考虑到当前常规的监测方法无法满足当前"双碳"对煤矿所产生的甲烷监测的新要求，需开展"空-天-地"一体化监测方法和核心设备的研究，对煤矿各个环节产生的甲烷进行全空间立体监测，厘清煤矿区域甲烷的精细分布，通过甲烷气体扩散模型，定量地计算出甲烷在煤矿全空间的分布，从而支撑煤矿温室气体排放的核算。

（1）地面监测。主要通过地面站全天候自动监测地面处甲烷浓度，将监测结果与当地风场信息结合，使用气体传输模型进行模拟，获取甲烷在整个矿区地表空间分布情况。井下监测主要使用井下气体排放监测设备，对井下甲烷排放数据进行测量，用以获取井下甲烷分布情况以及矿井甲烷排放总量，为甲烷溯源提供数据支持。矿后活动监测主要针对煤炭洗选、存储、销售三个阶段开展取样测试瓦斯残存量，为矿后活动过程中瓦斯排放量提供数据支撑。

（2）遥感监测。包括无人机遥感与卫星遥感监测两种手段。其中无人机监测主要通过无人机搭载传感器对矿区进行航拍，获取矿区详细地形地貌信息，以及高空间分辨率地面光谱信息。卫星遥感监测主要进行大范围、长时间序列监测，作为矿井区域背景数据，为温室气体排放数据分析、演变建模提供支撑。

（3）走航监测。主要通过走航车搭载温室气体直接监测设备对地面重要场所及地面裂缝处的气体进行高精度测量，用于遥感反演建模、精度验证等。

7.1.3　实施建议

一是建立健全煤炭生产企业碳排放核算方法，特别是煤矿矿后活动温室气体监测方法和"空–天–地"多元监测的协同融合算法，逐步建立健全国家/行业标准，指导企业和第三方机构开展产品碳排放核算。

二是建立特征排放因子数据库。根据统计数据深入开展煤炭生产行业特征排放因子研究，建立排放因子数据库，统筹推进排放因子测算，提高精准度，扩大覆盖范围，定期对中国特征因子尤其是井工煤矿的开采和矿后活动因子进行更新，建立数据库常态化、规范化更新机制，逐步建立覆盖面广、适用性强、可信度高的排放因子编制和更新体系，为煤炭行业碳排放核算提供基础数据支撑。

三是扩大温室气体核查核算统计范围。2021 年，生态环境部已在中国华电集团、山东能源、国家能源和山西航天开展了温室气体监测与核算试点，建议在试点基础上，扩大核查核算试点煤矿范围，增加数据统计样本量。其中井工开采可结合目前的全国瓦斯等级鉴定工作，进一步研究提高样本的代表性，从而更为真实、准确地反映中国煤炭开采及矿后活动温室气体的实际排放情况。四是加强瓦斯监测方法完善和核心设备开发，重点开发瓦斯浓度在线高精度宽量程监测核心技术装备，通过"云大物移智"赋能监测核算体系。

7.2 提高参与 CCER 市场积极性

碳排放权交易市场是一种促进减排的有效市场机制。我国碳交易市场主要有两类碳产品：一是在全国碳排放权交易市场开展的碳排放权配额，碳配额是政府分配的，针对的是高碳排放行业，带有一定的强制性；二是核证自愿减排量，即 CCER（Chinese Certified Emission Reduction），其交易对象为企业自愿进行减排的碳当量，两者互为补充。目前我国强制性碳排放权配额主要是在电力行业实施。目前已经实现核证量化 CCER 交易的碳资源有可再生资源、林业碳汇、甲烷利用等项目，海洋蓝碳部分项目也实现了核证量化。2015 年，自愿减排交易正式启动，各地方碳市场均引入抵消机制并进行了不同的尝试和改进。中国温室气体自愿减排交易已成为中国碳市场的重要组成部分。

CCER 市场启动后，由于缺乏强制减排义务的购买者，随着 CCER 项目的不断增多，CCER 市场出现供远大于需的问题。2017 年 3 月，国家发展改革委发布《国家发展和改革委员会关于暂缓受理温室气体自愿减排交易方法学、项目、减排量、审定与核证机构、交易机构备案申请的公告》。根据公告，国家发展和改革委员会为进一步完善和规范温室气体自愿减排交易，促进绿色低碳发展，按照简政放权、放管结合、优化服务的要求，正在组织修订《温室气体自愿减排交易管理暂行办法》。自此，国家主管部门暂缓受理温室气体自愿减排交易方法学、项目、减排量、审定与核证机构、交易机构备案申请，实际上就是暂停了 CCER 交易，在 2017 年 3 月 14 日前签发的减排量的交易、交割、注销等功能不受影响，仍可用于地方碳市场。

尽管国家发展和改革委员会暂停了 CCER 交易，但事实上我国已经形成了一个有效的 CCER 交易市场。过去多年的 CCER 交易试点和主管部门的大力推动，已经形成了一整套审定、注册、登记、交易、管理的制度体系。截至 2020 年 4 月，共有 9 家交易机构，12 家审定与核证机构和 200 个方法学（其中 173 个为清洁发展机制（CDM）方法学转化、27 个为新开发方法学），其中涉及煤炭生产相关的方法学包括 "CM-003-V01 回收煤层气、煤矿瓦斯和通风瓦斯用于发电、动力、供热和/或通过火炬或无焰氧化分解、CMS-056-V01 非烃采矿活动中甲烷的捕获和销毁"。2013—2017 年国家发展和改革委员会公示的 CCER 审定项目共 2871 个，备案项目 861 个，减排量签发项目 254 个（共 5000 多万吨）。在 254 个已签发项目中，光伏项目 48 个，风电项目 90 个，水电项目 32 个，煤矿瓦斯发电 5 个；在 861 个备案项目中，光伏项目 159 个，风电项目 328 个，水电项目 83 个。

根据生态环境部公告，全国碳市场第二个履约期的周期为 2 年，控排企业须在 2023 年底前完成 2021—2022 年度配额清缴。目前市场剩下 1000 余万吨 CCER 无法满足第二个履约周期清缴需求，未来将存在明显的供需缺口。生态环境部正积极推进建设全国统一的温室气体自愿减排交易市场，建立完善温室气体自愿减排项目方法学体系，全面提升方法学的科学性、适用性和合理性。2023 年 10 月 24 日，生态环境部办公厅根据《温室气体自愿减排交易管理办法（试行）》发布了《温室气体自愿减排项目方法学　造林碳汇（CCER-14-001-V01）》《温室气体自愿减排项目方法学　并网光热发电（CCER-01-001-V01）》《温室气体自愿减排项目方法学　并网海上风力发电（CCER-01-002-V01）》《温室气体自愿减排项目方法学　红树林营造（CCER-14-002-V01）》四个方法学。2024 年 1 月，全国温室气体自愿减排交易市场在北京重启。

7.2.1　自愿减排交易市场关键机制建设

目前 CCER 适用于二氧化碳（CO_2）、甲烷（CH_4）、氧化亚氮（N_2O）、氢氟碳化物（HFCs）、全氟碳化（PFCs）、六氟化硫（SF_6）六种温室气体的自愿减排量的交易活动。温室气体自愿减排交易遵循公开、公平、公正和诚信的原则，所交易减排量基于具体项目，具备真实性、可测量性和额外性。

1. 方法学

CCER 的方法学是指导温室气体自愿减排项目开发、实施、审定和减排量核查的主要依据，对减排项目的基准线识别、额外性论证、减排量核算和监测计划制定等具有重要的规范作用。在 CDM 机制停运之前，一般采用联合国 CDM 执行理事会批准的统一方法学。CDM 机制停运后，国家为继续鼓励开发自愿减排项目，启动 CCER，我国的自愿减排项目一般参考联合国 CDM 执行理事会批准的统一方法学进行核算，并根据实际项目不断修编完善。

方法学编制应遵循科学性、准确性、保守性、适用性、可操作性和前瞻性原则，所涵盖领域包括：能源产业、能源分配、能源需求、制造业、化学工业、建筑、交通运输、采矿/矿产品生产、金属生产、燃料逸出性排放（固体燃料、石油和天然气）、卤烃与六氟化硫的生产和使用过程中的逸出性排放、溶剂的使用、废物处理及处置、林业、农业、碳捕获和 CO_2 地质层封存。

2. 额外性判断

只有具备额外性的项目才可申请 CCER。额外性论证分为一般论证、简化论证和免予论证等三种方式。一般论证通常从投资分析、障碍分析、识别替代情景，并判断是否属于法律法规强制要求，开展普遍实践分析、同类项目首例分析等详细论证。

如目前大部分煤矿低于 8% 的瓦斯抽采后直接放空，减排实施前均不存在瓦斯利用或焚烧设施，这就是用于论证额外性的基准线情景。大部分的煤矿低浓度瓦斯利用项目均可以开发 CCER 项目。煤矿企业可以委托碳资产管理公司对 CCER 等碳资产进行专业开发和管理，为煤矿瓦斯开发 CCER 项目提供技术指导，大幅度提高项目申请、备案、签发的成功率，并利用碳资产获得最大程度的收益和最小的损失。

3. 交易规则

煤矿企业涉及的自愿减排项目主要包括可再生资源、林业碳汇、甲烷利用等项目，这些项目本身就是可以减少温室气体排放的，通过对应的方法学对自愿减排项目的减排数额进行核算，并在国家温室气体自愿减排交易注册登记系统中登记，得到的碳减排量可以置于碳交易市场中供碳排放量超额的控排企业购买用于抵消自身的碳排放量。

7.2.2 把握煤炭行业参与 CCER 市场发展趋势

1. 发展现状

目前煤矿 CCER 项目主要是指将煤矿井下的煤层气、煤矿瓦斯或乏风瓦斯进行抽采和收集，作为主（或辅）燃料用于发电、火炬燃烧或无焰（催化）氧化，以提供动力或热能，经科学计算，产出可核证的 CO_2 排放量。煤层气 CCER 项目的开发是降低瓦斯事故、提高资源利用率、提高企业效益和控制大气环境污染的重要途径。当前,我国煤层气 CCER 项目开发发展潜力巨大,但是受资金投入、扶持力度、煤层气赋存特点等方面影响,煤层气 CCER 开发进展情况并不乐观。

CDM 机制尚未停运前,甲烷回收利用类项目是国家确立的 CDM 项目优先发展领域之一,但与新能源和可再生能源相比,甲烷 CDM 项目开发数量较少。其主要原因为:一是从煤矿角度来看,CDM 项目初期,业主"重抽采轻利用",矿井瓦斯直接排空;国有重点高瓦斯、高突出矿井仍有尚未建立抽放系统的情况;已建立抽放系统的矿井由于抽放技术和工艺落后等原因,抽放率、抽放浓度普遍较低;瓦斯利用主要集中在抽采量高的国有重点矿区;瓦斯发电上网和上网电价批复难度大;地方矿本身缺乏资金,难以实现对所抽采瓦斯的综合利用。二是从碳买家角度来看,新建瓦斯抽放系统额外增加投资,延长项目建设周期;大型碳基金公司不愿与减排量小的矿井单独进行 CDM 项目合作,更倾向购买见效快且 CERs(温室气体核证减排量)产出量高的项目。

据资料显示,我国煤层气 CDM 项目约占国家发展和改革委员会气候办公室批准的 CDM 项目总数的 4.0% 左右,远低于可再生能源 CDM 项目数。截至 2010 年 2 月 10 日,国家发展和改革委员会共批准了 79 个煤层气 CDM 项目,其中在联合国 CDM 理事会成功注册的项目 26 个,获得 EB(联合国气候变化框架公约组织执行理事会)签发的项目 9 个,累计获得 2752714 tCERs。截至 2010 年 4 月 17 日,获得批准的煤层气项目中,山西共有 28 个项目,占所有批准的煤层气项目数的 35.44%,预计年减排量占已批准的煤层气项目总预计年减排量的 52.34%。影响 CDM 项目分布不均衡的因素主要有瓦斯储量、可抽量、瓦斯抽出率、年抽放量、瓦斯抽放年限及瓦斯利用方式等。

2. 发展趋势

1)通过碳市场机制推动甲烷减排

碳市场作为碳排放管理的基础性、关键性政策工具,对于落实企业减排责任、发挥碳定价机制具有重要意义。目前我国全国碳市场和大多数地方碳市场(重庆碳市场除外)仅纳入二氧化碳一种温室气体。煤炭开采是我国最大的甲烷逃逸排放源,但我国对煤炭行业甲烷的管控主要是出于安全生产考虑控制其排放。2008 年,《煤层气(煤矿瓦斯)排放标准》(GB 21522—2008)发布,明确禁止地面煤层气以及高浓度瓦斯(甲烷体积分数大于或等于 30%)直接排放;2020 年 11 月,生态环境部、发展改革委、国家能源局联合引发的《关于进一步加强煤炭资源开发环境影响评价管理的通知》提出,甲烷体积浓度大于或等于 8% 的抽采瓦斯,在确保安全的前提下,应进行综合利用;鼓励对甲烷体积浓度在 2%~8% 的抽采瓦斯以及乏风瓦斯，探索开展综合利用。而因为没有对于浓度低于 8% 的低浓度瓦斯的回收利用要求，这样的低浓度瓦斯成为重要的排放源。当前，国际社会对甲烷减排的关注度日益提高，我国作为负责任的大国，对甲烷排放控制的重视程度逐渐加强。此外，国际上可参考新西兰碳市场、澳大利亚 ERF 的保障机制和欧盟碳市场等 3 个全球范围内将煤炭行业甲烷相关排放纳入强制履约碳市场的经验，因此，未来全国碳市场或更多的地方试点碳市场将探索将甲烷纳入强制履约碳市场的覆盖范围内，煤矿企业可能面临甲烷排放的强制性履约要求。

2）发展问题

煤矿甲烷减排项目由于存在初期投入大、短期回报不明显及技术风险大等问题，导致市场对甲烷减排项目的投资动力不大，未来随着国家对甲烷控排的重视程度逐渐加强，全国碳市场或更多地方试点碳市场将通过 CCER 机制激励甲烷控排项目的发展。

当前，CCER 的重启仍面临以下现实问题：一是方法学体系亟待完善。涉及可再生能源发电相关的方法学超过 7~8 项，照明节能超过 6 项，生物质替代、甲烷利用等均超过 10 项，且备案的方法学中有 173 个由 CDM 方法学转化而来，部分存在不符合现实情况的问题。此外，新能源发展新技术、新形式不断涌现，重启后的 CCER 适用领域也会进一步扩大，现有方法学体系会进一步完善。更多种类的新能源项目将会申报进入 CCER 市场。二是许多项目已经不具备额外性。CCER 项目开发最重要的一项是需要项目具有额外性，而随着可再生能源陆续迎来平价上网时代，新能源企业发展渐入正轨，部分平价项目可能因不满足要求而不能申报。三是交易信息不透明。CCER 通过线上公开交易，线上成交价格与线下协议价格脱钩。线下交易信息透明度较低，交易价格难以获取，不利于市场参与主体对价格和供需趋势的判断，也不利于监督和识别交易风险。四是 CCER 的管理和规则亟待完善。目前各地方碳市场均有一套不同的 CCER 使用规则，造成 CCER 应用的割裂。此外，在进行项目审定、核证时，存在第三方工作失职的风险。五是减排量核算困难。CCER 的数量是通过与基准情况比较计算得到，而在计算基准情景和项目情景的排放量时，由于涉及参数众多，并且许多参数难以准确计量，常采用近似值或缺省值，导致最终的减排结果准确度欠佳。

针对上述问题，煤矿行业参与 CCER 市场有以下发展趋势：一是 CCER 相关内容将逐渐规范化。首先相关方法学的开发、整合和更新更加符合市场发展需求。对已备案的自愿减排方法学中同类源重复项目的方法学进一步整合；将开发新的方法学，如煤矿矿区生态碳汇、煤矿燃煤锅炉替代等，使之可以服务于新的节能减排项目。由于新能源项目的加入，额外性的要求会重新定义。公平高效的交易需要更加公开透明的信息体系。统一的 CCER 规则是不同地域交易的必要性前提。二是减排量的核算方法和监测方法更加完善。随着技术进步，如物联网、大数据、区块链、人工智能等新型信息技术，以及更为先进、精准的监测设备和无人机、遥感卫星等辅助设备的应用，可以为优化二氧化碳和甲烷排放相关参数的监测方式和提升监测结果精准度提供有效的帮助。

7.3　本章小结

　　煤炭行业节能生产碳排放低碳发展的市场路径需要依靠碳排放统计核算制度体系建设和 CCER 市场的参与。目前煤矿生产界区范围碳核查中电力、煤炭燃烧和油品消耗的碳排放方法相对精准，但煤矿瓦斯气排放因子整体还处于采用国家特征值估算阶段。为做好煤矿碳排放的精准核算，建议开展煤矿碳排放理论研究，攻关瓦斯气排放检测方法，研发瓦斯监测核心设备，扩大煤矿开展碳核查试点，尽快形成符合中国煤矿特点、各矿井实测的碳排放因子监测与核算体系。

　　尽管当前全国碳市场暂未纳入煤炭行业和甲烷气体的控制，随着"双碳"目标的推进，甲烷气体与煤炭行业纳入监管范围将是必然趋势，煤炭行业应提前做好低碳技术研究和甲烷排放的监测控制，积极利用市场机制降低煤炭生产的碳排放，完善甲烷减排量的核算方法和监测方法，探索将甲烷纳入强制履约市场的覆盖范围内。

第8章 煤炭行业节能低碳发展的管理路径

在对国家战略布局，煤炭行业能耗和碳排放现状以及面临挑战分析的基础上，从国家和行业、企业两个层面，提出煤炭行业节能提效与低碳发展的管理路径如图8-1所示。其中，国家及行业层面主要从宏观角度出发，强调了政策、机制、整体供给与生产以及保障内容上的管理路径；企业层面以"PDCA"管理循环为支撑脉络，即制定战略与计划（P）、执行方案（D）、构建指标体系（C）和提出保障措施（A）。

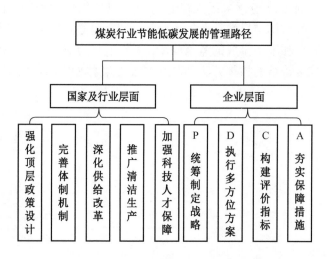

图8-1 煤炭行业节能低碳发展的管理路径分析

8.1 国家及行业层面

8.1.1 强化推进煤炭行业绿色低碳转型的顶层政策设计

1. 形成系统推进煤炭绿色低碳转型的政策合力

目前国家基本完成了碳达峰碳中和"1+N"政策体系的构建，冶金、建材、石化化工等行业已发布了相应的节能降碳行动方案，但与煤炭开发环节相关的专项节能降碳行动方案缺失，为强化能源战略和规划的引导约束作用，建议加快出台相应的《煤炭行业碳达峰实施方案（或低碳发展行动方案）》和《煤炭工业发展"十四五"规划》，将碳达峰、碳中和目标要求全面融入煤矿开发利用全过程，强化国家发展规划、国土空间规划、专项规划、区域规划和地方各级规划对煤炭节能减排和低碳转型的支撑保障。加强各级各类规划间衔接协调，做到煤炭行业碳达峰、碳中和的主要目标、发展方向、重大政策、重大工程等协调一致。做好煤炭行业节能提效低碳发展专项规划与行业发展规划、国民经济社会发展战略规划之间的衔接，推动制定煤炭行业科技发展专项规划，促进绿色转型发展，建设集约、安全、高效、绿色的现代煤炭工业体系。

同时出台煤炭行业节能降碳改造升级实施方案或指南，提出明确、具体，可衡量、可落实、可监督，有实际效果的节能减排措施，扎实推进煤炭行业节能降碳行动。首先要引导改造升级，对于能效在标杆水平特别是基准水平以下的企业，积极推广本实施指南、绿色技术推广目录、工业节能技术推荐目录、"能效之星"装备产品目录等提出的先进技术装备，加强能量系统优化、污染物减排等，提高生产工艺和技术装备绿色化水平，提升资源能源利用效率，促进形成强大国内市场。第二要加强技术攻关，充分利用高等院校、科研院所、行业协会等单位创新资源，推动节能减污降碳协同增效的绿色共性关键技术、前沿引领技术和相关设施装备攻关。推动能效已经达到或接近标杆水平的骨干企业，采用先进前沿技术装备谋划建设示范项目，引领行业高质量发展。第三要促进集聚发展，引导骨干企业发挥资金、人才、技术等优势，通过上优汰劣、产能置换等方式自愿自主开展本领域兼并重组，集中规划建设规模化、一体化的生产基地，提升工艺装备水平和能源利用效率，构建结构合理、竞争有效、规范有序的发展格局，不得以兼并重组为名盲目扩张产能和低水平重复建设。最后要加快淘汰落后矿山开采工艺技术和生产装置，严格执行节能、环保、质量、安全技术等相关法律法规，依法依规淘汰不符合绿色低碳转型发展要求的落后工艺技术和生产装置。对能效在基准水平以下，且难以在规定时限通过改造升级达到基准水平以上的产能，通过市场化方式、法治化手段推动其加快退出。

2. 建立健全节能低碳发展的法律法规体系

我国在煤炭行业节能提效与低碳发展方面的立法取得了一定的成效，节能提效与低碳发展法律框架体系初步建立，但仍存在一定结构性缺陷与内容性缺陷的问题。应全面改进现行法律法规中与碳达峰、碳中和工作不相适应的内容。资源保护方面，由于煤炭资源开采监管体系、资源有偿使用制度不完善、矿权设置与矿区规划脱节、煤炭资源采出率界定缺乏科学性等体制上的原因，导致我国煤炭资源采出率低。现有的《煤炭法》《节约能源法》和《矿产资源法》等，对矿产资源开发利用中的环境保护和治理问题均提出了要求，但其中关于矿产资源保护的法律规定内容原则性强，缺乏操作性，环保要求以号召性规定为主，对不履行义务者无有效惩治手段，难以有效制止对环境的破坏。

以我国于 1996 年制定的《煤炭法》为例，其主要目的是规范煤炭开发利用，2020 年《中华人民共和国煤炭法（修订草案）》（征求意见稿）发布，但仍未能通盘考虑资源利用、可持续发展、清洁高效低碳发展等整体性问题。内容诸如总则和具体规范更多侧重促进煤炭行业的发展，对于节能低碳发展的规定较少。第 1 条将"合理开发利用和保护煤炭资源，规范煤炭生产、经营活动，促进和保障煤炭行业的发展"作为立法目的，存在立法理念定位不准的问题，并未及时反映《里约宣言》所确立的环境与资源保护的可持续发展立法理念。第 26 条"保护性开采"仅提到具有重要价值的特殊煤种或者稀缺煤种，国家实行保护性开采，而对于矿山其他方面如周围环境、山体等保护规定并没有体现。第 45 条"价格机制"强调了煤炭价格由市场决定，但忽视了节能降碳后煤炭价格调节机制的制定。单设的第六章"煤炭资源综合利用和生态环境保护"是修改版《煤炭法》对于节能降碳重视程度提升最重要的表现，但仍存在内容较为概括，呼吁性较高，可落实性较低的问题。

对于修改版《煤炭法》的整体框架以及相应的制度条款，仍落后于经济社会发展的需要，需尽快对其进一步修正。在主要章节上，建议首先应调整体例结构，增设和修订的内容应紧跟经济发展需求，突出资源合理开发、环境保护、以人为本的内容。其次，修订过程需从《煤炭法》作为社会法与综合性行业基本法的定位出发，明确生态优先、安全环保等原则，既要立足煤炭资源的安全高效利用，又要兼顾生态环境的保护与绿色发展。再次，针对现有法律弊端，结合能源革命、气候变化以及生态文明建设等需要，积极进行法律制度创新，完善煤炭规划、煤炭行业准入、清洁煤炭、矿区生态补偿、煤矿关闭、煤炭综合利用、煤炭采出率标准制定以及沉陷区综合利用等制度。最后，要健全法律责任，对违反《煤炭法》规定的行为，设立相应奖惩条例，对违规开发、严重破坏生态环境等行为加大处罚力度，对于创新发展、超过标准水平的可增设奖励或者价格优惠政策。最后，《煤炭法》的修订要与《节约能源法》《矿产资源法》等法相协调，把可持续发展摆在重要位置。

2022 年以来，高耗能、高污染行业增长仍然过快。节能减排工作形势严峻，任务艰巨，压力很大。迫切需要在总结《节约能源法》（2018 年修订）实施情况的基础上，通过完善法律，加大对节能减排工作的推动力度。当前，实现绿色发展与生态文明建设都对我国的节能工作提出了更高的要求和更高的目标，节能形式发生重大改变，《节约能源法》与节能工作需求不能完全适应。为满足新时代节能工作要求，建议修订《节约能源法》。第一，节约能源的制度措施已经被用以控制温室气体排放，但是《节约能源法》作为控制温室气体排放措施的上位法依据，该作用并未被充分认识。因此其第 1 条应当修改为："为了推动全社会节约能源，提高能源利用效率，控制温室气体排放，保护和改善环境，促进经济社会全面协调可持续发展，制定本法。"第二，其第 2 条明确了"节约""能源"的范围，即"本法所称能源，是指煤炭、石油、天然气、生物质能和电力、热力以及其他直接或者通过加工、转换而取得有用能的各种资源。"定义中的能源无疑包括了电力以及新能源。然而，"节约（能源）"显然应包括两层含义：一是限制能源消耗的总量，二是提高单位能源的利用效率。显然，环保能源应是大力倡导的，化石能源才需节约。第三，能源消费总量控制制度直接关系到能源行业企业或者投资者的权利与义务，建议应尽快将能源消费总量控制措施法律化。第三章"合理使用和节约能源"明显缺乏此内容，因此第一节"一般规定"部分，应增加一条即"国家依照法律规定实行能源消费总量控制制度。"

此外，要积极推动《能源法》出台，能源法是能源领域的基本法，由于能源法"久立不出"问题导致能源法的拾遗补阙和消除内部冲突的作用大大削弱，难以真正实施全国节能高效发展一盘棋的理念，特别在提出碳中和目标以后，以清洁低碳、安全高效为宗旨的能源战略，必须要有更高层面的《能源法》来统领。《能源法》起草是能源法律制度"体系化"的过程，在制定过程中需明确立法目的，把节能减排、推动可再生能源大力发展，加快我国尽早实现"碳达峰"、"碳中和"为目的，严格规定化石能源尤其是煤炭今后清洁高效的发展路径。这一过程既要使能源法律与其他法律内的节能低碳内容相衔接、协调，又要使能源法律与其他正式、非正式节能制度实现协调、衔接，以追求能源法律绩效最大化；既要对现行单行能源法律相关节能法案改善作出指导，又要对未制定的能源法提供制定依据，以保证节能减排步调协调一致。

除针对单独的法律进行完善规范，与能源相关法律之间充分协调，才能发挥节能减排的最大效益。应对气候变化的法律将与《能源法》并行，《煤炭法》《电力法》《可再生能源法》等单行法配合保障应对气候变化的法律。要积极修订相关法律中与应对气候变化、节能减排原则相抵触的内容，为涉及气候变化的新型案件提供一定的法律依据。

3. 优化提升节能低碳发展标准体系

我国煤炭节能低碳标准各专业按照标准层级统计来看，国家标准主要为管理类标准，行业标准主要为方法类标准。管理类标准主要包括能耗等级及限额、水耗等级及限额、能效评价导则等；方法类标准主要包括设计规范、节能监测方法、能耗计算方法等。现存标准覆盖面不够，大多是关于煤炭开采与煤炭加工综合利用的相关标准。

我国虽基本建立了煤炭节能低碳标准体系，但仍无法支撑煤炭行业的低碳发展，需要推进标准体系优化，建立完善、可有力支撑和引领煤炭行业绿色节能低碳转型发展的标准体系，标准要从数量规模型向质量效益型转变，节能低碳标准与技术创新要和产业发展良好互动。根据国家标准委等 11 部委发布的《碳达峰碳中和标准体系建设指南》，除了通用的碳排放监测核算与节能提效相关标准外，煤炭领域还需重点制修订煤炭筛分、沉陷区地质环境调查、生态修复成效评价、智能化煤炭制样、化验系统性能、组分类型测定等标准，助力生态修复与煤炭全产业链低碳发展支撑标准。煤炭行业建议新增的管理类、方法类及产品类标准见表 8-1。

表 8-1　建议新增的煤炭行业节能提效与低碳发展标准

时间维度	知识维度	逻辑维度	规范名称
煤矿设计	节能	管理类	零碳/低碳煤矿建设指南
		产品类	矿区分布式光伏建设规范 矿区生态光伏建设规范 井下充电柱建设规范 矿区清洁供热设计规范
煤炭生产	碳减排	管理类	煤矿瓦斯气体排放与利用规范 煤炭企业碳资信评价规范 煤矿生态修复工程规范
		方法类	矿区绿色低碳发展评价细则 煤矿温室气体排放检测技术规范 煤矿煤层气（瓦斯气）排放核算方法 采煤塌陷区生态修复基础环境治理技术规范 煤矸石堆场生态恢复治理技术规范 煤矿区生态碳汇提升、减损与计算规范 煤矿瓦斯减排销毁自愿减排项目方法学
		产品类	矿用低浓度瓦斯气检测设备

表8-1(续)

时间维度	知识维度	逻辑维度	规范名称
矿用设备	节能	管理类	矿区清洁供热综合能耗限额 煤矿碳排放限额
		产品类	矿区电化学储能用应急后备电源规范 矿用超低温空气源热泵技术规范 矿区节能型电锅炉建设规范 矿用动力电源规范
		方法类	矿用分布式能源接入规范 矿用余热利用设备综合能效检测方法

　　煤炭行业要严格按照煤炭清洁高效利用的基准和标杆水平，存量项目要达到基准水平并不断向标杆水平迈进，新上项目原则上要达到标杆水平，从而引导企业加快煤炭清洁高效利用改造升级步伐。

　　此外，需推动低碳术语相关基础标准的研制，加快碳排放检测和核算相关标准的研制进度，提升数据精度。针对不同核算主体，完善碳排放数据核算相关技术标准。进一步细化排放因子，对典型地区、典型能源产品的排放因子进行测算，提高数据精度；对非二氧化碳温室气体排放因子进行测算，建立数据库，形成官方指导意见。加快煤炭节能低碳标准体系建设步伐，从而有效推动煤炭行业节能低碳转型、技术创新、产业链碳减排，以期更好地引领行业绿色发展。

8.1.2 完善煤炭行业节能低碳发展的体制机制

　　1. 形成合理的"清洁煤"价格调节机制

　　"清洁煤"是在绿色的理念下进行"黑色煤炭"的开采，指在清洁生产的基础上，构建出的"清洁煤"。"清洁煤"生产不仅要求对矿区范围内的煤炭、伴生矿产、地下水、瓦斯等进行综合开发，还要做到精采细采、适度开发，使其最大范围地回收，减少排放，同时以生态工业理论为指导，建设园区生态链和生态网，最大限度地提高资源利用率，从源头将污染物的排放量减到最小，使煤炭资源价值实现最大化。"清洁煤"的评价标准，在借鉴《煤炭行业清洁生产评价指标体系（试行）》的基础上，增加可再生能源使用量、碳排放量、碳排放强度、资源利用率等绿色低碳指标。在构建完善"清洁煤"标准规范的基础上，建议形成合理的"清洁煤"价格调节机制。

　　（1）完善煤价格形成机制，引导煤炭行业将节约资源、节能提效、低碳发展的成本纳入煤价中，形成"清洁煤"和"清洁电"较传统煤差异化价格机制。

在生产端，引导煤炭行业将节能提效、低碳发展的投入成本纳入煤价中，促使煤炭企业有合理的利润空间来实施煤炭行业的节能提效与低碳发展。逐步引导实施"清洁煤"相较于普通煤的差异化价格机制，形成"清洁煤"与普通煤单独定价机制，助推煤炭企业有合理的利润空间推动节能体系与低碳发展。除此之外，应将"清洁煤"生产的电能纳入"清洁电"覆盖范畴，引导形成"清洁电"采购机制，并落实"清洁电"与传统电差异化电价机制。

在"清洁煤"使用端，可通过政策补贴、税收政策优惠、企业节能评级等方式引导用煤企业优先使用"清洁煤"，形成需求端支撑体系。我国应不断健全"清洁煤"发展基金，帮助政府对经济进行有效调控，从根本上解决"清洁电"电价分摊等难题。同时，可将煤发电企业纳入碳交易体系中，形成"清洁煤"使用的核算体系，同时将"清洁煤"生产的电能纳入"清洁电"覆盖范畴。另一方面，政府通过采取低碳补贴或清洁补贴、税收政策优惠等方式，引导电网优先采购"清洁电"。

在售电端，形成"清洁电"与传统电差异化电价机制，即清洁来源的电价与传统火力发电的电价保持差异；采取浮动且动态的电价定价机制，即通过分析一段时间"清洁电"占比形成最终电价，并实时调整形成动态电价机制。为保证"清洁电"定价政策的实施效果得到及时有效的反馈，建议建立"清洁电"上网电价政策的评价及报告机制，对其定价的合理性进行评估，为政府有关部门对"清洁电"电价的调整提供依据。这样有助于形成煤电供应链上游煤炭开采企业生产"清洁煤"，中游煤发电企业使用"清洁煤"，下游电网公司销售"清洁电"的机制，进而促进整个煤电供应链的节能提效与低碳发展。

（2）实行分区域标杆"清洁煤"价格机制，及时、准确、客观地反映主流市场的成交和供需变化等情况。

明确"清洁煤"价格实施年限，为有关开发商的项目融资和投资建设提供积极的政策导向基础；对各区域"清洁煤"进行评估，在考虑不同区域成本差异的前提下，通过相应的系数进行价格调整，平衡不同区域的"清洁煤"项目投资收益；遵循经济学基本原理，考虑通货膨胀等经济现象，在利用市场调节机制对资源进行配置的同时，通过政府调控的手段对"清洁煤"价格进行相应调整。以煤炭市场的变化情况，对"清洁煤"价格进行动态调整，发挥政府对"清洁煤"的引导作用。

2. 构建完善的全国碳市场机制

（1）创新 CCER 方法学。研究将煤层气开发利用项目作为温室气体自愿减排项目，进入市场获取减排收益。我国虽然先后公布了十二批国家温室气体自愿减排方法学备案清单，为各领域自愿减排项目近 200 个方法学进行深入评估，其中由联合国清洁发展机制（CDM）方法学转化过来的超过 170 个。事实上，我国已备案 CCER 项目用到的方法学少之又少，高频率使用的方法学不超过 10%。由于我国 CCER 方法学绝大部分来自 CDM 项目方法学，而 CDM 机制自 2005 年启动，许多方法学都是在十几年前批准的，其科学性、适用性和合理性已经不满足我国碳达峰碳中和的要求，煤层气、煤矿瓦斯利用方面等方法学、煤炭开采活动中甲烷的捕获和销毁方法学和煤矿区生态修复项目方法学等十分薄弱。为此，2023 年 3 月生态环境部公开征集温室气体自愿减排项目方法学建议，以填补这方面的空白，弥补不足。建议健全煤层气、煤矿瓦斯转化利用方法学，积极开发甲烷利用的自愿减排项目，推动甲烷全浓度利用，补齐甲烷全浓度利用短板，减少资源浪费；同时建立煤炭企业煤矿甲烷排放标准，加强煤矿甲烷排放监测、超标排放补偿处置，倒逼煤矿甲烷"零排放"；拓展煤矿领域其他可参与 CCER 体系方向与领域，建立可执行方法学，通过 CCER 机制补偿，提升行业低碳发展速度。

（2）开展煤炭行业配额分配机制与方法的研究工作，为纳入碳交易市场做好技术储备。由于我国煤矿开采条件差别较大，不同类型矿井碳排放存在较大差距，同一类型矿井不同区域碳排放也存在较大的区别，建议参考国际碳配额分配的历史分配法理论，考虑历史累积排放量、产业结构强度、技术进步水平、矿井类型、矿井区域和服役年限等因素的影响，需兼顾公平和效率原则，开展煤炭行业配额分配机制与方法的研究工作。

（3）开展能力建设、数据质量等基础支撑工作。加强行业能力建设，开展煤炭行业参与全国碳市场的政策、技术、规范、风险及挑战等研究工作，为煤炭行业碳排放权交易工作提供技术支持；加强行业层面低碳发展、碳减排的经验信息交流沟通，定期举行政策解读、业务培训及宣讲工作，提升企业碳资产管理质量；扎实开展煤炭行业碳排放统计工作，将碳排放数据纳入日常生产经营统计范畴，收集分析煤炭行业碳排放相关指标情况；积极探索碳排放在线监测技术，在温室气体监测核算试点基础上，扩大试点煤矿范围，提高样本的代表性、数据准确真实性；加强监督管理，加强对地方煤炭企业温室气体排放报告与核查的监督管理，待煤炭行业数据质量、能力建设等成熟之后将煤炭行业和甲烷气体排放纳入碳交易市场。

（4）开展煤炭产品碳足迹研究。目前对于煤炭产品温室气体排放（产品碳足迹或碳标签）核算并没有给出具体方法，使得煤炭企业正确核算煤炭产品碳足迹遇到了很大困难，建议加快推进建立基于监测为核心的公平、公正和能得到国家认可的煤炭生产范围内的碳核算方法学建立，加强对煤炭产品的全生命周期碳排放进行研究。

3. 强化煤炭行业转型发展的金融支持机制

由于煤炭行业属于高排放、高污染的行业，煤炭行业的转型发展很难获取融资支持，与转型密切相关的融资为绿色金融，而传统绿色金融注重于支持纯绿或者接近纯绿的项目，有着非常严格的概念、标准以及分类，所投资的对象主要是针对符合《绿色产业指导目录》标准下的纯"绿色"项目，如新能源、电动车等产业。在我国，绿色信贷仅占全部贷款比重的10%左右，因而从覆盖面来看，不少可以在一定程度上减污降碳但还达不到纯绿要求的项目尚未被纳入，如煤炭行业在内的高碳行业的转型项目，即使它们有可行的低碳转型方案，也很难获得绿色金融的支持。在"碳达峰、碳中和"目标背景下，高碳行业可能面临更高的资产搁浅风险，如果无法有序转型，不仅仅对金融系统，甚至对社会经济转型都会造成冲击。而转型金融正是应对高碳行业转型的有效金融工具，其不是解决增量资源的问题，而是支持解决存量资源的二次配置问题。煤炭等高碳排放产业，在我国的经济结构中属于存量资源部分，对于稳定国计民生具有重要意义，在"双碳"目标下，这些产业基本上以调整和转型为主，这是当前绿色金融覆盖不到而转型金融大有用武之地的部分。因此，建立健全转型金融体系，为煤炭行业的低碳转型资金需求提供有效融资渠道。

（1）做好煤炭转型金融顶层设计，建立煤炭转型金融体系。研究出台适合当前煤炭行业发展的转型金融概念、标准和分类方案，出台相应的管理、披露、事后考核体系标准。其体系可涵盖以下几个方面：一是界定标准，明确煤炭转型金融的原则和目录，其中目录可参考绿色金融目录将一系列煤炭转型活动列出，同时给出界定转型活动的量化指标。二是披露要求，针对煤炭行业转型项目，需要求转型企业披露的转型目标、计划和时间表，理清转型路径。三是政策激励，要综合运用财政手段、行业政策、金融政策等，激励煤炭行业开展转型活动。四是融资工具，债务性融资工具、股权类融资工具、保险和其他风险缓释类工具，共同构成煤炭转型金融的融资工具体系。五是公正转型，要求煤炭行业进行全面评估，并制定相应措施来缓解煤炭行业转型可能产生的负面影响。

（2）落实金融"退煤"和煤炭转型金融同步进行机制。煤炭行业进行节能低碳改造，需要大量资金支持，这类资金目前未被划入绿色金融范畴，而目前煤炭转型金融尚未有效落实。因此，金融"退煤"过快，煤炭行业和金融机构就蒙受损失，无法有效落实可持续金融。在"双碳"目标指引下，煤炭行业面临巨大减排与提效的压力和挑战，为保障经济平稳运行和寻求长期可持续的发展，煤炭企业需要寻求软着陆，确保经济增长和能源安全为前提。因此，金融机构"退煤"，必须同煤炭转型金融发展同步。

（3）煤炭行业需针对煤炭转型金融的出台积极做好各项指标的披露工作。对获得转型融资的企业应按要求披露其内容，如煤炭行业企业的短、中、长期转型战略或行动计划，包括技术路径、筹资和投资计划等；煤炭行业企业的长期转型战略和路径应该与节能体系与低碳发展的目标相一致；煤炭行业企业碳排放历史数据、在未来转型规划下的碳排放水平和强度预测，以及测算碳排放和减碳效果的措施；煤炭行业企业内部如何监督落实转型计划的治理机制和政策方案；各阶段转型计划和转型效果的落实情况；从煤炭转型金融筹得资金的使用情况等。

针对资源枯竭型煤炭矿区转型发展遇到的新困难和新问题，需要认真落实国务院关于支持资源城市转型发展的相关政策措施，研究制定资源枯竭型煤炭矿区经济社会发展和产业转型升级的具体政策措施，研究建立老煤炭矿区振兴发展基金，支持老矿区煤炭企业跨行业、跨区域、跨所有制兼并重组，推动煤炭上下游产业一体化发展，培育发展新兴产业和新能源产业。研究化解老矿区、老煤炭企业金融债务、政策性破产、统筹就业补助资金等政策措施，通过多渠道解决企业转型发展和职工安置的资金缺口；研究政策免除或减免关闭煤矿银行贷款本息，帮助老国企卸下包袱，走出困境，轻装前进。老矿区、老煤炭企业，在资源供给、企业兼并重组、股权转让、贷款、市场交易、上市融资、发行债券等方面给予重点扶持，营造优良的营商环境，支持老矿区、老企业振兴发展。深入研究减税降费政策，对煤炭资源枯竭矿区，给予特殊的税费优惠和支持措施，允许矿区转型发展项目减免增值税、企业所得税；对于利用煤炭企业所属煤矿工业广场、已征用或租用的土地上建设的转型发展项目，给予免交土地税费等政策支持。

（4）丰富碳金融对煤炭产业的支持路径。首先，金融机构要不断创新碳金融产品。金融支持不断向煤炭企业的"低碳"方向倾斜，同时创新碳金融的支持方式。其次，应健全碳金融交易机制。充分发挥政府的作用，出台支持碳金融发展的政策，保障碳金融企业支持煤炭企业发展；充分发挥碳排放权交易平台的作用，积极引导煤炭企业参与碳排放权的交易，发挥中介作用，积极为煤炭企业寻找 CDM 项目购买商，从而引进技术、引进资金。此外，加强与国际碳金融的交流与合作。积极为国内煤炭企业提供碳金融的项目咨询，积极寻找国内外买家，让更多的煤炭企业了解 CDM 项目，参与碳排放交易。最后，注重培养发展碳金融的专业人才。加强对专业人才的培养与引进，积极引进掌握低碳的核心技术、掌握碳金融和国际规则的人才；在金融机构内部，设立专门从事碳金融研究工作的部门,对"碳排放交易权"、清洁发展机制、"碳清算"进行深入研究并进行普及教育,从而更好地指导煤炭企业走低碳之路。

8.1.3 深化煤炭行业节能低碳的供给侧改革

1. 以绿色煤炭资源为核心优化开发布局

根据中国工程院重点咨询项目——煤炭资源强国战略研究,我国绿色保有煤炭资源[①]集中分布于蒙西、北疆、陕西和山西四省,分别为 5318.43 亿 t、2085.19 亿 t、1451.11 亿 t 和 754.33 亿 t,四省绿色保有量即达到绿色保有总量的 96.2%。为充分发挥煤炭资源的"压舱石"作用,需统筹资源禀赋、市场需求、环境容量、输送通道等,加快在山西、蒙西、蒙东、陕北、新疆五大煤炭供应保障基地建设资源条件好、竞争能力强、安全保障程度高的大型现代化煤矿,夯实煤炭供应基础,强化智能化和安全高效矿井建设,禁止建设高危矿井。实施"十四五"规划建设和储备煤矿项目动态调整机制,督促企业加快产能置换、规划用地等前期手续办理。

"十四五"时期,新疆维吾尔自治区煤炭产能控制在 4.6 亿 t/a 以上,煤炭产量 4 亿 t 以上,科学谋划准噶尔区、吐哈区、库拜区、伊犁区、巴州及南疆三地州、兵团区域的建设煤矿项目,积极推进准噶尔区、吐哈区、伊犁区、兵团储备煤矿项目产能释放;内蒙古将重点在鄂尔多斯市、锡林郭勒盟、呼伦贝尔市等主要产煤地区探索建立露天煤矿产能储备制度。优化提升鄂尔多斯煤炭产能,稳定呼伦贝尔、通辽、赤峰、锡林郭勒盟等地区煤炭产能,推进乌海地区煤炭资源整合,在鄂尔多斯新建一批现代化大型煤矿,120 万 t/a 及以上煤矿产能占比达到 92%。严格新建和改扩建煤矿准入标准,新建井工煤原则上产能不低于 300 万 t/a,改扩建煤矿改扩建后产能不低于 120 万 t/a;陕西省"十四五"期间要持续优化煤炭产业结构,推进转化项目配套和资源接续的现代化矿井建设,到 2025 年,全省原煤产量达到 7.4 亿 t,推进榆神矿区、榆横矿区明确配套转化项目的大型煤矿建设,有序推进榆神矿区四期开发,建成绿色矿山 50 处,产能 2 亿 t;山西省到 2025 年,将合理控制煤炭开发规模,原煤产量稳定在 10 亿 t 左右。

2. 以适应煤炭有序减量替代为宗旨建立柔性产能机制

建立以先进产能为基础的柔性产能机制,可在短时间内快速调节煤炭产量,增强煤炭供应的灵活性。当水电、风电、太阳能等能源处于正常发电运行阶段,

---

① 绿色煤炭资源的内涵包括:资源禀赋条件适宜,能够实现安全高效开采;煤炭开发对生态环境的影响与扰动相对较小,且损害可修复,煤炭开发过程中的水资源能得到保护和有效利用,能够实现生态环境友好;煤中有害元素含量低,且可控可去除。

煤矿收缩产能、控制产量。当新能源不能正常发电或能力不足时，煤矿释放产能、提高产量，发挥煤炭兜底保障作用。

3. 以面向全球化竞争为要求推进煤炭企业兼并重组

全方位加强国际合作，树立两种资源、两个市场理念是我国能源战略的重要组成部分。积极参与全球化竞争是我国煤炭提升企业竞争力的重要体现，提升企业规模和产业集中度正是我国煤炭企业参与全球的重要基础。2022 年，我国 37 家煤炭企业煤炭产量达千万吨以上，其中包括国家能源投资集团有限责任公司、晋能控股集团有限公司在内的六家企业达 1 亿 t 产量。前 5 家、前 10 家大型煤炭企业利润占规模以上煤炭企业利润总额的比重分别达到 25.9% 和 33.6%，经济效益进一步向资源条件好的企业集中。但在千万吨产量企业中有 9 家企业目前的产量水平在 5000 万 t 到 1 亿 t 水平，有望通过重组或其他努力突破 1 亿 t 的水平，从而整体提升中国煤炭产业集中度。再者煤炭企业 50 强中仍有 16 家企业产量未达到千万吨水平，比 2021 年还增加了两个，产能及产量仍有较大提升空间。煤炭企业的兼并重组，可有效推动过剩产能退出，推进技术进步和升级，实现煤炭资源优化配置，提高煤矿安全生产保障水平，实现煤炭产业的优化布局。

4. 以市场化、法治化体系为支撑持续淘汰落后产能

2016 年 2 月 5 日，国务院正式发布《关于煤炭行业化解过剩产能实现脱困发展的意见》，明确了以企业为主体，通过政府引导、市场倒逼的方式推动煤炭行业供给侧结构性改革的总体思路。经过各级政府和行业主管部门的努力，煤炭行业提前两年完成了"十三五"化解过剩产能的目标任务，成效显著。截至 2021 年底，全国煤矿数量减少至 4500 处以内，煤炭占能源消费总量的比重由 2012 年的 68.5% 降低到 56.0%。目前，我国的煤炭行业仍然处于结构调整和新旧动能转换的时期，高质量的供给体系还没有完全建立，需要继续把提高供给体系质量作为主攻方向，煤炭行业淘汰落后产能实施过程中也存在区域不平衡、政府干预过多、企业债权债务处置和人员安置难等问题。因此，要进一步优化完善淘汰落后产能的市场化、法治化体系，实现从总量性去产能转向结构性去产能、系统性优产能。为了实现煤矿关闭和产能退出的正常化、规范化，有必要尽快制定和完善煤矿关闭和产能退出条例及相关的司法解释，制订和完善生态、安全、质量、环境、能耗等相关标准，对职工安置、资产及债务处置、环境治理与保护、产业转型与发展进行框架性的规定，切实保障煤炭产能退出企业、企业职工、社会公众等利益相关方的权益，推动产能退出和煤炭矿区转型发展协同。

8.1.4 示范推广煤炭行业节能低碳的生产方式

1. 支持矿区建立多能互补和源网荷储一体化的新能源体系

（1）积极推进采煤沉陷区新能源项目建设。主动融入区域新能源大基地，开展风光气储氢一体化和大规模离网式可再生能源制氢等领域项目。对于新建煤矿，加强规划引导，在设计阶段统筹规划分布式光伏、集中式光伏与集中式风电项目，为矿区零碳矿山建设奠定良好的基础。

（2）对采煤塌陷区生态光伏建设与并网给予政策支持。优先支持采煤塌陷区生态光伏/风电建设与并网，通过《矿山综合治理生态环境导向项目》、矿区生态修复基金等支持项目建设，并将项目收益的一部分反哺生态修复，形成良好的生态循环。

（3）强化区域能源综合系统构建，推进系统节能。加强煤矿区域综合能源系统规划与精准控制，推动余热回收、储热、负荷响应等系统设计，实现能源侧转换协同，负荷侧梯级利用，优化热管网与输配设计，推动输配节能，结合感知与信息技术，研究负荷侧精准输送与智能管理系统，推进系统节能，构建基于源网荷储的低碳、清洁、安全、智慧、高效的新型能源系统。

（4）鼓励煤炭产业生产环节加大绿电消纳。鼓励煤炭企业直接消纳光伏、风电、水电等绿电进行生产，支持通过微电网、源网荷储、新能源自备电站等形式就近就地消纳绿电。使用绿电进行煤炭生产的项目，新增可再生能源消费不纳入能源消费总量控制。

（5）煤炭企业优先参与采煤沉陷区新能源项目开发，优先分配指标。加强煤炭与新能源的融合发展，积极推进煤炭企业与新能源深度融合，鼓励煤电企业参与新能源项目开发，在新能源指标分配、纳入项目建设库、列入年度开发方案时给予倾斜；支持煤电企业开展多能互补和源网荷储一体化项目试点建设及符合条件的风电、光伏项目建设。

2. 以瓦斯、煤矸石、矿井水综合利用为重点提升矿区能源利用水平

（1）加大瓦斯气的综合利用。"十三五"期间，我国煤矿瓦斯治理成效显著，但仍存在勘察程度低、产业体制机制不健全、扶持激励机制不足、基础设施薄弱、产业链尚未形成等问题。当前"双碳"目标政策要求对煤矿瓦斯综合利用提出了更高要求，加快推动煤层气（煤矿瓦斯）开发利用，建议从以下四个方面推进工作：一是全面推进煤层气勘察工作，进一步摸清资源家底，在具备资源潜力的区域开展煤层气调查评价工作；二是依据勘查工作结果，结合市场供需关系及发展趋势，探索"分布式清洁能源保障示范区"；三是加大煤层气利用力度，严格煤矿瓦斯排放标准，鼓励开展低浓度瓦斯采集、提纯和利用技术攻关，充分发挥 CCER 市场机制和国有企业"创新主体"责任，推广低浓度瓦斯发电、乏风瓦斯氧化及余热发电或供热等新技术开发与示范；四是加快出台煤层气矿业

权竞争性出让管理细则，鼓励油气、煤炭企业在矿权范围内容增列煤层气等矿业权。

（2）加强煤矸石综合利用。为推进煤矸石的综合利用，建议如下，一是加强规划引领，统筹煤矸石综合利用项目的规划，完善相关产业准入、产业支持、产业限制等政策，根据地方产业发展目标统筹调配煤矸石资源，构建煤矸石综合利用项目链，引导煤矸石综合利用产业健康有序发展；二是加强项目布局，加强煤矸石综合利用项目布局，争取到"十四五"时期末实现煤矸石等固体废物贮存的零增长；三是加大技术、产业发展模式创新，探索煤矸石综合处置利用的适宜技术，拓展政企协同解决方式，试点"规模化、集聚化、产业化"的煤矸石处置模式，四是继续推动煤系共伴生资源综合利用技术研发与应用，提高共伴生资源利用的效率和效益，加强政策协同；五是建立煤矸石综合利用项目技术与装备细分管理清单，与传统的建材行业实施差异化管理；六是加强多产业协同发展，推进煤矸石综合利用产业与上游煤电、钢铁、有色、化工等产业协同发展，与下游建筑、建材、市政、交通、环境治理等产品应用领域深度融合，打通部门间、行业间堵点和痛点。

（3）提升矿井水利用率。目前，我国矿井水处理已经逐渐由无害化向资源化转变，但仍存在相关政策、标准执行力度不够、矿井水利用途径单一、矿井水处理成本高等问题。为加强矿井水的综合利用，建议本着"减量化、无害化和资源化"原则，采用保水采煤技术、注浆封堵技术等从源头上渐少矿井水产生；推动吨煤涌水量大的矿区产业化利用示范，拓宽吨煤涌水量大的矿区矿井水利用途径；另外，要坚持"清污分流、分级处理和分质利用"原则，将矿井水回用于井下、地面和矿区周边，实现矿井水资源化；攻关矿井水浓缩固态盐类的利用途径。

3. 推进形成智能绿色深度融合的煤炭绿色开采体系

绿色开采的目的是把开采活动对生态环境的影响降到最低，全面推广绿色开采技术是发展循环经济的前提条件。目前我国已有较为成熟的绿色开采技术，包括无煤柱开采、填充开采技术、保水开采技术、煤与瓦斯共采技术、煤矸石减排技术等。绿色开采技术对煤炭行业供给侧的减污降碳具有重要作用。技术进步、从业人员减少、生态环境保护等因素，决定了煤炭绿色开发不能延续高劳动强度、高生态损害的传统方式，走智能绿色之路是必然要求，推进煤矿智能化和绿色开采技术深度融合，建设绿色智能柔性矿井将成为煤矿建设发展的新方向。

4. 强化商品煤质量标准应用提升煤炭洗选加工水平

煤炭洗选加工是煤炭清洁高效利用的前提和基础。为了控制商品煤质量，国家在法律层面早就出台了《商品煤质量管理办法（暂行）》以及《商品煤质量评价与控制技术指南》等政策规定。这些规定对各类用途商品煤的流通和应用提出了基本要求。但是随着"碳达峰、碳中和"战略要求的普及，在现有阶段的商品煤质量系列标准进行修订、补充、完善并不断强化商品煤质量标准的应用就成为推动煤炭洗选加工水平提升，促进煤炭资源的清洁高效利用的重要手段。目前，我国的煤炭洗选设备和生产工艺在可靠性、精细化、智能化等方面仍存在一些短板，高精度煤炭分选技术工艺及装备应用普及程度不高，信息化应用差距明显，分选产品的稳定性有待进一步提高。因此，"十四五"期间，需加快现有煤矿选煤设施升级改造，增加原煤入选率；推进千万吨级先进智能洗选技术装备研发应用，降低洗选过程资源消耗；采用智能煤炭洗选技术提高煤炭分选精度，实现煤炭深度提质和分质；通过优化原煤洗选工艺，进一步提高煤炭回收率，降低选矸含碳量，便于下游非燃烧利用。

5. 形成面向全生命周期的矿区生态治理与修复机制

矿山修复历史欠账多，存在监管机制未完全厘清、新技术推广较难等问题。在生态文明建设和双碳目标的大背景下，为推进我国矿山生态环境治理和生态修复，建议矿区开发的全生命周期完善生态治理与修复机制，重点做好以下三个方面开展工作：一是加快推进遗留的矿区生态环境治理工作，对于现有的沉陷区、废弃矿坑、矸石场建立多行业的协同解决模式，充分考虑东部、中部、西部等地区生态基础的差异，因地制宜地推进煤矿区生态修复工作；二是加强基础理论研究，包括地貌重塑、土壤重构、植被恢复三大关键技术；三是完善监管机制，建议矿山修复监管数据信息平台，完善矿山修复上报、审批、验收制度，明确各环节的责任要求，制定相应的激励与惩罚措施；加强生产矿山的监督管理，推行"边开采边修复"的理念，环节矿产资源开发利用与环境保护之间的矛盾，完善相关保障措施。

8.1.5 加强煤炭行业节能低碳科技创新与人才保障

1. 加强技术创新建设

（1）完善科技创新机制。一是充分发挥国家科技计划（专项、基金等）作用，积极支持煤炭科技研发工作，加强煤炭领域科技创新基地建设。建立煤炭先进技术和装备目录，加强对先进技术装备的支持。二是强化企业创新主体地位和主导作用，支持优势煤炭企业增加科技研发投入，建立技术中心和研发机构，推动关键技术攻关，提高自主创新能力。三是加强协同创新平台建设，鼓励煤炭企业与高等学校、研究机构等加强合作，建立产学研联盟，加快煤炭科技成果转化和应用。

（2）重点关注低碳发展技术内容。发展智能绿色开采、清洁低碳利用、矿区生态修复+碳汇、矿井空间开发利用、绿氢（电）与煤炭转化融合、煤与生物质/废弃物协同利用、地热资源利用、井下流态化开采与转化一体化、煤基高能燃料合成、先进煤基碳素材料制备、深部原位 CO_2 与 CH_4 制氢、煤矿采空区/残采区/关闭矿井封存 CO_2、CO_2 驱油驱气、CO_2 电化学催化转化捕集、CO_2 矿化利用等绿色低碳科技创新攻关方向，为新形势下煤炭绿色低碳转型发展相关科技政策的制定提供决策参考，对引导煤炭行业顺应能源革命新形势、满足行业高质量发展新要求、抓住世界经济和能源格局调整新机遇具有重要意义。

2. 重视人才体系建设

一是重视从企业内部培养人才。企业要大力地鼓励企业员工进行创新，建立一套适用于低碳人才快速成长的激励机制。同时建立常态化的员工培训体系，培训节能低碳知识，培育企业的节能低碳文化。二是调整煤炭院校学科与专业设置。加快新型交叉学科建设，通过传统专业改造、新增等方式强化"采矿+生态环保""采矿+碳减排""采矿+信息技术"等复合型专业。三是拓宽海外引才渠道。积极参与国际交流与合作，学习国外低碳发展经验，在交流与合作过程中，发现并引进海外从事低碳发展的高层次人才和团队，提高人才队伍层次，积极创建学习型团队，为煤炭企业低碳发展提供高水平的智力支持。四是做好转型富余人员安置。煤炭企业低碳转型过程中会出现一定数量的富余人员，煤炭企业要进一步拓展富余人员安置的途径。可考虑通过内部开展节能提效与低碳转型的专业知识与技能培训，实现部分人员向节能低碳岗位迁移，或转移本矿区衰竭矿井富余人员从事资源勘探、矿井建设和开采。同时大力发展现代农业、现代服务业和物流等具有优势，拓展服务范围和项目，加大吸纳富余人员的能力。

8.2 企业层面

煤炭企业作为践行绿色低碳发展的重要主体，是产业集群零碳排放、绿色转型和绿色创新的重要推动者，在应对气候变化的过程中也作出了自己的贡献。近年来，相关部门出台节能低碳意见，完善体制机制和政策措施，以推进煤炭企业的低碳转型。因此，对于煤炭企业而言，节能低碳政策带来冲击的同时，也孕育着机会。煤炭资源受开发利用环境与生产技术水平等因素的限制，存在生命周期特征。矿井作为煤炭企业的重要子单元，从规划建设到废弃的整个过程与企业的节能低碳活动紧密相关。因此，在煤矿生产的全生命周期过程中加强节能低碳管理不仅是企业社会责任的体现，还能够有效降低煤炭生产成本和管理费用，提高运转效率和增加成品煤产量，提高资源的利用率，延长煤矿的生产年限。由此可见，正确利用节能减排政策是推动煤炭企业节能低碳转型发展的必要条件。

当前，在节能低碳目标的指导下，越来越多的煤炭企业在科技创新、资源利用、企业重组、环境管理等方面取得了较好的成果，但始终存在节能低碳管理效率低的问题，如技术创新与改造力度不足、各职能部门支持系统亟待完善、节能低碳考评体系尚未形成等，节能低碳管理路径的不足直接导致煤炭企业自身难以实现节能低碳发展。在节能减排政策下，煤炭企业在适应新环境方面面临挑战，亟须构建适合自身发展的节能低碳管理路径，通过节能低碳管理路径，适应新政策环境，促进煤炭企业的健康长远发展。

8.2.1 统筹制定企业节能低碳管理战略与计划

1. 研究制定企业长期减碳战略

结合国内外典型企业经验，在碳盘查基础上，研究提出量化减排目标及路径，在实现碳达峰碳中和中发挥表率作用，明确减排潜力，科学分解发展目标。

2. 编制"一矿一策"节能低碳实施方案

煤矿受地域、地质、煤质、规模差异及区域政策等因素影响，在推进节能功能低碳发展工作时，在共有技术路线基础上，要根据企业生产和管理特点，有的放矢科学编制企业低碳发展实施方案，分步骤提出碳达峰的时间表和技术路线图，详细制定各阶段目标和任务，做到目标到位、措施到位、资金到位、成效到位，充分发挥自身积极主动性作用，推进企业节能低碳发展。

3. 谋划矿区生产的节能减碳举措

做好煤炭由燃料向原料和高附加值材料转化的基础支撑，优化煤炭洗选加工工艺和订单式生产能力；煤矸石深加工、疏干水零排放、低浓度瓦斯气抽采利用虽然在煤矿矿区范围内分析，会提高吨煤的二氧化碳排放强度，但从社会全局分析，是减污降碳提效的重要支撑，因此针对煤炭采掘和洗选环节产生的煤矸石、矿井水、瓦斯煤气、共伴生矿、工业废水、煤泥和洗矸等污染物和浪费现象，应按照减量化、再利用、资源化原则，利用低碳技术，通过物质的闭路循环流动，实现物料投入的减量化、中间产物和副产物的再利用以及废弃物的资源化，减少资源浪费，降低环境污染，提高资源回收率，挖掘煤炭资源中的"附加值"；探索和推广废弃矿山生态修复、生态碳汇、可再生能源开发利用的联合发展模式；积极探索煤矸石固碳技术开发和关闭煤矿 CO_2 地质封存可行性；积极推进采煤沉陷区新能源建设，开发更多的绿电资源，同时开发闭坑矿井的储能优势，助力新型电力系统的构建。

8.2.2 切实执行多方位节能降碳方案

1. 推进信息化以提升能效

通过建立自控投用率、生产工艺数据自动采集率较高的信息系统，实现能源管理、碳排放数据的实时检测、能源和产品质量在线分析、能源平衡统计、能源预测、设备运行在线监控和生产工艺在线优化等功能，为挖掘节能潜力，提高资源能源利用效率提供决策支撑。

2. 发挥企业综合能源使用能力

开展能源循环利用机制。建立煤炭企业矿区水循环系统，促进矿区水资源循环利用。开展蒸汽循环水系统，回收循环水余热，降低蒸汽、水和煤炭消耗。提升多能互补供应机制。充分利用矿区内闲置土地、厂房屋顶等空间，开发以自发自用为主的分布式光伏项目及风电项目，以满足企业矿区内的部分用电需求。探索耦合生物质发电、固废处置发电及绿氨燃料替代发电等新型发电项目，实现多能供应、多能互补。建立煤电矿区联动机制。充分利用矿区地理条件，在矿区就近发展煤发电项目，积极推进低浓度瓦斯发电项目、反渗透系统项目等项目落地，减少煤炭资源运输过程中的资源消耗及能源消耗。与储能企业开展合作，发展发电侧储能项目。充分利用矿区内闲置区域，开展"发电+储能"项目，用于电力调峰调频、蓄热供暖。对于城市较近的发电厂区，可构建大型电动车充电设施或换电设施，消纳部分多余用电，避免二次建设输变电设施设备。构建低碳循环工业园区。利用电厂供热、供电、协同处置固废等，可以整合其他合作资源，打造城市低碳循环园区，促进园区能源高效利用与低碳发展。

3. 重视企业碳资产管理

强化碳资产管理的制度建设，搭建资产管理信息化系统平台，提高企业精细化运营管理水平；加强公司碳资产管理能力建设，积极参加碳交易人员培训，提升交易和核算水平，建立专业人才队伍，提升全员减碳意识；跟踪国内外碳政策动向、前沿碳排放技术发展和应用情况；开展企业 CCER 项目资源摸底调研工作，挖掘煤矿瓦斯综合利用等 CCER 项目资源开发利用潜力，提前部署符合条件的自愿减排项目编写设计文件，形成项目储备；积极参加全国碳市场，通过高抛低吸，波段操作，或购买 CCER 置换配额等操作，实现碳资产的增值；积极利用碳金融工具，充分利用碳配额的金融价值，发挥金融在优化资源配置的作用。

4. 开展碳排放数据摸底与盘查

主动开展以现场监测为核心的全矿能源审计与碳盘查，并以审计与盘查分析数据为基础有的放矢地实施提升措施；根据国家和行业规范标准，通过智能化煤矿建设赋能，借助数字化平台和人工智能做好数据的采集与系统优化推广使用能耗、污染物及碳排放监测平台以实现人-机-物-环活动水平的连续精细监测和多阶段多维度的全景式评估，有效提高和扩大节能低碳管理部门的基础数据采集能力和范围。人-机-物-环数据检测工作由煤炭行业集团公司统一领导，二级单位、基层企业分级管理。各单位应建立完整的数据监测体系，加强数据监测机构标准化建设，采用企业自行监测（包括委托监测）和监督监测相结合的方式，形成集团公司、二级单位、基层企业的三级环境监测体系。

8.2.3 构建煤炭企业节能低碳发展评价指标体系

1. 构建原则

在借鉴已有研究的基础上，通过查阅煤炭企业相关实践报告，重点关注与节能低碳相关的战略布局以及企业相关指标，基于科学性、可行性、层次性和独立性的原则，初步设计了我国煤炭企业节能低碳发展评价指标体系。

（1）科学性原则。在设计指标体系时，各个环节遵循完整正确的科学理论。指标的选取科学全面反映煤炭企业节能低碳发展特征与内涵，指标值的获取依赖于科学的调查方式和数据模型计算，以科学评价各指标权重值。

（2）可行性原则。评价指标应可量化，符合客观实际水平，具有稳定的数据来源，易操作。评价指标的含义明确、数据规范、统计口径一致，便于资料收集。

（3）层次性原则。构建的评价指标应分类完善、层次分明、简明扼要，紧扣煤炭企业节能低碳发展评价目的展开，评价结论真实反映评价意图。

（4）独立性原则。构建的评价指标应能全面反映煤炭企业节能低碳发展情况，且每个指标的内涵清晰、相对独立；同一层次的各个指标不相互重叠，不存在因果关系。

2. 指标体系内容

在借鉴已有研究的基础上，通过查阅煤炭企业相关实践报告，重点关注与节能低碳相关的战略布局以及企业相关指标，基于科学性、可行性、层次性和独立性的原则，从清洁高效、资源节约、低碳环保、投入保障四个维度构建了我国煤炭行业节能低碳能力评价指标体系，如图8-2所示。

3. 指标计算方法及说明

（1）原煤入选率：

$$F=\frac{W_s}{S_x} \tag{8-1}$$

式中，F 为原煤入选率，%；W_s 为年入选原煤量，t；S_x 为年原煤产量，t。

（2）全员工效。是指单位原煤生产人数的效率，计算方法如下：

$$煤矿全员工效=\frac{矿井年产量}{工作天数\times原煤生产人数} \tag{8-2}$$

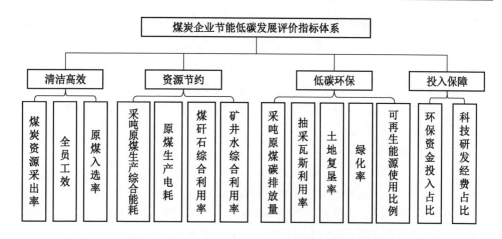

图 8-2　煤炭行业节能低碳能力评价指标体系

式中，工作天数一般规定为 330 天，原煤生产人数一般包括管理人员和生产工人（包括井下和地面）。

（3）采区采出率：

$$R_i = \frac{W_i}{S_i} \qquad (8-3)$$

$$R_{总} = \frac{\sum_{i=1}^{n} R_i}{n} \times 100\% \qquad (8-4)$$

式中，R_i 为 i 采区采出率，%；W_i 为 i 采区内的煤炭采出量；R_i 为 i 采区内的动用煤炭资源储量，t；$R_{总}$ 为多采区采出率，%；n 为采区内采区数量，个。

（4）采吨原煤生产综合能耗：

$$e_{jg} = \frac{\sum_{i=1}^{n} (e_{i,\,jg} \times M_i)}{\sum_{i=1}^{n} M_i} \qquad (8-5)$$

$$e_{i,\,jg} = \frac{E_{i,\,jg} \times (k_{i,\,1} + k_{i,\,2} + k_{i,\,3} + k_{i,\,4} + k_{i,\,5})}{M_i} \qquad (8-6)$$

式中，$e_{i,\,jg}$ 为多矿井煤炭井工开采企业第 i 个矿井的单位产品能耗，单位为 kgce/t；M_i 为多矿井煤炭井工开采企业第 i 个矿井的原煤产量，单位为 t；n 为多矿井煤炭井工开采企业矿井个数；e_{jg} 为煤炭井工开采单位产品能耗，单位为 kgce/t；$E_{i,\,jg}$ 为煤炭生产能源消费量，单位为 kgce；$k_{i,\,1}$ 为采煤条件及工艺折算系数，参考《煤炭井工开采单位产品能源消耗限额》（GB 29444—2012）附录

B；$k_{i,2}$ 为运输距离折算系数，参考《煤炭井工开采单位产品能源消耗限额》（GB 29444—2012）附录 C；$k_{i,3}$ 为矿井瓦斯等级折算系数，参考《煤炭井工开采单位产品能源消耗限额》（GB 29444—2012）附录 D；$k_{i,4}$ 为矿井涌水量折算系数，参考《煤炭井工开采单位产品能源消耗限额》（GB 29444—2012）附录 E；$k_{i,5}$ 为单井生产能力折算系数，参考《煤炭井工开采单位产品能源消耗限额》（GB 29444—2012）附录 F。

（5）原煤生产电耗：

$$D = \frac{d}{R} \tag{8-7}$$

式中，D 为原煤生产电耗，单位为 kW·h/t；d 为年原煤生产用电量，单位为 kW·h；R 为年原煤产量，t。注：原煤生产电耗不包括生产办公区、生活区等用电。

（6）矸石综合利用率：

$$\eta = \frac{g}{G} \times 100\% \tag{8-8}$$

式中，η 为当年煤矸石综合利用率，单位为%；g 为当年产生煤矸石的利用总量，单位为 t；G 为当年煤矸石产生总量，单位为 t。

（7）矿井水利用率：

$$S_k = \frac{K}{K_g} \times 100\% \tag{8-9}$$

式中，S_k 为矿井水利用率，单位为%；K 为年矿井水利用总量，单位为 m^3；K_g 为年矿井水产生总量，单位为 m^3。

（8）采吨原煤碳排放量：

$$H_i = \frac{E}{S_x} \tag{8-10}$$

式中，H_i 为采吨原煤碳排放量，单位为 kg/t；E 为煤炭生产企业温室气体排放总量，单位为吨二氧化碳当量，参考《温室气体排放核算与报告要求 第 11 部分：煤炭生产企业》（GB/T 32151.11—2018）进行统计计算；S_x 为年原煤产量，t。

（9）抽采瓦斯利用率：

$$C = \frac{P}{Q} \times 100\% \tag{8-11}$$

式中，C 为抽采瓦斯利用率，单位为%；P 为矿井抽采瓦斯利用量，单位为

m^3；Q 为矿井抽采瓦斯量，单位为 m^3。

（10）土地复垦率：已复垦的土地面积与被破坏（达到恢复条件）的土地面积之比。

$$L=\frac{Y}{P}\times100\% \qquad (8-12)$$

式中，L 为土地复垦率，单位为%；Y 为已复垦的土地面积，单位为公顷；P 为被破坏的土地面积（达到恢复条件），单位为公顷。

（11）绿化率：为绿化面积与被破坏的土地面积（达到恢复条件）之比。

（12）可再生能源使用比例：指煤炭企业的可再生能源使用量与综合能耗总量的比值。可再生能源包括太阳能、水能、生物质能、地热能、氢能、波浪能等非化石能源。

（13）环保资金投入占比：是指煤炭企业用于生态环保的资金投入，包括生态修复、煤矸石综合处理、瓦斯气治理、废水处理等，计算方法为：

$$环保资金投入占比=\frac{生态环保项目经费}{营业收入}\times100\% \qquad (8-13)$$

（14）科技研发经费占比：主要反映研究经费投入情况。其中研发经费指煤炭企业用于基础研究、应用研究和试验的经费指出，包括实际用于研发活动的人员劳务费、原材料费用、固定资产购置费、管理及其他费用，计算方法为：

$$科技研发经费占比=\frac{科技研发经费}{营业收入}\times100\% \qquad (8-14)$$

4. 评价方法

1）权重确定

在以往研究的指标赋权过程中，研究者往往采用单一的主观赋权法或客观赋权法，但是过于主观或者客观的权重计算方式使评价结果的权威性受损。因此，主、客观赋权法均具有一定的局限性，评价指标模型的构建以主客观赋权方法相结合为发展趋势。层次分析法虽然充分考虑了人为主观因素，但受专家经验的影响较大，导致评价结果缺乏科学性。熵权法符合数学规律，具有严格的数学意义，但在一定程度上忽视了决策者经验。因此，为了反映专家经验估计的主观权重、同时注重反映指标信息量大小的客观权重，采用主观赋权的层次分析法和客观赋权的熵权法相结合的组合赋权方法，力求避免决策过程中权重的失真，最大限度地提高指标赋权的合理性，增强评价结果的科学性和准确性。

Topsis 的原理是通过测度优先方案中的最优方案和最劣方案，分别计算出各评价对象与最优方案和最劣方案的距离，获得各评价对象与最优方案的相对接近程度，以此来对评价对象进行评价排序，具有计算简便、结果合理的优势。

（1）层次分析法确定权重。首先，利用层次分析法构造层次结构，目标层为煤炭行业节能与低碳发展评价指标体系，准则层即二级指标为清洁高效、资源节约、低碳环保、投入保障，方案层为煤炭资源回收率、全员工效、原煤入选率等14项指标，如图8-3所示。

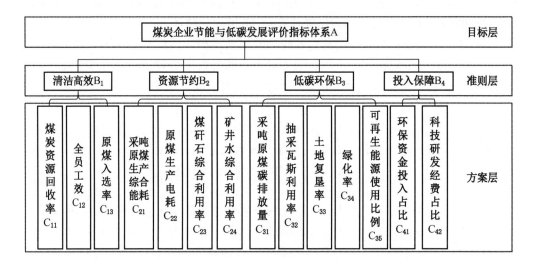

图8-3 节能低碳能力层次结构图

其次，构建判断矩阵。准则层和方案层的指标在目标衡量中所占的比重并不一定相同，根据附件4中的判断标准来定义判断矩阵。通过煤炭行业专家的打分，邀请20位煤炭行业专家组成专家组，通过问卷调查的方式，专家组成员逐层对煤炭行业节能低碳管理评价指标体系进行判断，采用1—9的离散尺度对各个指标进行权重赋值，同时对收集的数据进行归一化处理，构造出各层次中的所有判断矩阵 $A=(a_{ij})_{n*n}$。

最后，测算各项指标的主观权重。对于每一个判断矩阵计算最大特征根及对应特征向量，并进行一致性检验。若检验通过，归一化后的特征向量即为权重向量，据此可得到各项指标的主观权重向量 W_i。

（2）熵权法确定权重。综合评价中某项指标的指标值变异程度越大，信息熵越小，该指标提供的信息量越大，该指标的权重也应越大；反之，该指标的权重也应越小。因此，可以根据各项指标值的变异程度，利用熵计算出各指标的权重。

首先，构建判断矩阵：

$$A = (a_{ij})_{n*n} \tag{8-15}$$

其次，对判断矩阵进行归一化处理，得到归一化矩阵 B；

再次，根据熵的定义确定评价指标的熵值 p_i 以及熵权 W。其中，

$$r_{ij} = b_{ij} \sum_{j=1}^{m} b_{ij}, \qquad \omega_i = 1 - \frac{H_1}{N} - \sum_{j-1}^{m} b_{ij}$$

$$p_i = -\frac{1}{\ln n} \sum_{j=1}^{n} r_{ij} \ln r_{ij} \tag{8-16}$$

$$W = (\omega_{ij})_{1*n} \tag{8-17}$$

最后，求出各指标权重集 $R = (r_{ij})_{m*n}$，即

$$R = B * W \tag{8-18}$$

（3）组合赋权确定权重。根据前文得到的主观权重和客观权重，将主观权重记为 ω_1，客观权重记为 ω_2，则组合赋权的综合权重：$\omega = \theta\omega_1 + (1-\theta)\omega_2$，$0 < \theta < 1$。式中 θ 为 ω_1 占组合权重的比例，$1-\theta$ 为 ω_2 占组合权重的比例。

2）评价模型

TOPSIS 模型是一种综合评价方法，模型原理是使用组合赋权法为各指标赋权，在各年度的指标数据中，首先判别出最优方案和最劣方案，其次计算各年度指标数据同最优方案与最劣方案的距离，最后计算各年度与最优方案的贴进度，以分析该煤矿节能低碳发展状况。具体如下：

构建加权规范化矩阵，并确定正理想解 S^+ 和负理想解 S^-。其中，$S_1 = (r_1^+,$ $r_2^+,$ $\cdots,$ $r_n^+)$，$S_2 = (r_1^-,$ $r_2^-,$ $\cdots,$ $r_n^-)$。

计算各评价对象的评价值分别到正理想解 S^+ 和负理想解 S^- 的欧氏距离：

$$d_i^+ = \sqrt{\sum_{j=1}^{n} (r_{ij} - r_j^+)^2} \quad (i = 1, 2, \cdots, m) \tag{8-19}$$

$$d_i^- = \sqrt{\sum_{j=1}^{n} (r_{ij} - r_j^-)^2} \quad (i = 1, 2, \cdots, m) \tag{8-20}$$

计算 m 个评价对象与最优方案的接近程度 $C_i = \dfrac{d_i^{\mp}}{d_i^-} + d_i^-$ $(i = 1, 2, \cdots, m)$。

综合评价数值 C_i 越大，表明该煤矿节能低碳管理能力越接近行业理想水平。

8.2.4　夯实企业节能低碳发展的保障措施

以国家战略、行业部署为指导，以企业特点为基础，开展绿色低碳发展布局。成立以主要领导为核心的专项工作组，部署推进；完善企业领导人业绩考核指标，强化实施；发挥企业创新主体责任，加大研发投入力度；定向培养专业人

才，支撑发展。特别是在实施中要将低碳发展提升到安全生产高度，实施一把手工程，管生产必须管低碳；举全企业之力，从全系统推进。加强能源效率与碳排放强度对标管理。通过对标国家、行业标准和标杆企业，通过能源审计、碳盘查、清洁生产、能效测试、能量平衡等方式，对主要能耗指标、碳排放指标、装置单耗、先进技术等方面进行对标管理，深入挖掘节能降碳增效创效潜力。开展节能降碳技术改造与服务供需对接。针对所属企业锅炉、空压机、风机、电动机等重点耗能设备进行能效对标，查找节能短板和弱项，精准施策，对症下药，提高节能降碳举措针对性和有效性。加强诊断成果应用，有序推进能源管理、节能降碳技改措施落地，充分发挥诊断的价值和作用。

8.3　本章小结

从国家、行业和企业层面强化煤炭产业管理路径构建。从国家和行业层面，①强化顶层设计，研究出台《煤炭行业碳达峰实施方案（或低碳发展行动方案）》及细则，建立健全法律法规体系，优化提升标准规范；②完善体制机制建设，研究"清洁煤"定义，增加低碳生产评价指标如碳排放、资源综合利用率，通过市场价格调节机制引导产业发展；做好纳入全国碳市场的储备研究，开展煤炭行业碳配额分配机制研究和行业基础数据统计工作；做好煤炭转型金融顶层设计，建立煤炭转型金融体系，丰富碳金融对煤炭产业低碳发展支持路径；③深化煤炭行业节能低碳的供给侧改革，以绿色煤炭资源为核心优化开发布局，以适应煤炭有序减量替代为宗旨建立柔性产能机制，以面向全球化竞争为要求推进煤炭企业兼并重组和以市场化、法治化体系为支撑持续淘汰落后产能；④多措并举示范推广煤炭行业先进适用技术；⑤强化科技创新支撑；⑥加强人才体系建设。从企业层面，统筹制定企业节能低碳管理战略与计划，切实执行多方位节能降碳方案，构建煤炭企业节能低碳发展评价指标体系，夯实保障措施，将低碳发展提升到安全生产高度，实施一把手工程，管生产必须管低碳；举全企业之力，从全系统推进节能降碳。

第 9 章　节能低碳发展潜力预测

9.1　煤炭供需形势预测

煤炭燃烧是我国碳排放的主要来源，中国作为世界上最大的煤炭消费国，实现"双碳"目标的过程中研究煤炭供需是不可或缺的重要环节。煤炭消费量与"双碳"目标实现进程有着密不可分的关系，煤炭消费量直接影响各行业碳排放量，各行业"双碳"政策的实施力度与技术发展水平又决定了该行业的煤炭需求量。通过对主要煤炭消费行业在"双碳"背景下的煤炭需求量进行分析预测，进而推导出全社会的煤炭需求量变化情况，结合煤炭行业的供给量预测变化情况，对未来我国煤炭行业在"双碳"背景下的发展情况作出展望。

9.1.1　需求预测

根据假设条件、研究方法、分析切入角度的不同，对煤炭需求的预测有多种模型和结果，本节梳理总结了三种不同模型所产生的分析预测结果，分别为基于四大主要耗煤行业发展进行的预测，以外部视角及政策假设为基础进行的预测，基于我国国内政策及发展形势进行的预测，并综合三种预测结果得出我国煤炭需求量的取值区间。

2016 年，国家发展改革委发布了《关于切实做好全国碳排放权交易市场启动重点工作的通知》，将石化、化工、建材、钢铁、有色、造纸、电力、航空作为重点排放行业。根据中国碳核算数据库的数据，2017 年，八大行业碳排放占比从高到低依次为：电力（主要是火电）44%，钢铁 18%，建材 13%，交通运输（含航空）8%，化工 3%，石化 2%，有色 1%，造纸 0.3%。其中，电力（主要是火电），钢铁，建材，化工四大行业共占碳排放总量的 78%。到 2019 年，电力、钢铁、建材、化工行业占全国碳排放的比重分别为 42%、15%、12% 和 5%，合计占全国碳排放总量的 74%。2019 年，火电、钢铁、建材、化工四个行业煤炭消费总量为 24.1 亿 t 标准煤，占全国煤炭消费总量的 86%，其中电力行业消费占比 54%，钢铁，建材和化工行业分别占比 17%、9% 和 6%，如图 9-1 所示。根据中国煤炭协会测算，2020 年我国电力、钢铁、建材、化工行业耗煤分别同比增长 0.8%、3.3%、0.2%、1.3%，其他行业耗煤同比下降 4.6%，据此推算，2020 年，四大行业煤炭消费量在全国煤炭消费量中占比分别为54.19%、17.48%、9%、6.05%，与 2019 年占比基本保持不变。

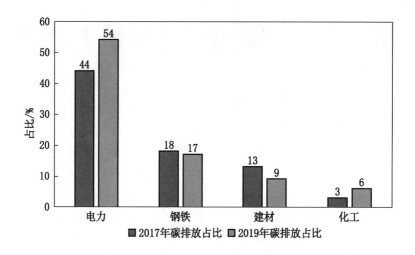

图 9-1　2017 年、2019 年我国电力、钢铁、建材、交通运输碳排放占比

1. 生态环境部生态规划研究院的预测

生态环境部规划研究院于 2021 年发布的《碳达峰碳中和目标约束下重点行业的煤炭消费总量控制路线图研究》选取电力、钢铁、建材、煤化工 4 个主要耗煤行业作为分析对象，根据控煤降碳措施实施力度、行业发展趋势的不同分别设置基准、政策和强化三种不同发展情景，对三种情景下四类行业未来的煤炭消费量进行预测，见表 9-1。

表 9-1　电力、钢铁、建材、煤化工行业不同发展情景下煤炭消费量

行业	电力行业	钢铁行业	建材行业	煤化工行业
基准情景	按现有规划稳步发展，到 2030 年，风电、光伏总装机达到 14 亿 kW，占电源总装机的比例提升至 41%，发电标准煤耗保持 288.5 gce/（kW·h）	电钢炉占比按现有发展趋势稳步增长，社会废钢收得率与废钢资源量缓慢稳步提升，高炉球团矿配比持续增长，不考虑氢冶金和 CCUS 技术的影响	水泥行业依据现行政策发展，现行控煤降碳措施包括产业结构优化、能源结构调整、节能技术改造、资源循环利用和末端捕集封存	原料结构调整、燃料结构调整、节能技术改造、末端捕集利用（CCUS）和产业结构调整根据现行政策实施

表9-1(续)

行业	电力行业	钢铁行业	建材行业	煤化工行业
基准情景下峰值煤炭消费量	2030 年 26.9 亿 tce	2027 年 4.7 亿 tce	2022 年 1.83 亿 tce	2025 年 9.6 亿 tce
政策情景	考虑国家 2030 年前碳达峰，大力发展风光发电，到 2030 年，风电、光伏总装机达到 16 亿 kW，占电源总装机的比例提升至 45%，发电标准煤耗持续降低，到 2025、2030、2035 年分别降至 286、284、283 gce/(kW·h)	考虑国家 2030 年前碳达峰，大力发展电钢炉、氢冶金技术、碳捕集与利用技术，加大废钢资源利用程度	水泥行业实施较强的控煤降碳措施	实施较强的控煤降碳措施
政策情景下峰值煤炭消费量	2028 年 24.6 亿 tce	2020 年 4.6 亿 tce	2021 年 1.783 亿 tce	2024 年 9.3 亿 tce
强化情景	电力行业提前达峰，进一步加速风光发电发展，加大对煤电的约束力度，到 2030 年，风电、光伏总装机达到 18 亿 kW，占电源总装机的比例提升至 49%，发电标准煤耗以更快速度下降，到 2025、2030、2035 年分别降至 286、281、277 gce/(kW·h)，在这一场景下，CCUS 技术碳捕集及封存量从 2030 年开始实现年均 10 万 t 的增长	钢铁行业提前达峰，进一步增加社会废钢收得率、电钢炉废钢比，提高电钢炉占比、高炉球团矿配比	水泥行业的各项控煤降碳措施以最大强度实施	煤化工行业的各项控煤降碳措施以最大强度实施
强化情景下峰值煤炭消费量	2025 年 23.8 亿 tce	2020 年 4.6 亿 tce	2020 年 1.782 亿 tce	2021 年 9.1 亿 tce

基准情景下，四行业煤炭消费量合计将于 2029 年达峰，峰值 26.8 亿 tce，2025 年煤炭消费量为 26.5 亿 tce，2030 年比 2029 年消费量略有减少，约为 26.7 亿 tce。在政策情景下，四行业煤炭消费量将于 2025 年达峰，峰值 24.9 亿 tce，到 2030 年，煤炭消费量降至 23.7 亿 tce。在强化情景下，四行业煤炭消费量于 2020 年达峰，峰值 24.4 亿 tce。综合考虑四个重点行业在全国碳排放、全国煤炭消费量中所占比例的变化趋势，预计煤炭消费量达峰时四大行业占全国煤炭消费总量的比重略有增长，达到 80% 左右，并维持在这一占比。

2. IEA（国际能源署）预测

"双碳"目标下煤炭行业节能低碳发展战略

IEA 于 2021 年发布《中国能源体系碳中和路线图》，报告中对中国实现碳达峰、碳中和的路径进行两种假设，分别为既定政策情景——现有政策和措施在未来不会有任何改变，承诺目标情景——满足中国 2020 宣布的《巴黎协定》国家自主贡献强化目标及碳中和目标。

在承诺目标情景下，按照煤炭需求量平稳下降的假设，预计到 2025 年、2030 年我国煤炭需求量分别为 29.53 亿 tce、29.36 亿 tce，根据标准煤与原煤的折算系数，2025 年、2030 年煤炭需求量分别为 41.34 亿 t 原煤，41.1 亿 t 原煤。

3. 国家能源集团技术经济研究院的预测

国家能源集团于 2021 年 4 月发布研究报告，基于我国已进入高质量发展阶段这一现状，通过对我国经济发展趋势、能源发展约束、能源需求总量的综合分析，结合我国能源结构调整加快、能源资源禀赋、节能技术进步等因素，预计到 2025 年、2030 年我国煤炭需求量分别为 43.12 亿 t 原煤、41.84 亿 t 原煤。

根据生态环境部规划研究院、IEA 和国家能源集团技术经济研究院基于不同分析角度进行的分析预测，如图 9-2 所示。考虑到国务院《"十四五"节能减排综合工作方案》的总体要求和对节能减排重点工作的部署，"双碳"目标实施进程受到政策实施力度、节能减碳技术发展程度、经济环境发展等多种因素影响，预计 2025 年我国煤炭消费总量为 46.37 亿 t 原煤左右，2030 年为 46.72 亿 t 原煤左右。

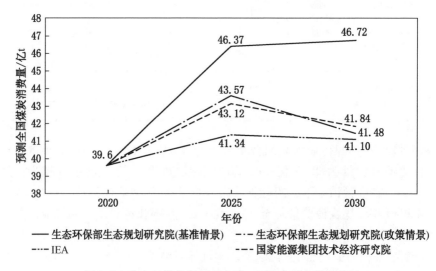

图 9-2 生态环境部规划研究院、IEA 和国家能源集团
技术经济研究院全国煤炭消费预测

4. 不同类型煤矿 2025 年、2030 年产能分析

煤矿生产能力受到资源存储条件，开采技术条件、安全管理等多种因素制约，产能分析仅能给出大致预测区间，预计到 2025 年我国原煤产量为 47 亿~49亿 t，2030 年为 45 亿~47 亿 t 区间。按照本研究所涵盖的基建和生产的井工煤矿、露天煤矿、基建煤矿、选煤厂 4 种类型，分别测算至 2025 年（按 48 亿 t 计算）、2030 年（按 46 亿 t 计算）的产量，详见表 9-2。

表 9-2 2025 年、2030 年不同类型煤矿产能预测

类型	2020 年/(亿 t·a^{-1})	2025 年/(亿 t·a^{-1})	2030 年/(亿 t·a^{-1})
井工煤矿	32.37	38.4	36.8
露天煤矿	7.63	9.6	9.2
选煤厂	28.93	38.4	36.8
基建煤矿	1	1	0.4

注：1. 2025、2030 年井工煤矿产能按原煤产量的 80% 计算，露天煤矿按 20% 计算。

2. 2020 年，原煤入选率为 74.1%；国家发展改革委、国家能源局《"十四五"现代能源体系规划》提出到 2025 年，原煤入选率达到 80%。

9.1.2 供给预测

煤矿建设开发有其固有规律，一座煤矿从立项至合法生产，周期往往长达 6~8 年，因此对于煤炭供给端产能的测算，需结合各省、各矿区总体开发程度，采用边际变化观察的视角进行分析，即按照"2021 年底实际产量+未来新建投产产能+未来核增产能-未来衰减/退出产能"进行测算。

1. 全国煤矿产能变化趋势

1）2021 年底实际产量

根据国家矿山安全监察局统计数据，截至 2019 年底，全国证照齐全的生产煤矿产能 36.1 亿 t/a；根据各省（区、市）建设煤矿登记公告，全国已核准或审批的建设煤矿规模达 15.8 亿 t/a，其中已建成投入联合试运转煤矿 5.3 亿 t/a，尚未建成煤矿 10.5 亿 t/a。根据合规生产煤矿定义，截至 2019 年底，全国合规生产煤矿产能为 41.4 亿 t/a。从实际产量来看，2020 年我国原煤产量 39.02 亿 t，2021 年为 41.26 亿 t。鉴于 2021 年煤炭紧平衡的供应状态，目前生产煤矿的产能利用率已经实现最大化，边际生产产能无增量，如图 9-3 所示。以 2021 年的 41.26 亿 t 作为产能观察的存量部分，对新建产能、核增产能分、退出产能分别予以预测。

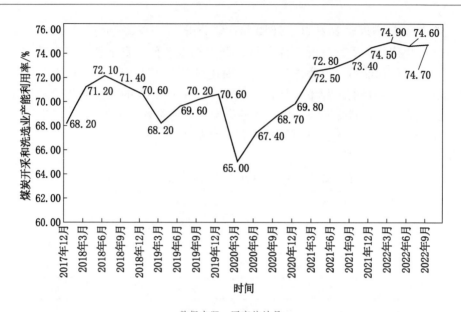

数据来源：国家统计局

图 9-3 煤炭开采和洗选业产能利用率

2）新建投产产能

据统计，2014—2020 年煤矿基本建设新签合同总体保持在约 1000 亿元/a，见表 9-3。新建煤矿按照 1000 元/t 的建设标准，预计增加煤炭产能为 0.85 亿~1.05 亿 t/a，主要集中在新疆、内蒙古地区。该数据为施工单位签订合同，按照 3 年项目建设施工周期推算，2017—2021 年新建项目投资可至 2020—2024 年逐步投产，预计到 2025 年累计新增产能 5.18 亿 t，年均增加 1.04 亿 t/a。

表 9-3 2014—2021 年全国基本建设项目签订合同额 亿元

年份	签订合同额	上年结转合同额	本年新签合同额
2014	1928.0	867.0	1061.0
2015	1952.0	970.0	982.0
2016	1773.6	836.6	937.1
2017	1631.8	789.0	842.8
2018	1908.6	888.5	1020.1
2019	1940.6	963.5	977.2
2020	1545.47	546.65	998.82
2021	2380.36	1040.86	1339.5

数据来源：中国煤炭工业协会。

根据国家能源集团技术经济研究院的测算，部分合规建设煤矿形成新增产能 6.3 亿 t/a，约 1.05 亿 t/a。考虑到新建煤矿因环境敏感、区位市场、投资成本等原因无法继续建设，或资源储量限制、相关手续办理困难等因素影响已无继续建设价值，受这些因素的影响，原部分合规建设煤矿产能无法投产，预计年均产能增加 1.05 亿 t/a，2022—2025 年新建产能增 4.2 亿 t，见表 9-4。

表 9-4　2022—2025 年新增产能

测算方式	2020—2025 年新增产能/亿 t	年均产能增加/ (亿 t · a^{-1})	均值/ (亿 t · a^{-1})
按新增投资额测算	5.2	1.04	1.05
国家能源研究院测算	6.3	1.05	

根据国家发展改革委、国家能源局网站公告，自 2020 年 1 月—2022 年 10 月新核准的项目统计，累计核准项目约 0.925 亿 t，平均核准项目产能 0.46 亿 t/a，见表 9-5。目前，从煤炭大基地或国家规划矿区分布区域看，仅有新疆具有大规模新增项目的潜力。充分考虑资源勘探周期以及项目申请程序，分析认为近几年新增核准项目不具备大规模释放产能的条件。按照 6 年的项目审批及建设周期，目前核准项目产能正式投产时间预计在 2026 年和 2030 年之间，按照年均 0.46 亿 t/a 计算，5 年内累计新增煤矿总产能约 2.3 亿 t。结合根据国家能源集团技术经济研究院预测，"十五五"（2026—2030 年）期间建成投产 2.2 亿 t，综合煤矿产能释放环境影响、安全资源制约等因素，预计 2026—2030 年新增产能约 2.25 亿 t。

表 9-5　2020—2022 年 10 月新核准煤矿产能情况

序号	省份	名称	批复规模/ (万 t · a^{-1})	净增规模/ (万 t · a^{-1})	批复时间
1	甘肃	五举矿井	240	240	2020 年 6 月
2	甘肃	吐鲁矿区红沙梁矿井	240	240	2021 年 10 月
3	甘肃	吐鲁矿区红沙梁露天矿	200	200	2021 年 10 月
4	贵州	黑塘矿区化乐煤矿二期	210	210	2021 年 3 月
5	内蒙古	纳林河矿区陶忽图煤矿	800	800	2022 年 2 月
6	内蒙古	准格尔矿区东坪煤矿	400	400	2022 年 5 月
7	宁夏	萌城矿区惠安煤矿	150	150	2021 年 10 月

表 9-5(续)

序号	省份	名称	批复规模/(万 t·a⁻¹)	净增规模/(万 t·a⁻¹)	批复时间
8	宁夏	积家井矿区新乔煤矿	240	240	2022 年 1 月
9	山西	西山矿区中社煤矿	150	150	2022 年 3 月
10	陕西	韩城矿区王峰煤矿	300	300	2020 年 3 月
11	陕西	榆横矿区南区赵石畔煤矿	600	600	2020 年 10 月
12	陕西	陕西榆横矿区北区可可盖煤矿	1000	1000	2021 年 2 月
13	陕西	榆横矿区南区黄蒿界煤矿	300	300	2022 年 2 月
14	陕西	榆横矿区南区海测滩煤矿	500	500	2022 年 2 月
15	陕西	榆横矿区南区海测滩煤矿	600	600	2022 年 2 月
16	新疆	沙湾矿区西区红山西矿井	120	120	2020 年 6 月
17	新疆	伊宁矿区北区干沟煤矿	240	240	2020 年 11 月
18	新疆	七泉湖矿区星亮二矿	120	120	2020 年 11 月
19	新疆	枭龙煤矿	120	120	2020 年 11 月
20	新疆	伊泰伊犁矿业公司煤矿	450	450	2020 年 12 月
21	新疆	伊宁矿区北区七号矿井一期工程项目	300	300	2020 年 12 月
22	新疆	北山露天煤矿一期工程	300	300	2020 年 12 月
23	新疆	七克台矿区资源整合区二号整合井田	120	120	2020 年 12 月
24	新疆	阿勒泰鑫泰矿业五号煤矿	120	120	2020 年 12 月
25	新疆	天业煤矿	240	240	2020 年 12 月
26	新疆	吉郎德露天煤矿	300	100	2020 年 7 月
27	新疆	别斯库都克露天煤矿	300	100	2020 年 7 月
28	新疆	七克台矿区资源整合区一号整合井田	150	150	2020 年 8 月
29	新疆	卡达希区轮台阳霞煤矿	120	120	2020 年 8 月
30	新疆	克布尔碱矿区润田煤矿	120	120	2020 年 8 月
31	新疆	白杨河矿井一期	120	120	2020 年 9 月
32	新疆	苏库努尔区玉鑫煤矿	120	120	2020 年 9 月
33	新疆	陶和矿井一期工程项目	120	120	2020 年 9 月
34	新疆	阳霞矿区塔里克区二号矿井(轮台卫东煤矿)一期工程项目	120	120	2020 年 9 月
35	新疆	老君庙矿区四号矿井(阿吾孜苏煤矿)一期	120	120	2021 年 9 月
		小计	9650	9250	

数据来源:国家发展改革委、国家能源局网站。

3）核增生产能力

2021 年 9 月 15 日，国家发展改革委办公厅等五部门印发了《关于加快做好释放煤炭先进产能有关工作的通知》（发改办运行〔2021〕702 号），2022 年 6 月 7 日，应急管理部等四部门印发了《关于加强煤炭先进产能核定工作的通知》（应急〔2021〕50 号）。根据国家矿山安监局数据，自 2021 年 9 月至 2022 年 8 月，共核增煤炭产能 4.9 亿 t/a。其中，2021 年审核确认 207 处保供煤矿、增加产能 3.1 亿 t；2022 年审核同意了 147 处先进产能煤矿，增加产能 1.8 亿 t/a。

2022 年 10 月 15 日，《国务院办公厅关于印发第十次全国深化"放管服"改革电视电话会议重点任务分工方案的通知》（国办发〔2022〕37 号）提出，在确保安全生产和生态安全的前提下，加快煤矿核增产能相关手续办理，推动已核准煤炭项目加快开工建设。督促中央煤炭企业加快释放先进煤炭产能，带头执行电煤中长期合同。考虑之前生产煤矿产能利用率居于高位，2021—2022 年生产能力核增绝大部分煤矿已经挖足潜力，仅有一小部分煤矿尚有理论上的产能提升空间，从实际产量中持续提升能力相当有限，主要集中在中央煤炭企业，预计未来通过产能核增释放的产能约在 0.3 亿 t 左右。综上，通过生产能力核增增加煤炭产能约 5.2 亿 t。

4）衰退/退出产能

煤炭工业全生命周期可以分为五个阶段：第一阶段是稳步发展期，其主要特征是煤炭产量缓慢增加；第二阶段是快速增长期，其主要特征是煤炭产量快速增加；第三阶段是峰值平台期，其主要特征是煤炭产量高位波动；第四阶段是快速下降期，其主要特征是煤炭产量快速减少；第五阶段是缓慢下降期，其主要特征是煤炭产量缓慢减少。对应的煤炭工业全生命周期发展模型如图 9-4 所示。

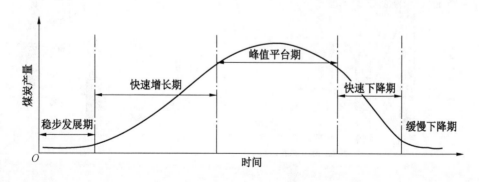

数据来源：《世界煤炭工业 2020》

图 9-4　煤炭工业全生命周期发展模型

从 2014 年至 2021 年，全国煤炭产量的增加由内蒙古、山西、陕西、新疆、云南、宁夏 6 省（区）提供，其余省份全部出现了产量的衰竭，累计衰退产能为 -45851 万 t，如图 9-5 所示。按均匀衰退假设，每年产能衰减的量为 0.65 亿 t/a，2021 年我国煤炭产能退出 140 处，涉及产能超 3000 万 t/a，如图 9-6 所示。

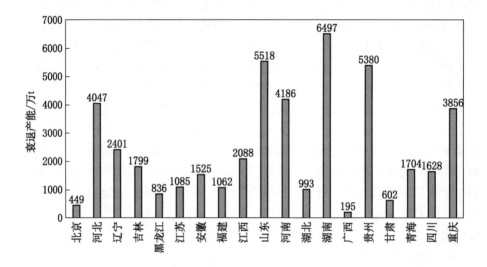

图 9-5 2014—2021 年各省份煤炭产能衰退情况

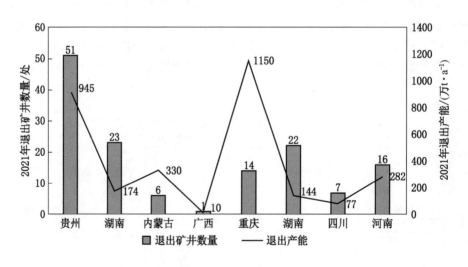

数据来源：各省行业管理部门网站

图 9-6 2021 年部分省份煤炭产能退出情况

从煤炭资源储备角度分析，目前晋陕蒙外，其余省份煤矿全部处于产能下降、衰退期，从统计规律看，未来面临加速下滑的风险。考虑到一些矿区（主要集中在河北、山东、河南、安徽等地）部分煤矿资源枯竭以及产能提升导致的服务年限缩短，还将继续淘汰、退出一批产能，按照统计规律，预计每年退出产能在 0.7 亿～0.8 亿 t/a。根据国家能源集团技术经济研究院测算，2020—2025 年报废和淘汰 3.8 亿 t 产能，2026—3030 年衰老报废 4.5 亿 t，合计 8.3 亿 t，平均退出产能为 0.75 亿 t/a。综合考虑到产能衰竭呈加速特征，预计 2022—2025 年退出 2.53 亿 t，2026—2030 年退出 4.5 亿 t。

5）2025 年、2030 年煤炭产能预测

综上分析，截至 2025 年、2030 年的全国合规生产煤矿产能由上述 4 部分组成，2021 年底的现有产能、新建投产产能、核增产能与衰减/退出产能，预计到 2025 年、2030 年全国生产煤矿产能（产量）分别为 48.13 亿 t/a、45.93 亿 t/a，见表 9-6。以上关于煤炭供给预测的时间节点为 2022 年 10 月。根据国家统计局数据，2022 年全国煤炭产量完成 45.6 亿 t，较上年增加 3.2 亿 t，同比增长 10.5%。考虑到上述因素没有发生变化，维持对于 2025 年、2030 年煤炭产能预测结论。

表 9-6 2025 年、2030 年煤炭产能（产量）测算

2021 年底实际产量/亿 t		41.26
2022—2025 年预测产量/亿 t	新建投产产能（+）	4.2
	核增生产能力（+）	5.2
	衰退/退出产能（-）	2.53
	小计	48.13
2026—2030 年预测产量/亿 t	新建投产产能（+）	2.3
	核增生产能力（+）	0
	衰退/退出产能（-）	4.5
	小计	45.93

2. "十四五"现代能源体系规划产量

2022 年 1 月《"十四五"现代能源体系规划》提出，2025 年国内能源年综合生产能力达到 46 亿 t 标准煤以上。根据 2017—2021 年原煤占一次能源生产总量的比重线性外推，见表 9-7。考虑热量折算（全国原煤平均发热量约为 5000 kcal）和含矸率（15%）等占比，测算得出至 2025 年全国原煤产量约 48.7 亿 t，

与表9-7中测算结果可以相互验证。

表9-7 按照一次能源生产总量折算原煤产量表（2017—2025年）

指标	2017	2018	2019	2020	2021	2022	2023	2024	2025
一次能源生产总量/万tce	358867	378859	397317	407295	433000		—		460000
原煤占一次能源生产总量的比重/%	69.6	69.2	68.5	67.5	67	66.4	65.6	64.9	64.3
原煤占一次能源生产总量比重增速	—	-0.4	-0.7	-1	-0.5	-0.6	-0.7	-0.7	-0.6

3. 煤炭进口趋势

根据海关总署数据，2019—2022年，我国煤炭进口量分别为3.00亿t、3.04亿t、3.23亿t、2.93亿t，如图9-7所示。根据国家能源集团技术经济研究院的预测结果，到2025年、2030年，我国煤炭净进口量缓慢下降到2.5亿t、2.2亿t左右。综合考虑我国煤炭进口总量及趋势、全球能源和煤炭供应链稳定、全球能源价格、俄乌战争、地缘政治格局的变化等因素，预测到2025年、2030年，我国煤炭净进口量约在3亿t、2.5亿t左右。

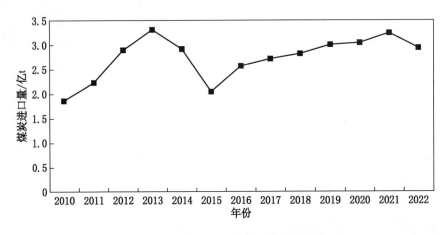

图9-7 2010—2022年我国煤炭进口量

综上，我国煤炭供给由国内煤矿可提供的有效产能与进口煤炭组成，根据上述预测，截至2025年我国煤炭消费需求达峰时，煤炭供给能力可达51亿t（其中国内48亿t，进口3亿t），2030年煤炭供给能力达48.5亿t（其中国内46亿t，进口 2.5 亿 t）。

9.1.3　供需平衡分析

通过对煤炭市场碳达峰时点的供给需求量进行分析，在各主要耗煤行业均实行力度适中的"双碳"举措，即"政策情景"下，截至 2025 年我国煤炭消费需求达峰时，国内煤炭供给量可达 48 亿 t 左右，与煤炭需求量 46.4 亿 t 基本持平，即煤炭市场供需基本达到平衡，略有宽松。由于各行业的减煤降耗技术措施存在研发到实际运用的滞后性，同时考虑到新能源暂未实现稳定、广泛应用，实际煤炭需求可能仍存在一定缺口。

因此，煤炭行业作为能源安全保障的坚固防线作用凸显，在面对供给缺口时仍需发挥能源"压舱石"的积极作用，促进优质产能释放，持续稳步推进煤炭供给侧结构性改革，生产结构优化，增强全国煤炭供应保障能力，在自身生产过程中促进绿色低碳转型，提高生产效率，增强生产弹性，促进其高质量发展。

9.2　节能减排潜力预测

9.2.1　预测模型构建与情景设置

1. 预测模型构建

《温室气体排放核算与报告要求　第 11 部分：煤炭生产企业》（GB/T 32151.11—2018）规定了煤炭生产企业产生的温室气体排放的核算方法，为预测煤炭生产企业温室气体排放情况，在此基础上，对煤炭生产企业产生温室气体排放的计算方法进行优化：增加"绿色碳汇"减排量；将甲烷与二氧化碳逃逸排放拆分为开采逃逸排放和矿后活动逃逸排放，不考虑瓦斯气回收利用或火炬销毁处理情形下二次泄漏到大气中的 CO_2。煤炭开采环节碳排放测算边界如图 9-8 所示，计算模型详见式（9-1）和式（9-2）。

$$E=E_{燃烧}+E_{购入电}+E_{购入热}+E_{CH_4开采逃逸}+E_{CH_4矿后活动逃逸}+E_{CO_2开采逃逸}+$$

$$E_{CO_2矿后活动逃逸}-E_{绿色碳汇}-E_{输出电}-E_{输出热} \tag{9-1}$$

$$E_i=W_IP_I \tag{9-2}$$

式中　　　　　E——报告主体的温室气体排放总量，吨二氧化碳当量（tCO_{2e}）；

$E_{燃烧}$——报告主体的化石燃料燃烧二氧化碳排放量，吨二氧化碳（tCO_2）；

$E_{购入电}$——报告主体购入电力对应的二氧化碳排放，吨二氧化碳（tCO_2）；

$E_{购入热}$——报告主体购入热力对应的二氧化碳排放，吨二氧化碳（tCO_2）；

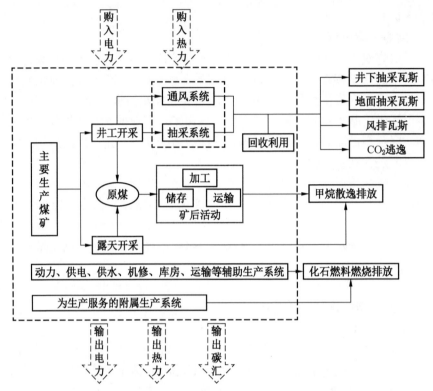

图9-8 煤炭开发过程减排潜力测算碳排放测算边界图

$E_{CH_4开采逃逸}$——报告主体的井工开采逃逸的甲烷排放量，吨二氧化碳当量
（tCO_{2e}）；

$E_{CH_4矿后活动逃逸}$——报告主体的矿后活动逃逸的甲烷排放量，吨二氧化碳当量
（tCO_{2e}）；

$E_{CO_2开采逃逸}$——报告主体的井工开采逃逸的二氧化碳排放量，吨二氧化碳当
量（tCO_2）；

$E_{CO_2矿后活动逃逸}$——报告主体的矿后活动逃逸的二氧化碳排放量，吨二氧化碳
（tCO_2）；

$E_{绿色碳汇}$——报告主体绿色碳汇对应的二氧化碳减排量，吨二氧化碳
（tCO_2）；

$E_{输出电}$——报告主体输出电力对应的二氧化碳排放，吨二氧化碳
（tCO_2）；

$E_{输出热}$——报告主体输出热力对应的二氧化碳排放，吨二氧化碳

(tCO_2)；

P_1——某种碳排放方式的吨煤排放因子；

W_1——报告主体的煤炭产量。

2. 情景设置

煤炭行业节能低碳发展受外部宏观环境、技术竞争力、产业发展趋势等多方面因素的影响。综合第五章与第六章对煤矿节能和减排技术的研究，为评估煤炭生产行业 2025 年和 2030 年的节能潜力与减排潜力，设置了不同发展情景进行测算，包括基础情景（情景 A）、节能强化情景（情景 B）和节能低碳强化情景（情景 C）。

情景 A 下，煤矿界区内未实施任何节能低碳技术。情景 B 下，煤矿界区内通过实施节能技术降低各工序能源消费量，未实施任何减碳降碳技术，2025 年、2030 年矿区各工序能源消费情况及降低幅度预测见 9.2.2 节分析。

情景 C 下，煤矿界区内通过实施节能技术降低各工序能源消费，并通过实施瓦斯回收利用技术、开发分布式光伏、集中式光伏和生态碳汇降低矿区碳排放，2025 年、2030 年相关低碳技术碳排放量计算见表 9-8。

表 9-8　情景 C 下煤炭生产过程相关低碳技术碳排放量计算基础数据表

主要指标	2020 年	2025 年预测值	2030 年预测值
1. 地面抽采瓦斯量			
地面气体抽采量[a]/亿 Nm^3	57.67	—	—
地面瓦斯气体利用量/亿 Nm^3	53		
地面抽采瓦斯利用率/%	91.9	91.9	93.0
2. 井下抽采瓦斯量			
井下气体抽采量[a]/亿 Nm^3	127.97		
井下瓦斯利用量/亿 Nm^3	57.37		
井下抽采瓦斯利用率/%	44.83	48.03	60
3. 风排瓦斯量			
风排瓦斯量[b]/亿 Nm^3	57.42		
风排瓦斯利用率/%	0	0.4	0.4
4. 矿后活动碳排放量			
矿后活动碳排放量[c]/亿 t	0.71	0.85	0.82
5. CO_2 逃逸量			
CO_2 逃逸排放因子[d]/($Nm^3 \cdot t^{-1}$)	6.57	6.57	6.57

表9-8(续)

主要指标	2020 年	2025 年预测值	2030 年预测值
CO_2 逃逸利用率/%	0	0	0
CO_2 逃逸量/亿 Nm^3	212.67	252.29	241.78
6. 分布式光伏减碳量			
矿区分布式光伏装机容量[e]/MW	0	144	276
7. 集中式光伏减碳量			
集中式光伏装机实施率/%	0	8	19.5
矿区集中式光伏装机容量[f]/MW	0	15360	37450[g]
8. 生态碳汇减碳量			
矿区土地复垦利用率[h]/%	0	10	20
9. 不同类型煤矿产能			
井工煤矿	32.37	38.4	36.8
露天煤矿	7.63	9.6	9.2
选煤厂	28.93	38.4	36.8
基建煤矿	1	1	0.4

注: a. 数据来源:张志刚,霍春秀. 煤矿区煤层气利用技术研究进展 [J]. 矿业安全与环保,2022,49 (4):59-64。

b. 千万吨级井工煤矿按照瓦斯风排量为 250 Nm^3/s,风排瓦斯含量按 0.225% 进行估算,风排瓦斯=风排量×风排瓦斯含量。

c. 2020 年井工煤矿和露天煤矿的矿后活动碳排放量数据来源:任世华,谢亚辰,焦小淼,谢和平. 煤炭开发过程碳排放特征及碳中和发展的技术途径 [J]. 工程科学与技术,2022,54 (1)。

d. 2020 年井工煤矿和露天煤矿 CO_2 逃逸排放因子数据来源:于胜民,朱松丽,张俊龙. 中国井工煤矿开采过程的二氧化碳逃逸排放因子研究 [J]. 中国能源,2018,40 (5):10-16+33。

e. 分布式光伏装机容量按千瓦吨级煤矿装机按 6 MW,2025 年实现 50% 煤矿覆盖,2030 年实现 100% 覆盖核算。光伏减碳量=光伏发电量×2021 年全国单位火电碳排放强度。2021 年全国单位火电碳排放强度为 0.828 kg/(kW·h)。

f. 集中式光伏装机容量按千瓦吨级煤矿井田面积 76.8 km^2,其中 20% 井田面积可用于集中式光伏建设,每千瓦光伏装机容量占地面积按 20 m^2 核算。光伏减碳量=光伏发电量×2021 年全国单位火电碳排放强度。2021 年全国单位火电碳排放强度为 0.828 kg/(kW·h)。

g. 与2022 年 1 月 30 日,国家发展改革 国家能源局印发的《以沙漠、戈壁、荒漠地区为重点的大型风电光伏基地规划布局方案》的通知(发改基础〔2022〕195 号)提出到 2030 年在陕北、宁夏、蒙西鄂尔多斯、晋北采煤沉陷区规划建设 0.37 亿 kW 的新能源项目相符。

h. 按每公顷草地减碳量 6.9 tCO_2、千瓦吨级煤矿井田面积 76.8 km^2 进行计算,生态碳汇减排量=矿区土地复垦利用率×矿区井田面积×每公顷草地减碳量。

9.2.2　节能技术应用节能潜力预测

煤炭消耗主要用于生活热水、建筑物采暖与井筒保温部分，其中用于生活热水煤炭消费量占煤炭总消费量的 10%，用于建筑采暖与井筒保温的煤炭消费量占煤炭总消费量的 90%；油气消费主要用于重卡、无轨胶轮车等。根据课题调研[①]结果，井工煤矿主要用能方式包括电力、煤炭和油气，占总用能比率分别为70%、25%、5%。其中电力消耗主要用于采掘、运输、通风、排水、洗选、排矸及其他环节，各工序电力消费情况及节电潜力预测见表 9-9。

表 9-9　2025 年、2030 年及 2050 年煤炭生产各工序电力消费及降低幅度

能耗	2020 年最低能耗比率/%	2020 年最高能耗比率/%	2020 年均值/%	2025 年能耗可降低百分比/%	2030 年能耗可降低百分比/%	2050 年能耗可降低百分比/%
采掘工序	7	41	18.39	3	5	12
运输工序	7	22	13.33	5	10	30
通风工序	6	32	20.07	4	10	22
排水工序	3	17	9.23	5	10	25
洗选工序	18	42	28.85	5	12	22
其他工序	4	22	10.13	1	2	4
总能耗降低比例				4.03	8.85	19.68

注：能耗降低百分比值是与 2020 年进行对比。

1. 电力消费节能预测

1）采掘工序

2025 年之前，根据煤层赋存条件和采掘条件，因地制宜地分级推广应用智能化开采技术及装备、智能快掘成套技术及装备，提高采煤和掘进机械化程度，与 2020 年相比，预计到 2025 年采掘工序的能耗可降低 3%。

2025—2030 年，将大范围推进智能化开采技术及装备、智能快掘成套技术及装备的应用，与 2020 年相比，预计到 2030 年采掘工序的能耗可降低 5%；2030—2050 年，将逐步应用无人化开采技术及装备、无人化掘进技术及装备，选择性地应用流态化开采技术及装备，与 2020 年相比，预计到 2030 年采掘工序的能耗可降低 12%。

---

① 课题调研样本覆盖煤矿 253 座，产能 78957 t，露天煤矿 12 座，产能 15329 t。

2）运输工序

2025 年之前，将采用带式输送机进行主煤流运输的矿井逐步实现智能运输，智能永磁直驱系统逐步推广应用；采用立井箕斗进行煤炭提升的矿井逐步实现智能装载与卸载功能，且能够与煤仓放煤系统实现智能联动控制；井下采选充一体化技术逐步应用，井下矸石分选技术逐步应用；与 2020 年相比，预计到 2025 年运输工序的能耗可降低 5%。

2025—2030 年，智能永磁直驱系统扩大推广应用范围，采用带式输送机进行主煤流运输的矿井以及采用立井箕斗进行煤炭提升的矿井大范围实现智能运输，井下采选充一体化技术扩大范围应用，井下矸石分选和原位利用技术扩大范围应用；与 2020 年相比，预计到 2030 年运输工序的能耗可降低 10%。

2030—2050 年，运输系统将全面实现智能化，与 2020 年相比，预计到 2050 年运输工序的能耗可降低 30%。

3）通风工序

随着通风系统感知技术逐步推广应用，主要通风机、局部通风机逐步实现在线变频调速，智能通风系统逐步推广应用，与 2020 年相比，预计到 2025 年通风工序的能耗可降低 4%。

2025—2030 年，通风系统感知技术大面积推广应用，智能通风系统大面积推广应用，与 2020 年相比，预计到 2030 年通风工序的能耗可降低 10%。

2030—2050 年，通风系统全面实现智能化，与 2020 年相比，预计到 2050 年通风工序的能耗可降低 22%。

4）排水工序

2025 年之前，基于压力、液位、流量、温度等监测传感器和电动阀的智能排水系统将逐步推广应用，主排水系统设备的逐步实现智能运行，与 2020 年相比，预计到 2025 年排水工序的能耗可降低 5%。

2025—2030 年，智能排水系统大面积推广应用，与 2020 年相比，预计到 2030 年排水工序的能耗可降低 10%。

2030—2050 年，排水系统全面实现智能化，与 2020 年相比，预计到 2050 年排水工序的能耗可降低 25%。

5）洗选工序

2025 年之前，完成淘汰落后产品、提高现有选煤厂自动化水平、工艺系统优化、提升生产运行管理等工作；推进大型化、自动化洗选装备、新型智能干选设备的研究和推广，与 2020 年相比，预计到 2025 年洗选工序的能耗可降低 5%。

2025—2030 年，完成新型建筑材料、新能源、智能化（数字化）的研究和推广；持续研发新型选煤装备，与 2020 年相比，预计到 2030 年洗选工序的能耗可降低 12%。

2030—2050 年，持续推广新型建筑材料、新能源、智能化的广泛应用；智能化新型洗选装备广泛应用，与 2020 年相比，预计到 2050 年洗选工序的能耗可降低 22%。

6）排矸工序

2025 年之前，采用电气智能控制、视觉智能侦测等技术，逐步推进现有煤矿排矸系统的整体智能化改造，与 2020 年相比，预计到 2025 年排矸工序的能耗可降低 5%，整体效率提高 30%。

2025—2030 年，持续推进煤矿智能排矸系统的技术和装备创新，大范围推进煤矿排矸系统的智能化改造，与 2020 年相比，预计到 2030 年排矸工序的能耗可降低 10%，整体效率提高 60%。

2030—2050 年，智能化排矸技术和装备广泛应用，与 2020 年相比，预计到 2050 年排矸工序的能耗可降低 20%，整体效率提高 100%。

7）其他工序

2025 年之前，随着节能技术和装备的逐步推广应用，与 2020 年相比，预计到 2025 年其他工序的能耗可降低 1%。

2025—2030 年，其他工序随着节能技术和装备推广应用的扩大，与 2020 年相比，预计到 2030 年其他工序的能耗可降低 2%。

2030—2050 年，其他工序随着节能技术和装备大范围的推广应用，与 2020 年相比，预计到 2050 年其他工序的能耗可降低 4%。

2. 煤炭消费节能预测

随着可再生能源与余热利用、太阳能集热、空压机余热、洗浴废水余热及乏风疏干水余热等低碳供热方式逐步推广应用，与 2020 年相比，预计到 2025 年矿区生活用水的煤炭消费量可降低 30%，到 2030 年矿区生活用水的能耗可降低 60%，到 2050 年矿区生活用水的能耗可降低 90%。

随着燃气替代、蓄热式电极锅炉、乏风疏干水余热及低温空气源热泵等技术逐步推广应用，与 2020 年相比，预计到 2025 年矿区建筑物取暖和井筒保温的能耗可降低 15%，预计到 2030 年矿区建筑物取暖和井筒保温的能耗可降低 25%，到 2050 年矿区建筑物取暖和井筒保温的能耗可降低 60%。

3. 油气消费节能预测

随着矿用新能源重卡与矿用电动无轨胶轮车的替代推广，与 2020 年相比，预计到 2025 年矿区运输油气能耗可降低 5%，到 2030 年可降低 10%，2050 年可降低 30%。

4. 能源消费总量预测

按照 2020 年井工煤矿与露天煤矿的总能耗约为 1.0066 亿 tce 进行预测。在情景 A 下,煤矿界区内未实施任何节能低碳技术,2025 年、2030 年及 2050 年我国煤炭生产各工序能源消费强度的降低幅度为 0;在情景 B 下,结合我国煤炭当前形势、煤炭生产过程先进技术发展趋势以及煤矿生产安全规程的要求,2025 年、2030 年煤炭生产过程能源消费强度的降低潜力预测如图 9-9 所示。

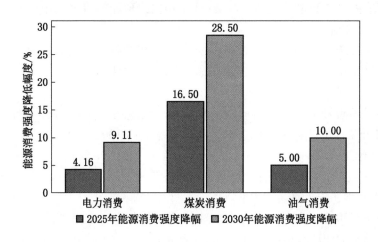

图 9-9 情景 B 下 2025 年、2030 年煤炭生产能源消费强度降低潜力预测

根据煤炭生产全过程各个阶段在煤炭生产中所占的比重,得到在情景 A 和情景 B 下,我国 2025 年、2030 年的煤炭生产过程能源消费总量和能源消费强度的变化趋势,如图 9-10、图 9-11 所示。情景 A 下,由于 2025 年煤炭产能的增加,煤炭生产过程能源消费总量增加至 1.21 亿 tce,到 2030 年,由于煤炭产能的回落,煤炭生产过程的能源消费总量降至 1.16 亿 tce。

在情景 B 下,与情景 A 相比,因采用先进节能降耗技术,2025 年煤炭生产环节的能源消费总量节约了 880 万 tce,吨煤能源消费强度降低约 6.9%;2030 年煤炭生产环节的能源消费总量节约了约 1621 万 tce,吨煤能源消费强度降低约 12.6%。

经初步测算,2020 年我国煤炭生产过程能源消费强度为 24.56 kgce/t,由于煤矿企业测算范围除了涵盖能耗水平较低的大型煤炭企业,还包括占比相对较高(约 30%)的能耗水平中小型煤炭企业,因此与井工煤矿单位产品能耗先进值

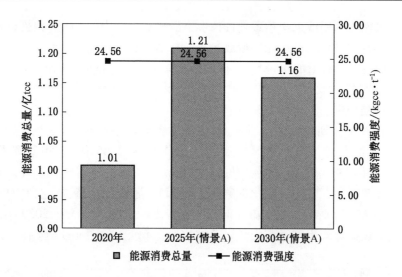

图 9-10　情景 A 下 2025 年、2030 年的煤炭生产能源消费总量和能源消费强度变化

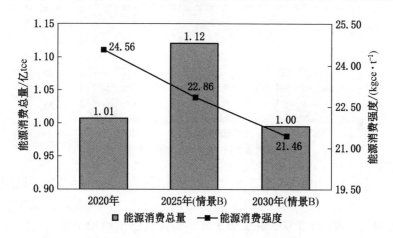

图 9-11　情景 B 下 2025 年、2030 年的煤炭生产能源消费总量和能源消费强度变化

3.0 kgce/t、露天煤矿单位产品能耗先进值 5.0 kgce/t 和大型煤炭企业原煤生产综合能耗 10.51 kgce/t 相比，差距较大。为有效降低煤炭生产过程能源消费强度，除实施必要的节能强化，有必要通过优化生产结构，加快淘汰落后产能，科学有序释放先进产能。

9.2.3　低碳技术应用减排潜力预测

以 2020 年碳排放总量 5.93 亿 t 为基准对煤炭开发过程碳排放进行测算，不考虑瓦斯气回收利用或火炬销毁处理情形下泄放到大气中的 CO_2。根据行业统计数据，煤炭开发过程生产用能碳排放量占总排放量的 47.18%；矿区瓦斯和逃逸 CO_2 排放量占总排放量的 40.85%，矿后活动碳排放占总排放量的 11.97%。根据 9.1 章节对煤炭产能的发展预测，根据 9.2.1 设置的不同情景对低碳技术的应用潜力进行预测分析。

在情景 A 下，到 2025 年，由于 2025 年煤炭产能的增加，井工煤矿开采碳排放总量增加至 7.08 亿 t，其中二氧化碳碳排放为 3.86 亿 t，甲烷碳排放为 3.21 亿 t；到 2030 年，由于煤炭产能的回落，井工煤矿与露天煤矿开采碳排放总量降至 6.79 亿 t，其中二氧化碳碳排放为 3.70 亿 t，甲烷碳排放为 3.09 亿 t。由于在情景 A 下，矿区内未实施任何节能降碳技术，到 2025 年、2030 年，井工煤矿与露天煤矿煤炭生产过程中吨煤碳排放强度不变，如图 9-12 所示。

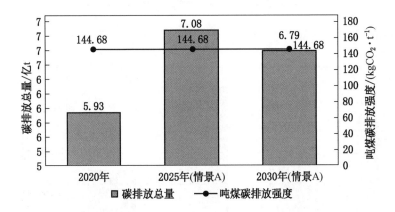

图 9-12　情景 A 下 2020 年、2025 年、2030 年的煤炭生产过程碳排放总量与强度的变化

情景 B 下，到 2025 年，井工煤矿开采碳排放总量增加至 6.83 亿 t，其中二氧化碳碳排放为 3.62 亿 t，甲烷碳排放为 3.21 亿 t，由于节能技术的应用，与情景 A 相比，井工煤矿与露天煤矿开采碳排放总量减少 0.245 亿 t；到 2030 年，井工煤矿开采碳排放总量降至 6.34 亿 t，其中二氧化碳碳排放为 3.25 亿 t，甲烷碳排放为 3.09 亿 t，与情景 A 相比，井工煤矿与露天煤矿开采碳排放总量减少 0.451 亿 t。

同时由于节能技术的应用，到 2025 年，与情景 A 相比，井工煤矿与露天煤矿开采的吨煤碳排放强度降低 5.28 $kgCO_2/t$；到 2030 年，与情景 A 相比，井工煤矿与露天煤矿开采的吨煤碳排放强度降低 8.07 $kgCO_2/t$，如图 9-13 所示。

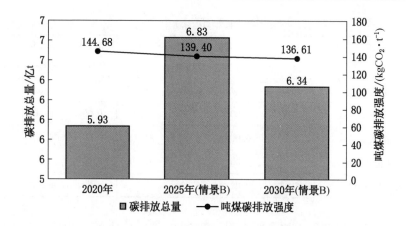

图 9-13　情景 B 下 2020 年、2025 年、2030 年的煤炭开采碳排放总量与强度的变化

情景 C 下，到 2025 年，井工煤矿开采碳排放总量增加至 6.57 亿 t，其中二氧化碳碳排放为 3.43 亿 t，甲烷碳排放为 3.13 亿 t，由于节能和低碳技术的应用，与情景 A 相比，井工煤矿与露天煤矿开采碳排放总量减少 0.503 亿 t，其中由于实施分布式光伏、集中式光伏和生态碳汇技术减少碳排放 0.180 亿 t，由于实施节能技术，减少碳排放 0.245 亿 t；由于实施瓦斯回收利用技术，减少碳排放 0.078 亿 t，

到 2030 年，井工煤矿开采碳排放总量降低至 5.46 亿 t，其中二氧化碳碳排放为 2.82 亿 t，甲烷碳排放为 2.64 亿 t，与情景 A 相比，井工煤矿与露天煤矿开采碳排放总量减少 1.326 亿 t，其中由于实施分布式光伏、集中式光伏和生态碳汇技术减少碳排放 0.426 亿 t，由于实施节能技术，减少碳排放 0.451 亿 t；由于实施瓦斯回收利用技术，减少碳排放 0.450 亿 t，见表 9-10。因此，对于高瓦斯矿井需重点治理瓦斯排放，对于低瓦斯大型矿实施光伏技术和节能技术可有效降低煤炭开采的碳排放水平。

表 9-10　情景 A、B、C 下我国 2020 年、2025 年、2030 年的煤炭开采各环节碳排放量

碳排放量/亿 t	2020 年	2025 年 情景 A	2025 年 情景 B	2025 年 情景 C	2030 年 情景 A	2030 年 情景 B	2030 年 情景 C
生产用能消费排放量	2.80	3.36	3.11	3.11	3.22	2.77	2.77
矿区瓦斯和逃逸 CO_2 排放量	2.42	2.87	2.87	2.80	2.75	2.75	2.30

表9-10(续)

碳排放量/亿 t	2020 年	2025 年	2025 年	2025 年	2030 年	2030 年	2030 年
		情景 A	情景 B	情景 C	情景 A	情景 B	情景 C
矿后活动排放量	0.71	0.84	0.84	0.84	0.82	0.82	0.82
分布式光伏减排量	0.00	0.00	0.00	−0.01	0.00	0.00	−0.03
集中式光伏减排量	0.00	0.00	0.00	−0.15	0.00	0.00	−0.37
生态碳汇减排量	0.00	0.00	0.00	−0.01	0.00	0.00	−0.03
碳排放总量	5.93	7.08	6.83	6.57	6.79	6.34	5.46

同时由于节能和低碳技术的应用，到 2025 年，与情景 A 相比，井工煤矿与露天煤矿开采的吨煤碳排放强度降低 10.56 $kgCO_2/t$；到 2030 年，与情景 A 相比，井工煤矿与露天煤矿开采的吨煤碳排放强度降低 26.95 $kgCO_2/t$，如图 9-14 所示。

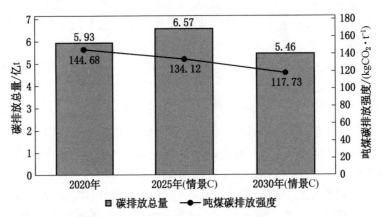

图9-14　情景 C 下 2020 年、2025 年、2030 年的煤炭开采碳排放总量与强度的变化

我国深部煤层广泛发育，是实施煤层 CO_2-ECBM（CO_2-Enhanced Coal Bed Methane Recovery，即通过向煤层、废气矿井等地方注入 CO_2 提高煤层气采收率的一种方法）的良好地质体。根据相关研究，我国煤层 CO_2 地质封存量约为 120.78 亿 t。随着该技术的成熟应用和推广，矿区碳减排潜力巨大。

9.3 "零碳矿山"建设实施案例

根据"碳达峰、碳中和"战略目标，煤炭企业通过低碳发展战略，以建设

"零碳矿山",实现"碳中和"为发展方向。所谓"零碳矿山",是指在评价边界内,直接或间接产生的二氧化碳排放总量,在一定周期内(通常为一年),优化产业结构、利用可再生能源、提高终端能源消费电气化率、开展数智化能源管理等方式实现能源供应清洁化和能源利用高效化,尽最大可能减少生产、服务过程中产生的温室气体排放量,对于无法避免的排放量应采用碳抵消的方式实现碳元素"零排放"。"零碳矿山"建设需要根据每个煤矿特点和减碳/负碳技术水平逐步推进,优先在条件相对较好的千万级煤矿,率先开展低碳零碳技术应用示范工程。在此以中国华电集团所属小纪汗煤矿为例介绍"零碳矿山"实施。

9.3.1 煤矿基本情况

小纪汗煤矿隶属陕西华电榆横煤电有限责任公司,位于国家规划的"陕北侏罗纪煤田榆横矿区"(北区)的东北部,地处榆林市城西 12 km,行政区划隶属于榆林市榆阳区小纪汗乡、芹河乡和岔河乡管辖,处毛乌素沙漠与陕北黄土高原接壤地带,为沙漠滩地区,沙漠覆盖率在 80%以上,属温带大陆性半干旱季风气候。春季风沙频繁,夏季酷热,秋季多雨,冬季长而严寒。

小纪汗煤矿井田面积 248.33 km^2,设计可采储量 1733.85 Mt,设计产能 100 万 t/a,配套建设有同等产能的选煤厂、铁路专用线及矿井水处理与综合利用输送管网系统,全矿设计服务年限 120 年。井田内含 9 层可采煤层,主采煤层为 2、4-2 号煤层,煤质优良,具有中低灰、中低硫、中高发热量、热稳定性好等特点,为优质的环保动力煤,开采条件较简单,属低瓦斯矿井。矿井工业场地位于井田中部场地,矿井开拓方式为斜井开拓,即主斜井、副斜井、中央进风立井、中央回风立井、小苏计回风立井。矿区以牧草地为主,耕地和林地次之,水域、水利设施用地、交通运输用地、住宅用地和其他土地占地很小。井田 2016 年建成投产,小纪汗煤矿工作面采出率约 95.1%,采区采出率 82.1%,矿井采出率 75.5%。每年原煤生产能力为 1000 万 t,年产煤矸石约 150 万 t,井下涌水量平均约 1300 m^3/h。

9.3.2 煤矿温室气体排放现状

为有效落实企业碳达峰工作目标,推动煤矿产业升级,积极应对温室气体排放权交易,根据华电煤业布置,开展了小纪汗煤矿温室气体排放盘查。2021 年盘查碳排放数据见表 9-11。全年能耗为 4.05 万 tce,碳排放量为 20.93 万 t(CO$_2$ 当量)。因本矿为新建千万吨低瓦斯煤矿,吨煤能耗为 4.05 kgce,排放 CO$_2$ 为 20.93 kg,处于行业领先水平。特别说明,小纪汗煤矿建设有 1900 m/h 的矿井水综合利用项目显著增加吨煤能耗,2018 年矿井水综合利用项目未投产前全年能耗约 2.48 万 tce,折合吨煤能耗为 2.48 kgce。从小纪汗煤矿温室气体排放数据分析，净购入电力对应的 CO_2 排放占比最高，其次为井工开采 CH_4 逃逸排放和燃煤锅炉燃烧带来的 CO_2 排放。

表9-11 2021年小纪汗煤矿温室气体排放盘查

序号	温室气体源		2021年原始数据		
			排放量/t	排放量/(tCO$_2$当量)	占比/%
1	燃料燃烧 CO_2 排放	燃煤	11616	11616	5.55
		柴油	1671	1671	0.80
		天然气	14060	14060	6.72
2	井工开采 CH_4 逃逸排放		1565.79	32860.62	15.70
3	矿后活动 CH_4 逃逸排放		156.579	3286.062	1.57
4	井工开采 CO_2 逃逸排放		12665.84	12665.84	6.05
5	净购入电力对应的 CO_2 排放		133095.15	133095.15	63.60
6	总计		174830.35	209254.67	100.00
	单位原煤生产碳排放量/(kg·t^{-1})		20.93		

9.3.3 "零碳矿山"建设实施技术路线图

小纪汗煤矿坚持走绿色低碳高质量发展道路，2020年1月10日率先通过自然资源部验收，成为国家级绿色矿山；2022年3月利通过国家智能化示范煤矿验收，是国内首家通过国家验收的智能化示范煤矿；超前谋划低碳行动规划，通过新技术开发、工业示范等方式，率先启动提高矿井采出率、突破绿色保水开发、煤矿疏干水综合利用、乏风利用、煤矸石治理和矿区分布式光伏等建设，正在推进矿区集中式光伏、绿色物流、煤矸石综合利用矿区林地生态经济林建设等，力争打造首个"零碳智慧矿山"。

1. 提高矿井采出率到80%

采用抗变形移民搬迁安置房屋建筑技术，使得居民搬迁安置区域煤柱全部得以开采回收；采取优化工作面布置，将综采工作面长度调整为320 m左右，将工作面开切眼倾斜设计，使之与井田边界平行，消除了工作面开切眼与井田边界的三角煤柱，实现了矿产资源的高效回收；另外，井田内永久煤柱摊销量少，以上多种绿色高效开采方式使矿山实现了超高采出率，2022年采区采出率是85.9%，矿井采出率是80.3%，均达到国家采出率规定要求。

2. 突破绿色保水开采

矿山坚持以矿产资源高效回收利用为目标，不断探索实践保水采煤的各种新技术、新方式，通过对井上下各含水层水位、水温、水压变化以及井下各采掘区域排水量变化情况的长期监测表明，矿山开采未对地表浅水层含水情况造成影响，实现了保水开采目标，此举有效减少了涌水量，减轻了矿井疏干水的处理成本，为采空区地表生态恢复治理保留了充足的使用水需求，同时也有效缓解了井下冲击地压防治工作压力。

3. 实现全矿区清洁供热

小纪汗矿区总供热负荷 38.83 MW，2021 年供热所需能量为 1.4 万 tce，通过充分利用矿区清洁供热资源，已具备实现全矿清洁供热的条件。

（1）矿井乏风供热。及时拆除了不满足现行烟气排放标准的风井场地 3 台 4 蒸吨燃煤锅炉，2019 年 10 月投入约 2100 万元建成 5.7 MW 小纪汗煤矿风井场地乏风余热利用项目，年供热量 769 万 kW·h，使燃烧标煤减少约 1360 t/a。

（2）天然气供热。辅助生产区配置 2 台 6 t/h 燃气锅炉，自 2020 年 5 月起使用，为矿井水深度水处理工艺蒸发结晶工段提供高温蒸汽，2021 年燃气消耗 4971.42 t。

（3）疏干水供热。井下水余热及空压机余热利用系统用于本矿的采暖、井筒保温及全年洗浴。在工业场地原有的净化车间的复用水池内设 4 台潜水泵，提取井下水输送至热泵机房，提取矿井水中的余热作为热泵机组的环境（低温）热源，为矿井及选煤厂建筑采暖，为井筒防冻供热。热泵机房内设有高效压风机余热回收机组 8 台，总制热量 1400 kW，用于本矿洗浴热，系统总供热规模 24.73 MW。

4. 超前谋划新能源项目建设

2022 年率先启动屋顶分布式光伏项目，目前矿区 6 MW 正在建设，项目建成投产后全年可实现绿电供应 895.6 万 kW·h，与相同发电量的火电相比，减少排放温室效应气体 CO_2 约 7451.392 t。

目前正在开展采煤沉陷区集中式生态光伏建设，含 200 MWp 生态光伏、1200 亩樟子松防护林和 40 MW/40 MW·h 磷酸铁锂储能系统。工程建成后年均发电量约为 31442.57 万 kW·h，根据中电联发布的《中国电力行业年度发展报告 2021》中相关数据，以供电标煤耗 304.9 g/(kW·h) 为基准，年可节约标准煤约为 9.58 万 t，减排 CO_2 约为 26.14 万 t，实现煤矿的"零碳排放"。目前项目已完成可行性研究报告，正在推进建设工作。

5. 实现高矿化度矿井水 100% 综合利用，实现零排放

小纪汗井下涌水量平均 1300~1500 m^3/h。2019 年投资约 4.6 亿元建成并投

运了处理能力为 1900 m/h 的矿井水综合利用项目，包含矿井水处理系统与输水管线，形成了多位一体的矿井水资源化利用系统，有效解决了矿井水处理与综合利用的难题。矿井水经达标处理后部分供煤矿生产及生活，剩余全部输送至榆林市水务集团由其统一调配用于周边工业用户用水。目前，小纪汗煤矿完全实现了矿井水资源达标处理后的 100% 综合利用、零排放。

6. 启动煤矸石综合利用

小纪汗煤矿每年生产煤矸石 100 万~150 万 t，目前主要是通过外销和堆积方式处理。为提高资源利用率，目前正在通过推进区煤矸石综合利用项目研究和示范工作，根据小纪汗煤矿煤矸石的性质，计划采用生产建筑陶粒骨料/硅基材料的方式实现资源综合利用，副产余热蒸汽用于工业园区供热。

7. 布局基于光储充换一体化的绿色物流

小纪汗煤矿物流主要有三个场景：矿用无轨胶轮车、短途倒运用重卡、铁路专用线。规划通过构建以光伏发电、电池储能、充电和换电技术一体化为核心的绿色物流体系，实现新能源发电和清洁能源应用技术耦合。目前正在开展重卡换电项目和矿用新能源车可行性研究报告编制，计划 2023 年建成投用。在运行铁路转运线，通过实施边坡光伏+电能动力方式实现绿电替代。

8. 构建矿区生态碳汇

规划在小纪汗采空区林地不动原林地植被结构前提下开展生态碳汇林文冠果油试验区 5000~10000 亩，同时依托动态监测系统，从林地土壤肥力、含水率、植被长势等方面进行研究，建立矿区植被生态系统碳汇监测核算体系，开展矿区植被、土壤等碳汇本底调查、碳储量评估、潜力分析，实施生态保护修复碳汇成效监测评估。试点成功后，在矿区内外推广扩大矿区种植面积，产量条件具备情况下，建设文冠果油现代化精深加工车间。在大规模种植时使用小纪汗达到浇灌标准的矿井疏干水、小纪汗煤矸石大宗固废综合利用项目制备的符合农林肥料标准的生态土。

9. 其他

矿区瓦斯气主要集中在风排瓦斯和矿后活动，属于极低瓦斯范畴（＜0.75%）富集处理难度大，近期重点进行技术跟踪，适时启动关键技术培育与示范。

矿区电耗 218153.00 MW·h，原煤开采量 1000 万 t，折合吨煤电耗 21.8 kW·h（含矿井水深度处理电耗），为大型煤炭企业吨煤度电生产成本平均水平，下一步将重点通过智能用电和优化工艺等角度开展工作。

9.3.4 "零碳矿山"建设

根据小纪汗目前已建和正在推进的"零碳矿山"实施技术路线和目前的碳

排放特性分析可知，通过实施清洁供热、绿色物流和生态光伏与绿色碳汇建设，不仅可实现"零碳矿山"建设，每年还可以减排约8万t的温室气体排放，实现"负碳"园区。通过绿色保水开采、煤矸石和疏干水的综合利用，助力低碳循环经济发展。2021年不连沟煤矿温室气体排放盘查情况见表9-12。

表9-12　2021年不连沟煤矿温室气体排放盘查情况

发展场景	序号	温室气体源	"零碳矿山"建设前碳排放量/t	"零碳矿山"建设后碳排放量/t	备注
正碳场景	1	煤炭燃烧 CO_2 排放	11616	3485	清洁能源替代，按1/3排放计算
	2	柴油燃烧 CO_2 排放	1671	1504	绿电动力替代，按碳排放降低10%考虑
	3	天然气燃烧 CO_2 排放	14060	14060	清洁能源
	4	井工开采 CH_4 逃逸排放	32861	32861	
	5	矿后活动 CH_4 逃逸排放	3286.1	3286	
	6	井工开采 CO_2 逃逸排放	12666	12666	未采取处理措施
	7	净购入电力对应的 CO_2 排放	133095	133095	按市电折算
	合计			195968	
负碳场景	1	生态光伏建设		−268850	发展6 MW分布式光伏和200 MW集中式光伏
	2	生态碳汇		−8195	按每公顷绿植减少 CO_2 排放量6.9 t，5%的矿区面积建设生态碳汇计算
	合计		209255	−81077	

9.4　本章小结

对煤炭行业未来节能低碳发展潜力分基础情景A、节能强化情景B和节能低碳强化情景C进行了分析预测。2025年，在A~C情景下露天矿与井工矿的碳排放总量分别为7.08亿t、6.83亿t、6.57亿t；与基础情景A相比，在节能强化情景B下由于节能技术应用减少碳排放0.245亿t；在节能低碳强化情景C下由于节能低碳技术应用减少碳排放 0.503 亿 t，其中节能技术应用减少碳排放 0.245 亿 t（48.71%），分布式光伏、集中式光伏和生态碳汇技术减少碳排放 0.180 亿 t（35.79%），实施瓦斯回收利用技术减少碳排放 0.078 亿 t（15.50%）。2030 年，在 A~C 情景下露天矿与井工矿的碳排放总量分别为 6.79 亿 t、6.34 亿 t 和 5.46 亿 t；与基础情景 A 相比，在节能强化情景 B 下由于节能技术应用减少碳排放 0.45 亿 t；在节能低碳强化情景 C 下由于节能低碳技术应用减少碳排放 1.33 亿，其中由于实施分布式光伏、集中式光伏和生态碳汇技术减少碳排放 0.426 亿 t（32.03%），由于实施瓦斯回收利用技术，减少碳排放 0.450 亿 t（33.83%），实施节能技术，减少碳排放 0.451 亿 t（33.91%）。到 2025 年在 A~C 情景下露天矿与井工矿的吨煤碳排放强度分别为 144.68 $kgCO_2/t$、139.40 $kgCO_2/t$ 和 134.12 $kgCO_2/t$；到 2030 年在 A~C 情景下露天矿与井工矿的吨煤碳排放强度分别为 144.68 $kgCO_2/t$、136.61 $kgCO_2/t$ 和 117.73 $kgCO_2/t$。由数据分析可知，对于高瓦斯矿井需重点治理瓦斯排放，对于低瓦斯大型矿实施光伏技术和节能技术可有效降低煤炭开采的碳排放水平。

第 10 章　电力、煤化工行业成效与经验借鉴

　　近年来，电力行业与化工行业通过调整产业结构、优化能源结构、应用先进节能降碳技术、强化节能低碳管理等一系列措施，清洁低碳转型取得了显著的成效。电力行业与化工行业作为主要耗煤行业，其节能低碳发展经验对于煤炭生产行业具有重要借鉴意义。建立碳排放权交易市场作为利用市场机制控制温室气体排放的重大举措，是深化生态文明体制改革的迫切需要，既有利于降低全社会减排成本，也有利于推动经济向绿色低碳转型，梳理分析我国碳市场建设的关键机制、发展现状，有利于煤炭行业应对未来碳市场带来的环境成本压力。

10.1　电力行业

10.1.1　发展概述

　　电力行业是煤炭消耗的主要行业之一，是国家节能减排工作重点管控行业。近年来，电力行业按照国家的要求和部署，深入实施煤电节能减排升级改造，持续优化电网网架结构，煤电节能与污染物排放控制水平、资源利用水平已经达到世界先进水平，部分领域达到世界领先水平，电网综合线损率稳步下降；电力供应加快低碳转型，电源发展更加多元，装机结构向绿色化发展。

　　近年来，我国电力供应能力快速提升。2022 年，全国全社会用电量86372 亿 kW·h，比上年增长 3.6%，增速比上年降低 6.8 个百分点。截至2022 年底，全国全口径发电装机容量 256405 万 kW，比上年增长 7.8%。其中，水电 41350 万 kW，比上年增长 5.8%；火电 133239 万 kW，比上年增长 2.7%；核电 5553 万 kW，比上年增长 4.3%；并网风电 36544 万 kW，比上年增长11.2%；并网太阳能发电 39261 万 kW，比上年增长 28.1%。2022 年，全国全口径发电量为 86941 亿 kW·h，比上年增长 3.6%，增速比上年降低 6.5 个百分点。其中，水电 13550 亿 kW·h，比上年增长 1.1%；火电 57307 亿 kW·h，比上年增长 1.2%；核电 4178 亿 kW·h，比上年增长 2.5%；并网风电 7624 亿 kW·h，比上年增长 16.3%；并网太阳能发电 4276 亿 kW·h，比上年增长 30.8%。

10.1.2 发展成效

1. 火电机组节能提效成果显著

"十三五"期间，全国煤电淘汰落后产能成效显著，累计关停落后煤电机组超过 3000 万 kW，截至 2021 年底，全国煤电累计完成节能改造规模近 9 亿 kW。火电机组结构持续优化，超临界、超超临界机组比例明显提高，中国煤电机组供电煤耗持续保持世界先进水平。2021 年全国火电平均供电煤耗 302.5 g/kW·h，较 2015 年相比降低 12.2 g/kW·h。

2. 电力供应加快绿色低碳发展

截至 2022 年底，水电、风电装机均超 3.5 亿 kW，海上风电装机规模居世界第一，新能源年发电量接近 1.2 万亿 kW·h。清洁能源资源优化配置能力持续提升，2020 年特高压线路输送可再生能源电量 2441 亿 kW·h，占全部输送电量的 45.9%。以 2005 年为基准年，从 2006 年到 2021 年，通过发展非化石能源，降低供电煤耗和线损率等措施，电力行业累计减少二氧化碳排放约 215.1 亿 t。

3. 非化石能源装机增长势头强劲

全国电源建设重心继续向清洁电源转移，风电与太阳能发电成为推动非化石能源装机增长的主力军。2022 年非化石能源发电装机容量 12.7 亿 kW，占总装机容量的比重为 49.5%，如图 10-1 所示。

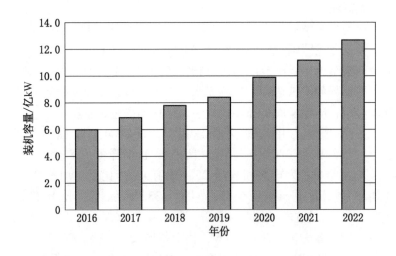

图 10-1　2016—2022 年全国非化石能源装机

4. 非化石能源发电量快速增长

全国电力延续绿色低碳发展态势，非化石能源发电量实现较快增长，

2022 年全国非化石能源发电量 31473 亿 kW·h，较 2016 年增长 78.4%，如图 10-2 所示。

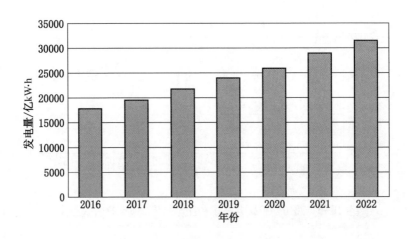

图 10-2　2016—2021 年全国非化石能源发电量

5. 单位发电量二氧化碳排放强度稳步下降

"十三五"以来，我国通过调整产业结构、优化能源结构等一系列具体措施，能源低碳转型成效显著。2021 年全国单位发电量二氧化碳排放强度为 558 g/(kW·h)，较 2016 年降低 32 g/(kW·h)。根据 2022 年 3 月 15 日，生态环境部发布了《关于做好 2022 年企业温室气体排放报告管理相关重点工作的通知》（以下简称《通知》），全国电网排放因子由 0.6101 tCO_2/(MW·h) 调整为最新的 0.5810 tCO_2/(MW·h)，如图 10-3 所示。

"十三五"以来，电力行业聚焦国家核心关键攻关任务和行业发展重大技术需求，持续加强基础研究，夯实科技基础，推进"卡脖子"技术攻关，取得多项重大技术突破和一系列原创性成果，为构建新型电力系统、实现"碳达峰、碳中和"目标提供有力技术支撑，在此摘录部分技术供借鉴。

10.1.3　先进节能低碳技术

1. 火力发电技术升级与改造

火力发电技术一直以提升机组容量和蒸汽参数，进而提高机组热效率、降低污染物排放为核心目标。在热力系统不变的情况下，从 620 ℃蒸汽等级升高到 630 ℃，机组进汽参数的提升可降低发电煤耗约 3 g/(kW·h)；从 630 ℃升高到 650 ℃可进一步降低约 2 g/(kW·h)。在提升运行参数的同时采用机组运行控制

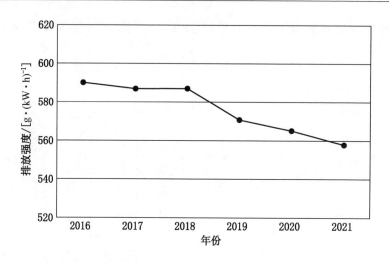

图 10-3　2016—2021 年全国单位发电量二氧化碳排放强度

优化，锅炉、热力系统和烟气余热利用等综合改造措施，实现机组能效提升及供电煤耗进一步降低。

2. 特高压直流输电技术

交直流混合配电网是适应能源互联网技术发展要求，兼容交直流供电、交直流异质负荷，实现交直流支撑的新型配电网形态。交直流混合配电网一般由多个柔性互联装置、分布式发电单元、负荷单元以及储能单元组成，能够高效接纳直流电源和直流负荷，提高消纳分布式电源水平、能源利用率及供电质量。2018年，世界规模最大的多端交直流混合柔性配网互联工程在广东珠海唐家湾成功投运。该工程采用了世界首台±10 kV/±375 V/±110 V 三端口直流变压器，采用了新型碳化硅器件，可以实现电压变换、潮流管理、短路故障自清除、微秒级模块在线旁路等功能，具备高效率、高可靠性、高功率密度的特点。

3. 智能用电负荷控制技术

智能负荷控制技术不仅可以保证限电到户，谁用电超量限谁，不超不限，还可以在负荷高峰时，对那些可以短时中断供电或不重要的设备直接切除，压低电力系统的高峰负荷。在高峰过后，又可将这些负荷投入，增加系统的低谷用电，达到削峰填谷的目的。使电力系统负荷曲线更加平坦，以保证电力网的安全经济运行。未来的智能负荷控制系统应是与现有的调度系统高度融合的，可基于嵌入式开发与调度主站系统进行一体化建设，也可作为独立功能模块通过总线方式与主站系统进行交互，并呈现出分层分布式的特点。

4. 太阳能发电技术

我国太阳能发电持续快速发展，技术水平不断提高，产业规模与产业化技术水平均处于世界领先地位，PERC 技术大规模应用，TOPCon、HJT、IBC 等高效晶硅电池技术也已具备一定产能。在钙钛矿等新型高效电池技术方面与世界齐头并进，中国科学院曾创造单结 24.2% 的世界纪录。

5. 柔性直流输配电技术

柔性直流输电技术作为新一代高压直流输电技术，在提高电力系统稳定性、增加系统动态无功储备、改善电能质量等方面有较强的技术优势，且环保性好、占地面积小，可广泛应用于可再生能源、分布式发电并网等领域。

6. 分布式能源微电网技术

以风、光等可再生能源为主的分布式电源一般在负荷附近建设安装，通过分布式供应方式满足用户侧需求，并且需要配电网提供平衡调节。而微电网则是实现数量庞大、形式多样的分布式电源接入并且可灵活高效应用的集成技术和物理单元。

7. 新型储能技术

新型储能技术包括以磷酸铁锂为主的电化学储能、以非补燃式压缩空气为主的先进物理储能和以清洁高效为特征的氢能技术，特别是锂离子电池具有储能密度高、充放电效率高、响应速度快、产业链完整等优点得到了快速发展，目前已处于大规模产业化推广阶段，为新能源汽车、电网调峰及应急后备系统都提供了良好的技术保障。

8. CCUS 技术

CCUS 技术是指把生产过程中排放的二氧化碳进行提纯，继而投入新的生产过程中可以循环再利用。目前电厂有三种捕碳路线：燃烧后捕集、燃烧前捕集与富氧燃烧，燃烧后捕集是将 CO_2 从燃烧生成的烟气中与其他组分分离，并达到 CO_2 富集的技术路线，主要包括吸收分离技术、吸附分离技术、膜分离技术和低温分离技术等。燃烧前捕集是将 CO_2 在燃料燃烧之前进行分离的技术路线，主要利用煤气化和重整技术，将煤炭在燃烧前转化为 CO_2 和氢气（H_2）合成气，将 CO_2 从合成气中分离，其代表技术是整体煤气化联合循环（IGCC）技术。富氧燃烧是将空气中的氮气分离出，利用纯氧气作为燃料的氧化剂进入燃烧系统，燃烧后产生的烟气中 CO_2 浓度高达 95% 左右，无须进一步提纯便可达到富集效果。目前，我国已有十余个电厂安装了碳捕集装置，基本上都是试验示范项目。2021 年投运的国家能源陕西国华锦界能源有限责任公司碳捕集与封存全流程示范项目的 CO_2 捕集能力为 15 万 t/a，是目前国内规模最大的燃煤电厂燃烧后碳捕集-驱油/封存全流程示范项目。

10.1.4 经验借鉴

1. 强化顶层设计

近年来，电力行业节能低碳发展的政策引领持续强化。2021年9月，党中央、国务院印发了《中共中央　国务院关于完整准确全面贯彻新发展理念做好碳达峰碳中和工作的意见》，提出统筹煤电发展和保供调峰，严控煤电装机规模，加快现役煤电机组节能升级和灵活性改造；实施可再生能源替代行动，不断提高非化石能源消费比重；推进电网体制改革，明确以消纳可再生能源为主的增量配电网、微电网和分布式电源的市场主体地位；从有利于节能的角度深化电价改革。2021年10月，颁布了《2030年前碳达峰行动方案的通知》（国发〔2021〕23号），对能源绿色低碳转型行动提出具体要求：一是推进煤炭消费替代和转型升级……严格控制新增煤电项目，新建机组煤耗标准达到国际先进水平，有序淘汰煤电落后产能，加快现役机组节能升级和灵活性改造，积极推进供热改造，推动煤电向基础保障性和系统调节性电源并重转型。严控跨区外送可再生能源电力配套煤电规模，新建通道可再生能源电量比例原则上不低于50%……二是大力发展新能源。全面推进风电、太阳能发电大规模开发和高质量发展，坚持集中式与分布式并举，加快建设风电和光伏发电基地。加快智能光伏产业创新升级和特色应用，创新"光伏+"模式，推进光伏发电多元布局。……到2030年，风电、太阳能发电总装机容量达到12亿kW以上。三是因地制宜开发水电。积极推进水电基地建设，推动金沙江上游、澜沧江上游、雅砻江中游、黄河上游等已纳入规划、符合生态保护要求的水电项目开工建设，推进雅鲁藏布江下游水电开发，推动小水电绿色发展……"十四五""十五五"期间分别新增水电装机容量4000万kW左右，西南地区以水电为主的可再生能源体系基本建立。四是积极安全有序发展核电。合理确定核电站布局和开发时序，在确保安全的前提下有序发展核电，保持平稳建设节奏。五是加快建设新型电力系统。构建新能源占比逐渐提高的新型电力系统，推动清洁电力资源大范围优化配置。大力提升电力系统综合调节能力，加快灵活调节电源建设，引导自备电厂、传统高载能工业负荷、工商业可中断负荷、电动汽车充电网络、虚拟电厂等参与系统调节，建设坚强智能电网，提升电网安全保障水平。积极发展"新能源+储能"、源网荷储一体化和多能互补，支持分布式新能源合理配置储能系统。制定新一轮抽水蓄能电站中长期发展规划，完善促进抽水蓄能发展的政策机制。加快新型储能示范推广应用。深化电力体制改革，加快构建全国统一电力市场体系。到2025年，新型储能装机容量达到3000万kW以上。到2030年，抽水蓄能电站装机容量达到 1.2 亿 kW 左右，省级电网基本具备 5% 以上的尖峰负荷响应能力。

顺应"双碳"目标，中国发电企业积极开展能源电力碳达峰碳中和重大问题研究；中国华能、中国大唐、中国华电、国家能源、国家电投等中央企业已初步提出集团实现碳达峰的时间预期，谋划绿色低碳产业布局。浙能集团、京能集团等省属国有企业积极谋划"十四五"时期各类电源发展路径，见表 10-1。

表 10-1　主要电力企业推动实现碳达峰行动路线

企业名称	碳达峰时间	低碳转型主要目标和举措
中国华电	有望 2025 年实现碳达峰	"十四五"期间，力争新增新能源装机 7500 万 kW，"十四五"末非化石能源装机占比力争达到 50%，非煤装机（清洁能源）占比接近 60%
中国华能	—	到 2025 年，发电装机达到 3 亿 kW 左右，新增新能源装机 8000 万 kW 以上，确保清洁能源装机占比 50% 以上，碳排放强度较"十三五"下降 20%，到 2035 年，发电装机突破 5 亿 kW，清洁能源装机占比 75% 以上
中国大唐	提前 5 年实现碳达峰	到 2025 年，非化石能源装机超过 50%
国家能源	—	抓紧制定 2025 年碳排放达峰行动方案，坚定不移推进产业低碳化和清洁化，提升生态系统碳汇能力。"十四五"时期，实现新增新能源装机 7000 万 ~ 8000 万 kW，占比达到 40% 的目标
国家电投	2023 年	到 2025 年，电力装机将达到 2.1 亿 kW，清洁能源装机比重提升到 60%；到 2035 年，电力装机达 2.7 亿 kW，清洁能源装机比重提升到 75%
国家电网	—	到 2025 年，公司经营区跨省跨区输电能力达到 3.0 亿 kW，输送清洁能源占比达到 50%。初步建成国际领先的能源互联网
南方电网	—	争取 2025 年前后新增清洁外电送入约 1000 万 kW，2030 年前再新增清洁外电送入约 1000 万 kW，新增区外送电 100% 为清洁能源。到 2025 年，南方五省区省级电网平均线损率降至 4% 左右，达到国际先进水平。
浙能集团	—	"十四五"期间实现集团可再生能源发电装机容量翻两番，力争新增可再生能源发电装机 2000 万 kW
华润电力	2025 年	"十四五"期间力争新增 4000 万 kW 可再生能源发电装机，计划 2025 年末可再生能源发电装机占比超过 50%
京能集团	—	实施"风光战略"，择优建设一批百万千瓦级平价项目基地，到"十四五"末，确保新增风电、光伏装机不低于 1500 万 kW，集团内可再生能源发电装机占比不低于 50%
国投电力	—	水电方面将持续开发雅砻江水电资源，"十四五"期间实现两河口和杨房沟合计 450 万 kW 装机投产。积极推进卡拉、孟底沟水电站建设。新能源方面，组织推动雅砻江水风光互补绿色清洁可再生能源示范基地开发，助力新能源发电装机占比稳步提高

2. 优化电力结构

以规划为导向，综合发挥财税和绿色机制作用，激励可再生能源开发利用，大力发展可再生能源。2007 年 8 月 31 日，国家发展改革委印发《可再生能源中长期发展规划》，提出该规划出台到 2020 年期间可再生能源发展的指导思想、主要任务、发展目标、重点领域和保障措施。自 2006 年《中华人民共和国可再生能源法》实施以来，我国逐步建立了对可再生能源开发利用的价格、财税、金融等一系列支持政策，如《可再生能源发电价格和费用分摊管理试行办法》《关于促进非水可再生能源发电健康发展的若干意见》等。2021 年非化石能源发电投资占电源投资的比重达到 88.6%，新增非化石能源发电装机容量 1.38 亿 kW，占新增发电装机总容量的比重为 78.3%。截至 2021 年底，全国全口径非化石能源发电装机容量 11.2 亿 kW，同比增长 13.4%，占总装机容量的比重为 47.0%，首次超过煤电装机比重。其中，风电、太阳能、水电装机分别达到 3.1 亿 kW、3.3 亿 kW、3.9 亿 kW，装机规模约 1 亿 kW 的沙漠、戈壁、荒漠风电光伏基地已有序开工建设。清洁能源消纳取得新进展，风电、光伏和水能利用率分别达到 96.9%、97.9% 和 97.8%，核电设备年均利用小时数超过 7700 h。

3. 持续提升煤电机组清洁高效灵活性水平

淘汰煤电落后产能、大力推动节能减排，统筹推进煤电机组"三改联动"，持续提升煤电机组清洁高效灵活性水平。"十三五"期间，中国超额完成淘汰煤电落后产能目标任务，累计淘汰煤电落后产能 4500 万 kW 以上。投入大量的资金进行多轮煤电机组设备改造，2021 年全年改造规模超 2.2 亿 kW，截至 2021 年底，近 10.3 亿 kW 煤电机组实现超低排放。2021 年 12 月 28 日，国务院关于印发《"十四五"节能减排综合工作方案的通知》（国发〔2021〕33 号）要求严格合理控制煤炭消费增长，抓好煤炭清洁高效利用，推进存量煤电机组节煤降耗改造、供热改造、灵活性改造"三改联动"，持续推动煤电机组超低排放改造；推广大型燃煤电厂热电联产改造，充分挖掘供热潜力。2021 年 10 月 29 日，《国家发展改革委 国家能源局关于开展全国煤电机组改造升级的通知》（发改运行〔2021〕1519 号）提出，推动能源行业结构优化升级，进一步提升煤电机组清洁高效灵活性水平，促进电力行业清洁低碳转型；煤电机组改造升级是提高电煤利用效率、减少电煤消耗、促进清洁能源消纳的重要手段；各地在推进煤电机组改造升级工作过程中，需统筹考虑煤电节能降耗改造、供热改造和灵活性改造制造，实现"三改"联动；同时，要合理安排机组改造时序，保证本地电力安全可靠供应。

4. 运用市场机制促进碳减排，创新绿色电力证书、绿色电力交易机制，促

进可再生能源消纳

2017年1月18日，国家发展改革委、财政部、国家能源局联合印发《关于试行可再生能源绿色电力证书核发及自愿认购交易制度的通知》（发改能源〔2017〕132号），要求建立可再生能源绿色电力证书自愿认购体系，鼓励各级政府机关、企事业单位、社会机构和个人在全国绿色电力证书核发和认购平台上自愿认购绿色电力证书。2021年9月7日，我国绿色电力交易试点正式启动，首次交易来自17个省份的259家市场主体，以线上线下方式完成了79.35亿kW·h绿色电力交易，从供需双侧发力，促进新能源发展。纳入全国碳市场，推动行业市场低成本减排。2021年7月16日，全国碳市场以发电行业为突破口启动上线交易，年覆盖约45亿t二氧化碳排放量，从可交易的二氧化碳排放规模看是全球规模最大的碳市场。从运行上看，上线交易一年以来，全国碳市场运行总体平稳，没有出现暴涨暴跌的情况，按履约量计，履约完成率达99.5%，交易量满足企业履约的基本需求，符合碳市场作为减排政策工具的预期。从成效上看，全国碳市场基本框架初步建立，价格发现机制作用初步显现，企业减排意识和能力水平得到有效提高，促进企业减排温室气体和加快绿色低碳转型的作用初步显现。

5. 深化主业，开展节能与低碳转型实践

电力行业深入落实科学发展观，加快绿色低碳转型发展，加大结构调整力度，推动主业节能降耗和低碳转型取得了积极进展。

（1）在主业节能降耗方面，火电超低排放技术领域取得突破性进展，首次采用单轴六缸六排汽技术，自主设计建造投产更加环保、节能、高效的百万千瓦级二次再热燃煤发电机组；大力推广火电厂节电技术，选用节能型变压器，显著降低变压器的空载损耗、负载损耗；采用电机加装变频器、冷却系统安装风斗等措施对辅助设备进行节能技术改造；不断优化调整运行负荷，提高机组设备的运行经济性；合理规划区分厂内不同区域的照度要求，使用高效节能、寿命长的节能灯器具。

（2）在低碳转型方面，加快发展可再生能源电力，积极探索储能等灵活调节资源促进新能源消纳的新机制和新模式；特高压电力外送通道为促进新能源大规模外送消纳创造有利条件；智慧能源、能源互联网、新能源、储能、氢能等新兴领域率先推进新型标准体系建设；推动向综合能源服务商转型，从供能侧和用能侧双向发力，加快构建以电力为中心环节的综合能源服务产业链，优化完善以客户为中心的综合能源服务体系，搭建智慧能源管理平台，推动重点项目落地实施，满足工业、商业、公共等各类用户日益多样化的用能用电需求。

10.2 煤化工行业

10.2.1 发展概况

煤化工行业是煤炭消耗的主要行业之一,也是国家节能减排工作重点管控行业。近年来,我国现代煤化工产业技术水平不断提高,能够支撑全产业链自主发展。经过多年技术研究和产业化实践,我国现已拥有煤制天然气、煤制油、甲醇合成、甲醇制烯烃、合成气制乙二醇、煤炭分质利用等众多先进生产技术,拥有丰富的煤化工生产经验,形成了相对完整和健全的技术体系,现代煤化工关键技术水平居全球领先地位。2022 年我国现代煤化工生产经营情况见表 10-2。

表 10-2 2022 年我国现代煤化工生产经营情况

类别	产能	占全部产能比例/%
煤制油	898 万 t/a	5(占原油产量)
煤制天然气	61 亿 m³/a	3(占国内产量)
煤制合成氨	4967 万 t/a	75
煤制甲醇	约 8800 万 t/a	80
煤制烯烃	1772 万 t/a	18
煤制乙二醇	1083 万 t/a	40
焦化	约 6 亿 t/a	—

总体上,我国煤化工产业充分发挥了我国煤炭资源特长,是具有中国特色、反映区域特点、具有比较优势的产业门类,是石化化工产业的重要补充,煤化工行业发展也是煤炭由燃料向燃料与原材料耦合转变过渡的重要支撑路径,为我国化学工业发展作出了积极贡献。

10.2.2 发展成效

1. 节能环保治理水平不断提高

与石油和天然气相比,煤炭作为化工原料具有投资大、流程长、能耗高等众多先天不足。近 20 年来,我国不断加大煤化工节能和环保技术开发,过程能耗不断降低,环保治理水平不断提高,现已具备大气超低排放、废水零排放、废渣高效治理的综合实力,能够满足日益严格的标准要求,我国煤化工产业节能环保水平不断提高。

2. 煤化工产品保持一定经济优势和碳减排潜力

我国煤化工产业经济性具有比较优势，对经济发展作出了积极贡献。我国主要煤化工产品的生产成本较低，煤制氮肥对保障农业生产和粮食价格稳定发挥了积极作用，煤制甲醇是我国碳化工的重要基础，煤制烯烃、煤制油、煤制天然气、煤制油也在一段时期内具有成本优势。

相比于其他燃煤、发电、钢铁、建材等行业，煤化工转化单位煤炭的碳排放少，原因是煤制化学品可将一部分碳固化在终端产品中。根据 2020 年主要煤化工产品产量核算（不含焦化），共计排碳 4.1 亿 t，另有 1.5 亿 t 进入主要产品中，产品固碳比例平均为 27%。

煤化工行业各煤炭转化过程单位产品 CO_2 排放量由大到小依次为煤制烯烃、煤间接液化、煤制乙二醇、煤制天然气、煤制合成氨、煤制甲醇。按 2020 年全国产量粗略估算，我国 2020 年煤化工的 CO_2 排放量共计约 5.4 亿 t，其中煤制合成氨 1.8 亿 t、煤制甲醇 1.7 亿 t、煤制油气 0.6 亿 t、煤制烯烃（扣除煤制甲醇）0.2 亿 t、煤制乙二醇 0.2 亿 t、焦化 1.3 亿 t。

此外，煤化工排放的二氧化碳大部分来自合成气变换装置，二氧化碳浓度较高，工业上已直接用于氮肥、纯碱等传统产品，将来可用于捕集封存和驱油等新型利用方式，体现了煤化工整体较高的碳减排潜力。

《现代煤化工行业节能降碳改造升级实施指南》文件，针对煤制甲醇、煤制烯烃和煤制乙二醇三个重点领域，明确了节能降碳工作方向和技术路径，从绿色技术工艺、重大节能装备、能量系统优化、余热余压利用、公辅设施改造、废物综合利用六个方面，提出了成熟工艺普及推广应用的重点发展方向。

10.2.3　先进节能低碳技术

我国现代煤化工产业技术水平正不断提高，工艺方案和集成方案的选择应在技术和经济充分比较的情况下进行优化，以达到煤炭深加工项目能耗和水耗指标进一步下降，达到升级示范提出的基准值和先进值，同时保证良好的经济效益。

1. 工艺、装置与催化剂升级

在煤化工大型化的发展趋势下，产品合成装置也趋于大型化，合成工艺通过提高单塔产能、提高催化剂装填系数，可实现高压空间利用效率提高、缩小循环量、利于设备管道紧凑布置，从而最大限度地发挥系统优势，节能提效。以大型甲醇合成为例，目前国内年产 120 万吨甲醇以上的甲醇合成装置多采用国外技术。目前应用最广、采用最多的技术是 Lurgi、Topsoe 和 Davy 合成技术，这几种技术目前达到的单系列合成甲醇装置能力也最大，单系列能力可达 7000 t/d 规模。

甲醇制烯烃 DMTO－Ⅲ 技术采用新一代催化剂，中试结果甲醇转化率

99.06%，乙烯和丙烯的选择性 85.90 wt%，吨烯烃（乙烯+丙烯）甲醇单耗 2.62~1.66 t。与现有的 DMTO 技术相比较，在反应器的尺寸基本保持不变且操作条件接近的情况下，DMTO-Ⅲ单套装置甲醇处理能力从 180 万 t/a 提高到 300 万 t/a。在不需要单独设置 C4+裂解反应器的情况下，DMTO-Ⅲ反应器的甲醇制烯烃选择性可以达到 85%~90%。

2. 设备系统大型化

近年来我国煤化工行业在消化吸收引进技术的基础上，已初步具备了自主创新和自我发展的能力。先进气化技术在大型煤制甲醇项目中得到广泛应用。根据目前中小型煤化工产能规模情况，存在大型先进气化技术改造升级空间。相比于小规模的气化技术水平，吨产品气化工序预计平均节能约 5%；同时气化技术升级，提高气化压力，可降低后续净化合成等工序的压缩功耗，进一步使吨产品系统能耗降低约 3%。近年来，随着煤化工、大化肥、钢铁、石化等大型工程项目的兴建和扩建，从降低投资费用、运行费用和方便管理等方面着眼，要求工程配套的空分设备也趋于大型化。目前国内外已投运的空分单机制氧能力均已达 10 万 m^3/h 等级。按照目前国内空分装置运行状况和空分设备厂的制造能力，10 万 m^3/h 等级以下的空分装置基本已经可以国产化，除压缩机组和几个关键设备需要进口外，其余设备可由国内空分成套商成套，而且已经有了生产运行的业绩。结合国内外空分装置的设计能力，从能耗角度，空分装置规模越大越节能，操作费用越低，建设和管理费用也越低，有利于节约占地并提高能效。以目前国产化空分成熟应用的规模 5 万~6 万 m^3/h 为例，若升级为 10 万 m^3/h 的大型空分，采用增效塔提效、液体膨胀机降焓、多层主冷降压、径向流空气纯化器降阻的液氧液氮双泵内压缩流程等，可实现空分总体能耗下降约 10%。

3. 工艺优化提升余热回收水平

煤化工主要是高温高压反应，该领域余能利用空间很大，冷却水、废水余热、废气余热等蕴含着大量热能，但因品位较低难以提取而几乎全部丢弃。

随着现代大型煤化工中能效指标、环保指标、碳排放等要求越来越高，较大型气化炉废锅流程的优势将越来越明显。废锅流程是充分利用气化炉燃烧所产生的大量热能，副产高压过热蒸汽。与激冷流程相比，废锅流程气化单元副产大量过热蒸汽、变换单元副产中低压蒸汽较少，总体上蒸汽产量远高于激冷流程，能量利用更加合理。余热利用首先是梯级回收，在满足工艺装置要求的前提下，分别用于副产蒸汽、加热锅炉给水或预热脱盐水和补充水，使能量供需和品位相匹配，将单个设备、单个装置的能量利用优化与全厂能量利用总体优化相结合。其次是基于高效换热技术，充分利用系统传热过程中形成的温差，回收余热，包括溴化锂溶剂吸收换热、高效翅片回收废气余热、余热发电、余热供暖等技术手段。

4. 公用工程系统节能降碳技术

煤化工项目工艺装置复杂，现有项目的热力系统存在较大的优化空间，通过改造升级、合理确定供热管网的敷设方式、采取合理选择隔热和保温方式、优化工艺装置换热流程、尽量减少低温余热产量、采用高效电气设备等，可实现更大限度的节能降碳。主要措施如下：

（1）管道布置节能。在保证安全和满足设计规范的前提下，尽可能节约管道，降低流体因阻力引力的能量损失。根据适用场合，合理选用各种管道保温材料和保冷材料。电气节能。根据用电负荷容量、供电距离及分布、用电设备特点及负荷等级，合理设计供配电系统和选择电压等级，使供配电系统在最佳状态下运行，将运行损耗降至最低。选用节能型电气产品，如低损耗电力变压器、高效率电动机、交流变频调速装置、节电型低压电器等。

（2）采暖节能。采用卫生条件和节能效果好的闭式热水采暖系统。采用凝结水回收装置回收换热后的凝结水。集中采暖系统供水或回水管分支管路设置水力平衡装置。散热器选用耐腐蚀、承压高、传热系数高的新型散热器。

（3）通风节能。库房通风根据实际情况，选择无动力自然通风器或者机械通风，尽可能降低机械通风能耗。对可能散出少量有害气体的通风柜、排气罩等设置局部排风，避免全面通风的大风量能耗。

（4）空调节能。仪表控制室单独设计集中温度和湿度控制的全空气调节系统。其他有温湿度控制的房间设独立的空调系统，便于独立控制，节约能源。集中全空气调节的新风系统按过渡季节全新风运行设计。设有机械排风时，对可采用循环风的空气调节系统设置热回收装置。选择空调设备冬季不采用电加热作为室温加热器，而使用热水加热空气。选择高效的保温材料，对风管、水管及设备进行保温、防潮处理。

（5）照明节能。在保证不降低作业面视觉要求和照明质量的前提下，减少照明系统中光能损失，从而最大限度地利用光能。充分利用自然光。选择高效光源，采用高效节能的照明灯具和照明电器附件，合理设计灯具控制方式。

5. 原料供给结构调整

天然气是化工生产的最理想原料，国际上 90% 以上的合成氨、甲醇是以天然气为原料。根据我国天然气 2060 年消费规模翻番的发展趋势，虽然受利用政策限制，合成氨甲醇行业用气增长有限，但在双碳目标下，预计存在政策调整的可能性。

6. 资源综合利用

煤化工生产过程中，产品合成后的尾气，仍含有合成气或甲烷等气体，为避免在合成系统富集，通常达到一定浓度时排出合成系统。工艺中常见的包括"驰放气""变压吸附逆放气"等，其中有效气或可燃组分浓度达到 20% 左右。通过气体分离、深冷等技术，进行回收，用于补充锅炉燃烧或合成原料，充分利用这部分气体的经济价值。

7. 可再生能源氢（"绿氢"）技术

氢气被公认为 21 世纪的一种非常重要的二次洁净能源，除了来自传统工业的天然气蒸汽转化、煤（焦）气化制取氢气之外，未来将更多地由可再生能源电解水制氢来产生。根据 2020 年 12 月中国氢能联盟推出《低碳氢、清洁氢与可再生能源氢的标准与评价》，"清洁氢"与"可再生氢"的阈值为 $4.9\ kgCO_2e/kgH_2$。现代煤化工与可再生能源制氢的深度结合，将是未来行业实现源头降碳的重要路径。以"绿氢"作为补氢原料：如果不发生变换反应，煤气化后进入合成气中的 C 只有少量 CO_2（煤气化过程中产生）在后续工序排放，大部分都通过合成反应进入产品。后续合成反应所需要的 H_2 大部分由可再生能源制氢补充，这样可以做到工艺过程基本不排放 CO_2。未来随着"绿氢"价格降低和普及推广，CO_2 加氢制甲醇、芳烃、异构烷烃及高品质汽油等方面的研究突破，化工行业的原料结构有望实现大幅的低碳化发展。以"绿氢"为原料的"绿氨""绿醇"在我国有显著的发展优势。目前，绿氢已有在建项目即将投产，如中石化新疆库车 2 万 m^3/h 绿电制氢用于炼化加氢项目、中石油甘肃玉门 1.3 万 m^3/h 绿电制氢用于炼化加氢项目、中天合创 3 万 t/a 绿氢用于煤制烯烃甲醇原料等，预计 2023—2024 年投产。目前大规模绿氢用于煤化工耦合，还存在可再生能源制氢的成本问题，但随着技术的进步，碳中和的形势驱动，未来这一过程有望得到规模化应用，从而实现现代煤化工的大幅降碳。

8. 电气化改造

煤化工企业通常存在大量的动力缺口，不同企业的蒸汽和电力配置情况不尽相同。蒸汽主要有以下三个方面的用途：一是作为工艺原料，二是作为蒸汽透平的动力来源，三是作为加热介质。后两者均可通过电气化逐步实现低碳化，部分中小型压缩机进行汽轮机驱动改电机驱动，可实现燃料煤下降。该措施更适合于增量项目，新建项目可采用电机驱动的方案进行设计建设，尤其适合于中小型机泵。对于存量项目，改造投资需要在一定碳交易机制下，才具有合理的经济效益。

9. 二氧化碳加氢技术

CO_2 在化学领域的应用主要是化学合成。CO_2 是重要的化工原料，除了传统领域，如生产纯碱、尿素、水杨酸及其衍生物，制取有机羧酸及其衍生物，生产碳酸盐、碳酸酯产品外，近年还研究成功许多新工艺和新方法，生产出更多有用的化工产品，如生产可降解塑料，用过渡金属催化剂 CO_2 加氢合成甲醇、甲烷、低级烯烃、甲酸、草酸、环烷酯等。其中 CO_2 加氢合成甲醇已实现千吨级中试。若能够进一步突破实现大规模工业化应用，可全部省去甲醇合成的原料煤。这些新应用技术在"十四五"期间需要进一步地开发研究和中试。

10. 二氧化碳封存驱油技术

CO_2 驱油在国外已有 30 余年的发展历史，应用广泛。我国受制于缺乏气源和压缩机装备等因素，起步较晚。由于 CO_2 驱油需要大量的高浓度 CO_2，对于煤化工副产的二氧化碳利用提供了非常有效的利用途径，目前已经取得初步的工业试验结果，未来的发展瓶颈主要是受制于关键技术的研发以及规模化的推广应用。目前，中国共开展了 9 个捕集示范项目、12 个地址利用与封存项目，其中包含 10 个全流程示范项目。除去传统化工利用，所有 CCUS 项目的累计二氧化碳封存量约 200 万 t。煤化工乃至石化碳捕集利用和封存的发展潜力，一方面取决于碳的价格和经济性，另一方面取决于 CCUS 技术与化工行业其他减碳技术的竞争力。

10.2.4　经验借鉴

1. 强化系统协调，确保科学平稳有序减碳

煤化工行业涵盖产品种类较多、基数大、情况复杂，部分产品消费需求放缓，但缺口较大的化工原料仍将高速增长，因此客观上不同子行业的达峰时序存在差异，不同技术和产品的减碳措施迥异，各发展阶段的侧重点也不同。有些子行业的减碳重点在于源头低碳，有些具有节能减碳优势，有些则需发挥碳固定优势，着重优化生产和消费结构，实现多固碳、少排碳。因此，应结合自身特点，科学施策，避免"一刀切"等盲目减碳。煤化工行业的碳减排工作坚持分步实施的原则，"十四五"为达峰前阶段，在高质量发展的框架内，以碳强度控制为主、碳排放总量控制为辅；"十五五"和中长期逐步由强度控制向总量控制过渡，力争行业尽早实现碳达峰。

2. 加强规划引领，适时调整产业与布局政策

自《煤炭深加工产业示范"十三五"规划》《现代煤化工创新发展布局方案》等文件发布以来，行业发展布局得到了合理优化，煤化工产业基地得到提升，现代煤化工升级示范有序推进，全行业资源配置、环保安全、集聚高效、经济效益都得到了有效改善，实现了立足国情特色和自主创新的高水平发展。

"十四五"及后续阶段，全行业将坚持科学规划布局的政策导向，强化重大项目落地对于产业补短板、调结构、稳投资的重要性，并引入碳减排因素对于大型项目列入规划的考量，合理引导项目在化石资源转化领域突出绿色循环、高效利用的理念，体现煤化工重大项目在用碳、减排方面的优势，促进供需保障、减碳治污的双赢，加快推动我国煤化工产业高质量发展。

3. 推进结构升级，产业链供应链向低碳转型

"双碳"目标将促进煤化工行业产业结构持续升级，全行业做好"减法"与"加法"，从高污染、高碳产业模式向低碳产业模式转变。对于产能过剩行业，加强产能调控，包括产能置换、淘汰落后等方式，有利于提升产业集中度、促进资源利用效率不断优化、缩小同类工艺路线的单位产品排碳差距；对于需求存在缺口的行业，应合理控制增长规模，避免产能无序扩张。"十四五"行业除了自身节能降碳，还依赖于外部能源结构的变革，使绿氢、绿电惠及行业减碳。

4. 支持技术创新，推进碳中和试点示范

重视前沿低碳绿色技术开发及应用，特别是合成技术催化剂、反应器和工艺的开发，如大型先进煤气化技术、高效催化剂、高效甲醇合成等工艺技术，以大幅缩短生产工艺流程长度，降低产业化复杂程度，大幅节能降碳；在不改变核心主体流程的情况下，加强关键动设备的节能，尽量采用大型化、智能化、高能效设备；注重全厂能量系统整体优化，充分利用全厂副产余压余热量；加强绿氢、绿电与煤化工项目耦合，降低产品碳排放，如宝丰能源投资建设太阳能电解水制氢储能及综合应用示范项目等；开发煤化工的综合利用技术，提高产品附加值，降低工业单位增加值综合能耗和碳排放；选取典型区域，打造绿色低碳循环产业基地试点，引导企业、地方政府和社会资本投入低碳创新中，促进大规模、跨领域、集成式的技术装备示范，以点带面促进全行业低碳体系构建及相关工业结构调整。

5. 加强智能协同，推动行业数字化智能化减碳

以数字化、网络化、智能化为牵引，鼓励企业开展生产装置、管理系统等信息化、智能化建设和改造。鼓励企业参与智能制造诊断，申报智慧化工园区试点示范、智能制造试点示范，通过辐射带动，提升行业智能化水平。持续推动"两化"融合贯标，搭建煤化工行业工业互联网平台，大力推进具有自主知识产权的工业平台软件研发，构建生产全过程、全业务链的智能协同体系。

6. 加大政策扶持，健全市场化低碳发展机制

对符合产业政策和规划要求、工艺技术先进、环保能效水平高、产出效益高、集约用地好的重点煤化工项目，在立项、能评、环评、取水、用地等方面给

予支持。对煤化工行业实施的节能节水改造、环保安全提标改造、产业链条高端延伸、中试及工业性试验等项目，加大技术改造等资金支持力度，带动行业提质增效、绿色低碳发展．对符合有关政策规定的煤化工企业，可享受国家和省制定的有关税费和财政资金支持政策。加快推进碳排放权交易，积极发展绿色金融，提高行业碳减排的经济效益和自主性，符合新形势下高质量发展需求。尽快摸清家底，完善相关标准和绿色低碳评价体系。给予财政支持，设立低碳改造专项资金，引导企业对标典型先进样板，推进各项节能技术措施的应用。建立单位产品碳排放强度的奖惩机制，加强碳排放计量管理，促进全行业节能减碳工作的开展。

10.3　本章小结

近年来，电力行业与化工行业通过调整产业结构、优化能源结构、应用先进节能降碳技术、强化节能低碳管理等一系列措施，清洁低碳转型取得了显著的成效。电力行业与化工行业作为主要耗煤行业，其节能低碳发展经验对于煤炭生产行业具有重要借鉴意义。

电力行业可借鉴的先进节能低碳技术包括：火电升级与改造技术、特高压直流输电技术、智能用电负荷控制技术、太阳能发电技术、柔性直流输配电技术、分布式能源微电网技术、新型储能技术、CCUS 技术等；可借鉴的先进管理经验包括：强化顶层设计、优化电力结构、持续提升煤电机组清洁高效灵活性水平、运用市场机制促进碳减排、深化主业，开展节能与低碳转型实践等。

化工行业可借鉴的先进节能低碳技术包括：工艺、装置与催化剂升级、设备系统大型化、工艺优化提升余热回收水平、公用工程系统节能降碳技术、原料供给结构调整、资源综合利用、可再生能源氢（"绿氢"）技术、电气化改造、二氧化碳加氢技术、二氧化碳封存驱油技术等；可借鉴的先进管理经验包括：强化系统协调，确保科学平稳有序减碳；加强规划引领，适时调整产业与布局政策；推进结构升级，产业链供应链向低碳转型；支持技术创新，推进碳中和试点示范；加强智能协同，推动行业数字化智能化减碳；加大政策扶持，健全市场化低碳发展机制。

第 11 章　发展趋势及建议

11.1　发展趋势

1. 国际煤炭生产与消费总量在未来 10 年保持较平稳的发展趋势

双碳发展已基本成为国际共识，但能源安全（资源禀赋）是各国实施碳中和政策的决定性前提。与此同时，经济发展阶段及产业结构特征是各国制定碳中和推进度的关键性约束，各国对双碳政策有不同的规划和执行力度。先进经验包括立足国情，合理安排退煤政策步调；重视联合发展，优化配置煤炭资源；积极发展新兴产业，拓展多元化业务；提升创新研发能力，增加煤炭开采生产率；利用财政、税收等经济政策手段，助力煤炭行业转型发展；重视矿山生态治理、煤层气的开发与利用和废弃矿井能源资源的开发利用。

2. "双碳"目标和"1+N"双碳政策体系下，煤炭开发利用迎来低碳转型高质量发展机遇，同时煤炭行业绿色低碳发展面临诸多挑战

煤炭作为我国能源安全的"压舱石"。在保障能源安全方面发挥了重要的作用，节能提效与低碳发展方面成效显著，煤炭开采单位产品能耗和碳排放水平整体上呈现逐年降低的趋势。"双碳"目标和"1+N"双碳政策体系下，煤炭产业面临去产能与能源保供的博弈，目前仍然存在绿色发展不充分、部分基础理论与技术瓶颈亟待突破、产业发展格局不均衡、煤炭行业节能低碳专业人才缺乏等问题。面对机遇与挑战，煤炭行业既要落实好能源保供与绿色转型双重任务，又要兜住国家能源安全稳定供应保障的底线。

3. 煤炭行业在节能提效与低碳发展方面取得了显著成效

2020 年，我国煤炭生产能源消费总量为 1.0066×10^8 tce，占全国能源消费总量的 2.02%。煤炭全生命周期碳排放包括生产、运输和利用三个主要环节，其中本书所论述煤炭生产环节碳排放占比为 10% 左右，主要排放集中在应用环节。我国煤炭开采单位产品能耗和碳排放水平整体上呈现逐年降低的趋势。2020 年，我国千万吨级的井工煤矿的煤炭开采单位产品能耗多数在 3.0 kgce/t 左右，大型煤炭企业原煤生产综合能耗为 9.7 kgce/t，与 1990 年大型煤炭企业原煤生产综合能耗 38.67 kgce/t 相比，下降了 74.92%。2020 年，我国煤炭开发过程的碳排放

总量为 $5.93×10^8$ t，与 2010 年相比，年均下降 0.27%。

4. 煤炭行业低碳转型发展压力凸显

受我国煤矿数量多、地质条件差异、技术水平不同、能耗水平不一影响，调研范围内煤矿综合能耗处于行业准入值（11.8 kgce/t）与先进值之间（3.0 kgce/t）占 75%，达到先进值的企业数量所占比例小于 5%，未达到限定值的企业数量所占比例超过 20%，节能降耗任务依然严峻。特别是 2015 年以来，我国吨煤综合能耗进入平台期，在 10 kgce/t 上下波动，通过现有技术进步实现综合能耗降低面临瓶颈。未来，随着智能化推进和煤矿资源综合利用提升，吨煤综合能耗短期还可能上升。我国井工煤矿中，2010 年吨煤碳排放强度 226.7 kg/t，2016 年降至 169.9 kg/t，年均降速 4.7%；之后缓慢降至 2020 年的 151.1 kg/t，年均降速 2.2%。目前综合能耗和碳排放降低亟须技术创新和结构供能变革实现突破。

面对新时代赋予煤炭行业的新定位和新要求，煤炭科技创新支撑行业高质量发展的能力依然不足，在安全、绿色、智能、清洁、低碳、高效开发方面还存在发展不平衡、不充分的问题。节能低碳技术将是国家之间竞争的关键着力点。"双碳"目标实施需要大量的技术支撑，国际社会尚没有成熟的全面支持从"高碳社会"向"碳中和社会"转型的技术体系，因而绿色低碳的产业体系还需要在研发大量新技术的基础上才能逐步得到发展和确立。

综上，我国煤炭行业节能提效与低碳转型发展已取得显著成效，但其发展仍面临"三重约束"，一是短期内我国煤炭需求仍有较大增幅，煤炭行业实现碳达峰面临较大压力；二是中长期全球煤炭行业进入绿色转型窗口期，行业的生存与发展压力凸显；三是我国吨煤碳排放强度降速逐年趋缓，煤炭行业节能提效与低碳发展技术面临瓶颈。

为贯彻落实党中央、国务院关于碳达峰、碳中和的重大战略决策，进一步提升煤炭行业节能提效与低碳转型的发展空间，以我国煤炭行业现状为基础，借鉴国外先进管理经验和电力、煤化工产业发展技术管理经验，从体制机制、技术支撑、结构优化、管理提升等维度开展了系统性研究，并对节能低碳发展潜力进行了预测。

5. 煤炭行业节能减碳重点为智能用电、清洁供热和瓦斯气治理利用

煤炭行业碳排放主要包括约 50% 的二氧化碳排放和 50% 的瓦斯（含煤层气）排放。以井工煤矿为例，其二氧化碳排放源中 40%～75% 为电力消耗、20%～45% 为燃煤锅炉燃烧、3%～6% 为油品消耗，10% 左右为逃逸 CO_2。瓦斯（含煤层气）排放中约 30% 为中高浓度抽采瓦斯，40% 左右为超低浓度风排瓦

斯，20%左右为矿后活动排放为超低浓度瓦斯。煤炭行业节能减碳重点为智能用电、清洁供热和瓦斯气治理利用，特别是随时电气化推进，供热和交通能耗被绿电替代后，未来煤矿节能降耗成败关键为低碳用电和瓦斯综合利用。

6. 从井工煤矿、露天煤矿、基建煤矿、选煤厂四个维度，提出煤炭行业节能提效发展技术支撑路径

井工煤矿节能主要包括优化生产布局和工艺、提高煤炭资源回收率、推进采掘智能化建设、采用矿井智能运输技术与装备、采用智能永磁变频调速直驱技术及装备、应用智能供电技术、推广井下煤炭智能选研技术及装备和应用多热源综合利用技术及装备。露天矿井主要包括优化生产布局和工艺、提高煤炭资源回收率及推进采运智能化建设。基本建设煤矿首先要超前开展全生命节能减排规划，强化设计标准与优化深度，在基建过程中采用降低冷冻法凿井用电、采用一次成井快速掘进法等先进技术，超前培育探索创新技术。选煤厂主要从提升设计质量、强化运维管理和通过智能化赋能提升节能效果。

7. 在对国家战略布局、煤炭行业碳排放特征分析、低碳发展技术现状基础上，借鉴国外煤炭行业和国内电力和煤化工行业先进经验，提出煤炭行业低碳发展主要技术支撑路径如下。

（1）重视碳排放统计核算制度体系建设。目前煤矿生产界区范围碳核查中电力、煤炭燃烧和油品消耗的碳排放方法相对精准，但煤矿瓦斯气排放因子整体还处于采用国家特征值估算阶段。为做好煤矿碳排放的精准核算，建议开展煤矿碳排放理论研究、攻关瓦斯气排放检测方法，研发瓦斯监测核心设备，扩大煤矿开展碳核查试点，尽快形成符合中国煤矿特点、各矿井实测的碳排放因子监测与核算体系。

（2）推进煤矿直接减碳技术实施。积极应用和发展煤矿绿色开采技术，如保水开采技术、分层注浆开采技术、矸石回填利用技术、膏体充填技术、煤炭地下气化技术等，不断提高煤矿开采中的环境保护水平。煤矿瓦斯气排放占总碳排放量的50%左右，在落实中高浓度瓦斯气利用的同时，需加快研发低浓度、超低浓度及乏风中瓦斯气的转化利用与固化；预计2025年和2030年可实现减碳0.1亿t和0.4亿t。燃煤锅炉碳排放约占煤矿总碳排放的10%～15%，燃煤锅炉的低碳智能替代是必然趋势；建议在行业层面开展煤矿清洁供热技术路线规划，企业层面按照"一矿一策"原则系统推进锅炉替代实施，优先利用系统余热如空压机余热、乏风、疏干水和可再生能源如太阳能集热、地热；积极推进供热的电气化改造，主动适应新型电力系统，开展储能/储热技术研究，突破可再生能源波动及用能日-季间时序不匹配问题，推动精准化智慧用能技术发展，实现集

约用能，降低系统能耗。煤矿燃油带来的碳排放占 2% ~ 2.5%，加快推进矿用新能源重卡、矿用电动无轨胶轮车的电能/氢能替代，实现燃油的绿色动能替代和煤矿减人的目的。

（3）布局矿区减碳技术路线实施。充分发挥煤矿大量的土地、风、光资源优势和我国新能源技术优势，推进煤矿与新能源的耦合发展。与采煤沉陷区生态修复融合，统筹规划分布式光伏与集中式生态光伏建设；加强采煤沉陷区综合治理、矿山环境修复、采煤沉陷区的生态恢复，探索建立利于低碳发展的复垦技术体系和生产体系，加快实施生态工程，推进节能减排和污染防治，以不断增加碳汇和减少碳源。通过生态光伏建设实施，预计 2025 年和 2030 年可减碳 0.218 亿 t 和 0.426 亿 t。通过绿电替代与生态碳汇平衡煤矿能耗带来的碳排放，实现"零碳矿山"建设。

（4）着眼全局，通过矿区资源资源化利用，提高煤炭全产业链、全生命周期的减碳效果。提高煤炭入选率与洗选质量，细化煤质分析，助力煤炭由燃料属性向原料属性转化，拓宽煤炭应用领域，向高附加值产品如储能碳材料、碳纤维等功能碳材料应用发展；推进低热值煤、煤矸石和疏干水综合利用，实现废弃物料的资源化利用；探索闭坑矿井的资源化利用途径。

8. 从国家、行业和企业层面强化煤炭产业管理路径构建。

（1）从国家和行业层面：①强化顶层设计，研究出台《煤炭行业碳达峰实施方案（或低碳发展行动方案）》及细则，建立健全法律法规体系，优化提升标准规范。②完善体制机制建设，研究"清洁煤"定义，增加低碳生产评价指标如碳排放、资源综合利用率，通过市场价格调节机制引导产业发展；做好纳入全国碳市场的储备研究，开展煤炭行业碳配额分配机制研究和行业基础数据统计工作；做好煤炭转型金融顶层设计，建立煤炭转型金融体系，丰富碳金融对煤炭产业低碳发展支持路径。③深化煤炭行业节能低碳的供给侧改革，以绿色煤炭资源为核心优化开发布局，以适应煤炭有序减量替代为宗旨建立柔性产能机制、以面向全球化竞争为要求推进煤炭企业兼并重组和以市场化、法治化体系为支撑持续淘汰落后产能。④多措并举示范推广煤炭行业先进适用技术。⑤强化科技创新支撑。⑥加强人才体系建设。

（2）从行业层面：统筹制定企业节能低碳管理战略与计划，切实执行多方位节能降碳方案，构建煤炭企业节能低碳发展评价指标体系，夯实保障措施，将低碳发展提升到安全生产高度，实施一把手工程，管生产必须管低碳；举全企业之力，从全系统推进节能降碳。

9. 对煤炭行业未来节能低碳发展潜力分基础情景 A、节能强化情景 B 和节能低碳强化情景 C 进行了分析预测。

2025 年，在 A~C 情景下露天矿与井工矿的碳排放总量分别为 7.08 亿 t、6.83 亿 t、6.57 亿 t；与基础情景 A 相比，在节能强化情景 B 下由于节能技术应用减少碳排放 0.245 亿 t；在节能低碳强化情景 C 下由于节能低碳技术应用减少碳排放 0.503 亿，其中节能技术应用减少碳排放 0.245 亿 t（48.71%），分布式光伏、集中式光伏和生态碳汇技术减少碳排放 0.180 亿 t（35.79%），实施瓦斯回收利用技术减少碳排放 0.078 亿 t（15.50%）。2030 年，在 A~C 情景下露天矿与井工矿的碳排放总量分别为 6.79 亿 t、6.34 亿 t 和 5.46 亿 t；与基础情景 A 相比，在节能强化情景 B 下由于节能技术应用减少碳排放 0.45 亿 t；在节能低碳强化情景 C 下由于节能低碳技术应用减少碳排放 1.33 亿 t，其中由于实施分布式光伏、集中式光伏和生态碳汇技术减少碳排放 0.426 亿 t（32.03%），由于实施瓦斯回收利用技术，减少碳排放 0.450 亿 t（33.83%），实施节能技术，减少碳排放 0.451 亿 t（33.91%）。到 2025 年在 A~C 情景下露天矿与井工矿的吨煤碳排放强度分别为 144.68 $kgCO_2/t$、139.40 $kgCO_2/t$ 和 134.12 $kgCO_2/t$；到 2030 年在 A~C 情景下露天矿与井工矿的吨煤碳排放强度分别为 144.68 $kgCO_2/t$、136.61 $kgCO_2/t$ 和 117.73 $kgCO_2/t$。由数据分析知，对于高瓦斯矿井需重点治理瓦斯排放，对于低瓦斯大型矿实施光伏技术和节能技术可有效降低煤炭开采的碳排放水平。

11.2　发展建议

（1）强化顶层全局设计，推进煤矿开发利用全面绿色低碳转型。研究出台《煤炭行业碳达峰实施方案（或低碳发展行动方案）》及细则，建立健全法律法规体系，优化提升标准规范。完善煤炭价格形成机制，将煤炭行业节能提效、低碳发展的成本纳入煤价中，形成"清洁煤"较传统煤差异化价格，利用市场价格调节机制引导产业发展。深化煤炭行业节能低碳的供给侧改革，以市场化、法治化体系为支撑持续淘汰落后产能。做好煤炭转型金融顶层设计，构建煤炭转型金融体系。

（2）倡导培育煤矿全生命周期节能减排理念，积极创建"零碳示范矿山"。培育从规划、设计、建设到生产和闭坑全生命周期策划实施节能减排理念，制定明确的节能提效和碳减排行动计划，精准施策；以规范标准形式推进新建矿井全周期节能提效与零碳示范矿山设计，强化设计标准与优化深度；创建"零碳示范矿山"建设标准与规范，研究形成配套建设的体制机制，鼓励企业开展先进适用技术产业化，培育低碳零碳技术应用示范工程，2030 年建成 50 个不同类型重点低碳零碳技术应用示范工程，打造"采煤不见煤、零碳排放"的新型煤矿产业。

（3）推进采煤沉陷区生态修复与新能源建设融合发展。坚持节约优先、保护优先、自然恢复为主的方针，超前谋划，协同推进采煤沉陷区生态修复与新能源项目建设。优先煤炭企业参与采煤沉陷区新能源项目开发，在新能源建设用地、新能源指标分配、纳入项目建设库、列入年度开发方案时政府给予倾斜；支持开展多能互补和源网荷储一体化项目试点建设及符合条件的风电、光伏项目建设。鼓励煤炭企业积极响应新型电力体系构建，根据电网调度需求进行主动响应，直接消纳光伏、风电、水电等绿电进行生产，支持通过微电网、源网荷储、新能源自备电站等形式就近就地消纳绿电。使用绿电进行煤炭生产的新增可再生能源消费不纳入能源消费和碳排放总量控制。

（4）调整煤矿用能结构，推动用能体系多元化、绿色化和智能化。坚持"一矿一策"的原则，充分利用矿区风、光、土地、地热、瓦斯等资源优势，加大分布式光伏光热耦合发电、集中式光伏等新能源供能比重，强化高效热泵应用、余热利用和瓦斯综合利用，推动推进燃油车的电能替代技术，扩大清洁能源大范围优化配置，调整优化煤炭行业用能结构，推进煤炭行业多能互补高效利用，通过大数据、人工智能等新技术赋能，增强能源供应链的弹性和韧性，构建新型供能体系。通过供能结构调整打破目前行业节能降耗瓶颈。

（5）开展节能降碳行动，大力提升煤炭采出率和能源利用效率。大力推进智能化超大采高、特厚煤层智能综放、薄及中厚煤层智能综采、复杂煤层机械化智能化开采、智能快速掘锚护、露天矿智能化采剥、露天矿无人驾驶、智能供电、井下煤炭精选、地面煤炭高效洗选等核心节能技术及装备的应用，全面开展重点用能工序的设备系统匹配性节能改造和运行控制优化，加快智能化煤矿的建设，大幅提升煤炭资源采出率，降低原煤生产综合能耗和工序能耗，提升行业能效水平。

（6）注重瓦斯气收集与综合利用，提升低浓度、超低浓度瓦斯利用率。明确瓦斯气在煤矿安全、碳排放与资源化利用中的核心地位；建立健全瓦斯气碳排放核查理论体系与核算体系，推进碳排放实测技术发展，扩大统计分析范围与精度，做好行业基础数据库；多管齐下提升中低浓度抽采瓦斯气利用率，攻关超低浓度风排瓦斯气收集与利用核心技术。

（7）提升资源综合利用率和综合价值，深入推动煤炭循环经济建设。完善煤矸石、矿井水等资源综合利用及矿区生态治理与修复支持政策。提高矿产资源综合开发利用水平和综合利用率，以煤矸石、共伴生资源、矿井水等为重点，开展规模化、高值化利用。提高煤炭入选率与洗选质量，细化煤质分析，助力煤炭由燃料属性向原料属性转化，拓宽煤炭应用领域，向高附加值产品应用发展。

（8）提升矿区国土空间利用能力，建设生态系统碳汇体系。协调自然资源部，出台相关办法，明确煤矿权属边界，鼓励煤炭企业充分利用煤矿地面、井下空间及自然资源，挖掘矿井与新能源协同发展潜力，建设煤基多元能源协同清洁能源基地。鼓励利用废弃矿区开展新能源及储能项目开发建设，助力现代能源体系建设。坚持系统与生态观念，多部委联合，融合矿山环境修复、采煤沉陷区的生态恢复与生态光伏建设，构建低碳发展的复垦技术体系，推进矿区绿色碳汇示范项目建设；建立碳汇监测核算体系，研究制定矿区碳汇项目参与全国碳排放权交易相关规则，发挥矿区生态修复基金等支撑作用，建设矿区生态系统碳汇体系。

（9）夯实煤炭生产碳排放监测统计核算基础，优化提升碳排放限额标准规范。摸清煤矿温室气体排放底数，建立健全煤炭生产企业碳排放监测核算方法，逐步建立健全国家/行业标准，指导企业和第三方机构开展产品碳排放核算。加快储备与布局纳入全国碳市场的技术与管理体系，开展煤炭行业碳配额分配机制研究和行业基础数据统计工作；建立健全节能低碳发展法律法规体系，优化提升标准规范，强化煤炭开采项目准入条件与能效基准水平、标杆水平的衔接和匹配。对照行业能效基准水平和标杆水平，适时修订《煤炭井工开采单位产品能源消耗限额》《煤炭露天开采单位产品能源消耗限额》《选煤电力消耗限额》，结合煤炭生产行业节能降碳行动以及修订的国家能耗限额标准、污染物排放水平和碳排放强度和总量控制，修订《产业结构调整指导目录》《绿色技术推广目录》。

（10）加强绿色低碳技术创新，加快先进适用技术研发。发挥科技创新支撑作用，通过多种低碳零碳技术跨行业跨领域耦合优化与综合集成推动低碳零碳负碳技术、装备研发取得突破性进展；通过制定重点研发计划等方式培育领先技术如瓦斯气核算体系、超低浓度瓦斯收集与利用等；通过揭榜挂帅等方式攻克核心支撑技术如煤炭地下气化技术、超低温空气源热泵、中低浓度瓦斯气利用等；鼓励煤矿企业积极应用先进适用技术，如煤矿绿色开采技术等，通过产学研用+设备厂家联合方式培育自主可控产业链；通过政策与市场导向，发挥国有企业创新主体作用，通过制度与考核保障3%科研投入，围绕煤炭绿色低碳需求，搭建开放合作的研发平台，建设高标准智能化开采研究中心、重点实验室，引导企业、科研单位、高校等联合，加强关键核心技术攻关和低碳/零碳技术示范应用，形成系统性、引领性低碳发展技术群。

附件 1 碳达峰碳中和 "1+N" 重要政策汇总

序号	时间	发布文件	发布单位
1	2021 年 3 月 18 日	《关于"十四五"大宗固体废弃物综合利用的指导意见》	国家发展改革委 科技部 工业和信息化部等
2	2021 年 6 月 7 日	《能源领域 5G 应用实施方案》	国家发展改革委 国家能源局 中央网信办等
3	2021 年 7 月 1 日	《"十四五"循环经济发展规划》	国家发展改革委
4	2021 年 9 月 11 日	《完善能源消费强度和总量双控制度方案》	国家发展改革委
5	2021 年 9 月 12 日	《关于深化生态保护补偿制度改革的意见》	中共中央 国务院
6	2021 年 9 月 22 日	《关于完整准确全面贯彻新发展理念做好碳达峰碳中和工作的意见》	中共中央 国务院
7	2021 年 10 月 8 日	《黄河流域生态保护和高质量发展规划纲要》	中共中央 国务院
8	2021 年 10 月 10 日	《国家标准化发展纲要》	中共中央 国务院
9	2021 年 10 月 11 日	《关于进一步深化燃煤发电上网电价市场化改革的通知》	国家发展改革委
10	2021 年 10 月 18 日	《冶金、建材重点行业严格能效约束推动节能降碳行动方案（2021—2025 年）》	国家发展改革委 工业和信息化部 生态环境部等
11	2021 年 10 月 18 日	《石化化工重点行业严格能效约束推动节能降碳行动方案（2021—2025 年）》	国家发展改革委 工业和信息化部 生态环境部等
12	2021 年 10 月 21 日	《关于推动城乡建设绿色发展的意见》	中共中央办公厅 国务院办公厅
13	2021 年 10 月 21 日	《"十四五"可再生能源发展规划》	国家发展改革委 国家能源局 财政部等
14	2021 年 10 月 24 日	《2030 年前碳达峰行动方案》	中共中央 国务院

（续）

序号	时间	发布文件	发布单位
15	2021 年 10 月 29 日	《全国煤电机组改造升级实施方案》	国家发展改革委　国家能源局
16	2021 年 11 月 5 日	《推进资源型地区高质量发展"十四五"实施方案》	国家发展改革委　财政部　自然资源部
17	2021 年 11 月 29 日	《"十四五"能源领域科技创新规划》	国家能源局　科学技术部
18	2021 年 12 月 28 日	《"十四五"节能减排综合工作方案》	中共中央　国务院
19	2022 年 1 月 18 日	关于加快建设全国统一电力市场体系的指导意见	国家发展改革委　国家能源局
20	2022 年 1 月 18 日	《促进绿色消费实施方案》	国家发展改革委　工业和信息化部 住房和城乡建设部等
21	2022 年 1 月 20 日	《关于促进钢铁工业高质量发展的指导意见》	工业和信息化部　发展改革委　生态环境部
22	2022 年 1 月 29 日	《"十四五"现代能源体系规划》	国家发展改革委　国家能源局
23	2022 年 1 月 29 日	《"十四五"新型储能发展实施方案》	国家发展改革委　国家能源局
24	2022 年 1 月 30 日	《关于完善能源绿色低碳转型体制机制和政策措施的意见》	国家发展改革委　国家能源局
25	2022 年 2 月 3 日	《高耗能行业重点领域节能降碳改造升级实施指南（2022 年版）》	国家发展改革委　工业和信息化部 生态环境部等
26	2022 年 2 月 24 日	《关于进一步完善煤炭市场价格形成机制的通知》	国家发展改革委
27	2022 年 3 月 8 日	《关于进一步加强节能标准更新升级和应用实施的通知》	国家发展改革委　市场监管总局
28	2022 年 3 月 23 日	《氢能产业发展中长期规划（2021—2035 年）》	国家发展改革委　国家能源局
29	2022 年 3 月 28 日	《"十四五"推动石化化工行业高质量发展的指导意见》	工业和信息化部　国家发展和改革委员会　科学技术部　生态环境部　应急管理部　国家能源局
30	2022 年 4 月 9 日	《煤炭清洁高效利用重点领域标杆水平和基准水平（2022 年版）》	国家发展改革委　工业和信息化部 生态环境部等
31	2022 年 4 月 12 日	《关于化纤工业高质量发展的指导意见》	工业和信息化部　国家发展改革委

（续）

序号	时间	发布文件	发布单位
32	2022 年 4 月 12 日	《关于产业用纺织品行业高质量发展的指导意见》	工业和信息化部　国家发展改革委
33	2022 年 4 月 19 日	《加强碳达峰碳中和高等教育人才培养体系建设工作方案》	教育部
34	2022 年 4 月 22 日	《关于加快建立统一规范的碳排放统计核算体系实施方案》	国家发展改革委　国家统计局　生态环境部
35	2022 年 5 月 14 日	《促进新时代新能源高质量发展实施方案》	国家发展改革委　国家能源局
36	2022 年 5 月 25 日	《财政支持做好碳达峰碳中和工作的意见》	财政部
37	2022 年 5 月 31 日	《支持绿色发展税费优惠政策指引》	国家税务总局
38	2022 年 6 月 10 日	《减污降碳协同增效实施方案》	生态环境部　国家发展和改革委员会　工业和信息化部等
39	2022 年 6 月 23 日	《工业能效提升行动计划》	工业和信息化部　国家发展改革委　财政部等
40	2022 年 6 月 24 日	《科技支撑碳达峰碳中和实施方案（2022—2030 年）》	科技部　国家发展改革委　工业和信息化部等
41	2022 年 6 月 30 日	《城乡建设领域碳达峰实施方案》	住房和城乡建设部　国家发展改革委
42	2022 年 7 月 7 日	《工业领域碳达峰实施方案》	工业和信息化部　国家发展改革委　生态环境部
43	2022 年 8 月 3 日	《中央企业节约能源与生态环境保护监督管理办法》	国务院国有资产监督管理委员会
44	2022 年 8 月 5 日	《企业技术创新能力提升行动方案（2022—2023 年）》	科技部　财政部
45	2022 年 8 月 22 日	《信息通信行业绿色低碳发展行动计划（2022—2025 年）》	工业和信息化部　国家发展改革委　财政部等
46	2022 年 8 月 24 日	《加快电力装备绿色低碳创新发展行动计划》	工业和信息化部　财政部　商务部　国务院国有资产监督管理委员会等
47	2022 年 8 月 24 日	《中央财政关于推动黄河流域生态保护和高质量发展的财税支持方案》	财政部
48	2022 年 9 月 20 日	《能源碳达峰碳中和标准化提升行动计划》	国家能源局

（续）

序号	时间	发布文件	发布单位
49	2022年10月18日	《关于印发建立健全碳达峰碳中和标准计量体系实施方案的通知》	市场监管总局　国家发展改革委　工业和信息化部等
50	2022年10月27日	《关于进一步做好原料用能不纳入能源消费总量控制有关工作的通知》	国家发展改革委　国家统计局
51	2022年11月2日	《建材行业碳达峰实施方案》	工业和信息化部　国家发展和改革委员会　生态环境部等
52	2022年11月10日	《有色金属行业碳达峰实施方案》	工业和信息化部　国家发展和改革委员会　生态环境部
53	2022年11月3日	《国家工业和信息化领域节能技术装备推荐目录（2022年版）》	工信部
54	2023年2月20日	《关于统筹节能降碳和回收利用　加快重点领域产品设备更新改造的指导意见》	国家发展改革委　工业和信息化部　财政部等
55	2023年3月8日	《关于进一步加强节能标准更新升级和应用实施的通知》	国家发展改革委　市场监管总局
56	2023年2月4日	《关于做好2023—2025年发电行业企业温室气体排放报告管理有关工作的通知》	生态环境部办公厅
57	2023年3月15日	《关于做好2021、2022年度全国碳排放权交易配额分配相关工作的通知》	生态环境部
58	2023年4月1日	《碳达峰碳中和标准体系建设指南》	国家标准委　国家发展改革委　工业和信息化部等
59	2023年7月27日	《国家发展改革委等部门关于推动现代煤化工产业健康发展的通知》	国家发展改革委　工业和信息化部　自然资源部等
60	2023年9月19日	《关于推动能耗双控逐步转向碳排放双控的意见》	中共中央办公厅　国务院办公厅
61	2024年2月4日	《工业领域碳达峰碳中和标准体系建设指南》	国家标准委　国家发展改革委　工业和信息化部等
62	2024年6月4日	《关于建立碳足迹管理体系的实施方案》	生态环境部　工业和信息化部

附件 2　2021 年以来国家层面重点
煤炭行业相关政策汇总

时间	文件	发布单位	重点内容摘录
2021 年 1 月 11 日	《关于统筹和加强应对气候变化与生态环境保护相关工作的指导意见》	生态环境部	通过规划环评、项目环评推动区域、行业和企业落实煤炭消费削减替代、温室气体排放控制等政策要求，推动将气候变化影响纳入环境影响评价。在重点排放点源层面，试点开展煤炭开采等重点行业甲烷排放监测
2021 年 3 月 12 日	《中华人民共和国国民经济和社会发展第十四个五年规划和 2035 年远景目标纲要》		推动煤炭生产向资源富集地区集中；完善煤炭跨区域运输通道和集疏运体系；推动资源型地区可持续发展示范区和转型创新试验区建设，实施采煤沉陷区综合治理和独立工矿区改造提升工程；推动煤炭等化石能源清洁高效利用；完善产供储销体系，增强能源持续稳定供应和风险管控能力，实现煤炭供应安全兜底、油气核心需求依靠自保、电力供应稳定可靠；加强煤炭储备能力建设
2021 年 3 月 18 日	《关于"十四五"大宗固体废弃物综合利用的指导意见》	国家发展改革委 科技部 工业和信息化部等	到 2025 年，煤矸石、粉煤灰等大宗固体废弃物的综合利用能力显著提升，新增大宗固废综合利用率达到 60%；推进煤矸石和粉煤灰在工程建设、沉陷区治理、矿井充填以及盐碱地、沙漠化土地生态修复等领域利用，有序引导利用煤矸石、粉煤灰生产新型墙体材料、装饰装修材料等绿色建材；大力发展绿色矿业，推广应用矸石不出井模式，鼓励采矿企业利用尾矿、共伴生矿填充采空区、治理沉陷区；在煤炭行业推广"煤矸石井下充填+地面回填"，促进矸石减量

（续）

时间	文件	发布单位	重点内容摘录
2021 年 4 月 27 日	《关于印发煤矿生产能力管理办法和煤矿生产能力核定标准的通知》	应急管理部 国家矿山安监局 国家发展改革委等	生产能力核增幅度原则上不超过煤炭工业设计规范标准设计井型规模 2 级级差。一级安全生产标准化煤矿核增幅度可上浮 1 级级差，一井一面或实现智能化开采的一级安全生产标准化煤矿核增幅度可上浮 2 级级差；在此基础上，井下单班作业人数少于 100 人的矿井和全员工效 100 t/工以上的露天煤矿，核增幅度可再上浮 1 级级差
2021 年 6 月 5 日	《煤矿智能化建设指南（2021 年版）》	国家能源局 国家矿山安监局	明确了煤矿智能化建设的总体要求、总体设计、建设内容以及保障措施
2021 年 6 月 7 日	《能源领域 5G 应用实施方案》	国家发展改革委 国家能源局 中央网信办等	建设煤矿井上井下 5G 网络基础系统，搭建智能化煤矿融合管控平台、企业云平台和大数据处理中心等基础设施，打造"云—边—端"的矿山工业互联网体系架构；重点开展井下巡检和安防、无人驾驶等系统建设和应用，探索智能采掘及生产控制、环境监测与安全防护、虚拟交互等场景试点应用，促进智能煤矿建设；五大智能煤矿+5G 典型应用场景，分别为智能采掘及生产控制、环境监测与安全防护、井下巡检、露天/地下矿山无人驾驶、虚拟交互。针对煤矿井下、电力及其他行业地下 5G 信号弱覆盖问题，研发井下无人驾驶、高清视频传输、工业远程控制、机器人智能巡检、虚拟交互等专用技术和煤矿用 5G 基站、功能定制化核心网、实时通信终端、物联网关等配套产品；开展能源行业特殊环境下 5G 网络性能、网络切片、定制化专网、网络安全、业务安全，以及业务综合承载性能的适应性、安全性和可靠性验证
2021 年 7 月 1 日	《"十四五"循环经济发展规划》	国家发展改革委	进一步拓宽粉煤灰、煤矸石、冶金渣、工业副产石膏、建筑垃圾等大宗固废综合利用渠道，扩大在生态修复、绿色开采、绿色建材、交通工程等领域的利用规模；在煤炭采掘等领域广泛使用再制造产品和服务
2021 年 7 月 5 日	《关于印发〈5G 应用"扬帆"行动计划（2021—2023 年）〉的通知》	工业和信息化部 中央网络安全和信息化委员会办公室 国家发展和改革委员会等	加快可适应采矿环境具有防爆等要求的 5G 通信设备研制和认证，推进露天矿山和地下矿区 5G 网络系统、智能化矿区管控平台、企业云平台等融合基础设施建设；拓展采矿业远程控制、无人驾驶等 5G 应用场景，推进井下核心采矿装备远程操控和集群化作业、深部高危区域采矿装备无人化作业、露天矿区实现智能连续作业和无人化运输

（续）

时间	文件	发布单位	重点内容摘录
2021 年 9 月 22 日	《关于完整准确全面贯彻新发展理念做好碳达峰碳中和工作的意见》	中共中央　国务院	严格控制化石能源消费。加快煤炭减量步伐，"十四五"时期严控煤炭消费增长，"十五五"时期逐步减少。石油消费"十五五"时期进入峰值平台期。统筹煤电发展和保供调峰，严控煤电装机规模，加快现役煤电机组节能升级和灵活性改造。逐步减少直至禁止煤炭散烧。加快推进页岩气、煤层气、致密油气等非常规油气资源规模化开发。强化风险管控，确保能源安全稳定供应和平稳过渡；要抓紧修订煤炭法等法律法规，开展煤炭去产能"回头看"；加强甲烷等非二氧化碳温室气体管控；推进煤炭、油气等市场化改革，加快完善能源统一市场
2021 年 10 月 8 日	《黄河流域生态保护和高质量发展规划纲要》	中共中央　国务院	统筹推进采煤沉陷区、历史遗留矿山综合治理，开展黄河流域矿区污染治理和生态修复试点示范；落实绿色矿山标准和评价制度，2021 年起新建矿山全部达到绿色矿山要求，加快生产矿山改造升级；有序有效开发山西、鄂尔多斯盆地综合能源基地资源，推动宁夏宁东、甘肃陇东、陕北、青海海西等重要能源基地高质量发展；合理控制煤炭开发强度，严格规范各类勘探开发活动；加强能源资源一体化开发利用，推动能源化工产业向精深加工、高端化发展。支持开展国家现代能源经济示范区、能源革命综合改革试点等建设；推动煤炭产业绿色化、智能化发展，加快生产煤矿智能化改造，加强安全生产，强化安全监管执法；推进煤炭清洁高效利用，严格控制新增煤电规模，加快淘汰落后煤电机组；加强煤炭外送能力建设，加快形成以铁路为主的运输结构，推动大秦、朔黄、西平、宝中等现有铁路通道扩能改造，发挥浩吉铁路功能，加强集疏运体系建设，畅通西煤东运、北煤南运通道
2021 年 10 月 24 日	《2030 年前碳达峰行动方案》	中共中央　国务院	推进煤炭消费替代和转型升级。加快煤炭减量步伐，"十四五"时期严格合理控制煤炭消费增长，"十五五"时期逐步减少。严格控制新增煤电项目，新建机组煤耗标准达到国际先进水平，有序淘汰煤电落后产能，加快现役机组节能升级和灵活性改造，积极推进供热改造，

（续）

时间	文件	发布单位	重点内容摘录
2021年 10月24日	《2030年前碳达峰行动方案》	中共中央　国务院	推动煤电向基础保障性和系统调节性电源并重转型；建有利于绿色低碳发展的法律体系，推动能源法、节约能源法、电力法、煤炭法、可再生能源法、循环经济促进法、清洁生产促进法等制定修订。加快节能标准更新，修订一批能耗限额、产品设备能效强制性国家标准和工程建设标准，提高节能降碳要求。建立重点企业碳排放核算、报告、核查等标准，探索建立重点产品全生命周期碳足迹标准。积极参与国际能效、低碳等标准制定修订，加强国际标准协调；鼓励建材企业使用粉煤灰、工业废渣、尾矿渣等作为原料或水泥混合材；大力发展以铁路、水路为骨干的多式联运，推进工矿企业、港口、物流园区等铁路专用线建设，加快内河高等级航道网建设，加快大宗货物和中长距离货物运输"公转铁""公转水"；提高矿产资源综合开发利用水平和综合利用率，以煤矸石、粉煤灰、尾矿、共伴生矿、冶炼渣、工业副产石膏、建筑垃圾、农作物秸秆等大宗固废为重点，支持大掺量、规模化、高值化利用，鼓励应用于替代原生非金属矿、砂石等资源；加强退化土地修复治理，开展荒漠化、石漠化、水土流失综合治理，实施历史遗留矿山生态修复工程；产业结构偏重、能源结构偏煤的地区和资源型地区要把节能降碳摆在突出位置，大力优化调整产业结构和能源结构，逐步实现碳排放增长与经济增长脱钩，力争与全国同步实现碳达峰；加快推进页岩气、煤层气、致密油（气）等非常规油气资源规模化开发
2021年 11月5日	《推进资源型地区高质量发展"十四五"实施方案》	国家发展改革委 财政部　自然资源部	大力推进绿色矿山建设，加大已有矿山改造升级力度，新建、扩建矿山全部达到标准要求；深入实施采煤沉陷区综合治理工程和独立工矿区改造提升工程，继续安排中央预算内投资支持实施采煤沉陷区综合治理工程和独立工矿区改造提升工程；历史遗留矿山废弃建设用地修复后，在符合国土空间规划前提下可作为城镇建设用地；积极推进采煤沉陷区、独立工矿区等重点地区土地复垦，具备复垦条件的建设用地，可按照城乡建设用地增减挂钩政策和工矿废弃地复垦利用政策实施复垦

附件 2   2021 年以来国家层面重点煤炭行业相关政策汇总

（续）

时间	文件	发布单位	重点内容摘录
2021 年 11 月 15 日	《"十四五"工业绿色发展规划》	工业和信息化部	推动煤炭等化石能源清洁高效利用，提高可再生能源应用比重；支持企业实施燃料替代，加快推进工业煤改电、煤改气；严格控制钢铁、煤化工、水泥等主要用煤行业煤炭消费，鼓励有条件地区新建、改扩建项目实行用煤减量替代；推进尾矿、粉煤灰、煤矸石、冶炼渣、工业副产石膏、赤泥、化工渣等大宗工业固废规模化综合利用
2021 年 11 月 17 日	《"十四五"信息化和工业化深度融合发展规划》	工业和信息化部	煤炭行业数字化转型重点为聚焦环境污染大、生产风险高、设备管理难等痛点，以安全生产为切入点，围绕生产、管理、物流、维护等环节，推动产业向智能化、无人化、绿色化等方向加速数字化转型
2021 年 11 月 19 日	《"十四五"支持老工业城市和资源型城市产业转型升级示范区高质量发展实施方案》	国家发展改革委 科技部 工业和信息化部等	稳妥有序推进煤炭减量替代，统筹煤电发展和保供调峰，保障能源供应安全；推进光伏发电多元布局，支持包头、鄂尔多斯、石嘴山等城市以及宁东能源化工基地等地区因地制宜利用沙漠、戈壁、荒漠以及采煤沉陷区、露天矿排土场、关停矿区建设风电光伏发电基地
2021 年 11 月 26 日	《"十四五"特殊类型地区振兴发展规划》	国家发展改革委	深入推进采煤沉陷区综合治理。创新治理模式和投入机制，建立完善国家—省—市县三级采煤沉陷区综合治理规划和组织实施体系。推进沉陷区居民避险安置，加快推进采煤沉陷区生态修复和矿山环境治理。统筹推进土地综合整治利用，盘活沉陷区土地资源，按规定将采煤沉陷区复垦土地的节余指标纳入跨省域调剂政策范围。探索开展采煤沉陷区综合治理信息化监测评估工作。总结典型经验，因地制宜推广利用沉陷区受损土地发展光伏、风电
2021 年 11 月 27 日	《关于推进中央企业高质量发展做好碳达峰碳中和工作的指导意见》	国务院、国资委	加快推进绿色智能煤矿建设，鼓励利用废弃矿区开展新能源及储能项目开发建设，加大对煤炭企业退出和转型发展以及从业人员的扶持力度
2021 年 11 月 29 日	《"十四五"能源领域科技创新规划》	国家能源局 科学技术部	聚焦煤炭绿色智能开采、重大灾害防控、分质分级转化、污染物控制等重大需求，形成煤炭绿色智能高效开发利用技术体系；研发一批更高效率、更加灵活、更低排放的煤基发电技术，巩固煤电技术领先地位；集中攻关地下原位煤气化技术

（续）

时间	文件	发布单位	重点内容摘录
2021 年 12 月 6 日	《关于印发黄河流域水资源节约集约利用实施方案的通知》	国家发展改革委等五部委	推动矿井水、苦咸水、海水淡化水利用，推进陇东、宁东、蒙西、陕北、晋西等能源基地的煤炭矿井水综合利用，在矿井疏干水质符合《农田灌溉水质标准》（GB 5084—2021）前提下，具备条件地区可推广用于农业灌溉；到 2025 年，黄河流域矿井水利用率达到 68% 以上
2022 年 1 月 7 日	《推进多式联运发展优化调整运输结构工作方案（2021—2025 年）》	国务院办公厅	健全港区、园区等集疏运体系，新建或迁建煤炭、矿石、焦炭等大宗货物年运量 150 万 t 以上的物流园区、工矿企业及粮食储备库等，原则上要接入铁路专用线或管道；推进京津冀及周边地区、晋陕蒙煤炭主产区运输绿色低碳转型
2022 年 1 月 10 日	《智能化示范煤矿验收管理办法（试行）》	国家能源局	智能化示范建设煤矿验收等级分为初级、中级和高级，井工煤矿应按照建设条件分类后进行评价，配套建设的选煤厂应与煤矿一同验收、分别评级。随着煤矿智能化技术进步、装备水平不断提高以及建设标准逐步完善，不同类别的智能化示范煤矿应按照新的标准迭代升级。《智能化示范煤矿验收评分方法》包括井工煤矿、露天煤矿两大类。其中，井工煤矿根据煤矿主采煤层赋存条件、开采技术条件等智能化建设条件分为三类，并明确了分类评价指标
2022 年 1 月 14 日	《关于支持开展历史遗留废弃矿山生态修复示范工程的通知》	财政部办公厅 自然资源部办公厅	以"三区四带"重点生态地区为核心，聚焦生态区位重要、生态问题突出、相对集中连片、严重影响人居环境的历史遗留废弃矿山，重点遴选修复理念先进、工作基础好、典型代表性强、具有复制推广价值的项目，开展历史遗留废弃矿山生态修复示范
2022 年 1 月 18 日	《关于支持贵州在新时代西部大开发上闯新路的意见》	国务院	深化矿产资源管理体制改革，建立"矿业权出让+登记"制度，完善"净矿出让"机制，建立健全共伴生矿产资源综合开发利用减免出让收益和相关税收等激励机制；实施磷、锰、赤泥、煤矸石污染专项治理；加快推动煤炭清洁高效利用，积极发展新能源，扩大新能源在交通运输、数据中心等领域的应用；探索实施碳捕获、利用与封存（CCUS）示范工程，有序开展煤炭地下气化、规模化碳捕获利用和岩溶地质碳捕获封存等试点；在毕节、六盘水、黔西南布局建设大型煤炭储配基地，打造西南地区煤炭保供中心；加快煤层气、页岩气等勘探开发利用，推进黔西南、遵义等煤矿瓦斯规模化抽采利用

（续）

时间	文件	发布单位	重点内容摘录
2022 年 1 月 27 日	《加快推动工业资源综合利用实施方案》	工业和信息化部 国家发展改革委 科学技术部等	推广非高炉炼铁、有色金属短流程冶炼、非硫酸法分解中低品位磷矿、铬盐液相氧化、冷冻硝酸法、尾矿和煤矸石原位井下充填等先进工艺；推动工业固废按元素价值综合开发利用，加快推进尾矿（共伴生矿）、粉煤灰、煤矸石、冶炼渣、工业副产石膏、赤泥、化工废渣等工业固废在有价组分提取、建材生产、市政设施建设、井下充填、生态修复、土壤治理等领域的规模化利用。 加强产业间合作，促进煤炭开采、冶金、建材、石化化工等产业协同耦合发展，促进固废资源跨产业协同利用；在黄河流域，着力促进煤矸石、粉煤灰等固废通过多式联运跨区域协同利用
2022 年 1 月 28 日	《关于严厉打击盗采矿产资源违法活动和矿山严重违法违规生产建设行为的通知》	国务院安委会办公室	要正确处理好能源保供与安全生产的关系，科学合理核定产能、有序释放优质产能，坚决整治未经批准擅自提升产能、擅自扩大增产保供矿井范围、违规组织"三超"生产作业、将采掘接续失调的煤矿列入增产保供名单等行为；对即将关闭退出矿山，必须明确关闭退出期间的安全监管措施，落实驻矿盯守人员，严禁违规设置"回撤期""过渡期"，严禁违法转包井下回撤工程，确保安全有序退出
2022 年 1 月 29 日	《"十四五"现代能源体系规划》	国家发展改革委 国家能源局	优化煤炭产能布局，建设山西、蒙西、蒙东、陕北、新疆五大煤炭供应保障基地，完善煤炭跨区域运输通道和集疏运体系，增强煤炭跨区域供应保障能力；持续优化煤炭生产结构，以发展先进产能为重点，布局一批资源条件好、竞争能力强、安全保障程度高的大型现代化煤矿，强化智能化和安全高效矿井建设，禁止建设高危矿井，加快推动落后产能、无效产能和不具备安全生产条件的煤矿关闭退出；建立健全以企业社会责任储备为主体、地方政府储备为补充、产品储备与产能储备有机结合的煤炭储备体系；继续通过中央预算内投资专项支持煤矿安全改造，提升煤矿安全保障能力；支持符合条件的企业履行社会责任，在煤炭生产地、消费地、铁路交通枢纽、主要中转港口建设煤炭储备；推动煤炭和新能源优化组合；推进煤炭分质分级梯级利用，有序淘汰煤电落后产能；推动化石能源绿色低碳开采，强化煤炭绿色开采和洗选加工，加大油气田甲烷

（续）

时间	文件	发布单位	重点内容摘录
2022年1月29日	《"十四五"现代能源体系规划》	国家发展改革委国家能源局	采收利用力度，加快二氧化碳驱油技术推广应用；新建煤矿项目优先采用铁路、水运等清洁化煤炭运输方式；加强矿区生态环境治理修复，开展煤矸石综合利用；创新矿区循环经济发展模式，探索利用采煤沉陷区、露天矿排土场、废弃露天矿坑、关停高污染矿区发展风电、光伏发电、生态碳汇等产业；推动黄河流域和新疆等资源富集区煤炭、油气绿色开采和清洁高效利用，合理控制黄河流域煤炭开发强度与规模
2022年1月30日	《关于完善能源绿色低碳转型体制机制和政策措施的意见》	国家发展改革委国家能源局	立足以煤为主的基本国情，按照能源不同发展阶段，发挥好煤炭在能源供应保障中的基础作用；建立煤矿绿色发展长效机制，优化煤炭产能布局，加大煤矿"上大压小、增优汰劣"力度，大力推动煤炭清洁高效利用；制定矿井优化系统支持政策，完善绿色智能煤矿建设标准体系，健全煤矿智能化技术、装备、人才发展支持政策体系；完善煤矸石、矿井水、煤矿井下抽采瓦斯等资源综合利用及矿区生态治理与修复支持政策，加大力度支持煤矿充填开采技术推广应用，鼓励利用废弃矿区开展新能源及储能项目开发建设；依法依规加快办理绿色智能煤矿等优质产能和保供煤矿的环保、用地、核准、采矿等相关手续；科学评估煤炭企业产量减少和关闭退出的影响，研究完善煤炭企业退出和转型发展以及从业人员安置等扶持政策；在电力安全保供的前提下，统筹协调有序控煤减煤，推动煤电向基础保障性和系统调节性电源并重转型；健全煤炭产品、产能储备和应急储备制度，完善应急调峰产能、可调节库存和重点电厂煤炭储备机制，建立以企业为主体、市场化运作的煤炭应急储备体系；制定煤制油气技术储备支持政策；完善煤炭、石油、天然气产供销体系，探索建立氢能产供储销体系

（续）

时间	文件	发布单位	重点内容摘录
2022年2月24日	《关于进一步完善煤炭市场价格形成机制的通知》	国家发展改革委	当煤炭价格显著上涨或者有可能显著上涨时，将根据《价格法》第三十条等规定，按程序及时启动价格干预措施，引导煤炭价格回归合理区间；当煤炭价格出现过度下跌时，综合采取适当措施，引导煤炭价格合理回升；近期阶段较为合理的秦皇岛港下水煤（5500千卡）中长期交易价格为每吨570~770元（含税）。引导煤、电价格主要通过中长期交易形成。煤炭中长期交易价格在合理区间内运行时，燃煤发电企业可在现行机制下通过市场化方式充分传导燃料成本变化，鼓励在电力中长期交易合同中合理设置上网电价与煤炭中长期交易价格挂钩的条款，有效实现煤、电价格传导
2022年4月10日	《中央对地方资源枯竭城市转移支付办法》	财政部	中央对地方资源枯竭城市转移支付补助范围包括经国务院批准的资源枯竭城市，独立工矿区和采煤沉陷区，以及秦岭、木里矿区等矿业权退出和生态环境综合整治的地区独立工矿区和采煤沉陷区补助选取独立工矿区和采煤沉陷区面积、个数、人口等因素，参考财政困难程度等进行测算；主要用于解决本地因资源开发产生的社保欠账、环境保护修复、棚户区搬迁改造、塌陷区治理、矿业权退出和公共基础设施建设等历史遗留问题和化解民生政策欠账，不得用于政府性楼堂馆所等中央明令禁止的项目支出
2022年4月10日	《关于加快建设全国统一大市场的意见》	中共中央　国务院	在有效保障能源安全供应的前提下，结合实现碳达峰碳中和目标任务，有序推进全国能源市场建设；进一步发挥全国煤炭交易中心作用，推动完善全国统一的煤炭交易市场
2022年4月22日	《关于加快建立统一规范的碳排放统计核算体系实施方案》	国家发展改革委　国家统计局　生态环境部	建立全国及地方碳排放统计核算制度、完善行业企业碳排放核算机制、建立健全重点产品碳排放核算方法、完善国家温室气体清单编制机制等四项重点任务，提出夯实统计基础、建立排放因子库、应用先进技术、开展方法学研究、完善支持政策等五项保障措施，并对组织协调、数据管理及成果应用提出工作要求

（续）

时间	文件	发布单位	重点内容摘录
2022 年 5 月 14 日	《关于促进新时代新能源高质量发展实施方案的通知》	国家发展改革委 国家能源局	按照推动煤炭和新能源优化组合的要求，鼓励煤电企业与新能源企业开展实质性联营。支持在石漠化、荒漠化土地以及采煤沉陷区等矿区开展具有生态环境保护和修复效益的新能源项目
2022 年 5 月 31 日	《关于做好重大投资项目环评工作的通知》	生态环境部	对公路、铁路、水利水电、光伏发电、陆上风力发电等基础设施建设项目和保供煤矿项目，在严格落实各项污染防治措施的基础上，环评审批可不与污染物总量指标挂钩
2022 年 6 月 7 日	《关于加强煤炭先进产能核定工作的通知》	应急管理部 国家矿山安监局 国家发展改革委等	已核定生产能力的煤矿满 1 年后（露天煤矿、一级安全生产标准化煤矿或者智能化煤矿不受限制），可通过生产能力核定方式提高产能规模；核增产能煤矿要积极承担电煤增产保供责任，核增产能形成的新增产能必须全部按国家政策签订电煤中长期合同
2022 年 6 月 20 日	《工业水效提升行动计划》	工业和信息化部 水利部 国家发展改革委等	鼓励有条件的矿区及周边工业企业、园区加强技术改造，建设一批矿井水分级处理、分质利用工程，提高矿井水利用规模；到 2025 年，工业新增利用海水、矿井水、雨水量 5 亿 m^3。另外，《行动计划》中提到，稳妥有序发展现代煤化工产业，并将"煤制气废水高效处理回用""煤化工废水近零排放"列为石化化工行业关键核心技术攻关方向之一
2022 年 6 月 28 日	《黄河流域生态环境保护规划》	生态环境部 国家发展改革委 自然资源部等	推进能源领域低碳发展，加强煤炭等化石能源清洁高效利用，有序减量替代，推动煤电节能降碳改造；开展油气系统甲烷控制工作，在山西、鄂尔多斯盆地推动提升煤矿瓦斯抽采利用水平
2022 年 7 月 28 日	《关于强化中长期合同管理确保电煤质量稳定的通知》	国家发展改革委	供需双方签订中长期合同时，要明确到厂电煤基准发热量范围、硫分等质量标准及供需双方认可的第三方质检机构，未明确的要以补充协议方式明确；在严格符合电煤中长期合同价格合理区间及供需双方协商一致的基础上，按照市场化原则，鼓励实行电煤质量"分质分级"管理，充分体现煤炭"优质优价、低质低价"原则，有效引导市场主体按照约定进行履约，防止出现"签高售低"等行为，保障电煤质量稳定在合理水平

附件 2　2021 年以来国家层面重点煤炭行业相关政策汇总

（续）

时间	文件	发布单位	重点内容摘录
2022 年 8 月 15 日	《关于支持建设新一代人工智能示范应用场景的通知》	科技部	启动支持建设新一代人工智能示范应用场景工作。"智能矿山"被列首批支持建设十个示范应用场景之一。《通知》指出，为针对我国矿山高质量安全发展需求，聚焦井工矿和露天矿，运用人工智能、5G 通信、基础软件等新一代自主可控信息技术，建成井工矿"数字网联、无人操作、智能巡视、远程干预"的常态化运行示范采掘工作面，开展露天矿矿车无人驾驶、铲运装协同自主作业示范应用，通过智能化技术减人换人，全面提升我国矿山行业本质安全水平
2022 年 9 月 5 日	《矿产资源节约和综合利用先进适用技术目录（2022 年版）》	自然资源部	共有 50 项煤炭类技术入选自然资源部《矿产资源节约和综合利用先进适用技术目录（2022 年版）》，涉及高效开采技术、高效选矿技术、综合利用技术、绿色低碳技术和数字化智能化技术五个领域
2022 年 10 月 28 日	《2023 年电煤中长期合同签订履约工作方案》	国家发展改革委	合同双方需按确定的月度履约量足额履约，确有特殊原因、存在困难的，经双方协商一致可在月度之间适当调剂，但季度、全年履约量必须达到 100%；每个煤企承担的中长期合同任务量，不应低于自有资源量的 80%、动力煤资源的 75%；按照"基准价+浮动价"原则签订，下水煤合同基准价按 5500 大卡动力煤 675 元/t 执行，浮动价实行月度调整
2022 年 11 月 18 日	《关于做好采矿用地保障的通知》	自然资源部	鼓励使用复垦修复腾退指标办理用地手续，采矿项目新增用地依法依规办理农用地转用审批手续，采矿企业可对本企业在本地区依法取得的采矿地进行复垦修复并使用腾退指标，也可对本地区历史遗留废弃采矿用地进行复垦修复并使用腾退指标，新增建设用地面积不得高于复垦修复为农用地的面积；允许复垦修复的新增耕地用于占补平衡，采矿企业将本企业依法取得的采矿用地或历史遗留废弃采矿用地复垦为可长期稳定利用耕地的，经核定报备后可用于本企业在本地区采矿项目落实占补平衡

（续）

时间	文件	发布单位	重点内容摘录
2022 年 12 月 13 日	企业安全生产费用提取和使用管理办法》	财政部、应急管理部	规定了煤炭生产企业安全生产费用提取标准，其中煤（岩）与瓦斯（二氧化碳）突出矿井、冲击地压矿井提取标准由吨煤 30 元提升至吨煤 50 元，新增了高瓦斯矿井，水文地质类型复杂、极复杂矿井，容易自燃煤层矿井提取标准，为吨煤 30 元。《办法》提出了十二项应当用于煤炭生产企业安全生产费用的支出项目，其中冲击地压矿井落实防冲措施支出、安全生产责任保险支出、煤矿智能装备及煤矿机器人等新装备的推广应用支出等为新增支出项目
2022 年 12 月 14 日	《扩大内需战略规划纲要（2022—2035 年）》	中共中央、国务院	加强能源基础设施建设，优化煤炭产运结构，推进煤矿智能化、绿色化发展，优化建设蒙西、蒙东、陕北、山西、新疆五大煤炭供应保障基地，提高煤炭铁路运输能力；增强国内生产供应能力，稳妥推进煤制油气，规划建设煤制油气战略基地；深入实施找矿突破战略行动，开展战略性矿产资源现状调查和潜力评价，积极开展现有矿山深部及外围找矿，延长矿山服务年限；持续推进矿山智能化、绿色化建设
2023 年 3 月 21 日	《关于加快推进能源数字化智能化发展的若干意见》	国家能源局	以数字化智能化技术带动煤炭安全高效生产。推动构建智能地质保障系统，提升矿井地质条件探测精度与地质信息透明化水平。提升煤矿采掘成套装备智能化控制水平，采煤工作面加快实现采-支-运智能协同运行、地面远程控制及井下无人/少人操作，掘进工作面加快实现掘-支-锚-运-破多工序协同作业、智能快速掘进及远程控制。推动煤矿主煤流运输系统实现智能化无人值守运行，辅助运输系统实现运输车辆的智能调度与综合管控。推动煤矿建立基于全时空信息感知的灾害监测预警与智能综合防治系统。推进大型露天煤矿无人驾驶系统建设与常态化运行，支持露天煤矿采用半连续、连续开采工艺系统，提高露天煤矿智能化开采和安全生产水平。支持煤矿建设集智能地质保障、智能采掘（剥）、智能洗选、智能安控等于一体的智能化煤矿综合管控平台

（续）

时间	文件	发布单位	重点内容摘录
2023 年 3 月 7 日	《关于统筹节能降碳和回收利用　加快重点领域产品设备更新改造的指导意见》	国家发展改革委	聚焦重点领域产品设备。以节能降碳为重要导向，以能效水平为重要抓手，聚焦重点、先易后难、统筹有序推进产品设备更新改造。分领域制定实施指南并持续完善，加强对地方和行业企业工作指导。首批聚焦实施条件相对成熟、示范带动作用较强的锅炉、电机、电力变压器、制冷、照明、家用电器等产品设备，推动相关使用企业和单位开展更新改造，统筹做好废旧产品设备回收利用。密切跟踪、及时总结上述领域更新改造和回收利用工作进展，适时加大监督管理力度。 发挥节能审查源头把关作用，企业新建、改扩建项目不得采购使用能效低于准入水平的产品设备，新建年能耗 1 万吨标准煤及以上项目和获得中央预算内投资等财政资金支持的项目，原则上不得采购使用能效低于节能水平的产品设备，优先采购使用能效达到先进水平的产品设备
2023 年 11 月 7 日	《甲烷排放控制行动方案》	生态环境部	为贯彻《中华人民共和国国民经济和社会发展第十四个五年规划和 2035 年远景目标纲要》《中共中央　国务院关于完整准确全面贯彻新发展理念做好碳达峰碳中和工作的意见》，落实积极应对气候变化国家战略，强化大气污染防治与甲烷排放控制协同，科学、合理、有序控制甲烷排放，制定本行动方案
2024 年 4 月 16 日	《关于进一步加强绿色矿山建设的通知》	自然资源部　生态环境部	以习近平新时代中国特色社会主义思想为指导，深入贯彻党的二十大精神，全面贯彻习近平生态文明思想，完整、准确、全面贯彻新发展理念，构建新发展格局，推动高质量发展，牢固树立和践行绿水青山就是金山银山的理念，正确处理高质量发展与高水平保护的关系，站在人与自然和谐共生的高度谋划矿业绿色低碳发展，通过政府引导、部门协作、企业主建、社会监督，将绿色发展理念贯穿于矿产资源勘查开发全过程，切实提升矿产资源开发利用保护水平，助力美丽中国建设

（续）

时间	文件	发布单位	重点内容摘录
2024 年 4 月 29 日	关于印发《煤炭清洁高效利用行动计划（2024—2027 年）》的通知	国家能源局	以习近平新时代中国特色社会主义思想为指导，深入贯彻党的二十大精神，完整、准确、全面贯彻新发展理念，加快构建新发展格局，着力推动高质量发展，认真践行"四个革命、一个合作"能源安全新战略，立足以煤为主基本国情，坚持先立后破、通盘谋划，以绿色低碳发展为主线，以科技创新为动力，加强政策支持和标准引领，全面推进煤炭绿色集约开发，提高生产加工智能化水平，积极有序实施煤电节能降碳、供热和灵活性改造推进煤制油气战略基地建设，促进煤炭与新能源融合发展，为建设新型能源体系和实现碳达峰碳中和目标提供有力支撑

附件 3 地方层面重点煤炭行业相关政策汇总

省份	时间	文件	单位	主要内容
河南	2021 年 1 月 7 日	《河南省煤矿智能化建设三年行动方案（2021—2023 年）》	河南省人民政府办公厅	到 2023 年年底，全省累计建成 15~20 处智能化示范煤矿、80 个以上智能化采煤工作面和 200 个以上智能化掘进工作面
	2022 年 10 月 26 日	《关于优化煤炭资源配置的实施意见》	河南省人民政府办公厅	通过优化煤炭资源开发布局，增强安全供给能力，满足刚性合理需求。通过优化煤炭资源配置，到"十四五"末，全省资源枯竭煤矿困境得到有效缓解，煤炭稳产保供基础更加牢固，煤炭年均产量力争达到 1 亿 t 以上。《意见》明确四项原则。一是坚持问题导向。二是坚持安全发展。优先向安全生产标准化管理体系一级达标煤矿、智能化煤矿、安全高效煤矿等安全生产基础好的煤矿配置资源。三是坚持可持续发展。优先向资源枯竭或接续紧张煤矿配置资源。四是坚持绿色发展。优先向绿色矿山、瓦斯抽采利用水平高的煤矿配置资源
	2022 年 12 月 28 日	《河南省矿产资源总体规划（2021—2025 年）》	河南省自然资源厅	建设国家规划矿区，保障能源资源基地建设。重点建设 14 个国家规划矿区，包括鹤壁煤炭矿区、焦作煤炭矿区、平顶山煤炭矿区、义马煤炭矿区、永夏煤炭矿区、郑州煤炭矿区
内蒙古	2020 年 10 月 17 日	《关于促进全区煤炭工业高质量发展的意见》	内蒙古自治区能源局	加快智能化技术研发应用，开展智能化关键技术装备科技攻关；支持技术成果转化应用，推广煤矿智能开采新技术新装备。鼓励井工煤矿建设智能工作面、露天煤矿发展无人驾驶，重点推动冲击地压、煤与瓦斯突出等灾害严重矿井开展智能化采掘和危险岗位机器人替代，2025 年基本建成智能煤矿。建设煤矿智能开采装备制造园区，大力发展智能采煤机、采煤机器人等装备制造产业

（续）

省份	时间	文件	单位	主要内容
内蒙古	2021 年 10 月 22 日	《内蒙古自治区 "十四五"工业和信息化发展规划》	内蒙古自治区办公厅	统筹生态环境保护与煤炭开发生产，推进煤炭清洁高效利用，加快建设绿色煤矿、智能煤矿，到 2025 年生产煤矿全部达到绿色矿山标准、智能煤矿标准
	2021 年 10 月 29 日	《内蒙古自治区 "十四五"循环经济发展规划》	内蒙古自治区发展和改革委员会	鼓励煤炭企业创建绿色工厂
	2022 年 2 月 15 日	《内蒙古自治区煤炭工业发展"十四五"规划》	内蒙古自治区能源局	在鄂尔多斯新建一批现代化大型煤矿，120 万 t/a 及以上煤矿产能占比达到 92%；井下机械化程度基本达到 100%；全区具备条件的生产煤矿全部建成智能煤矿，煤矿全员劳动工效达到 7500 t/(人·年)；生产煤矿 100% 建成绿色矿山；煤矿安全防控体系基本建成，智慧监管走在全国前列
	2022 年 2 月 15 日	《内蒙古自治区煤炭工业发展"十四五"规划煤层气（煤矿瓦斯）开发利用配套方案》	内蒙古自治区能源局	"十四五"期间，计划勘探开发投资约 9.36 亿元，施工煤层气井 378 口，部署二维地震测线 15 km；建设煤层气开发利用示范区 2 个，新增探明储量 630 亿 m³，实现新建煤层气产能 1.55 亿 m³/a，年利用量 1.24 亿 m³，利用率 80%；管道建设里程达到 35 km；压缩（液化）处理能力达到 55 万 m³
	2022 年 9 月 13 日	《内蒙古自治区矿产资源总体规划（2021—2025 年）》	内蒙古自治区人民政府	新建井工煤矿原则上产能不低于 300 万 t/a。《规划》指出，内蒙古煤炭保有资源量 5179.13 亿 t，居全国第一位，占全国煤炭保有资源总量的 29.02%。 稳步推进煤炭、稀土等能源资源基地建设和国家规划矿区建设，到 2025 年，全自治区煤炭年产量 10 亿 t 左右。 强化煤炭基地资源保障作用。基地内煤炭产能占全自治区 90% 以上，鄂尔多斯市地区通过新建和核增释放优质产能；有效发挥内蒙古东部地区"以储保供"作用，有力保障东北地区煤炭供应。加快推动煤矿智能化发展，井下机械化程度基本达到 100%，全面完成智能化建设三年行动工作任务，到"十四五"期末，具备条件的大型正常生产煤矿全部实现智能化，提升全自治区煤炭保障能力

（续）

省份	时间	文件	单位	主要内容
内蒙古	2022 年 11 月 28 日	《内蒙古自治区煤炭管理条例》	内蒙古人大	第二十五条　自治区鼓励煤炭清洁高效利用，加快煤炭和煤电、煤化工一体化发展，提高煤炭就地转化率和精深加工度，延伸产业链条。以煤炭清洁高效利用为重点，高质量发展煤化工、氯碱化工、精细化工、煤基新材料、氢能源等产业。 鼓励企业加大研究开发投入力度，联合科研机构、高等院校在以下领域开展基础研究、科技创新，推动先进技术和产品的示范与应用、推广，促进产业化发展： （一）煤炭高效燃烧发电、新型煤化工、洁净燃煤、生物固碳和化学固碳； （二）煤共伴生资源、煤矸石、煤层气（煤矿瓦斯）、煤泥、矿井（坑）水、疏干水等利用； （三）粉煤灰利用、粉煤灰提取氧化铝等； （四）煤矿自动化、数字化、智能化升级改造等； （五）煤矿重大灾害防治以及煤炭绿色开采、矿区生态环境保护等
	2023 年 8 月 4 日	《内蒙古自治区建设国家重要能源和战略资源基地促进条例》	内蒙古自治区发展改革委	第十一条　自治区采取措施加强煤炭安全绿色智能化开采和清洁高效集约化利用，统筹推进煤电节能降碳改造、灵活性改造、供热改造，发展现代煤化工，打造煤基全产业链条，实现煤炭稳产稳供和转化增值。 第十四条　自治区制定完善煤矸石、矿井水、煤矿井下抽采瓦斯等资源综合利用以及矿区生态治理与修复支持政策，鼓励利用采煤沉陷区、露天排土场等开展新能源以及储能项目开发建设。 第十五条　自治区统筹电力系统安全和能力建设需求，科学合理确定煤电规模，优化调整煤电布局，与新能源开发利用相结合，坚持优先改造升级，严格控制增量煤电项目。在确有必要新增燃煤机组地区，适度发展保障安全的支撑性煤电和保障民生的热电联产机组。 第十六条　自治区采取措施推动传统燃煤电厂绿色智慧转型，应用多能互补、源网荷储、虚拟电厂等新型模式，推动传统燃煤电厂与新能源耦合式发展，实现电力电量绿色低碳供应

（续）

省份	时间	文件	单位	主要内容
山西	2021 年 4 月 9 日	《山西省国民经济和社会发展第十四个五年规划和 2035 年远景目标纲要》	山西省人民政府	加快煤炭绿色低碳清洁高效开发利用。合理控制煤炭开发规模，原煤产量稳定在 10 亿 t 左右。促进煤矿智能化发展，推进"5G+"智慧矿山建设，用科技手段实现煤矿本质安全和减员增效。开展新建煤矿井下矸石智能分选系统和不可利用矸石全部返井试点示范，因地制宜推广矸石返井、充填开采、保水开采、无煤柱开采等绿色开采技术。推广煤与瓦斯共采技术，探索实施煤炭地下气化示范项目。推进煤炭分质分级梯级利用，将碳基新材料作为煤炭产业可持续发展的根本出路，大幅提升煤炭作为原料和材料的使用比例。到 2025 年，推进煤炭智能绿色安全开采和高效清洁深度利用居于全国领先水平
	2022 年 4 月 7 日	《山西省推进资源型地区高质量发展"十四五"实施方案》	山西省发展和改革委员会等	到 2025 年，国家资源型经济转型综合配套改革试验区示范效应不断显现，能源革命综合改革试点取得明显成效，国家能源安全保障能力大幅提升。全社会研发经费投入占 GDP 比重明显提升，支撑高质量发展的现代产业体系初步形成。矿山地质环境得到根本改善，生态功能和环境质量不断提升。民生保障不断增进，居民人均可支配收入增速明显超过全国平均水平
	2022 年 5 月 27 日	《山西省"十四五"清洁生产实施方案》	山西省发展和改革委员会等	加强高耗能高排放项目清洁生产评价，推进燃料原材料清洁替代，支持开展煤炭绿色开采和清洁高效利用
	2022 年 5 月 12 日	《关于促进全省煤炭绿色开采的意见》	山西省人民政府办公厅	到 2030 年，绿色开采技术逐步推广应用，煤矿因地制宜开展充填开采、保水开采，资源回收率进一步提高，煤矸石综合利用或无害化处理能力进一步提升。条件适宜的特殊和稀缺煤类资源，除国家明文规定或安全生产需要外，无（小）煤柱开采得到进一步推广应用。煤与瓦斯共采范围持续扩大，瓦斯利用率不断提高，煤矿生产活动中的瓦斯排放进一步降低
	2022 年 1 月 24 日	《关于有序推进煤炭资源接续配置 保障煤矿稳产保供的意见》	山西省人民政府办公厅	当前，山西省部分煤矿面临资源枯竭风险，急需产能接续，煤炭资源需求强劲与后备接续资源短缺矛盾较为突出。充分利用相邻空白资源的接续条件和空间，有序推进煤炭资源接续配置，有利于保持山西省煤矿生产和产能的持续性

（续）

省份	时间	文件	单位	主要内容
陕西	2021 年 1 月 29 日	《陕西省国民经济和社会发展第十四个五年规划和二〇三五年远景目标纲要》	陕西省人民政府	持续优化煤炭产业结构，打造绿色智能煤矿集群。推进榆神矿区、榆横矿区已明确配套转化项目的大型绿色智能煤矿建设。推动煤炭等传统产业向高端化、智能化、绿色化发展。到 2025 年，全省原煤达到 7.4 亿 t
	2021 年 10 月 14 日	《陕西省"十四五"期间煤矿引导退出激励政策》	陕西省发展和改革委员会等	鼓励资不抵债、长期停产停建、整改或建成无望煤矿通过政策引导，关闭退出。鼓励政府引导关闭退出不符合安全、技术、环保要求，且经整改不达标煤矿。鼓励煤矿企业通过兼并重组关闭退出中、小煤矿，实现"以大并小"。鼓励引导退出煤矿进行产能指标交易。引导退出煤矿在享受财政奖补的同时，也可通过产能交易获得经济补偿。退还引导退出煤矿已缴纳的剩余资源价款。剩余资源价款退还工作严格按照政策性关闭矿山企业价款退还有关规定执行。通过兼并重组和资源整合被关闭的煤矿不再退还剩余价款
新疆	2022 年 5 月 19 日	《加快新疆大型煤炭供应保障基地建设服务国家能源安全的实施方案》	新疆维吾尔自治区政府	"十四五"时期，总量方面：煤炭产能 4.6 亿 t/a，煤炭产量 4 亿 t 以上。集约高效方面：大中型煤矿产能占比 95%，煤矿采煤机械化程度 100%；安全绿色方面：煤层气开发利用量 1 亿 m^3，煤矿瓦斯抽采利用量 0.1 亿 m^3，煤矸石综合利用率 75%，矿井水综合利用率 80%，土地复垦率 60%，原煤入选率 80%
	2021 年 2 月 22 日	《新疆维吾尔自治区煤矿智能化建设实施方案》	新疆维吾尔自治区发展改革委等	2021—2022 年是智能化启动阶段；2023—2025 年是全面推进阶段；2026—2030 年是巩固提升阶段；到 2035 年，全面建成以智能煤矿为支撑的煤炭工业体系，各类煤矿实现智能化

（续）

省份	时间	文件	单位	主要内容
宁夏	2021 年 4 月 28 日	《宁夏"十四五"规划和 2035 年远景目标纲要》	宁夏回族自治区人民政府	统筹煤炭、电力、油气生产开发，提升多元能源供应保障能力。有序推进先进煤矿建设，促进煤炭集约优化开发。到 2025 年，全区煤炭产能达到 1.3 亿 t。加快煤炭专用线和转运设施建设，打通连接蒙西及周边口岸、煤炭基地干线铁路联络线，实施既有煤炭通道扩能改造
江西	2022 年 5 月 7 日	《江西省"十四五"能源发展规划》	江西省人民政府办公厅	到 2035 年，煤炭方面，坚持控内拓外、以外为主，推进煤炭产供储销体系建设。以电煤为重点，深化与山西、内蒙古、陕西、安徽等传统煤炭基地的合作，重点推进与陕煤集团等大型煤炭企业的战略合作，建立长期稳定供煤关系。积极争取国家增加江西省进口煤数量
安徽	2021 年 2 月 20 日	《安徽省国民经济和社会发展第十四个五年规划和 2035 年远景目标纲要》	安徽省人民政府	推进煤炭智能绿色开采，加快推进低碳发展
河北	2021 年 11 月 12 日	《河北省建设京津冀生态环境支撑区"十四五"规划》	河北省人民政府办公厅	统筹优化矿产资源开发利用空间布局，合理控制、适度开发煤、铁、建材非金属矿产等重要矿产开采总量，推动矿产资源集中、集聚、集约、绿色开发，到 2025 年，全省煤矿产能控制在 6000 万 t 以下
江苏	2022 年 8 月 23 日	《江苏省矿产资源总体规划（2021—2025 年）》	江苏省自然资源厅	统筹矿产调查勘查，力争新增一批资源储量，稳定资源保障能力，合理调控开发强度，提高资源集约利用水平，全面推进绿色矿山建设。全省矿产年开采总量预期在 2.1 亿 t 以内，矿山总数预期在 320 个以内，差别化调控 10 种主要开采矿产开发强度，鼓励引导矿山规模化开采，优化大中型矿山比例，2025 年，全省固体矿产大中型矿山比例预期在 75% 以上
广西	2022 年 9 月 15 日	《广西能源发展"十四五"规划》	广西壮族自治区人民政府办公厅	"十四五"期间，广西将依托沿海大型煤电项目、专业化煤炭码头布局建设国能广投北海能源基地煤炭储运配送中心、防城港煤炭仓储基地等百万吨级煤炭储运设施，打造北部湾港煤炭储运枢纽，形成布局合理、流通便利的煤炭储备基地。到 2030 年，广西煤炭静态储备能力将达到 1800 万 t

附件 3 地方层面重点煤炭行业相关政策汇总

（续）

省份	时间	文件	单位	主要内容
吉林	2022年8月24日	《吉林省能源发展"十四五"规划》	吉林省人民政府办公厅	"十三五"以来，吉林省煤炭产量下降明显，预计"十四五"期间，吉林省煤炭消费将保持一定量的增长，到2025年，达到9000万t，年均增长1.2%。为此，要高效开发省内煤炭资源，加强域外煤炭资源合作，保证煤炭安全供给。到2025年，吉林省煤炭产量达到1000万t，省外调入量8000万t
	2023年7月12日	《吉林省煤矿瓦斯防治和煤层气开发利用2023年工作要点》	吉林省能源局	按照《国家能源局关于下达2023年煤层气（煤矿瓦斯）抽采利用目标的通知》（国能发煤炭〔2023〕14号）要求，结合本省实际，确定2023年煤矿瓦斯抽采利用目标分解情况：吉能集团，1800万 m^3 瓦斯抽采量，30万 m^3 瓦斯利用量。吉能集团要坚持应抽尽抽、可用尽用，将煤矿瓦斯抽采利用目标细化到各煤矿企业，着力提升瓦斯抽采量和抽采浓度，拓展瓦斯利用途径，提高瓦斯利用率
甘肃	2022年9月20日	《甘肃省矿产资源总体规划（2021—2025年）》	甘肃省人民政府	"十四五"期间，甘肃规划预期新增煤炭资源量45亿t，到2025年煤炭年开采量达到7000万t，大中型矿山占比达到25%。规划期不再新建和改扩建年产30万t以下煤矿、年产90万t以下煤与瓦斯突出煤矿
辽宁	2022年10月21日	《辽宁省矿产资源总体规划（2021—2025年）》	辽宁省自然资源厅	构建4个区域矿产资源勘查开发格局，其中包括铁岭-沈阳煤炭、煤层气勘查开发区。明确划定19个重点开采区，其中包括辽宁沈北新区小望花台-东五旗和辽宁新抚区东岗-东洲区龙凤2个煤炭开采区。在省域范围内（除大连市、营口市、盘锦市外）布局12个国家规划矿区，对沈阳、阜新、铁法等3个煤炭国家规划矿区，加强煤系地层多种气源综合勘探开发力度，鼓励上述地区开展煤层气抽采工艺新技术研究，开展煤层气开发利用、残余煤炭资源液化、气化技术研究

（续）

省份	时间	文件	单位	主要内容
贵州	2022 年 7 月 18 日	《贵州省煤炭工业发展"十四五"规划》	贵州省能源局 贵州省发展改革委	到 2025 年，贵州省生产煤矿年产能 2.5 亿 t、原煤年产量 1.8 亿 t；公告生产煤矿综采工作面、综掘工作面基本实现智能化，建设一批智能煤矿；进一步提升煤矿瓦斯抽采利用率、煤矸石利用率、矿井水综合利用率、煤炭入洗（选）率和焦煤入洗率，矿井水 100% 达标排放，推动充填工作面建设。《规划》明确了优化煤炭产业布局、加大优质产能释放、增强煤炭保供能力、提高煤矿安全保障、加大科技创新力度、加快煤矿智能发展、提高综合利用水平七项重点任务
黑龙江	2022 年 6 月 17 日	《黑龙江省产业振兴行动计划（2022—2026 年）》	黑龙江省人民政府	充分释放煤炭优质产能，"十四五"末形成新增煤炭产能 3650 万 t/a 的资源保障能力。加快推进 19 处 30 万 t/a 以上规模煤矿在建项目建设和达产达效，推进已核准的 156 处规划升级改造煤矿审批和开工建设，力争煤炭产能迈上 8000 万 t 台阶。支持东部大型矿区发展低热值煤发电项目建设，提升煤电保障能力

附件4　层次分析法打分表

本附件为构造判断矩阵的调查问卷，调查问卷的目的是确定影响煤炭行业节能与低碳发展能力的四个方面（二级指标）以及各方面中（三级指标）不同的重要程度。

本次问卷采用1-9级标度作为评价标准，下表中的标度值即为评分，请按照附表1对附表2~附表6进行打分。

附表1　1-9级标度的定义

标度	定义
1	i比j同样重要
3	i比j稍微重要
5	i比j显著重要
7	i比j非常重要
9	i比j绝对重要
2、4、6、8	相邻判断的中间值

附表2　准则层（二级指标）重要程度专家打分表

指标	清洁高效	资源节约	低碳环保	投入保障
清洁高效	1			
资源节约		1		
低碳环保			1	
投入保障				1

附表3　清洁高效方案层（三级指标）重要程度专家打分表

指标	煤炭资源采出率	全员工效	原煤入选率
煤炭资源采出率	1		

附表3(续)

指标	煤炭资源采出率	全员工效	原煤入选率
全员工效		1	
原煤入选率			1

附表4 资源节约方案层（三级指标）重要程度专家打分表

指标	采吨原煤生产综合能耗	原煤生产电耗	煤矸石综合利用率	矿井水综合利用率
采吨原煤生产综合能耗	1			
原煤生产电耗		1		
煤矸石综合利用率			1	
矿井水综合利用率				1

附表5 低碳环保方案层（三级指标）重要程度专家打分表

指标	采吨原煤碳排放量	抽采瓦斯利用率	土地复垦率	绿化率	可再生能源使用比例
采吨原煤碳排放量	1				
抽采瓦斯利用率		1			
土地复垦率			1		
绿化率				1	
可再生能源使用比例					1

附表6 投入保障方案层（三级指标）重要程度专家打分表

指标	环保资金投入占比	科技研发经费占比
环保资金投入占比	1	
科技研发经费占比		1

参 考 文 献

［1］ BP. Statistical Review of World Energy ［EB/OL］. ［2022-06-06］ https：//www. bp. com/ en/global/corporate/energy-economics/statistical-review-of-world-energy. html.

［2］ 美国能源信息署（EIA）. 2020 年度煤炭报告 ［EB/OL］. ［2022-06-06］ https：// www. eia. gov/coal/annual/pdf/acr. pdf.

［3］ 世界银行. 碳定价机制发展现状与未来趋势 2021 ［EB/OL］. ［2022-06-06］ https：// openknowledge. worldbank. org/handle/10986/35620.

［4］ World Atlas. Only These 40 Countries Have Carbon Pricing Policies ［EB/OL］. ［2022-06-06］ https：//www. worldatlas. com/news/what-governments-have-carbon-pricing-policies. html.

［5］ 美国能源信息署（EIA）. Most coal plants in the United States were built before 1990 ［EB/OL］. （2017）［2022-06-06］ https：//www. eia. gov/todayinenergy/detail. php? id=30812.

［6］ Global Energy Monitor. Global Coal Plant Tracker ［EB/OL］. ［2022-06-06］ https：// globalenergymonitor. org/projects/global-coal-plant-tracker/.

［7］ Groundbreaking research reveals the financiers of the coal industry ［EB/OL］. （2021）［2022-06-06］ https：//www. urgewald. org/en/medien/groundbreaking-research-reveals-financiers-coal-industry#：~：text = Today% 2C% 20Urgewald% 2C% 20Reclaim% 20Finance% 2C% 20Rainforest% 20Action%20Network%2C%20350. org，institutional%20investors% E2% 80% 99% 20exposure% 20to% 20the%20entire%20coal%20industry. ? msclkid=d2170c9ed0fb11ecbde53fec4e6acb57.

［8］ IEA. Japan 2021 Energy Policy Review ［EB/OL］. （2021）［2022-06-06］ https：// iea. blob. core. windows. net/assets/3470b395-cfdd-44a9-9184-0537cf069c3d/Japan2021_ EnergyPolicyReview. pdf.

［9］ GE. GE Supercritical and Ultra-Supercritical Steam Turbines ［EB/OL］. ［2022-06-06］ https：//www. ge. com/in/thermal-power/steam-turbine-manufacturers.

［10］ International Center for Sustainable Carbon. GE to construct ultra-supercritical coal plant in Poland ［EB/OL］. （2018）［2022-06-06］ https：//www. sustainable-carbon. org/ge-to-construct-ultra-supercritical-coal-plant-in-poland/.

［11］ Indonesia-Investments. Construction on Indonesia's Cirebon power plant expansion project started ［EB/OL］. （2017）［2022-06-06］ https：//www. indonesia-investments. com/news/ news-columns/construction-on-indonesia-s-cirebon-power-plant-expansion-project-started/ item8362? msclkid=506501d5d13711eca4ce255f62cc857f.

［12］ POWER. India's coal future hinges on advanced ultrasupercritical breakthroughs ［EB/OL］. （2019）［2022-06-06］ https：//www. powermag. com/indias-coal-future-hinges-on-advanced-ultrasupercritical-breakthroughs/.

［13］ Power Technology. The Kusile Power Station Project，South Africa ［EB/OL］. （2021）［2022-06-06］ . https：//www. power-technology. com/projects/kusilepowerstation/? msclkid =

7b2de1edd0f111ec978a75f3e78daaa3.

[14] IPCC. Global Warming of 1.5 ℃ [R/OL]. (2018) [2022-06-06] https：//www. ipcc. ch/sr15/.

[15] UNEP. The emissions gap report 2021 [R/OL] . (2021) [2022-06-06] https：//www. un-ep. org/resources/emissions-gap-report-2021.

[16] UNFCCC. Secretariat. Nationally determined contributions under the Paris Agreement [R/OL]. (2021) [2022 - 06 - 06] https：//unfccc. int/sites/default/files/resource/cma2021_08rev01_adv. pdf.

[17] 北京中创碳投科技有限公司. 双碳目标下煤炭行业转型发展研究 [R]. 北京：北京中创碳投科技有限公司，2022 年 7 月.

[18] 秦容军. 国外碳达峰碳中和经验借鉴及对我国煤炭行业发展的启示 [J]. 煤炭经济研究，2021，41（3）：23-27. DOI：10. 13202/j. cnki. cer. 2021. 03. 005.

[19] 李全生，方杰，曹志国. 碳约束条件下国外主要采煤国煤炭开发经验 [J]. 煤炭工程，2017，49（S1）：12-15，18.

[20] 赵云海. 国外煤层气产业发展法治环境考察及其对我国的启示 [J]. 中国矿业，2017，26（4）：8-13.

[21] 贺佑国，刘文革，李艳强. 世界煤炭工业发展综论 [J]. 中国煤炭，2021，47（1）：126-135. DOI：10. 19880/j. cnki. ccm. 2021. 01. 019.

[22] 李全生，张凯. 我国能源绿色开发利用路径研究 [J]. 中国工程科学，2021，23（1）：101-111.

[23] 王谋，吉治璇，陈迎. 格拉斯哥会议后全球气候治理格局、特征与趋势：兼议对我国气候治理的影响及其策略选择 [J]. 治理现代化研究，2022，38（2）.

[24] 肖兰兰，孙晓凤. 格拉斯哥气候大会对全球气候治理的影响及中国应对 [J]. 阅江学刊，2022.

[25] Federal Ministry for the Environment, Nature Conservation, Building and Nuclear Safe-ty. Climate Action Plan 2050：Principles and goals of the German government's climate policy [R/OL] .2016.

[26] US Department of State and the US Executive Office of the President. The Long-Term Strategy of the United States：Pathways to Net-Zero Greenhouse Gas Emissions by 2050 [R/OL] . 2021.

[27] Commonwealth of Australia. Australia's Long-Term Emissions Reduction Plan：A whole-of-e-conomy plan to achieve net zero emissions by 2050 [R/OL] . 2021.

[28] 现代院能源安全研究中心课题组. 国际碳中和发展态势及前景 [J]. 现代国际关系，2022，2.

[29] South Africa. South Africa's Low-Emission Development Strategy 2050 [R/OL] . 2020.

[30] Ministry of Economy, Trade and Industry. Green Growth Strategy through Achieving Carbon Neutrality in 2050 [R/OL] . (2021) [2022-06-06] https：//www. meti. go. jp/english/policy/energy_environment/global_warming/ggs2050/pdf/ggs_full_en1013. pdf.

［31］ The Government of the Republic of Korea. 2050 Carbon Neutral Strategy of the Republic of Kore-a: Towards a Sustainable and Green Society ［R/OL］. 2020.

［32］ Indonesia. Indonesia Long－Term Strategy for Low Carbon and Climate Resilience 2050 ［R/OL］. 2021.

［33］ Argus. Indonesia to Halt Approval of New Coal－Fired Power ［EB/OL］.（2021）［2022－06－06］https://www. argusmedia. com/en/news/2220098-indonesia-to-halt-approval-of-new-coalfired－power#: ~: text = Indonesia% 2C% 20the% 20world% 27s% 20largest% 20thermal% 20coal%20exporter%2C%20has, achieved% 20financial% 20closure% 2C% 20Indonesia% 27s% 20energy% 20ministry% 20% 28ESDM% 29% 20said.

［34］ 柯彦, 赵冠一, 王雷. 碳中和背景下俄罗斯煤炭出口趋势研究 ［J］. 煤炭经济研究, 2021. 11.

［35］ Tatiana Mitrova, Vitaly Yermakov. Russia's Energy Strategy-2035: Struggling to Remain Rel-evant ［R/OL］. 2019.

［36］ IEA. India Energy Outlook 2021 ［R/OL］.（2021）［2022－06－06］https://www. iea. org/reports/india-energy-outlook-2021.

［37］ IEA. Phasing Out Unabated Coal: Current status and three case studies ［R/OL］. 2021.

［38］ Global Coal to Clean Power Transition Statement ［EB/OL］.（2021）［2022－06－06］ht-tps://ukcop26. org/global-coal-to-clean-power-transition-statement/.

［39］ 代迪尔, 罗文慧. 碳中和的国际经验与启示 ［J］. 海外投资与出口信贷, 2021. 5.

［40］ Ministry of Climate and Environment Energy. Policy of Poland until 2040 ［EB/OL］.［2022－06－06］. https://www. gov. pl/web/climate/energy-policy-of-poland-until-2040-epp2040.

［41］ Indonesia outlines strategies for meeting carbon neutral target by 2060 ［EB/OL］.（2021）［2022－06－06］. https://en. vietnamplus. vn/indonesia-outlines-strategies-for-meeting-car-bon-neutral-target-by-2060/202710. vnp.

［42］ EIA. As U. S. coal－fired capacity and utilization decline, operators consider seasonal operation ［EB/OL］.（2020）［2022－06－06］https://www. eia. gov/todayinenergy/detail. php? id = 44976&msclkid=25a85a60bad311ecafc39705d76a2c0b.

［43］ Guan Guoqin. Clean coal technologies in Japan: A review ［J］. Chinese Journal of Chemical Engineering, 2017, 25（6）: 689-697.

［44］ European Parliament. South Korea's pledge to achieve carbon neutrality by 2050 ［EB/OL］.（2021）［2022－06－06］https://www. europarl. europa. eu/RegData/etudes/BRIE/2021/690693/EPRS_ BRI（2021）690693 _ EN. pdf#: ~: text = In% 20October% 202020% 2C% 20South% 20Korea% 27s% 20President% 2C% 20Moon% 20Jae-in% 2C, global% 20example% 20of% 20success% 20in% 20accomplishing% 20this% 20goal.

［45］ Minister for Industry. $412 million of new investment in carbon capture projects ［EB/OL］.（2021）［2022－06－06］https://www. minister. industry. gov. au/ministers/taylor/media-releases/412-million-new-investment-carbon-capture-projects.

[46] Ministry of Economy, Trade and Industry. Japan's roadmap to "Beyond – Zero" carbon [EB/OL]. [2022-06-06] https：//www. meti. go. jp/english/policy/energy_environment/ global_warming/roadmap/innovation/ccus. html.

[47] 刘平，刘亮. 日本迈向碳中和的产业绿色发展战略：基于对《2050 年实现碳中和的绿色成长战略》的考察 [J]. 现代日本经济，2021，4.

[48] BHP. Climate Transition Action Plan 2021 [R/OL]. （2021） [2022-06-06] https：// www. bhp. com/-/media/documents/investors/annual-reports/2021/210914_bhpclimatetransitionactionplan2021. pdf.

[49] Glencore. Climate Report 2020：Pathways to net zero [R/OL]. 2020 [2022-06-06] https：//www. glencore. com/media-and-insights/news/Climate-Report-2020--Pathway-to-Net-Zero#:~：text=Climate% 20Report% 202020% 3A% 20Pathway% 20to% 20Net% 20Zero% 20Baar% 2C，% E2% 80% 93% 20by% 2040% 25% 20by% 202035% 20on% 202019% 20levels.

[50] Teck. 2021 Sustainability Report. 2021.

[51] Benjamin Wehrmann. German operators prepare for extending runtime of decommissioned coal [EB/OL]. （2022）[2022-06-06]plantshttps：//www. cleanenergywire. org/news/german-operators-prepare-extending-runtime-decommissioned-coal-plants.

[52] Kerstine Appunn. Parliament amends energy transition laws, weakens 2035 renewables target [EB/OL]. （2022） [2022-07-11] https：//www. cleanenergywire. org/news/parliament-amends-energy-transition-laws-weakens-2035-renewables-target.

[53] 张薇薇. 格拉斯哥大会后，新的气候博弈拉开大幕 [J]. 世界知识，2021. 4.

[54] Catherine Clifford. Europe will count natural gas and nuclear as green energy in some circumstances [EB/OL]. （2022） [2022-07-11] https：//www. cnbc. com/2022/07/06/europe-natural-gas-nuclear-are-green-energy-in-some-circumstances-. html.

[55] 郭梓原. 国外煤炭清洁化利用法律制度借鉴 [J]. 中国市场，2018 (1)：238-239.

[56] 孙超，黄文杰，桂天柱. 美国煤炭工业发展趋势及对我国的启示 [J]. 煤炭经济研究，2021，41 (2)：51-58.

[57] 秦容军. 国外碳达峰碳中和经验借鉴及对我国煤炭行业发展的启示 [J]. 煤炭经济研究，2021，41 (3)：23-27.

[58] 单宝. 欧洲、美国、日本推进低碳经济的新动向及其启示 [J]. 国际经贸探索，2011，27 (1)：12-17.

[59] 黄岚. 德国煤炭工业发展趋势 [J]. 中国煤炭，2021，47 (4)：94-101.

[60] 桑逢云. 英国煤炭工业发展历程及其对我国的启示 [J]. 中国煤炭，2021，47 (5)：91-95.

[61] 蓝晓梅，李艳强. 澳大利亚煤炭工业发展趋势 [J]. 中国煤炭，2021，47 (2)：89-101.

[62] 李贝贝，高壮壮，吴振华，等. 澳大利亚煤炭工业综述 [J]. 中国煤炭，2021，47

（11）：77-88.

[63] 马佳．试论煤炭企业低碳经济发展之路［J］.中外企业家，2019（16）：50-51.

[64] 魏璐璐．如何利用节能减排政策，促进煤炭企业经济结构调整［J］.中外企业家，2019（18）：209-210.

[65] 张成辉．煤矿瓦斯治理先抽后采的实践与作用［J］.矿业装备，2022（5）：66-67.

[66] 杨方亮，许红娜．"十四五"煤炭行业生态环境保护与资源综合利用发展路径分析［J］.中国煤炭，2021，47（05）：73-82. DOI：10. 19880/j. cnki. ccm. 2021. 05. 012.

[67] "十四五"工业绿色发展规划，http：//wx. h2o-china. com/news/3303.

[68] 张志刚，霍春秀．煤矿区煤层气利用技术研究进展［J/OL］.矿业安全与环保：1-6［2022-09-08］DOI：10. 19835/j. issn. 1008-4495. 2022. 04. 007.

[69] 任世华，谢亚辰，焦小淼，谢和平．煤炭开发过程碳排放特征及碳中和发展的技术途径［J］.工程科学与技术，2022，54（1）：60-68. DOI：10. 15961/j. jsuese. 202100924.

[70] 碳排放交易（发电行业）培训教材编写组．碳排放权交易（发电行业）培训教材［M］.北京：中国环境出版集团，2020.

[71] 王双明，申艳军，孙强，等．"双碳"目标下煤炭开采扰动空间 CO_2 地下封存途径与技术难题探索［J］.煤炭学报，2022，47（1）：45-60. DOI：10. 13225/j. cnki. jccs. yg21. 1872.

[72] 黄定国，杨小林，余永强，等．CO_2 地质封存技术进展与废弃矿井采空区封存 CO_2［J］.洁净煤技术，2011，17（5）：93-96. DOI：10. 13226/j. issn. 1006-6772. 2011. 05. 034.

[73] 卢开放，侯正猛，孙伟，等．云南省矿井抽水蓄能电站潜力评估与建设关键技术［J］.工程科学与技术，2022，54（1）：136-144. DOI：10. 15961/j. jsuese. 202100687.

[74] 何涛，王传礼，高博，等．废弃矿井抽水蓄能电站基础建设装备关键问题及对策［J］.科技导报，2021，39（13）：59-65.

[75] 谢和平，高明忠，刘见中，等．煤矿地下空间容量估算及开发利用研究［J］.煤炭学报，2018，43（6）：1487-1503.

[76] 霍冉，徐向阳，姜耀东．国外废弃矿井可再生能源开发利用现状及展望［J］.煤炭科学技术，2019，47（10）：267-273. DOI：10. 13199/j. cnki. cst. 2019. 10. 036.

[77] 彭苏萍．煤炭资源强国战略研究［M］.北京：科学出版社，2018.

[78] 舒而彪．新型电力系统导论［M］.北京：中国科学技术出版社，2022.

[79] 康红普．我国煤炭行业高质量发展战略研究［M］.北京：科学出版社，2022.

[80] 谢和平．煤炭碳中和战略与技术路径［M］.北京：科学出版社，2022.

[81] 孙腾民，刘世奇，汪涛．中国二氧化碳地质封存潜力评价研究进展［J］.煤炭科学技术，2021，49（11）：10-20. DOI：10. 13199/j. cnki. cst. 2021. 11. 002.

[82] 常纪文，杜根杰，杜建磊，等．我国煤矸石综合利用的现状、问题与建议［J］.中国环保产业，2022（8）：13-17.